COLLECTION
FOLIO HISTOIRE

Annie Crépin

Histoire de la conscription

Gallimard

Cet ouvrage inédit est publié
sous la direction de Martine Allaire

© *Éditions Gallimard, 2009.*

Annie Crépin, maître de conférences en histoire contemporaine à l'université d'Artois, est spécialiste de l'histoire politique, sociale et culturelle du fait militaire.

À la mémoire de mon arrière-grand-père Gustave Baron (1869-1949), instituteur puis directeur d'école.

À celle de mes grands-pères Gaston Saliget (1883-1983), créateur des Bijoutiers-Chaînistes,

André Séjourné (1891-1956), professeur au lycée Voltaire, fondateur de la préparation en lycée à l'école des ingénieurs des Arts et Métiers.

Et toujours
à Florian Couvret, Mathis Couvret, Léonie Couvret et Clarisse Bonilla, mes petits-enfants.

Introduction

En 1997, Jacques Chirac, alors président de la République, clôt une histoire vieille de deux siècles. La loi du 28 octobre 1997 supprime de fait le service militaire obligatoire si elle en maintient le principe. En effet, aux termes de la loi, la conscription est seulement suspendue et pourra être rétablie en cas de crise grave menaçant l'existence de la nation.

Pour autant, cette histoire est-elle achevée ? Deux signes attestent le contraire, d'abord le maintien du principe, tout théorique qu'il soit, comme si le pouvoir politique avait craint d'officialiser la fin d'un élément fondamental du modèle français, voire d'avouer une rupture avec celui-ci ; ensuite la reprise récente des débats à propos d'un service civique qui serait le substitut d'un service militaire personnel et obligatoire.

On observera que l'adjectif civique fait référence au terme de citoyen et qu'il existe une tentative explicite chez certains protagonistes du débat actuel de refonder sur d'autres bases, plus civiles, et en élargissant la notion de défense, le lien devenu intrinsèque en France entre la défense et la citoyenneté.

Ce qui est premier en effet pour les Français, c'est la citoyenneté, la conscription n'étant initialement qu'un mode de recrutement, expérimenté avant la France par d'autres États. C'est l'Histoire — et l'Histoire seule — qui a noué un lien entre le devoir de défense et le devoir — voire le droit — du citoyen. C'est pourquoi nous pensons qu'il est nécessaire de retracer l'histoire de la conscription et sa transformation en service militaire personnel. Car elle est aussi l'histoire des Français ; de tous les Français et pas seulement de ceux dont la défense était le métier puisque pendant deux siècles le soin de celle-ci ne fut plus réservé aux seuls professionnels de la guerre. Elle est l'histoire de leurs idées et de leurs sentiments, celle de leurs cœurs et de leurs corps.

C'est l'histoire du modèle français, du moins d'un de ses fondements, que nous tentons de retracer, ce n'est pas l'histoire de l'exception française. La conscription « à la française » fut en effet imitée dans la majeure partie de l'Europe au XIXe siècle puis au XXe siècle dans une grande partie du monde, sauf dans les pays de culture anglo-saxonne. Elle fut désormais imitée non plus seulement comme mode de recrutement mais comme institution, rendant possibles de nouveaux rapports entre l'État contemporain et les individus.

Cependant, ce n'est pas une histoire particulière, serait-elle celle d'un rouage étatique aussi important que l'armée. C'est une histoire globale, aussi bien politique et idéologique que sociale et culturelle. Mettant en jeu les rapports entre armée et république puis démocratie, et plus généralement les rapports entre armée, État-nation centralisateur et société, la conscription est en France bien plus qu'un mode de recrutement et même bien davantage qu'une institution.

Pourtant, elle naquit de la contingence, et la France faillit avoir une force identique à celle qui existe actuellement dans les pays anglo-saxons, une armée de métier qui n'en est pas moins une armée nationale, très respectueuse de la constitution — écrite ou non — et de la suprématie du pouvoir civil. En 1789, c'est ce type d'armée que les Constituants jugent plus conforme aux principes de la cité nouvelle qu'ils édifient à la place de l'Ancien Régime et ils œuvrent en ce sens en réformant et en transformant l'armée royale, non en l'abolissant car, dès décembre 1789, une majorité d'entre eux repousse la conscription.

C'est par conséquent sans l'avoir voulu ou même prévu, bien que la nature de l'armée ait été un des sujets du débat des Lumières, que les hommes de la Révolution entrent dans une voie nouvelle qui, après divers essais, comme le volontariat de 1791 et 1792, la réquisition et la levée en masse de 1793, aboutit à la loi Jourdan de 1798, véritablement fondatrice de la conscription « à la française ». Toutefois, celle-ci n'est pas encore le service obligatoire imposé à chaque homme.

C'est la guerre qui débute en avril 1792, une guerre nouvelle elle aussi, prémices des guerres mondiales et totales du xxe siècle, qui fait accepter ce que les hommes politiques avaient repoussé quatre ans plus tôt. Universalistes et ayant proclamé la paix au monde en 1790, ils se retrouvent confrontés, comme l'avaient été avant eux les monarques de l'Ancien Régime, aux contraintes géostratégiques d'un pays aux frontières vulnérables. En outre, il ne s'agit plus seulement pour eux de sauver un État et son assise territoriale, il faut de toute nécessité sauver la Révolution. Paradoxalement, mais c'est la première contradiction d'une histoire qui en comporte beaucoup, des élites rétives ou hostiles au fait militaire, encore plus au fait guerrier, inventent une première forme de service militaire et l'imposent à des masses majoritairement rurales, ignorantes ou méfiantes devant ces mêmes réalités. Les Constituants de 1789 avaient voulu des soldats-citoyens et une armée nationale de métier. Les Jacobins de 1793 créent, mais au titre de mesure d'exception, des citoyens-soldats et une nation armée.

C'est encore la conjoncture historique — les succès de l'armée nouvelle — qui vient apposer un sceau définitif à ce qui n'était que circonstanciel. Dans une vision rétrospective, la victoire est attribuée au lien que la Révolution avait forgé entre la citoyenneté et la défense. Celle-ci devient le devoir suprême du citoyen et même le premier de ses droits. Pour autant, la loi Jourdan du 19 fructidor an VI (5 septembre 1798) circonscrit l'étendue de ce devoir. Elle proclame le principe selon lequel tout citoyen en état de porter les armes est soldat, ce qui n'implique pas que tous les citoyens partent sous les drapeaux, sauf en cas de menace extrême sur le territoire national. En réalité, c'est l'inscription sur un registre — au sens littéral la conscription — qui est universelle, obligatoire et personnelle. Mais les attendus de la loi montrent de quel sens nouveau se charge cette « inscription » dont les prémices étaient apparues sous d'autres formes dans certains pays européens telle la Prusse. La force irrésistible de cette armée nouvelle consacre l'avènement du citoyen soldat aux yeux des auteurs de la loi et par conséquent la nécessité irréversible de maintenir un lien entre la nation et l'armée par la présence dans celle-ci de civils appelés en tant que citoyens et qui n'y demeureront pas. Mais l'armée permanente conserve un cadre d'engagés qui font métier de leur engagement.

Aucun régime politique ne veut rompre ce lien au XIXe siècle. Signe et instrument des nouveaux rapports qui s'établissent entre l'État, la nation et les individus à la suite des bouleversements révolutionnaires, la conscription devient le bras armé de l'État centralisateur qui mène un processus d'unification nationale et d'acculturation. Ce faisant, elle focalise les passions qu'éprouvent les Français à la fois pour la liberté et pour l'égalité (ce qui déjà ne va pas sans contradiction), et même elle intensifie le déchirement qui les écartèle durablement entre leur vieille hantise de la militarisation et de l'embrigadement et leur conviction que la défense est l'affaire de tous, et le devoir militaire, l'incarnation de la citoyenneté.

Ces contradictions apparaissent d'abord chez les dirigeants et les représentants de la nation. Elles expliquent un débat sans cesse recommencé et qui dure deux siècles. Ce débat a lieu à l'occasion du vote des grandes lois militaires qui organisent l'institution. Aux XIXe et XXe siècles, chaque régime veut avoir la sienne et quelquefois plusieurs. À chaque fois ou presque, la discussion parlementaire est un grand moment de confrontation idéologique entre des conceptions différentes de la citoyenneté puis de la démocratie et bientôt de la république, et non entre des projets techniques portant sur les effectifs et la formation de l'instrument de la guerre à préparer ou à venir ; ou plutôt, même quand le débat porte sur le nombre des soldats, la durée du service qu'ils doivent effectuer, question récurrente pendant deux siècles, c'est toujours une idée de la citoyenneté, de la démocratie, de la république qui est à l'arrière-plan de l'argumentation des uns et des autres.

Dès la discussion de la loi de 1818 se présente aux législateurs l'alternative suivante, soit instaurer un service de longue durée, accompli par un petit nombre de jeunes gens, soit instituer un service de courte durée effectué par le plus grand nombre, sinon un service universel. C'est le premier terme de l'alternative qui est choisi, avec pour corollaire l'inévitable remplacement à prix d'argent. Dans les faits, la plupart des conscrits appelés, de la loi de 1824 à celle de 1832, pour six, sept, voire huit ans, et qui ne se font pas remplacer, ne rentrent plus dans la vie civile à l'issue de leur séjour sous les drapeaux. Ils se rengagent, ce qui induit une certaine professionnalisation mais pas nécessairement l'acquisition d'une compétence professionnelle.

Ainsi, pendant les deux premiers tiers du XIXe siècle, d'un empire à l'autre, la conscription « à la française » est un système, mixte selon ses partisans, bâtard selon ses détracteurs, d'appelés au service long. Il présente un équilibre instable entre le retour inavouable à une armée de métier et l'avènement du service égalitaire car imposé à chacun.

La difficulté de trancher définitivement dans un sens ou dans un autre explique la persistance du débat. Or il n'oppose pas des civils et des militaires. Il convient de rappeler en effet qu'à cette époque des officiers supérieurs en activité peuvent représenter la nation. Les militaires invoquent une expérience commune pour se retrouver dans des «camps» différents au cours de la discussion. La préférence politique l'emporte sur les considérations purement professionnelles. Il n'oppose pas non plus «la» droite et «la» gauche mais «les» droites et «les» gauches, avec des rencontres inattendues, des transferts de concepts, une circulation des idées d'«un camp à l'autre». Ainsi ce sont alors les droites qui se montrent réticentes à toute militarisation de la société. Or pour elles c'est précisément le risque que comportent les «gros bataillons» inhérents au service militaire obligatoire. Ce sont à ce moment les gauches qui doivent se défendre d'être militaristes, terme durablement péjoratif. En voulant que tous ceux qui en sont capables, ou du moins le plus grand nombre d'entre eux, partent sous les drapeaux pour la même durée, les gauches opposent l'esprit de défense nationale à l'esprit militaire, cher aux droites selon leurs adversaires. Ceux-ci en retour accusent les gauches de vouloir faire de l'armée un guide pour la société, à force de voir dans l'armée l'unique refuge du civisme et du dévouement. Et il est vrai que cette tentation existe chez certains et qu'à ce moment-là l'armée «arche sainte» qui sera un des fondements de la pensée maurrassienne est un idéal d'extrême gauche.

Les gauches déplorent que la conscription des monarchies censitaires et du second Empire détourne et même caricature les intentions initiales qui ont présidé à sa création. Elles constatent que l'Europe continentale a adopté — ou est en train de le faire — la conscription comme institution permettant d'achever l'unité nationale. Elles ne voient pas que dans ces États cette adoption est éloignée des passions françaises ou plutôt fondée sur d'autres motivations. Aussi ont-elles le sentiment que ces nations, et d'abord la Prusse, sont plus proches de la pureté des origines.

En effet, la confrontation n'a pas lieu seulement entre des idéologies mais aussi entre des mythes et des représentations qui chargent la discussion de nouvelles passions. Mythes contemporains, tel celui de la Prusse au premier chef, modèle pour les uns, repoussoir pour les autres qui la perçoivent comme une caserne permanente.

Des exemples anciens, élevés à la hauteur de mythes, sous-tendent le débat. Athènes et Sparte, Rome et Carthage, sont tour à tour invoquées et mises en opposition dans les joutes oratoires de tous ceux qui sont à la recherche de l'armée française idéale, celle dont le lien avec la nation doit être le plus en adéquation avec le génie et l'identité de la France. C'est un nouveau paradoxe que des exemples étrangers ou révolus viennent à l'appui de la spécificité de la voie française vers une armée nationale. Sparte est le modèle de l'abnégation civique pour les uns, le symbole de l'anéantissement de toute liberté pour les autres — et on retrouve ici une des passions françaises — qui y voient l'ombre portée de la Prusse. Celle-ci ne cesse pas d'exercer sur les Français un mélange de fascination et de répulsion, de Rossbach à Valmy, d'un Sedan à l'autre.

Sparte la guerrière, mais seulement et exclusivement guerrière, contre Athènes «mère des arts, des lettres et des lois». Ceux qui se disent adeptes de ce modèle, largement idéalisé lui aussi, affirment qu'elle a porté au plus haut point le devoir de défense des citoyens et qu'elle n'en a pas moins été victorieuse sans sacrifier leur liberté. Rome vient parfois prendre la place de Sparte dans cet antagonisme où l'histoire n'est invoquée qu'à la rescousse de l'idéologie. Rome, guerrière elle aussi, moins créatrice qu'Athènes dont elle finit par avoir raison, mais, à tout prendre, ayant triomphé de Carthage, république marchande derrière laquelle quelques-uns voient se profiler la monarchie britannique. Mais Carthage a été anéantie et ce que ses caractères géostratégiques rendent possible à l'Angleterre est dangereux pour la France, hantée après 1870 par le sort qui l'attendrait dans l'affrontement prévisible avec l'Allemagne si elle renonçait à être une nation armée. En effet, l'évocation de ces mythes persiste jusqu'à la troisième République et les leçons tirées de l'Antiquité sont des allusions transparentes aux nations voisines et contemporaines.

Il faut remarquer que, au cours de ce débat, le cas britannique ne fait pas figure d'exemple. Certes, les conditions géostratégiques sont perçues comme étant radicalement différentes, comme il a été dit plus haut. Mais surtout l'armée de type anglo-saxon est une armée de métier. Or, en France, l'armée de métier est liée dans les esprits à la monarchie d'Ancien Régime et après la chute de celle-ci elle est discréditée parce que perçue comme son instrument. Cette méfiance va durer deux siècles. Sous la monarchie de Juillet, les adeptes d'une monarchie constitutionnelle à l'anglaise, qui sont aussi les tenants du retour à l'armée de métier sans l'avouer vraiment, à l'illustre exception de Thiers, n'invoquent pas l'armée britannique alors qu'ils vantent volontiers les autres institutions d'outre-Manche. Le souvenir de l'Ancien Régime encore très présent dans les mémoires des protagonistes l'emporte en effet dans ce cas précis sur leur admiration pour le royaume voisin. Au XXe siècle, il se trouve encore après la guerre de 1914 des députés pour contester aux troupes des Alliés anglais et américain leur caractère d'armée nationale au motif qu'elles sont composées de professionnels.

Cette méfiance est largement répandue, particulièrement chez ceux qui au XIXe siècle voient dans l'armée nouvelle la fille de la Révolution et le réceptacle de la citoyenneté. Ce faisant, c'est-à-dire parant de toutes les vertus l'armée de conscription, ils oublient des épisodes de l'histoire récente au cours desquels cette armée avait imposé sa loi au pouvoir civil. Leurs successeurs idéologiques manifesteront ensuite le même aveuglement au cours du XXe siècle, par exemple après la guerre d'Algérie, n'observant pas non plus que l'armée britannique ou l'armée américaine, que nul ne songerait dans leur nation respective à ériger en modèle de la société civile, n'ont jamais été des armées de coups d'État. Qu'on en arrive, comme le font certains Français, à se demander laquelle, de la société ou de l'armée, doit être le modèle de l'autre, et à préférer la seconde dans ce rôle, est tout à fait impensable en Angleterre ou aux États-Unis.

Ce n'est pas non plus le moindre paradoxe de l'histoire du fait militaire en France que les coups de force ou les tentatives d'intrusion dans la vie politique aient ravivé la répugnance envers l'armée de métier plutôt qu'ils ne mettaient en cause l'armée de conscription. Il est vrai que celle-ci comporte un cadre permanent et que c'est lui qu'on accuse de vouloir instituer l'emprise du pouvoir militaire sur le pouvoir civil. Que sa professionnalisation à partir de 1997 n'ait pas suscité un regain de méfiance est le signe d'une profonde transformation des esprits.

Les Français ne restèrent donc jamais indifférents ni ne furent des témoins passifs devant l'instauration de la conscription et du service militaire. D'abord parce que, à aucun moment, ils ne considèrent la force armée comme une affaire de spécialistes. Les représentants de la nation sont les premiers à le dire quand ils discutent des lois militaires. Ils affirment que c'est en tant que citoyens qu'ils interviennent et que le simple fait d'être citoyen leur donne le droit et même le devoir de le faire. En second lieu et surtout parce que la conscription suppose de la part des Français un minimum d'adhésion personnelle. Depuis la rédaction des cahiers de doléances en 1789, les Français, et pas seulement les militaires ou les députés, ne cessent de donner leur avis sur ce que doit être l'armée idéale, preuve au demeurant que ce but ne fut jamais atteint. Cet avis prend le plus souvent à partir du XIXe siècle la forme d'ouvrages envoyés au ministère de la Guerre et au Parlement, notamment à l'occasion de la discussion et du vote des lois militaires.

Or non pas dans la France entière mais en certaines régions — et dans ce cas durablement — elle rencontre leur refus. C'est pour un ensemble extraordinairement complexe de raisons et jamais en vertu d'une seule que les Français manifestent réticence ou résistance, résignation ou même adhésion. Les conditions de l'enracinement de la conscription sont matérielles et culturelles. La démographie, l'économie, la géographie mais aussi l'ethnologie et l'anthropologie expliquent les comportements conscriptionnels des Français, davantage que leurs choix politiques. En effet, l'histoire à court terme, celle de leurs rapports avec le régime du moment, pèse moins que l'histoire à long terme, celle de leurs rapports avec l'État. Ces facteurs de refus ou d'acceptation se renforcent les uns les autres et aucun ne joue de manière univoque. Par exemple, la proximité culturelle avec Paris joue plus que la proximité avec la frontière pour faire accepter le devoir de défense, et tout département frontalier n'est pas *ipso facto* un bon département conscriptionnel.

L'enracinement de l'institution est un processus long. Il commence sous le Directoire (mais les réactions devant les levées d'hommes de la Révolution en sont la préfiguration), et il s'achève sous la troisième République. C'est aussi un processus complexe même s'il ne connaît pas de retour en arrière. Il révèle la diversité et la pluralité de la France et des Français face à cet instrument de centralisation. L'unité nationale et la volonté de l'instaurer en sont tout à la fois l'origine et la conséquence. Dans certaines régions, le succès que rencontre la conscription est le signe de l'achèvement précoce de cette unification. Dans d'autres, les obstacles auxquels se heurte l'appel des conscrits montrent que la conscription ravive des antagonismes pluriséculaires avec l'État. Au XIXe siècle cependant, aucun régime ne veut la supprimer. C'est que les progrès de l'institution et partant de l'unification nationale semblent plus importants que les échecs qu'elles rencontrent. Au point que l'on commence à étendre cette acculturation à ceux qui n'étaient pas, ou pas encore, français par la nationalité s'ils étaient considérés comme l'étant de fait. En 1851, mais l'on y songeait dès la monarchie de Juillet, les jeunes gens que l'on dénommerait aujourd'hui de troisième génération et des suivantes peuvent être soumis à la conscription sans que l'obligation soit encore rigoureuse. Elle le sera au début de la troisième République puis elle atteindra, une vingtaine d'années plus tard, les jeunes gens de la seconde génération.

Par ailleurs s'inscrivant dans un tissu économique, social et culturel, la conscription puis le service personnel, formes que revêtent pour deux siècles aux yeux des Français le fait militaire et parfois le fait guerrier, deviennent à leur tour un fait économique, social et culturel. Jamais les Français ne sont à l'unisson devant lui, ni les élites ni les masses, et le débat ne les oppose pas les unes aux autres mais les traverse en leur sein.

Les élites demeurent divisées. Elles ne le sont pas seulement sur le plan des idées et on constate que l'histoire de la conscription est aussi une histoire des mentalités et des sensibilités. Une partie des élites manifeste longtemps une répugnance viscérale et pas uniquement idéologique devant l'armée, qu'elle soit de métier ou de conscription, bien qu'à l'occasion elle n'hésite pas à l'utiliser comme rempart de l'ordre, aussi devant la caserne dont elle tente de préserver ses fils par un système inégalitaire qui dure deux tiers de siècle, enfin devant le service militaire exigé du citoyen. Qu'un civil doive consacrer une partie de son temps, quand ce n'est pas sa vie, à se préparer au combat lui paraît archaïque et barbare.

Mais pour une autre partie des élites, et ce dès le premier Empire, la conscription est portée à la hauteur d'un vecteur de civilisation. Le citoyen soldat est l'incarnation des Lumières, la réponse favorable des conscrits aux appels qui leur sont lancés est un signe de leur entrée dans la modernité, bien mieux un mode d'accès privilégié à celle-ci. Ce débat ne recouvre pas totalement l'opposition très marquée dès le XVIIIe siècle dans la pensée des philosophes entre une armée nécessairement fauteuse de guerre et une société aspirant naturellement à la paix.

Par contre, ses protagonistes s'accordent au moins sur le fait que la conscription est un nouvel outil de savoir et de pouvoir pour l'État, voire de contrôle des individus, sinon d'expérimentation sur eux, y compris anthropologique. La tentation de modeler par elle « un homme nouveau » surgit parfois sans qu'elle soit vraiment suivie d'effets. En tout cas, il s'agit de bien autre chose pour l'État que de posséder un réservoir d'hommes et même de « chair à canon ». Aussi bien la conscription est-elle emblématique des modes d'action de l'État contemporain. L'État moderne se contentait de la soumission des individus. Plus habile, son homologue contemporain obtient beaucoup plus de ceux-ci en leur faisant croire que la plus grande contrainte, celle qui peut aller jusqu'au sacrifice de sa vie, résulte d'un choix libre et est même la quintessence de la liberté. La leçon sera retenue par tous les États — et pas seulement la France — qui choisiront le système conscriptionnel.

Quoi qu'il en soit, la conscription « à la française » forge des liens qui n'allaient pas de soi entre armée, nation et république. La troisième République renforce ces liens. Elle fait advenir la nation armée et transforme la conscription en service personnel obligatoire. Par sa relecture de l'héritage de la première République, elle fait triompher l'idée selon laquelle la voie française vers une armée nationale a toujours été une voie républicaine. Ainsi, le devoir militaire imposé à chaque citoyen, qui redevient un civil une fois achevé son temps sous les drapeaux, paraît faire corps avec le modèle républicain.

On observera que la première loi militaire de la troisième République, celle de 1872, est votée par une assemblée conservatrice. Traumatisés par les désastres de la guerre de 1870, qui apparaît comme la révélation des guerres de masse dont celles de la Révolution et de l'Empire avaient été l'ébauche, et par le délitement social que représente à leurs yeux la Commune, taraudés par un sentiment de culpabilité devant leur «égoïsme» qui les a fait préserver leurs fils du devoir militaire, les conservateurs se convertissent aux vertus des «gros bataillons» et abolissent le remplacement. Ils voient dans l'armée non seulement l'instrument d'une possible revanche mais celui d'une nécessaire régénération, et même le seul rempart de la cohésion de la société. Pour la première fois est inscrite en tête d'une loi militaire l'obligation du service personnel et plus uniquement celle de la conscription.

Mais il s'en faut de beaucoup que ce service personnel entre dans les faits et soit accompli par tous de façon égalitaire. La loi de 1872 est une extraordinaire mosaïque en fonction de laquelle, si effectivement nul ne peut plus se dérober au devoir militaire, certains font six mois, d'autres un an, d'autres cinq ans, car la majorité conservatrice a également voulu préserver les vertus qu'elle attribuait à la longue durée du service... pour un petit nombre.

Si les républicains, alors minoritaires dans l'Assemblée, votent la loi, c'est pour éviter une surenchère qui bloquerait tout progrès. Ils ne la considèrent pas comme vraiment républicaine. Ils se promettent de la démocratiser et de la républicaniser profondément, une fois qu'ils auront accédé au pouvoir. Pourtant, il leur faut dix ans, et même dix-neuf années si l'on remonte à la proclamation de la république, pour établir en 1889 une loi qui fait du service obligatoire personnel, considérablement étendu, le fer de lance de la républicanisation du pays et la seconde école du citoyen.

À peine la « loi des trois ans » est-elle votée qu'elle est remise en cause comme n'étant pas assez universelle. Relancé, le débat aboutit à la loi de 1905, celle des deux ans, qui semble enfin réaliser l'idéal égalitaire. Mais, sur fond de rivalité avec l'Allemagne, les parlementaires votent en 1913 à la veille de la guerre une nouvelle loi qui rétablit les trois ans. Ce ne sont donc pas moins de quatre lois militaires qui ont été votées par le même régime.

C'est que ni les paradoxes fondateurs qui ont marqué l'histoire de la conscription ni les passions contradictoires des Français n'ont cessé avec sa transformation en service militaire. Si la troisième République est une étape fondamentale de cette histoire, elle n'en est pas la fin. Et ce n'est que rétrospectivement qu'elle semble être l'âge d'or du service militaire.

Accepté désormais par les élites, il paraît l'être aussi par l'ensemble des Français, ce qui n'empêche pas les contestations. En premier lieu, s'étendant sur un nombre de plus en plus important de jeunes gens, il permet un brassage social et culturel encore inconnu à une telle échelle jusque-là. Ensuite, étape fondamentale dans la vie d'un homme et pas seulement dans celle d'un citoyen, il donne l'occasion aux conscrits d'inventer un folklore dans lequel les ethnologues voient l'équivalent des rites de passage d'autres civilisations. N'est-ce pas le signe qu'il a conquis les cœurs et les corps ?

Ce processus d'enracinement semble s'achever à Verdun et rendre possible la victoire. Mais il convient de prendre ce mot d'achèvement dans toutes ses acceptions. Bien que la victoire ait confirmé la validité du modèle, la guerre de 1914 est l'origine d'un profond ébranlement dont les effets ne sont pas immédiatement sensibles, même si le débat sur l'armée idéale se poursuit. En fait, l'érosion du modèle va se poursuivre pendant quatre-vingts ans avec des temps de latence et des temps d'accélération.

Parmi ceux-ci prend place incontestablement le désastre de 1940. Ses conséquences immédiates mettent en pleine lumière d'ailleurs les paradoxes de l'histoire militaire de la France. Il revient en effet à deux soldats de métier, Pétain et de Gaulle, l'un célèbre vainqueur de Verdun, l'autre inconnu de la majorité des Français, l'un maréchal de France, l'autre tout récent général qui n'a fait jusqu'alors qu'écrire des ouvrages hétérodoxes, de prétendre chacun incarner le salut de la France, l'un désireux de briser les liens qui s'étaient noués entre république, nation et armée, l'autre amené à les refonder. Pour ce faire, de Gaulle se trouve dans la nécessité de s'appuyer sur la résistance, qui, après la défaite sur les champs de bataille de la nation armée classique, représente une autre figure de celle-ci.

En vain le service militaire est-il rétabli sous une forme inchangée après la Seconde Guerre mondiale. Au traumatisme de 1940 s'ajoute ensuite celui des guerres de décolonisation. La guerre d'Algérie a pour conséquence un changement de régime politique mais pas la mort de la république et c'est un nouveau paradoxe qui voit le principe républicain sauvé par un général alors que celui-ci n'a pas désavoué le coup de force qui l'a ramené au pouvoir. Dans l'immédiat, la guerre d'Algérie confirme le profond discrédit dans lequel est tenue l'armée de métier, bien que le général de Gaulle ait évité une confrontation extrême entre elle et la nation et sa rupture avec la république. À moyen terme, c'est aussi l'armée de conscription qui est atteinte même si, dans le feu de l'événement, elle est d'abord considérée comme un rempart contre les tentatives de putsch. À court terme, une nouvelle donne stratégique fondée sur la dissuasion nucléaire, en même temps qu'elle accentue une professionnalisation certaine des forces chargées de la défense, accélère la sclérose du modèle.

Semblant moins utile et même dépassé sur le plan militaire avec la fin de la guerre froide, le service personnel obligatoire le devient aussi sur le plan social et culturel. En effet, les années 1970 et 1980 voient l'apparition, dans une société d'abondance et de contestation dont l'individu est le centre, d'autres modes d'appartenance à la citoyenneté. La diversité des formes du service, résultant pourtant de la volonté de l'adapter, ne fait qu'accentuer la déliaison entre la citoyenneté et le devoir de défense.

Au cours des années 1990, les conditions politiques et militaires consécutives à la chute du mur de Berlin font le reste. Une armée professionnelle paraît mieux à même de répondre aux défis stratégiques et une force composée de spécialistes plus capable de mener des guerres sophistiquées.

Conjugué à l'évolution de la société française, ce contexte rend envisageables des liens différents entre la nation et l'armée et, du moins au moment de la loi de 1997, obsolète le modèle du citoyen-soldat qui avait pendant deux siècles incarné la conscription « à la française ». Pour un temps seulement car sa figure ne ressurgit-elle pas dans les débats actuels, même si on désire lui donner d'autres traits ?

Chapitre premier

À LA RECHERCHE D'UNE ARMÉE NOUVELLE

LA GENÈSE DU SERVICE MILITAIRE AU TEMPS DES LUMIÈRES

Les origines du débat

Bien avant la Révolution, les Français s'interrogent sur la manière la plus efficace dont l'armée doit accomplir son rôle, puis sur sa place dans le royaume et sur ses rapports avec la société, bientôt sur sa composition et par conséquent sa nature. En filigrane émerge la question de l'éventualité du devoir militaire que pourrait accomplir celui qui n'est pas soldat de métier.

C'est d'abord à propos de tactique et de stratégie, encore appelée « grande tactique » au début du XVIIIe siècle, que surgit le débat qui a d'abord lieu entre les penseurs militaires eux-mêmes et qui, ensuite, s'intensifie et s'élargit. En effet, ce réveil précède les défaites subies par la France pendant la guerre de Sept Ans (1756-1763) et la prise de conscience consécutive au choc que provoquent ces défaites, au moins chez les élites. Ce ne sont plus seulement les théoriciens militaires mais les philosophes qui s'emparent de ces questions, discutées désormais dans les salons, les académies, les loges de la franc-maçonnerie, d'une façon générale dans ce qu'on appelle aujourd'hui la société civile. À la jonction de ces cercles de réflexion se trouvent des hommes dont le comte Jacques-Antoine-Hippolyte de Guibert (1743-1790) est emblématique et que l'on peut considérer comme des militaires-philosophes. Adeptes des Lumières, bien qu'ils ne le soient pas tous au même degré, ils publient parfois leurs ouvrages à l'étranger et ceux-ci circulent ensuite clandestinement en France; ainsi en va-t-il de l'*Essai général de tactique* de Guibert et du livre de Joseph Servan, *Le Soldat citoyen*, dont il sera question plus loin.

L'analyse de leur œuvre montre qu'à partir d'un questionnement qui semble purement militaire, au sens étroit et spécialisé du terme, ces penseurs s'élèvent à une réflexion politique en même temps que sociologique, voire anthropologique. En débattant de la tactique idéale à promouvoir dans le combat, de l'instruction et, plus essentiellement encore, de la formation des soldats qui doivent mettre en œuvre cette tactique sur le champ de bataille, du niveau d'obéissance qu'on exige d'eux, de la marge d'initiative qui leur est concédée et surtout de l'équilibre auquel il faut qu'ils parviennent entre docilité et autonomie, les théoriciens militaires et les militaires-philosophes inscrivent leur démarche dans une interrogation beaucoup plus vaste portant sur la nation qui n'est plus seulement pour eux le royaume. Ils réfléchissent sur la société de leur temps qui leur semble devoir être réformée sinon révolutionnée, sur l'émergence d'une citoyenneté préfigurée par les soldats, qu'ils soient soldats-citoyens dans le cas d'une armée qui demeure de métier ou citoyens-soldats dans celui d'une armée fondée sur le service militaire — quelle que soit l'étendue de celui-ci —, sur la poursuite d'un processus de civilisation dont les corps et les esprits des futurs ou éventuels combattants pourraient être un des lieux ; lieux de dressage ou de régénération, de conditionnement ou d'apprentissage.

En tout cas, aux yeux de ces penseurs, qu'elle soit dévalorisée — l'armée royale telle qu'elle est ou plutôt telle que ces hommes la perçoivent — ou survalorisée — l'armée idéale à venir que d'aucuns érigent en modèle et guide de la société —, l'armée n'est jamais un univers clos sur lui-même même s'il est distinct de la société englobante. Ainsi leur démarche rejoint-elle celle plus générale des philosophes. On comprend qu'au sein de ce questionnement sur les liens entre l'armée et la société, quelles que soient la nature et l'étendue de ces liens, naisse le concept du service militaire accompli par les citoyens, dont les partisans sont pour l'heure extrêmement minoritaires.

Pour eux, il représente d'emblée beaucoup plus que le mode de recrutement qui existait déjà dans certains États européens et à propos duquel il conviendrait mieux de parler de système préconscriptionnel : d'abord en Suède où le système né au XVIe siècle est remodelé par Gustave-Adolphe puis par Charles XI qui crée l'*Indelta*, largement utilisée ensuite par Charles XII. Puis en

Russie et en Prusse, sous la forme du « système des cantons », institué par le Roi-Sergent à partir de 1733[1] ; encore n'est-il pas imposé à toutes les provinces relevant de l'autorité du roi de Prusse. De même, introduit dans la monarchie habsbourgeoise en 1781, n'est-il pas étendu à toutes les parties de l'Empire[2].

Enfin, l'interrogation des penseurs touchant au fait militaire, déjà étroitement liée à un questionnement portant sur le fait national, débouche sur la mise en question beaucoup plus ample du fait guerrier et du phénomène de la guerre, couplée avec l'opposition de la civilisation et de la barbarie. Dans l'hésitation entre la mise hors la loi de toute guerre et la perspective — l'illusion — d'une guerre devenue rationnelle, la pensée des Lumières s'accompagne de paradoxes et de contradictions. Mais précisément celles-ci s'avèrent fondatrices du service militaire en France en même temps qu'elles expliquent la durée d'un débat qui sera sans cesse relancé pendant deux siècles[3].

Dès le premier tiers du XVIIIe siècle, au cours des années 1720-1730, se produit en France un réveil de la pensée militaire désireuse de sortir de l'impasse conceptuelle où l'avait menée la conduite de la guerre au siècle précédent, et le « blocage » qui en résultait selon elle[4]. L'armée ne recherche pas alors l'anéantissement de l'adversaire ni même le choc décisif. S'appuyant sur les places fortes « à la Vauban », elle mène une guerre lente, une guerre de position qui correspond aux visées des souverains. Au contraire, des théoriciens tel le chevalier Jean-Charles de Folard (1669-1752) remettent à l'honneur la guerre de mouvement, la guerre rapide[5]. Les combattants doivent former des colonnes hérissées de baïonnettes — c'est l'ordre profond — et passer rapidement à l'attaque pour remporter la victoire. Leur rapidité est une condition essentielle du succès car elle rend les soldats moins vulnérables au feu de l'artillerie.

Précisément, au même moment, la révolution militaire commencée au XVIe siècle est en train de produire tous ses effets : « Le feu des mousquets puis des fusils et des canons acquiert plus de valeur que le choc[6]. » Le débat se déplace sur les mérites respectifs du choc et du feu, de l'ordre profond, celui des colonnes d'attaque, et de l'ordre mince, celui des lignes de tirailleurs. Au fur et à mesure du perfectionnement technique des armes à feu et de l'artillerie, on peut craindre en effet que l'assaut des colonnes de l'ordre profond ne soit brisé par le feu adverse ; car, si ces colonnes se déploient baïonnette au canon, c'est l'utilisation de l'arme blanche qui est décisive. Ne convient-il pas dès lors de les former en lignes pour donner à leur propre feu sa plus grande puissance ? C'est cette disposition sur trois ou quatre rangs qu'on appelle l'ordre mince.

Le problème de ce dispositif est que, ce que les combattants acquièrent en puissance de feu, ils le perdent en puissance de choc. Les lignes risquent de se diluer, les soldats de se disperser sur un terrain trop étendu, comme le fait remarquer Jacques-François de Chastenet, plus connu sous le nom de marquis de Puységur, autre théoricien qui préconise de raccourcir les intervalles entre les rangs et même de les disposer en pleine ligne[7].

En tout cas, pour que le dispositif de l'ordre mince ne tourne pas au désordre, il faut des soldats expérimentés capables d'établir de longues lignes parfaitement parallèles.

Les «troufions» qui se trouvaient encore sous les drapeaux en 1996 auraient été fort étonnés d'apprendre qu'ils devaient leur sort présent à d'obscurs traités tels les *Nouvelles Découvertes sur la Guerre* et *Commentaires sur Polybe*[8] de 1730, ignorés aujourd'hui sauf des seuls spécialistes, même si ces ouvrages eurent en leur temps un retentissement certain; ou du moins que leur sort actuel se dessinait déjà dans les écrits de parfaits inconnus, même si Maurice de Saxe est davantage célèbre et surtout ne saurait faire figure de simple théoricien. Pourtant, un fil conducteur relie la réflexion menée sur l'art militaire, dont ces penseurs veulent faire une science, à celle menée sur l'avènement d'une armée nationale. Dans *Les Rêveries* de Maurice de Saxe, écrites en 1732, mais publiées seulement en 1756, en même temps qu'apparaît la question de la position des soldats sur le champ de bataille, est posée celle du recrutement de ces soldats[9]. En même temps et parallèlement plutôt que conjointement, car la composition de l'armée et au fond sa nature même ne paraissent pas encore intrinsèquement liées au choix du dispositif de bataille, même si les penseurs militaires dont Folard avancent déjà que le choc convient mieux à la *furia francese* et la ligne au tempérament flegmatique des Allemands et des Hollandais[10]. Inversement quand on évoque les soldats expérimentés de l'ordre mince, on se demande quel contenu et quel sens recouvre ce terme d'expérience.

Pour que ce lien s'effectue, il faut le choc de Rossbach en 1757, symbole des désastres de la guerre de Sept Ans (1756-1763). Rossbach n'est toutefois pas comparable au premier Sedan, celui de 1870, et au second, celui de 1940, parce que la défaite subie en Saxe ne met en cause ni le régime ni l'intégrité du territoire national. Le traumatisme est ressenti beaucoup plus fortement chez les élites que dans les masses, encore qu'on trouve trace dans les chansons populaires du premier Empire — soit cinquante ans après — d'une mémoire très vive de l'affront[11]. C'est un traumatisme fécond qui est à l'origine d'un réveil militaire et d'un réveil national qui se produisent après celui de la pensée militaire. Le problème de la nature de l'armée se pose avec encore plus d'acuité.

D'abord chez Guibert qui a lui-même combattu pendant la guerre de Sept Ans, les victoires remportées par Frédéric II intensifient le bouillonnement intellectuel de la pensée militaire. La Prusse exerce dès lors sur les Français un mélange de fascination et de répulsion qui sera durable. Frédéric II apparaît comme le grand homme de guerre à l'école duquel il faut se mettre ; mais, selon Guibert, ni aveuglément ni unilatéralement.

Fils d'officier et appartenant à une famille de petite et récente noblesse militaire, il était entré dans l'armée à treize ans et il a seize ans quand il est affecté à l'état-major du duc de Broglie pendant la guerre de Sept Ans[12]. S'il ne devient pas lui-même un grand homme de guerre, il est un praticien expérimenté en même temps qu'un penseur parfois prémonitoire en dépit — ou à cause — de ses ambivalences et de ses contradictions. Après avoir participé à la campagne de Corse (1768-1769), il fait paraître anonymement à Leyde son maître-ouvrage, l'*Essai général de tactique*, en 1770. Il est alors âgé de vingt-sept ans. Dans ce livre, le lien entre la tactique idéale et l'armée idéale pour la mettre en œuvre est établi. S'inscrivant dans le débat à propos de l'ordre mince et de l'ordre profond, il l'élève à des considérations plus générales sur les rapports entre l'armée et la société, sur les transformations souhaitables de celle-ci et pas seulement de celle-là pour mener une guerre « idéale », c'est-à-dire rationnelle dans ses buts et ses méthodes, alors qu'au même moment ses amis philosophes considèrent la guerre comme un fléau. Que l'on songe, par exemple, aux pages du *Candide* de Voltaire ou à la façon dont l'évoque le chevalier de Jaucourt dans l'article qu'il lui consacre dans l'*Encyclopédie*[13] ! Il est significatif que le titre complet de l'ouvrage de Guibert soit *Essai général de tactique précédé d'un discours sur l'état actuel de la science politique et de la science militaire en Europe avec le plan d'un ouvrage intitulé « La France politique et militaire »*. L'*Essai* n'est donc que la première pierre d'une œuvre beaucoup plus vaste. L'auteur souhaitait étendre son analyse aux institutions militaires mais aussi politiques des États européens. Devant l'audace de ses vues sur son propre pays, on comprend que Guibert ait fait paraître son livre à l'étranger. Quand il est publié en France en 1773, c'est encore sous couvert de l'anonymat[14].

Le point de départ de l'œuvre est l'analyse des facteurs qui ont permis à Frédéric II de remporter la victoire. Pour éviter que ses colonnes ne soient clouées par le feu de l'ennemi, le souverain les avait fait se former en lignes minces sur le champ de bataille même[15]. Il avait d'ailleurs quelque peu assoupli la rigidité de l'ordre mince. Au lieu de disposer ses lignes parallèlement aux troupes ennemies, il les avait placées en oblique de manière qu'elles se masquent les unes les autres ; il trompait ainsi l'adversaire sur ses forces véritables. Guibert loue Frédéric II d'avoir obtenu que ses troupes soient assez manœuvrières pour passer d'un système à l'autre par un rapide mouvement de conversion des colonnes en lignes. Le théoricien reprend le dessus au point que Frédéric II lui reproche non sans ironie d'avoir corrigé ses ordres de bataille[16]. Pour parvenir à un tel résultat, le roi avait misé sur la docilité de ses soldats, forgée par des automatismes qui leur étaient inculqués par dressage.

Raison pour laquelle certains généraux et certains penseurs, durcissant la pensée de Folard et jugeant qu'il n'est pas dans la nature des Français de devenir des automates, persistent à préférer l'ordre profond où chaque soldat charge avec fougue tout en tirant à sa guise[17]. Or Guibert pense que la nouvelle tactique qui permet de surmonter l'opposition entre le choc et le feu a besoin pour produire tous ses effets que les combattants soient aussi autonomes qu'obéissants.

Le système tactique prôné désormais par Guibert n'est pas le plus important ici par rapport à la genèse du service militaire. C'est le rôle que

Guibert attribue à la force morale qui est fondamental : c'est par une alliance d'obéissance — qui n'est pas passivité — et d'initiative — qui n'est pas laxisme ou détermination par le « bon plaisir » de l'individu — que l'efficience la plus grande est obtenue du soldat. Le ciment de cette alliance est la vertu au sens que lui donnaient les Romains. Mais cette adhésion volontaire et cette contribution active à la réalisation du bien commun ne vont-elles pas bientôt être exigées de l'individu devenu citoyen et non plus sujet ? C'est pourquoi d'aucuns estiment que la citoyenneté a été inventée sur le champ de bataille vingt ans avant qu'elle ne le soit dans la cité[18].

Ce qui importe enfin, c'est que Guibert, mettant l'accent sur l'intelligence requise du combattant et acquise par apprentissage, déplace sur le plan anthropologique ce qu'il avançait sur le plan intellectuel et idéologique. Au final, l'Homme de la Vertu et de la Raison que doit être le soldat d'une guerre nouvelle digne du temps des Lumières est aussi l'homme régénéré dont le camp et le champ de bataille représentent le laboratoire. Il y a d'ailleurs en filigrane le heurt de deux conceptions de la discipline, dont le service militaire ne cessera d'être le lieu.

Il y a surtout, sans que Guibert l'explicite, l'émergence des modes d'action de l'État contemporain sur les individus. Son homologue des temps modernes se contentait d'exiger de ses sujets — ce mot étant pris au sens premier — leur soumission pure et simple. Beaucoup plus habile, le nouveau pouvoir va demander désormais l'acceptation volontaire de la plus extrême contrainte, celle qui peut conduire au sacrifice de sa vie. Ce faisant, il obtient bien davantage. Le terme de sujet est lesté d'un sens nouveau, celui de citoyen qui exerce sa liberté mais une liberté guidée par des normes qu'il a intériorisées. Ainsi se poursuit et s'amplifie le processus de civilisation[19]. Pour l'heure, Guibert affirme que les armées des souverains européens, y compris celles du roi de Prusse mais aussi celles du roi de France, sont peuplées de misérables. C'est la classe la plus vile, dit-il, qui fournit les soldats[20]. En Prusse même, seul le génie du prince a soutenu le système militaire.

Guibert remporte provisoirement le combat des idées, sur le seul plan du choix de la tactique, car devenu influent auprès du ministre de la Guerre, le comte de Saint-Germain, il inspire largement *Le Règlement* de 1776 qui combine l'ordre mince et l'ordre profond tout en donnant très nettement la préférence au premier[21].

Désormais c'est la nature de l'armée qui focalise le débat et par voie de conséquence la façon dont elle devrait être recrutée : ainsi le voit-on dans l'ouvrage du maréchal de camp Joseph Servan, *Le Soldat citoyen, ou Vues patriotiques sur la manière la plus avantageuse de pourvoir à la défense du royaume*[22]. Au demeurant, comme celui de Guibert initialement, le livre n'est pas publié en France mais « Dans le pays de la liberté », à Neufchâtel, en 1780, alors que l'auteur affirme qu'il l'avait terminé dès 1771.

Une armée royale à régénérer

La réalité, c'est-à-dire l'armée royale telle qu'elle existe à la fin de l'Ancien Régime, apparaît comme insatisfaisante à ces penseurs. Pour autant, il ne convient pas de s'en tenir à la légende noire qu'ils ont développée et que les républicains reprennent ensuite. Ceux de la troisième République, une fois au pouvoir, l'amplifient encore car ils sont désireux de prouver que l'héritage de la Révolution française dont ils s'inspirent pour refonder l'armée nationale est en rupture totale avec celui de la monarchie finissante. Cela ajoute au discrédit dans lequel les Français tiennent l'armée de métier.

En fait, l'armée du roi Louis XVI n'est pas une armée de «misérables» ni de mercenaires. Elle est beaucoup moins coupée de la société de son temps qu'on ne l'a cru pendant longtemps et elle est même la caisse de résonance des conflits qui déchirent celle-ci.

C'est une armée de métier forte de 155 000 à 160 000 hommes, essentiellement des hommes d'infanterie. Ces hommes s'engagent volontairement pour huit ans. C'est d'abord ce point, les conditions de recrutement, qui permet la propagation d'une légende noire qui peut, à l'occasion, devenir une légende rose telle que la fiction littéraire et cinématographique l'a popularisée, par exemple dans le film *Fanfan la Tulipe* réalisé en 1951 par Christian-Jaque. Des sergents recruteurs attirent des jeunes gens par la boisson, l'appât d'espèces sonnantes et trébuchantes et les charmes de leurs filles. Les recrues peuvent être des gibiers de potence désireux d'échapper aux foudres de la justice ou des têtes brûlées dont la société civile est heureuse de se débarrasser ; les termes de racoleur et de racolage acquérant ainsi leur force péjorative. Les écrivains militaires eux-mêmes n'ont pas de mots assez durs pour décrire les engagés qui n'entreraient dans l'armée qu'en raison de leur débauche et de leur libertinage.

Certes, des abus véritables ont contribué à la formation de cette légende. Mais l'armée de Louis XVI n'est plus celle de Louis XIV à la fin de son règne où l'on avait raclé « la lie de la société » dans les prisons et parfois multiplié à l'encontre des jeunes gens des pressions qui s'apparentaient à des enlèvements. L'Angleterre elle-même gardera pendant longtemps l'habitude de la « presse ». Il faut remarquer que si un tel système existe en France, c'est que le recrutement de type féodal exercé par les officiers nobles parmi les hommes de leur propre seigneurie donnait des résultats insuffisants. Or si un tel système persiste encore jusqu'aux commencements de la Révolution, avec ses aspects clientélistes, l'État a repris les choses en main et éradiqué les abus les plus criants du racolage. Les recrues comparaissent maintenant devant les commissaires du roi qui vérifient qu'ils n'ont pas été « séduits » et abusés. Il n'en reste pas moins que cette légende noire s'impose aux masses et aux élites. Dans les villes, des pancartes interdisent les lieux publics aux chiens, aux femmes de mauvaise vie... et aux soldats[23]. Dans les provinces éloignées des frontières où la population est ignorante du fait militaire, cela contribue encore plus à sa méconnaissance. Quant aux élites, déjà dubitatives sur les vertus du guerrier, qui paraissent antinomiques avec les nouvelles valeurs des Lumières, elles le sont encore plus devant la condition militaire. Précisément, celle du soldat de métier n'est pas perçue... comme un métier, même s'il en va autrement de la condition de l'officier.

La composition de l'armée royale est beaucoup plus complexe que ne le disent les protagonistes du débat et que ne le savent les Français de 1789. Les troupes ne sont pas le refuge des aventuriers déracinés que présente la légende noire[24]. Dans leur écrasante majorité, les soldats du roi de France ne sont ni des étrangers — les régiments étrangers des troupes réglées comportent eux-mêmes beaucoup de Français — ni des marginaux dans la nation et la société de leur temps, même s'ils se croient tels et si beaucoup les voient comme tels. Mais, parmi les groupes sociaux du tiers état et les provinces qui envoient des soldats sous les drapeaux du roi, certains contribuent beaucoup plus que d'autres au recrutement et sont même surreprésentés : les citadins, dans une France où les ruraux sont l'écrasante majorité, et parmi les citadins, les artisans ; la France septentrionale bien davantage que celle du Midi et de l'Ouest, et plus particulièrement les régions frontalières du Nord et de l'Est dans lesquelles la menace d'invasion n'est pas abstraite et lointaine, les contraintes de la défense mieux admises et où les villes de garnison sont nombreuses dans les grandes et moins grandes cités telles Strasbourg, Nancy, Metz, Verdun, Toul, Belfort ou Colmar, ou bien Lille, Bergues, Avesnes, Dunkerque, Béthune,

Cambrai, Calais, Douai, ou encore Besançon, Vesoul, Dole. Comme le processus d'encasernement est loin d'être à son terme, la population entretient inévitablement des rapports avec l'armée, rapports qui ne sont pas toujours idylliques, qui se traduisent parfois par des rixes mais qui ont lieu aussi à l'occasion des travaux qu'effectuent les hommes pour le compte des civils afin de pallier l'insuffisance de leur solde[25]. Aussi la condition de soldat est-elle moins méprisée qu'ailleurs et représente même une certaine promotion. D'ores et déjà, la carte des engagements volontaires[26] annonce celles des levées de volontaires de la Révolution et bientôt celles de la conscription et du service militaire[27].

La meilleure preuve que cette armée n'est pas un univers clos est qu'elle constitue un monde en crise à la veille de la Révolution. Dans ces années-là, jamais une société d'ordres, fondée sur la naissance, n'a manifesté autant sa sclérose, jamais l'absolutisme n'a été paralysé à ce point par ses contradictions.

C'est aussi parce que, à la suite des défaites de la guerre de Sept Ans, le pouvoir a entamé des réformes dans le domaine militaire. Liées à une interrogation bienvenue et à une prise de conscience salutaire, elles traduisent cependant une imitation de la Prusse souvent artificielle et maladroite. Initiées par le duc Étienne François de Choiseul (1719-1785), secrétaire d'État à la Guerre de 1761 à 1770, reprises et amplifiées par le comte de Saint-Germain, ministre de la Guerre de 1775 à 1777, ces réformes ne font d'ailleurs pas l'unanimité même auprès des militaires et des officiers nobles. Pour dresser les soldats à la discipline prussienne — ce n'est pourtant pas ce que préconisait Guibert —, sont introduits des châtiments jugés infamants et contraires au tempérament national, d'ailleurs peu appliqués ; par exemple les coups de plats de sabre ou de baguettes de fusils infligés au soldat puni par ses propres camarades alignés sur deux haies entre lesquelles il défile dévêtu. Il suffit qu'on sache que ces punitions peuvent être ordonnées pour aggraver la condition du soldat et dégrader l'image que beaucoup s'en font.

En second lieu, on attribue les causes de défaites à l'incapacité des officiers qui commandaient l'armée pendant la guerre de Sept Ans ; et notamment aux anoblis de fraîche date qui ont acheté leurs grades et sont perçus comme incompétents. D'où une louable volonté de professionnalisation qui conduit à la création de collèges préparatoires aux écoles militaires existant depuis le milieu du XVIIIe siècle et à l'abolition de la vénalité des charges à partir de 1776. D'où aussi et surtout une réaction nobiliaire qui n'écarte pas nécessairement les incapables, récemment anoblis ou pas, mais devient une machine de guerre dirigée contre le tiers état. Si le critère de l'argent est formellement écarté, le talent et le mérite ne sont pas nécessairement promus. En 1781, l'édit de Ségur exige quatre quartiers de noblesse du futur officier. L'ordonnance de 1788 aggrave encore la situation[28]. La réaction nobiliaire ne profite même pas à la petite noblesse qui l'avait parfois souhaitée parce que, en raison du fait qu'elle avait conservé l'antique vocation militaire de la noblesse

— du moins ses représentants l'affirmaient-ils —, elle se jugeait la plus capable d'accéder aux plus hauts grades : en effet, ceux-ci restent le monopole de la grande noblesse, celle qui est «présentée». Quant au bourgeois devenu officier, il sait qu'il ne pourra jamais dépasser le grade de capitaine. Enfin, les bas-officiers, roturiers qu'on appellerait aujourd'hui les sous-officiers, comprennent qu'ils ne deviendront jamais officiers. Dans de telles conditions, la barrière de la naissance se referme sur le groupe des officiers en passe de devenir une caste, les tensions sont vives au sein des régiments et la désertion y sévit.

L'ignorance et les réticences des Français ne sont pas non plus levées, quand elles ne sont pas aggravées par l'existence de la milice. Par bien des points, elle annonce la conscription du XIXe siècle mais elle n'a pas été évoquée avec les armées qui se recrutaient en Europe par ce mode car elle ne concerne qu'une infime partie des forces armées du royaume, de même que les milices anglaises, espagnoles et piémontaises dans leurs États respectifs[29]. Elle est aussi une première forme de devoir militaire imposée à ceux qui ne sont pas soldats de métier.

Créée en 1688 par Louvois sous Louis XIV, la milice est conçue comme auxiliaire de l'armée royale qui garde les places fortes et maritimes pendant que celle-ci combat. Supprimée en 1697, elle est rétablie en 1702 lors de la guerre de succession d'Espagne et, cette fois, elle devient une réserve dont les membres peuvent être appelés à combattre. En 1706, certains miliciens sont directement versés dans les régiments sans même être passés au préalable par les bataillons de milices. De nouveau supprimées en 1714 lorsque la paix revient, les milices sont reconstituées en 1726 et, dans la seconde moitié du XVIIIᵉ siècle, si elles sont en général cantonnées dans leur rôle d'auxiliaires de l'armée, certains miliciens sont de nouveau appelés à combattre dans des unités composées alors uniquement de ceux qu'on appelle les soldats provinciaux. C'est le cas pendant la guerre de Sept Ans. Les milices sont touchées comme l'armée par les réformes mais ces tentatives échouent et Saint-Germain les supprime en 1775. Certes, elles sont rappelées en 1778 mais n'ont plus qu'une existence de principe. À partir de 1783, de fait, les bataillons ne sont plus réunis[30]. Ce n'est donc qu'en théorie que les 55 000 à 75 000 miliciens s'ajoutent à la force armée du royaume.

Or la milice demeure très impopulaire. Elle n'a été acceptée que lorsqu'elle coïncidait très exactement avec un sursaut — ou la nécessité d'un sursaut — national ; premier exemple de cette dissociation chez les Français entre le fait guerrier et le fait militaire que l'on retrouvera dans leur attitude envers le service.

En premier lieu, les modalités de son fonctionnement suscitent le rejet. La milice reposait initialement sur le tirage au sort dans chaque paroisse d'un homme pris parmi les célibataires et les hommes mariés ou veufs sans enfant âgés de vingt à quarante ans puis, à partir de 1765, de dix-huit à quarante ans. Exercés quelques jours par an en temps de paix, ils étaient équipés et armés par leur communauté. Certains caractères de l'institution montrent une parenté entre la milice du xviiie et la conscription du xixe siècle, par exemple le fait que l'intendant, représentant du pouvoir royal, et non l'administration militaire, dirige l'organisation des levées, le tirage au sort; mais la milice porte sur les communautés, la conscription portera sur les individus[31].

Le tirage au sort paraît se dérouler sous le signe de l'arbitraire et de l'inégalité: inégalité de la répartition des hommes à lever entre les généralités en fonction de la population qui les composait en... 1726 et qui n'avait pas été réévaluée depuis; inégalité entre les campagnes et les villes qui pratiquement ne «tirent plus à la milice», inégalité entre les ordres bien sûr puisque seul le tiers état est astreint à fournir des miliciens; inégalité au sein même du Tiers car les domestiques des privilégiés sont *ipso facto* exemptés, que la liste de ceux qui avaient droit à des exemptions ne cesse de s'allonger et que ceux qui le peuvent se font remplacer à prix d'argent bien que le remplacement soit interdit. Souvent d'ailleurs, c'est la communauté villageoise qui se cotise pour acheter un remplaçant. Les «misérables» que les écrivains militaires croyaient voir peupler l'armée de la monarchie se retrouvent aussi bien dans la milice. Les miliciens sont donc ceux qui n'ont pu échapper au sort ni se faire remplacer ou même ceux qui se sont faits remplaçants pour assurer leur survie[32].

Ce ne sont pas seulement les dysfonctionnements du système qui entraînent l'hostilité des Français à son égard; d'ailleurs, en temps de paix, les contraintes ne sont pas lourdes bien qu'elles puissent le paraître : nécessité pour le milicien de demander l'autorisation de s'éloigner de sa paroisse, perte des journées de travail pendant les réunions ; mais ces obligations ne sont plus que théoriques. C'est l'existence même de la milice qui est mise en question et les cahiers de doléances à la veille de la Révolution le disent avec force : elle n'a plus lieu d'être.

UNE ARMÉE NOUVELLE EN GESTATION

Les penseurs et le service militaire : une proposition minoritaire

L'héroïsme exigé du guerrier est une sanglante illusion, le sens de l'honneur, aimant traditionnel du combattant, une duperie, l'homme sans cesse sous les armes, un vestige des temps féodaux et barbares, l'armée permanente, un outil au service de l'absolutisme et de la soif de conquête et de gloire des souverains, d'autant qu'elle est composée de militaires dont on requiert une obéissance aveugle. Tels sont les jugements portés par la pensée des Lumières. Par-dessus tout, l'existence même de l'armée entraîne fatalement la guerre. La cause est entendue et l'on comprend pourquoi les Constituants, disciples des philosophes, déclareront la paix au monde en 1790. On remarquera qu'au moment où ces affirmations sont énoncées, la menace d'invasion du royaume s'atténue, les contraintes géostratégiques sont moins perceptibles.

Pourtant les penseurs militaires, du moins Guibert et ses épigones, sont habitués des salons et inscrivent leur réflexion dans la pensée de leur temps. Et les philosophes, tels Montesquieu ou Mably, ne dédaignent pas de dessiner les traits de l'armée idéale. Dans le cas de Guibert, il est même difficile de distinguer le philosophe et le militaire, d'où l'appellation particulièrement justifiée à son propos de militaire-philosophe. Cependant, on a vu que Rossbach n'a pas seulement provoqué un traumatisme mais un réveil, militaire plutôt que guerrier. Il ne s'agit pas en effet d'un regain de bellicisme ni de la diffusion d'une culture de guerre. On comprend ainsi les paradoxes et les contradictions qui marquent les propositions de ces hommes et qui vont faire que le citoyen-soldat du service militaire apparaîtra rétrospectivement comme l'homme des Lumières et de la Raison !

Propositions qui commencent pour certaines à être appliquées dès la fin de l'Ancien Régime non sans effets pervers comme la réaction nobiliaire. Dans ces propositions, le service militaire est extrêmement minoritaire et fait figure d'utopie.

Tous, philosophes aussi bien qu'écrivains militaires, s'accordent sur une vision très sombre des soldats de métier et même sur la légende noire de leur condition. Les miliciens ne sont pas mieux perçus, même par ceux qui vont prôner le service obligatoire du citoyen. Au contraire même, car ils jugent que la milice n'en est que la caricature.

Tous veulent une armée nationale mais beaucoup ne l'envisagent que comme une armée de métier, transformée dans son esprit, patriote et éclairée. Tous sont admirateurs d'une Antiquité mythifiée mais sont partagés entre le modèle de Sparte — aussi bien celui de Rome — et le modèle d'Athènes, et, à travers ce choix, s'opposent déjà deux conceptions de la liberté. Tous rejettent la société contemporaine, selon eux molle, corrompue et efféminée. C'est en effet un trait constant chez ceux qui débattent du service militaire que, à la virilité qu'ils lui associent, ils opposent non pas la féminité (qui pourrait être perçue comme différente mais positive) mais une notion dépréciative. Cependant, tous ne proposent pas les mêmes remèdes à ces maux. Tous veulent la régénération — mot du temps — de la société et de l'armée mais doivent-elles l'être l'une en même temps que l'autre ou l'une par l'autre ? Et dans ce cas, laquelle doit être le guide de l'autre ?

En envisageant l'oxymore d'une guerre rationnelle, Guibert appelle de ses vœux des soldats nouveaux, nullement des citoyens-soldats. Il veut une force intelligente dont la science manœuvrière l'emporte sur le nombre, constituée d'hommes instruits — pas seulement des questions militaires — et, par-dessus tout, sachant pourquoi ils combattent. Des soldats-citoyens en somme, dans le sens où désormais tout homme, quel que soit son état, doit être attaché à sa patrie, mais qui restent des professionnels de la guerre dont la condition matérielle et morale doit être améliorée, non des civils. Dans la pensée de Guibert, la défense demeure l'affaire des hommes de métier, non le devoir qui s'impose ou que l'on impose à tous.

Par une singulière contradiction, en même temps

que Guibert souhaite que la guerre demeure limitée et estime que seule une armée de métier à faibles effectifs permettra de lui garder ce caractère, il pressent que des combattants motivés, même dans le cas d'une lutte défensive, risquent d'être «jusqu'au-boutistes», d'entraîner derrière eux une nation entière et de mener une guerre sans merci, sans limites, «irrationnelle», comme le seront celles du XXᵉ siècle et déjà par certains traits celles de la Révolution et de l'Empire. Guerre dont il craint mais désire parfois l'avènement[33]. Cette fascination mêlée de répulsion fait de ce tenant des Lumières un précurseur du romantisme militaire. Bien plus, Guibert semble parfois envisager la guerre, à tout le moins l'état et l'esprit militaires en temps de paix, comme une école de vertu :

> Il faut que le roi qui, en France, peut tout, où ses mœurs déterminent les mœurs politiques, veuille ramener ses courtisans à une vie agissante et militaire. Bientôt, on verra disparaître la mollesse, le libertinage, la débauche obscure et ruineuse et tous les petits vices qui dégradent les grands seigneurs. Bientôt à la génération actuelle succédera une génération propre à la guerre et à la gloire. [...] la bourgeoisie ne regardera plus l'état du soldat comme un opprobre[34].

Pour qu'un tel état d'esprit se répande, il ne prône pas plus que Servan dans son ouvrage *Le Soldat citoyen*[35] que chaque membre de la société soit pour autant astreint à vouer une partie de son temps à la défense du royaume. En considérant le titre de cet ouvrage, il faut prendre garde à la position des termes de celui-ci. Certes, par principe, Servan proclame :

> La véritable constitution d'un royaume a toujours consisté dans l'obligation que chaque sujet contracte, en naissant, de servir sa patrie [...]. On croit que le meilleur et le plus juste des moyens pour suppléer à l'insuffisance des enrôlements libres serait l'obligation du service militaire pour tous les citoyens sans distinction d'état depuis l'âge de dix-huit ans jusqu'à celui de quarante ans[36].

Mais d'emblée il affirme aussi que ce service obligatoire n'est pas un service personnel, que :

> dans cette espèce d'armée, chaque citoyen serait obligé à huit ans de service comme officier ou comme soldat, ou par lui ou par un avoué [en d'autres termes un remplaçant] qui servirait pour lui et dont il répondrait, sans que ce service de l'avoué le dispensât [...] de remplir son obligation particulière comme citoyen si le cas l'exigeait[37].

Comme Guibert, il déplore que les troupes royales soient trop nombreuses et préfère comme lui qu'elles soient constituées d'un petit nombre de soldats, mais des soldats instruits, éclairés, animés par l'amour de leur patrie et qui se montrent bons manœuvriers non par automatisme mais par vertu. Selon lui, le vivier de l'armée royale devrait se trouver dans des compagnies fixées dans leur province d'origine par un système de manoirs ou de hameaux militaires. Ceux-ci rassembleraient des engagés acceptant de servir huit ans et qui à cette fin recevraient des terres. Exercés au milieu de leurs compatriotes au lieu d'être isolés d'eux dans les garnisons des frontières, ils participeraient en outre en temps de paix aux travaux des champs et aux travaux publics. On voit que derrière cet idéal de soldat-laboureur se profile le mythe du soldat romain.

Cependant, malgré leur nostalgie des états de l'Antiquité[38], ni Guibert ni Servan ne pensent que toute la société doive être transformée en camp permanent. D'ailleurs, pour eux, « révolution » de la société — en employant ce terme ils songent à une révolution des mœurs et à une révolution morale — et « révolution » de l'armée doivent marcher de pair.

Tout autres sont les visées du chevalier d'Arcq qui écrit dès 1756 *La Noblesse militaire ou le Patriote français*[39]. Selon lui, la régénération de l'armée est un préalable à celle de la société, celle-ci devant se modeler sur celle-là. Mais, voulant ramener la noblesse en général et la petite noblesse en particulier à sa vocation militaire traditionnelle, le chevalier d'Arcq réserve la direction de cette armée aux nobles et participe à la réaction nobiliaire qui, au demeurant, n'a même pas profité à ceux dont il se faisait le champion. Dans un tel projet où la défense du royaume est l'apanage d'une « élite », et l'honneur de servir la patrie, le monopole d'une caste, le service militaire du citoyen n'a pas sa place.

Cette idée est beaucoup plus nettement formulée par un homme de guerre, Maurice de Saxe, dans son ouvrage *Les Rêveries* dont on a dit plus haut qu'il l'écrivit dès 1732 mais qu'il ne fut publié qu'au commencement de la guerre de Sept Ans. Lui aussi se réfère à la Rome antique et déplore le recrutement des armées de son temps composées de « mercenaires » peu intéressés à la conduite de la guerre et incapables de mettre en œuvre une bonne tactique[40]. Il préconise un service de cinq ans qui serait imposé à tous, nobles et roturiers, riches et pauvres, et auquel nul ne saurait se dérober. « Ne vaudrait-il pas mieux établir, par une loi, que tout homme, de quelque condition qu'il fût, serait obligé de servir son prince et sa patrie pendant cinq ans ? Cette loi ne saurait être désapprouvée, parce qu'il est naturel et juste que les citoyens s'emploient pour la défense de l'État[41]. »

On voit à quel point Maurice de Saxe se montre précurseur comme certains philosophes qui vont aussi dans son sens, non sans contradictions d'ailleurs. Dès 1742, Montesquieu pose le problème de l'existence d'une armée nationale dans *De l'esprit des lois*. Il ne veut plus de l'instrument aux mains d'un despote qu'est à ses yeux l'armée. « Pour que celui qui exécute ne puisse pas opprimer, il faut que les armées qu'on lui confie soient peuple et aient le même esprit que le peuple, comme cela fut à Rome jusqu'au temps de Marius[42]. » Cette armée nationale doit-elle reposer sur le service militaire ? Montesquieu envisage deux cas de figure :

> Et, pour que cela soit ainsi, il n'y a que deux moyens : ou que ceux que l'on emploie dans l'armée aient assez de bien pour répondre de leur conduite aux autres citoyens, et qu'ils ne soient enrôlés que pour un an comme il se pratiquait à Rome ; ou, si on a un corps de troupe permanent, et où les soldats soient une des plus viles parties de la nation, il faut que la puissance législative puisse le casser sitôt qu'elle le désire ; que les soldats habitent avec les citoyens et qu'il n'y ait ni camp séparé, ni casernes, ni place de guerre[43].

De toute façon, Montesquieu ne pense pas que le service d'un an soit applicable dans un État contemporain. Par ailleurs, sa conception de la liberté contredit celle qu'en ont Rousseau et Mably, adeptes du service universel et obligatoire. Il déplore d'ailleurs « la maladie contagieuse » qui semble vouloir transformer toute l'Europe en armée. Encore Rousseau et Mably pensent-ils que le service du citoyen ne peut être envisagé que dans de petites républiques[44]. Ils n'ont pas de mots assez durs pour stigmatiser l'armée de métier et aussi la milice, caricature du service obligatoire pour Rousseau, et pour fustiger la société française amollie par le « luxe ». Pour Mably, la cité idéale est Sparte.

À son tour, Rousseau proclame : « Tout citoyen doit être soldat par devoir, nul ne doit l'être par métier. Tel fut le système militaire des Romains, tel est aujourd'hui celui des Suisses, tel doit être celui de tout État libre[45]. » Pour qu'il soit institué dans un État, il faut que tous les habitants de cet État soient citoyens, libres et heureux. Alors, ils seront requis pour la défense de ce bonheur.

Ils seront « requis », ils « devront », disent Rousseau et Mably. En même temps, l'instauration de ce service doit émaner de la volonté, voire de l'adhésion spontanée des citoyens ; la loi leur impose moins un devoir qu'elle ne leur reconnaît un droit, affirment les deux philosophes. Par un renversement conceptuel, le sacrifice suprême que fait l'individu de son temps, éventuellement de sa vie, et la plus extrême contrainte qui s'exerce à son encontre se transforment en la preuve la plus haute de sa liberté. Mais celle-ci est la liberté du citoyen, non la liberté de l'individu. Bien conscients d'être dans une impasse, ils avancent qu'elle peut être résolue par la vertu qui existe dans la conscience de chaque citoyen[46].

Ces débats peuvent sembler passablement abstraits et ne concernent qu'un État idéal, de l'aveu même de ses protagonistes, qui au demeurant, même Mably et Rousseau, prétendent détester la guerre. Or ils vont s'incarner beaucoup plus vite que ces auteurs ne le pensaient dans les réalités de leur temps. Le sort des conscrits qui s'esquissait dans les traités militaires se précise en 1789 chez un écrivain militaire bien oublié aujourd'hui, Jean-Christophe Sandrier dit le chevalier Des Pommelles (1746-après l'an XI ?)[47]. Il est vrai qu'il n'a pas l'envergure de Guibert, *a fortiori* celle de Rousseau. Il n'a pas donné non plus à son ouvrage de titre prémonitoire comme Servan[48].

Démographe, il est davantage un praticien qu'un penseur. À l'origine de sa réflexion qui veut demeurer sur le terrain des réalités concrètes et non des principes, un constat : l'insuffisance quantitative et qualitative des enrôlements volontaires dans l'armée royale. Il ne souhaite pas cependant l'abolition de l'armée de métier mais qu'elle soit épaulée par une réserve constituée par conscription, au fond la milice, mais une milice épurée de ses abus, de l'arbitraire qui l'entache ; en somme, un service obligatoire et universel mais imposé aux seuls célibataires en âge et en état de porter les armes, sélectionnés par tirage au sort[49]. Il ne s'agit pas en effet de perturber la vie économique du royaume ni de porter atteinte à la liberté personnelle des individus. D'ailleurs, en temps de paix, les miliciens ne seraient pas exercés sans cesse, ils continueraient à vaquer à leurs occupations la plupart du temps. Dans l'immédiat, Des Pommelles n'est pas entendu.

Les Français et le service militaire : le rejet

« Que notre République soit donc militaire, que tout citoyen soit destiné à défendre sa patrie ; que chaque jour, il soit exercé à manier les armes ; que, dans la ville, il contracte l'habitude de la discipline militaire dans un camp »[50], tel est le souhait de Mably en 1763. C'est peu de dire que, en 1789, les Français refusent massivement un tel programme et que l'imitation de Sparte qu'il propose ne suscite aucune nostalgie.

Certains cahiers de doléances évoquent ce que doit être une armée nouvelle bien que tous n'abordent pas la question, loin de là. Il faut cependant souligner que ceux qui le font affirment le droit et même le devoir des citoyens et pas seulement de ceux qui en font un métier à donner leur avis sur la défense de la patrie. À partir d'une situation locale, particulière il est vrai, le tiers état du Ponthieu proclame : « Dans une province où il est devenu un reproche, pour la classe la plus nombreuse des habitants, de n'avoir point consacré quelques années de sa vie au service du roi et de la nation, le tiers état ne doit point voir avec indifférence la constitution militaire[51]. »

La milice suscite un rejet viscéral dans les

cahiers paysans, plus réfléchi dans ceux des élites du tiers état. Au demeurant, les deux ordres privilégiés ne la défendent pas davantage. Si elle est d'abord dénoncée pour ses dysfonctionnements, presque personne ne songe à la réformer. C'est son existence même qui est en question et le vœu quasi unanime exprimé dans les cahiers est de l'abolir. Comme on peut voir dans la milice les linéaments de la conscription sinon du service personnel, il convient de s'interroger sur les arguments qui militent en faveur de sa suppression.

Elle est inutile voire nuisible à l'économie car elle arrache à l'agriculture les bras d'utiles producteurs[52]. Ce thème de l'utilité sociale court en filigrane de tous les cahiers, même si, à la fin de l'Ancien Régime, cette dénonciation du « fléau des campagnes » ne correspond plus à la réalité. Elle est aussi nocive par ses modalités que par son instauration :

> Elle nuit à l'agriculture, elle dépeuple les campagnes que les mises à la bourse [le mécanisme qui permettait aux communautés ou aux familles d'acheter des remplaçants] ruinent encore plus. Elle précipite les unions peu réfléchies, elle envoie dans les villes et surtout à la capitale les hommes les mieux faits et les plus robustes pour servir en qualité de domestiques [qui échappaient à la milice en étant exemptés][53].

Nuisible, elle est également injuste. Elle est perçue comme un impôt supplémentaire, comme un impôt d'Ancien Régime s'entend, par conséquent de façon négative. Elle est une seconde taille pour le tiers[54], une corvée et peut-être le pire des impôts actuels. Le tirage au sort et l'achat de remplaçants redoublent l'inégalité. Face à elle, ce ne sont pas seulement les ordres qui sont inégaux mais les membres du tiers état eux-mêmes. « Les milices occasionnent des dépenses considérables aux pères de famille, ils se saignent, ils vendent jusqu'à leurs vêtements pour mettre à la bourse[55]. » « Ceux qui ne peuvent se faire remplacer partent alors qu'ils sont l'unique soutien de parents vieux et infirmes, de frères et sœurs en bas âge, de mères veuves[56]. »

En second lieu et surtout, elle viole l'ordre de la société et bien davantage les principes sur lesquels on veut fonder une société nouvelle. Attentatoire à l'égalité par son fonctionnement, la milice l'est aussi à la liberté par son existence. Les masses populaires le disent comme les élites, chacune à leur manière. Le cahier du bailliage de Nemours va jusqu'à affirmer que cette institution n'a été établie par aucune loi, qu'elle n'est que l'effet d'un abus d'autorité[57]. Elle viole la liberté de la nation, celle du citoyen, celle de l'individu. Elle caractérise la servitude civile et politique des Français[58], le tirage au sort est une marque d'esclavage[59]. Le Tiers de Château-Thierry constate :

> Sans doute tous les citoyens doivent porter les armes et servir pour la défense de la Patrie et ceux que le devoir mène à cette profession ne peuvent manquer d'être les meilleurs soldats mais souvent le sort tombe sur un sujet qui n'a ni le goût ni les qualités nécessaires pour le service militaire, souvent il tombe sur le fils de la veuve ou d'un père infirme dont les champs sont abandonnés. La justice exige qu'on ne laisse pas au sort ce qui peut être confié à la raison[60].

La raison, mais aussi la nature, voire le bonheur, voilà les notions qu'invoque la bourgeoisie pour traduire le rejet de la milice par les masses. Celles-ci se placent sous le signe du bon sens. On ne fait pas d'un individu un soldat ni un marin malgré lui[61]. « C'en est [une injustice] bien grande aussi et une grande cruauté que d'envoyer à la guerre, au gré du sort, les hommes qui n'en ont point envie [...]. C'est le moyen de leur rendre le service odieux et ce n'est pas celui d'en faire des soldats aussi bons qu'ils le seraient s'ils marchaient de leur propre gré, par zèle et par amour de la gloire[62]. » Ainsi conclut le tiers état d'une paroisse proche de Nemours, Saint-Sulpice-de-Chevannes.

Mais alors, comment assurer la défense du royaume ? Dans le cas d'extrême péril, certains cahiers ne doutent pas que les Français, conformément à leur tempérament national, voleront spontanément aux frontières. C'est déjà la levée en masse qui est envisagée, mais sans l'obligation qui l'accompagnera en 1793. « Qu'est-il besoin de faire des miliciens [...] quand l'État, au moindre signal, peut se procurer autant de soldats qu'il en a besoin pour attaquer ou se défendre ? »[63] se demande le tiers état du bailliage d'Étampes et celui du bailliage de Beaumont-le-Roger renchérit : « L'amour du Français, sa belliqueuse et martiale ardeur le fera voler sous les drapeaux au seul bruit de guerre et les enrôleurs n'auront plus que l'embarras du choix[64]. »

Plus généralement, c'est l'armée de métier qui remporte les suffrages mais une armée nationale se conformant aux principes de liberté et d'égalité à fonder ; et d'abord se conformant au génie national qui se confond avec le sens de l'honneur à propos duquel le tiers état se montre tout aussi chatouilleux que la noblesse. Cet honneur n'est pas incompatible avec la liberté, bien au contraire, et c'est en leur nom à tous deux que les cahiers des trois ordres réclament unanimement la suppression des châtiments à la prussienne et, à l'arrière-plan, une amélioration des conditions d'existence du soldat et même sa réhabilitation.

Si l'on respecte sa liberté, le soldat respectera la liberté de ses concitoyens. Noblesse et tiers état s'accordent encore sur ce point. C'est toujours contre l'ennemi que le combattant doit porter ses armes, jamais contre ses compatriotes, jamais contre la constitution qu'on espère des futurs États généraux. La suprématie du pouvoir militaire sur le pouvoir civil est repoussée avec horreur, y compris par la noblesse[65]. Bien plus, l'armée ne devrait pas suivre les ordres du souverain s'ils étaient contraires aux lois consenties par les États généraux. La noblesse est la première à le dire même si le tiers état la rejoint sur ce point[66].

Aussi bien dans les cahiers de la noblesse que dans ceux de la bourgeoisie, voire dans ceux des paysans, on trouve l'idée que le militaire doit justifier son existence en temps de paix. De guerrier « sanguinaire » qu'il était, entraîné dans une surenchère de vaine gloriole[67], le soldat est sommé de devenir utile. Avant les rédacteurs des cahiers, les loges militaires de la franc-maçonnerie, souvent créées par la petite noblesse et dont la multiplication témoigne de la recherche d'une compatibilité entre la « sensibilité » des Lumières et les devoirs du combattant ainsi que d'une volonté de régénérer la société par l'armée, ne disaient pas autre chose en réclamant un soldat « utile et bienfaisant »[68]. L'utilité sociale, valeur nouvelle, se conjugue avec l'honneur, valeur traditionnelle, et n'est pas antinomique avec la liberté chez le soldat qui côtoiera « l'utile » producteur ou en deviendra un lui-même, en allant faire les moissons, en se livrant aux travaux publics ; comme les soldats romains, ajoutent les cahiers de la noblesse et parfois ceux du tiers état. Tous pensent que ce sera une meilleure préparation à la guerre que la vie de garnison qui donne lieu elle aussi à une légende noire.

Mais le point fondamental sur lequel les cahiers divergent est celui de l'égalité. Très peu de cahiers de la noblesse remettent en cause le privilège, encore aggravé par la réaction nobiliaire. La petite noblesse militaire, qui s'exprime beaucoup sur l'armée dans les cahiers de son ordre, ne conteste que les aspects de cette réaction dont elle n'a pas profité, la plus audacieuse réclame l'égalité... au sein de la noblesse[69]. Au contraire, les cahiers du tiers réclament un accès aux grades et un avancement liés au courage, au mérite, au talent, et à eux seuls. Certes, ces propositions émanent davantage des cahiers des villes et des bailliages dans lesquels s'expriment les élites du tiers état qui sont concernées au premier chef par cette exclusion. Mais tous les cahiers semblent dire que c'est le respect de l'égalité qui rendra l'armée... respectable et même fidèle à l'honneur traditionnel. Dans les cahiers des privilégiés transparaît l'idée que la noblesse maintenue à la tête de l'armée se régénérera en demeurant dans son antique vocation et ce faisant régénérera la nation entière dont elle sera le guide. C'était déjà la conception du chevalier d'Arcq. Au contraire, pour le tiers état, c'est parce que l'armée, à l'image de la société nouvelle, sera fondée sur l'égalité qu'elle sera régénérée[70].

LES PRUDENTES RÉFORMES
DE LA CONSTITUANTE

Le choix de la Constituante :
le refus de la conscription

C'est au cours des mois de novembre et décembre 1789 que se déroule un débat sur l'armée au sein de la première assemblée de la Révolution, la Constituante. La France est alors et encore en paix, que les Constituants, universalistes et «pacifistes» avant la lettre — et en cela ils suivent la majorité des philosophes — ne songent qu'à consolider. Cinq mois plus tard, ils déclarent la paix au monde et cette proclamation est loin d'être simplement rhétorique. Il s'agit d'une tentative d'instauration d'un nouveau droit des gens[71]. Mais une ère nouvelle s'ouvre pour la France. Pour les Constituants, il est cohérent de se préoccuper de l'institution plutôt que de l'instrument d'une guerre à préparer et de s'interroger sur la nature de la force armée et sur ses rapports avec le souverain. Celui-ci n'est plus seulement le roi mais la nation. Guibert le disait déjà : il n'est pas de «bonne» guerre, ni de bonne armée sans bonne politique.

En l'occurrence, il s'agit davantage de politique intérieure que de politique extérieure. La discussion n'est pas purement idéologique ni tout à fait abstraite car, chez la majorité des Constituants, demeure la crainte que le roi ne ressaisisse les rênes du pouvoir absolu grâce à ses troupes. Le rapport de force entre les États généraux devenus Assemblée nationale constituante et Louis XVI a tourné pour l'instant à l'avantage des premiers, grâce au mouvement populaire mais grâce aussi à une partie de l'armée. Il s'est trouvé des soldats et sous-officiers des unités d'élite, les gardes-françaises, pour combattre aux côtés des insurgés du 14 juillet 1789. Il s'est trouvé des soldats pour refuser de tirer sur la foule qui marchait sur Versailles en octobre. Mais une majorité de Constituants est toujours encline à voir dans les troupes le docile instrument du despotisme.

Le recrutement de l'armée domine le débat. Cette question commande la poursuite et l'étendue des réformes qui seront ensuite entreprises. Elles ne seront pas les mêmes s'il s'agit d'une refondation et de la substitution d'une armée de conscription à une armée de métier ou s'il s'agit d'une réorganisation ; même si les Constituants s'accordent sur le fait que les modalités du recrutement doivent être en harmonie avec une nation et une société en voie de profonde transformation.

Lorsque le 19 novembre 1789, le comité militaire de la Constituante présente le rapport préalable à la discussion, la conscription, en tant que mode de recrutement impliquant des citoyens sinon la totalité de ceux qui sont en âge et en état de l'être, est d'ores et déjà condamnée, même si les auteurs du rapport feignent de s'interroger sur les mérites respectifs de l'engagement volontaire dans l'armée de métier et du service obligatoire[72]. Le mémoire du marquis Jean-Frédéric de La Tour du Pin-Gouvernet, alors ministre de la Guerre, accompagne le rapport[73] qu'il résume. Il montre bien quels arguments vont déterminer le choix entre les deux systèmes. La liberté et l'égalité structurent les démonstrations des partisans du service militaire obligatoire et de ses adversaires ; les premiers souhaitent prouver qu'une armée de conscription respecte ces principes, les autres rétorquent qu'elle les bafoue.

À vrai dire, quand la discussion s'engage, le 12 décembre 1790[74], les thuriféraires de la conscription sont minoritaires. Leur porte-parole est Edmond Louis Alexis Dubois de Crancé (1747-1814), qui plus tard sera appelé Dubois-Crancé, issu de la petite noblesse militaire comme Guibert et Servan mais moins théoricien qu'eux. C'est un homme de terrain, engagé très jeune dans l'armée royale. Officier retiré du service, il se fait élire aux États généraux, comme député du bailliage de Vitry-le-François, non par l'ordre de la noblesse auquel il appartient mais par le tiers état[75]. Il est membre du comité militaire et, à ce titre, il a participé à l'élaboration du rapport préparatoire à la loi. Dès le 19 novembre, il proteste devant la présentation qui en est faite et qui laisserait croire que les jeux sont faits contre la conscription. Il rappelle que seule la moitié des membres du comité se reconnaît dans l'orientation qui semble se dessiner[76]. Il ne saurait cependant être considéré comme un adepte inconditionnel du service universel et personnel. Il convient d'examiner la formule qui le rendit célèbre et le fit passer pour le père du citoyen-soldat et qui déchaînera les foudres de la majorité des Constituants.

> C'est maintenant un droit à tous les Français de servir la patrie. C'est un honneur d'être soldat quand le titre est celui de défenseur de la constitution de son pays [...]. Chaque citoyen doit toujours être prêt à marcher pour la défense de son pays [...]. J'établis pour axiome qu'en France tout citoyen doit être soldat et tout soldat citoyen ou nous n'aurons jamais de constitution[77].

Si la première partie de cet axiome est «dans l'air du temps» et acceptée par tous, la seconde partie choque indubitablement beaucoup de ses collègues. Or qu'entend-il exactement par cette formule? Il précise plus tard: «Il faut donc une conscription vraiment nationale qui comprenne la seconde tête de l'Empire et le dernier citoyen actif[78].» Ce qui veut dire que le roi est exclu mais aussi tous les citoyens passifs que leur faible niveau de ressources écartera du vote jusqu'en 1792[79].

Par ailleurs, si le système de la conscription doit s'appliquer à la seconde ligne des forces armées, composée des célibataires de dix-huit à quarante ans inscrits comme faisant partie de l'armée active et exercés régulièrement, il concède le maintien d'engagés volontaires pour la première ligne. Ce n'est qu'en temps de guerre qu'une partie de la seconde ligne rejoindra la première pour combattre.

Par contre, il n'admet ni tirage au sort, qui ressemble trop à un impôt, ni remplacement, alors que certains de ceux qui le suivaient sur le terrain du service obligatoire les acceptaient :

> Il ne faut point consentir à aucun remplacement, il ne faut point admettre des avoués [...]. Bientôt les pauvres seraient seuls chargés du service militaire, bientôt la liberté serait compromise [...]. Si vous tolérez une fois les avoués, les remplaçants, tout est perdu ; de proche en proche, tous les riches voudront se soustraire au service personnel et les pauvres resteront seuls chargés de cette fonction si noble pour un peuple libre ; alors le métier des armes retombera dans son avilissement, le despotisme en profitera et vous redeviendrez esclaves[80].

De telles conceptions qui ne s'apparentent pas à un bouleversement révolutionnaire sont attaquées avec passion. En premier lieu, au nom de l'égalité et d'abord l'égalité entre les individus. Certains orateurs n'ont pas de peine à montrer que l'existence de remplaçants y contrevient : en cela, Dubois-Crancé est d'accord ; égalité de condition ensuite ou plutôt risque d'aggravation de l'inégalité qui existe déjà : les pauvres seront dans l'impossibilité de se faire remplacer et leur départ sera la ruine des familles dont ils sont l'unique appui ; enfin, inégalité entre les provinces. Si les nécessités de la défense locale sont partout admises, et si dans ce cas tout homme se fait soldat, l'habitant d'Antibes ou de Perpignan aura-t-il le même comportement quand il faudra porter secours à celui de Brest ou de Dunkerque, se demande le duc de Liancourt[81] ?

En second lieu et surtout, au nom de la liberté.

Le député Jean Xavier Bureaux de Pusy, officier du génie dans l'armée royale et franc-maçon, redoute qu'il faille utiliser la force pour contraindre ceux qui voudront se soustraire à la conscription[82]. Le duc de Liancourt se livre à une joute passionnée contre le système de Dubois-Crancé. Comme tous les contempteurs de la conscription, il estime que son instauration ramènerait à l'effrayant despotisme dont la France vient de sortir. Mais alors que les autres orateurs se contentaient d'évoquer une notion générale, lui, donne des exemples précis et contemporains qui sont autant de repoussoirs : «En Prusse [...] et dans une grande partie des États de l'Empereur [...] la conscription militaire est le développement le plus complet du despotisme» ; et il ajoute à ces contre-modèles d'autres mauvais exemples : «Il vaudrait cent fois mieux vivre à Constantinople ou au Maroc que dans l'État où de pareilles lois seraient en vigueur[83].» Il concède à ses adversaires cependant que la conscription peut être possible et souhaitable dans une nation qui aura connu une révolution. Mais il songe à une révolution des mœurs lente et progressive. Deux conceptions de la liberté s'affrontent et les Constituants butent sur la contradiction que l'on observait chez Mably et Rousseau. La liberté peut être entendue au sens individuel[84] mais pour les partisans du service obligatoire elle est aussi expression de la volonté générale, celle pour laquelle il faut sacrifier son intérêt individuel et sa personne. En fait, une majorité de Constituants préfère une liberté à la Montesquieu. Il n'est pas étonnant que le débat soit clos rapidement par cette phrase lapidaire : «L'Assemblée rend à l'unanimité le décret suivant : "Les troupes françaises de quelque arme qu'elles soient, autres que les milices et les gardes nationales, seront recrutées par engagements volontaires"[85]. » Pendant les neuf années suivantes, on n'emploie quasiment plus le terme de conscription.

Que l'unanimité ne soit qu'une quasi-unanimité ne change rien. Il faut convenir aussi que les élites, ou une grande partie d'entre elles, sont au diapason des masses qui ont donné leur avis dans les cahiers de doléances. Les milices, évoquées pour la forme dans le décret du 16 décembre, seront supprimées le 20 mars 1791.

En 1790, dans son ultime ouvrage *De la force publique*[86], Guibert repousse beaucoup plus fermement qu'auparavant le service militaire imposé aux citoyens avec les mêmes arguments que ceux des Constituants qui l'ont condamné l'année précédente :

> Ce serait enlever des citoyens à leurs foyers, à leurs intérêts, à leurs familles et les entraîner comme des esclaves à un *métier* [nous soulignons] auquel ils ne sont pas destinés [...] et que la plupart ne voudraient, ne pourraient et ne sauraient faire [...], lorsqu'il s'agit de défendre ses champs, sa maison, sa famille, tout homme devient soldat ou du moins combattant [...]. Mais, dans un vaste empire, persuaderez-vous à tous les habitants que toutes les provinces de cet empire doivent leur être communes et chères ? Porterez-vous les habitants du Midi à la défense de la Flandre ou de l'Alsace ou ceux de ces provinces à la défense des cités méditerranéennes ou de la Gascogne[87] ?

Il établit un lien entre le service des citoyens et une guerre nouvelle et inexpiable envers laquelle il n'éprouve plus désormais que de la répulsion. La guerre risque de changer de nature si la nation entière y participe. « Il en arrivera [un changement] plus funeste aux nations. C'est que, les faisant participer elles-mêmes directement à la guerre, la guerre les enveloppera directement de toutes ses horreurs [...], quand les nations elles-mêmes prendront part à la guerre, tout changera de face.[88] »

Chez les penseurs militaires, seul Des Pommelles continue à prôner le service militaire obligatoire en 1790. Encore persiste-t-il à n'y voir que l'auxiliaire de l'armée permanente. C'est précisément le titre de son ouvrage *Mémoire sur le mode de formation et de recrutement de l'armée auxiliaire*[89]. Il se montre critique envers l'armée de métier mais n'envisage pas de la supprimer car il ne souhaite pas non plus que les civils soient retenus sous les drapeaux en temps de paix. En cas d'invasion, tout citoyen en état de porter les armes doit combattre en personne mais, une fois l'ennemi repoussé, il revient à ses travaux : « [...] Donc le service personnel doit être la base constitutionnelle de sa formation, celle de l'armée auxiliaire et les enrôlements volontaires ne sont qu'une tolérance et un adoucissement de la loi primitive[90]. »

La loi primitive équivaut pour lui au contrat social : « L'ordre social en même temps qu'il assure des droits aux citoyens leur impose aussi des devoirs ; car ce n'est que sous la condition expresse que chaque citoyen contribuera de sa personne et de sa fortune au maintien et à la défense de la société, qu'il peut au besoin réclamer l'assistance de la société entière pour la défense de sa personne et de sa propriété[91]. » Les hommes de 1793 ne diront pas autre chose mais ils le diront dans une situation de péril extrême et à titre exceptionnel comme dans les perspectives de Des Pommelles.

On pourrait donc soutenir le paradoxe selon lequel la voie vers une armée nationale dans laquelle s'engagent les Constituants est une voie… anglo-saxonne ; du moins telle qu'elle sera à partir de la fin du XIXe siècle, instaurant une force professionnelle respectueuse du pouvoir civil et de la constitution écrite ou non écrite, ne songeant certes pas à s'ériger en modèle ou en guide de la société civile, encore moins à lui dicter sa propre loi par une intervention armée.

Une armée selon la constitution

L'éventualité du service militaire est écartée vigoureusement mais elle va ressurgir tant le problème des effectifs de l'armée royale devient crucial.

D'abord parce que très vite éclate une crise des relations de la France avec l'Europe, menaçant le sort de la Révolution et l'intégrité de la patrie. Mais, si faire face à cette menace semble difficile, c'est que la crise est en même temps intérieure et qu'elle affecte l'armée. On a vu que dès les commencements de la Révolution les troupes royales étaient divisées et déchirées. Les réformes de la Constituante n'y mettent pas fin ; du moins dans l'immédiat.

En effet, une fois déterminé le mode de recrutement de la force armée, il fallait réformer celle-ci. Le 16 décembre 1789, Bureaux de Pusy, qui s'est montré hostile à la conscription, trace dans un discours la voie des réformes que la Constituante doit entreprendre et peut-être aussi leurs limites :

> Il importe moins de détruire le mode de formation des armées que de perfectionner leur régime : il faut que les enrôlements soient vraiment libres, que l'existence des soldats soit améliorée [...], que les emplois trop souvent accordés à la faveur ou à l'intrigue ou à la naissance ou à la fortune soient toujours le prix de l'instruction et des talents [...] et jamais l'armée ne manquera de sujets et jamais vous ne craindrez de la voir devenir l'égout de la société[92].

Il convient que l'armée respecte la liberté de ses propres membres d'abord dans la manière dont se déroulent les engagements volontaires. Cette moralisation est gage d'attractivité et d'efficacité. La condition du soldat que les représentants de la nation veulent tous améliorer y gagne en honorabilité et en dignité. En même temps, le contrôle du pouvoir civil sur les engagements se resserre. C'était déjà une préoccupation de l'Ancien Régime. Mais dans les nouvelles mesures s'affirme aussi la volonté de manifester la primauté du pouvoir civil sur le pouvoir militaire, évidence ou fausse question pour la monarchie dont le souverain rassemblait en sa main tous les pouvoirs. La Révolution, dans un contexte où des rapports nouveaux s'établissent entre armée et nation souveraine, va porter au pinacle cette suprématie qui ne sera jamais démentie par aucun régime, même ceux qui ont débuté par un coup d'État militaire.

Deux lois jalonnent ce processus, celle du 25 mars 1791, puis celle du 25 janvier 1792 qui est prise cette fois par la Législative[93]. Selon la première, au lieu d'être passé d'homme à homme, entre la recrue et le sous-officier ou l'officier recruteur, le contrat d'engagement l'est entre un homme et la nation représentée par les municipalités et les directoires des districts, assemblées élues des départements[94]. Certes, les recruteurs continuent à officier mais des garanties plus strictes sont exigées d'eux et leur action est placée sous les auspices de ces autorités civiles qui exercent une vigilance accrue. Si les recruteurs vérifient l'âge, la conduite et la qualité de l'impétrant, on s'engage comme auparavant à dix-huit ans et toujours pour une durée de huit ans. Les municipalités ratifient l'engagement et sont tenues de s'assurer qu'il n'a pas été arraché par violence ou par surprise ou sous l'effet de l'ivresse. Dans le cas contraire, elles l'annulent et, en cas de litige entre la recrue et le recruteur, elles tranchent en dernier ressort. La loi du 25 janvier accentue le poids du pouvoir civil sur le mode de recrutement de l'armée de ligne, comme on appelle maintenant l'armée royale, en même temps qu'elle rapproche les conditions d'engagement de celles des volontaires car, depuis sept mois, la Révolution commence à faire appel au volontariat, non plus seulement pour former l'armée de métier mais pour constituer des bataillons de volontaires.

La condition du soldat tant matérielle que morale est améliorée par la Constituante, et ce dernier point rejoint celui de la liberté[95]. La citoyenneté active, qui se traduit par le droit de vote, est accordée à celui qui a accompli seize ans de service s'il n'était pas auparavant en sa possession. Les châtiments infamants à la prussienne sont abolis par le Code pénal militaire contenu dans un décret du 30 septembre 1791[96]. La justice militaire ne doit pas être une juridiction d'exception et n'a à connaître que ce qui contrevient directement au devoir militaire. L'accusé qui comparaît devant une telle juridiction reçoit des garanties.

Que la liberté ne soit aucunement le laisser-faire, ou plus concrètement le laisser-aller, on en a la preuve par la lecture du *Règlement concernant l'exercice et les manœuvres* du 1er août 1791[97] inspiré par Guibert, mort l'année précédente. Prévu pour des soldats de métier, il sera imposé aux recrues de la conscription puis du service personnel obligatoire, et ce jusqu'à la fin de la cinquième République. Pas moins de quatre cents pages décrivent en détail les positions exigées du combattant pour passer de l'ordre mince à l'ordre profond et de la formation en colonnes à la formation en lignes. L'anatomie et la physiologie du temps sont appelées à la rescousse pour décomposer les mouvements que doit faire le soldat, ne serait-ce que pour « marcher au pas » précisément, mais aussi manier ses armes, et déjà introduire la cartouche dans son fusil.

L'armée et d'abord l'infanterie auxquelles ce traité s'adresse sont un laboratoire du processus de maîtrise du corps initié en Occident et aussi de ses ambiguïtés. Car la minutie avec laquelle est détaillée la décomposition des mouvements peut tourner à l'absurde et la frontière est mince entre l'instruction et le conditionnement ou le dressage. Pourtant, en souhaitant inculquer des automatismes, Guibert et les autres penseurs militaires ne voulaient pas transformer les combattants en automates. D'ailleurs, tout mouvement, toute position trouvent leur explication dans le *Règlement*, voire leur illustration puisqu'un volume de planches explicatives accompagne le texte.

Il convient aussi que l'armée respecte l'égalité. Le privilège de la naissance ne doit plus trouver place dans l'accession aux grades ni dans le déroulement de l'avancement. Ce sont maintenant l'ancienneté et le choix qui président à celui-ci. Le choix est opéré par ceux qui sont d'un grade supérieur à celui du candidat dans le cas des sous-officiers — on ne dit plus bas-officiers, preuve d'un commencement de réhabilitation de la condition militaire — ou dans celui des officiers subalternes. Ainsi le stipule le décret du 20 septembre 1790[98]. Pour les officiers supérieurs, c'est le pouvoir exécutif qui décide, en temps de paix, de la moitié des nominations. Cela correspond à l'attente des sous-officiers roturiers et des officiers de fortune, entendons d'origine bourgeoise, pour une fois d'accord avec les officiers nobles. On le voit dans les mémoires envoyés à la Constituante[99] dans lesquels se font entendre souvent les militaires francs-maçons. Il n'est nullement question d'ailleurs de service militaire ou alors de manière extrêmement minoritaire.

Certains parmi eux ont fait la guerre d'Amérique (1775-1783). Ils en sont revenus transformés, pas nécessairement d'ailleurs dans un sens révolutionnaire, mais finalement très peu d'officiers de Rochambeau[100] participent à la législation militaire des débuts de la Révolution[101]. De toute façon, il ne semble pas qu'avoir côtoyé les *minutemen* qui combattaient dans les rangs des *insurgents* les ait disposés davantage en faveur des citoyens-soldats[102]. En cela, ces professionnels et, peut-on dire, ce bloc de professionnels, sont en phase avec la société civile.

Ces réformes n'enraient pas la crise de l'armée. En effet, tantôt elles sont peu ou mal appliquées, tantôt elles sont insuffisantes ou ambiguës. Les punitions infamantes infligées aux soldats persistent, telle l'exposition au poteau[103]. En second lieu, si le critère de l'ancienneté pour accéder aux grades puis avancer est un élément objectif, que recouvre celui du mérite ? La cooptation qu'induit le système permet aux officiers déjà en place, en majorité anciens privilégiés, d'avoir la haute main sur les nominations et les promotions. Et même le critère de l'ancienneté souffre d'ambivalence car la réaction nobiliaire fait qu'alors les plus anciens sont aussi les anciens privilégiés.

En admettant même que les réformes de la Constituante ne soient pas en deçà des transformations institutionnelles qu'exigeait la situation, il fallait du temps pour qu'elles produisent tous leurs effets et c'est ce qui manque aux Constituants.

La crise de l'armée atteint son point culminant en 1790 pour diminuer progressivement d'intensité l'année suivante. Elle n'affecte pas toutes les unités et celles qui sont touchées ne le sont pas avec la même gravité. Mais les représentants de la nation restaient sous l'impression d'une décomposition. Le premier symptôme est la chute des effectifs. La Constituante les avait fixés à 150 000 hommes, ils ne sont plus que 124 000 en août 1790, 98 000 en octobre[104]. Cette baisse est due à l'émigration des officiers nobles et bien plus encore à la désertion des soldats roturiers. Que la dichotomie entre cadres privilégiés, supposés être nostalgiques de l'ordre ancien, et soldats du tiers, tous ralliés à l'ordre nouveau, soit simpliste, les historiens l'ont montré... ultérieurement. Pour l'heure, le sentiment de cette dichotomie est accentué chez les protagonistes de ces tensions par ce mouvement de fuite. Il l'est encore et surtout par les mutineries qui éclatent au sein de certains régiments quand les soldats veulent avoir droit de regard sur les comptes tenus par les conseils d'administration. Ils accusent ceux-ci d'être malhonnêtes, nouvel effet de la défiance qui existe entre les cadres et leurs hommes[105]. Les mutineries, particulièrement celle de Nancy qui a lieu en août 1790, sont durement réprimées par les officiers, y compris par ceux qui se disent partisans des réformes et par ceux qui appartiennent à la franc-maçonnerie militaire. À la fin de l'Ancien Régime au demeurant, bien que les officiers qui en étaient membres aient déploré que la classe militaire soit devenue une caste oligarchique, la composition des loges ne subvertissait pas la hiérarchie sociale, et elles n'avaient en rien freiné la réaction nobiliaire[106].

La Constituante est impuissante, en fait elle est prise entre deux feux. Sa majorité qui n'a pas voulu d'une armée de conscription n'entend pas non plus que l'armée de métier, populaire au sens sociologique du terme, le soit au sens politique. Elle réprouve la participation des soldats et des sous-officiers aux séances des sociétés des Amis de la Constitution. Mais elle déplore une répression qui tend de nouveau à faire de l'armée, dont le roi restait le chef suprême, un docile instrument aux mains de Louis XVI tenté de redevenir monarque absolu. Pour des raisons contradictoires, la Constituante continue à se méfier de l'armée de métier qu'elle a voulu cependant maintenir. Or voilà que la paix qu'elle a proclamée au printemps 1790 s'éloigne et qu'au contraire c'est la guerre qui paraît toute proche au point qu'elle semble sur le point d'éclater dès l'été 1791.

Chapitre II

RÉPUBLIQUE, PATRIE, ARMÉE

« LE HASARD ET LA NÉCESSITÉ »[1]

La levée des gardes nationaux

Guère plus d'un an s'écoule entre la déclaration de paix que la Constituante adresse au monde et le vote par cette même assemblée du décret du 21 juin 1791 qui ordonne une levée de volontaires. C'est le premier pas dans la « voie française vers une armée nationale »[2] dont l'existence ne doit rien à un plan préconçu mais tout à la conjoncture.

Pendant qu'à l'intérieur se dissipent les illusions d'unanimisme si fortes au moment de la fête de la Fédération du 14 juillet 1790, les rapports de la France avec l'Europe monarchique se tendent d'autant que les émigrés forment une armée aux frontières du royaume et demandent aux souverains d'intervenir militairement. Initialement, les monarques n'ont pas vu d'un mauvais œil les événements de 1789 parce qu'ils croient que la France en sortira affaiblie. Désormais, ils craignent la contagion révolutionnaire et redoutent que ne se rejouent des épisodes révolutionnaires récents dont les rescapés se réfugient en France. En effet, la chute de la Bastille a eu un retentissement symbolique bien au-delà des frontières de la France. Par ailleurs, les auteurs de la Déclaration des droits de l'Homme et du Citoyen considèrent que sa portée est universelle. Le journal de Camille Desmoulins ne s'intitule-t-il pas *Les Révolutions de France et de Brabant*?

Louis XVI qui n'a jamais accepté les liens nouveaux que la Constituante a tenté d'établir entre la monarchie et la nation, parce qu'il y voit un amoindrissement de son rôle, correspond secrètement avec les monarques étrangers pour leur faire connaître sa volonté de revenir à l'absolutisme, éventuellement avec leur aide. Il est encore plus explicite dans la lettre qu'il adresse au peuple français avant sa fuite — révélatrice — à Varennes. Son échec et son retour sont le «convoi de la monarchie»[3].

Dans l'immédiat, ils sont directement à l'origine du décret du 21 juin 1791. En effet, l'Assemblée est persuadée de l'imminence de la guerre. En fait, la déclaration de Pillnitz rédigée le 27 août 1791 par l'empereur d'Autriche, Léopold II, beau-frère de Louis XVI, et le roi Frédéric-Guillaume II de Prusse, n'est qu'une déclaration de principe, les deux souverains affirmant qu'ils n'interviendront que si les autres monarques font de même, sachant pertinemment que ce n'est pas le cas. Les Constituants n'ayant pas le regard des historiens et encore ébranlés par la trahison de Varennes ne perçoivent pas cette «retenue». Au contraire! Voilà donc des universalistes qui se croient et se voient contraints de combattre pour leurs valeurs. Or, pour les raisons qui ont été énoncées plus haut, ils pensent ne pas pouvoir compter sur l'armée royale, ne serait-ce qu'en termes d'effectifs, et ne réalisent pas que ceux-ci sont en train de remonter. Pour autant, ils n'entendent en aucune façon lui substituer une autre armée, seulement l'épauler par une force complémentaire. Ils vont donc faire appel à la Garde nationale.

La Garde nationale est une création de la Révolution. Elle représente une des possibles incarnations du citoyen-soldat et une des voies que peut emprunter la réalisation du devoir de défense. Devoir de défense qui n'est pas principalement militaire mais s'accomplit à l'intérieur de la cité. Le 13 juillet 1789 à Paris, en même temps qu'est formée une municipalité, est instaurée une milice bourgeoise. Le terme rappelle l'Ancien Régime ; en réalité, il s'agit d'une force nouvelle destinée à contrer le coup de force que Louis XVI et son entourage préparent avec l'aide de régiments composés surtout de soldats étrangers au service de la France qu'ils massent autour de la capitale, contre l'Assemblée qui vient de se proclamer nationale et constituante à l'issue d'un processus de révolution juridique. C'est ainsi que la Garde nationale parisienne, côte à côte avec le peuple de Paris et les gardes-françaises qui ont rejoint le mouvement révolutionnaire, participe à la chute de la Bastille.

Mais elle est également chargée de réprimer les troubles fomentés par la « populace » — pillages et atteintes à la propriété — dont la différence avec d'authentiques mouvements populaires n'est pas toujours très marquée. La Garde nationale est donc bien une force de maintien de l'ordre, fût-il nouveau et fût-il celui d'une révolution mais d'une révolution bourgeoise.

Cependant, elle n'est pas que cela, du moins certains l'espèrent et l'expriment au cours des débats qui ont lieu à la Constituante à propos de son organisation officielle. En effet, à l'image de Paris, beaucoup de villes, voire de villages se dotent d'une municipalité élue et d'une garde nationale. Certaines ont devancé Paris, telle Rennes, où le tiers état s'est armé contre les menées de la noblesse le 27 janvier 1789[4]. La Constituante a le souci d'encadrer ce mouvement spontané. Le décret du 12 juin 1790 l'officialise en en écartant les citoyens passifs, ceux à qui leur faible niveau de revenu interdit de voter[5]. Cette exclusion n'est cependant pas absolue comme le prouve le décret du 6 décembre suivant qui accepte que ceux des citoyens passifs qui étaient déjà dans ses rangs au début de la Révolution y demeurent.

C'est par les horizons nouveaux qu'elle ouvre à la citoyenneté, par l'ampleur qu'elle donne à l'exercice de celle-ci, que la Garde nationale soulève un débat précurseur de celui qui se développe depuis les premières années du XXIe siècle, touchant aux rapports entre défense et sécurité, aux forces respectives qui en sont chargées et à leur éventuelle fusion. Dès la discussion de décembre 1789 sur l'armée, le rôle de la Garde nationale est évoqué. Déjà, dans son ultime ouvrage, *De la force publique*, Guibert en traite sous la dénomination de « milice universelle »[6]. Selon lui, une telle force doit être créée pour sauvegarder la liberté publique et les lois. Exclusivement consacrée au maintien de l'ordre intérieur, il faut qu'elle soit rigoureusement indépendante de l'armée permanente et professionnelle dont Guibert réaffirme avec force[7] la nécessaire existence mais dont il craint l'intrusion dans la vie de la cité et la menace qu'elle peut représenter pour la liberté. Toutefois, cette milice universelle qui ne sera pas exercée sur le plan militaire ne doit pas laisser aux citoyens un prétexte pour être armés, bien pire, pour revendiquer le droit de l'être.

Enfin, au cours du débat qui s'ouvre en novembre 1790 et aboutit à la nouvelle loi sur la Garde nationale du 29 septembre 1791, Robespierre prend l'exact contre-pied de la position de Guibert dans un texte qui ne sera rendu public qu'en avril 1791[8]. Il souhaite que la Garde nationale citoyenne remplace progressivement l'armée permanente. Encore à l'été 1792, Carnot ne dira pas autre chose devant la Législative[9]. Jean-Paul Rabaut-Saint-Étienne (1743-1793), rapporteur des comités militaire et de constitution qui avaient préparé la future loi (notons au passage que la réorganisation d'une force intérieure incombe partiellement au comité militaire), dévoile involontairement les contradictions qui marquent l'émergence du devoir — du droit — de défense. D'une part, il proclame que la Garde nationale n'est pas un corps militaire bien qu'à l'occasion elle doive défendre les frontières. D'autre part, il avance : « Le Français, toujours soldat parce qu'il est citoyen, ne remplit pas habituellement les fonctions militaires[10]. »

L'ambivalence persiste : si une instruction du

1ᵉʳ janvier 1791 ordonne de faire manœuvrer les gardes nationaux en bataillons, la Garde nationale tombe dans les attributions du ministère de l'Intérieur le 27 avril 1791[11].

C'est dans ce contexte que, avant même la fuite du roi, les Constituants, alarmés par les relations assombries avec l'Europe et par la constitution à Coblence d'une armée d'émigrés, ordonnent la «conscription» d'un garde national sur vingt, destiné à se porter aux frontières si la guerre éclatait. C'est une des très rares occurrences du mot conscription à cette époque. Les Constituants ont été précédés dans cette voie par les départements du Puy-de-Dôme et de la Gironde qui ont ouvert en mars des registres d'inscription à l'usage des volontaires et, ce faisant, ont donc «conscrit» des jeunes gens au sens littéral du terme[12].

Le décret du 21 juin 1791 met en activité la Garde nationale mais «se contente» de lever le plus grand nombre possible de gardes nationaux dans les seuls départements proches des frontières de l'Est et du Nord. Deux à trois mille gardes sont demandés aux autres départements[13]. Deux décrets, datés des 22 juillet et 4 août 1791[14], complètent le décret de juin et non sans contradictions, puisqu'il s'agit de lever des volontaires, exigent 97 000 hommes en assignant aux départements regroupés par divisions militaires le nombre d'hommes qu'ils doivent donner ; encore les départements ne sont-ils pas tous concernés. Chaque bataillon comprend 574 hommes. Le 17 août 1791, les effectifs sont portés à 101 000 hommes[15].

Aux yeux des Constituants, les avantages de cette organisation dont ils n'imaginent pas qu'elle est l'embryon d'une armée nouvelle, sont multiples. D'abord, elle permet d'asseoir la primauté du pouvoir civil sur le pouvoir militaire, déjà émergente dans la loi du 25 mars 1791. Ce sont les autorités — élues — des districts et des départements qui ont la haute main sur les bataillons de volontaires depuis leur constitution jusqu'à ce qu'ils quittent leur département d'origine.

En second lieu, la Constituante est persuadée que ces gardes nationaux volontaires, citoyens actifs ou fils de citoyens actifs, sont aisément contrôlables. Le bataillon qui est l'unité de base de cette organisation est de taille restreinte. Certes, les volontaires élisent leurs officiers et leurs sous-officiers mais cette innovation est moins révolutionnaire qu'elle n'en a l'air ; d'abord parce qu'ils ne peuvent élire que des hommes ayant une expérience militaire antérieure dans l'armée royale ou ayant été officiers de la Garde nationale ; ensuite, et la considération précédente sur leur qualité de citoyen actif le confirme, parce que les chefs élus ne peuvent être que des notables ou leurs fils, et ce d'autant que ces élections se déroulent sous l'œil de ces mêmes notables qui peuplent les directoires des districts et des départements et que, dans maints départements, la totalité des hommes du bataillon ne participe pas à l'élection pour des raisons pratiques.

En troisième lieu, ces citoyens actifs sont capables de payer leur armement, leur habillement, leur équipement. Du moins les Constituants en jugent ainsi ! En somme, ces volontaires sont des citoyens-soldats propriétaires en parfaite adéquation avec le profil des détenteurs du droit de vote. La Constituante estime en effet que seuls ceux qui possèdent quelque bien, et non les « prolétaires », sont capables de s'intéresser à la chose publique et éventuellement de prendre les armes pour la défendre. Dubois-Crancé, on l'a vu, leur réservait aussi la conscription. La force ainsi constituée est ou est censée être à l'image du cours modéré de la Révolution, voulu par une majorité de Constituants qui viennent de replacer Louis XVI sur son trône « malgré lui » et refusent la république.

Cette première levée qui a lieu alors que la France est encore en paix est qualifiée par les historiens de « levée bourgeoise ». Si ce n'est à propos de l'origine sociale de son encadrement, ce qualificatif mérite d'être nuancé. Le 17 août, la Constituante déclare que les 101 000 volontaires seront répartis en 175 bataillons. Elle finit par les obtenir au prix de réactions fort contrastées suivant les départements, auxquelles elle ne s'attendait peut-être pas. Au prix également de redoutables problèmes matériels qui ont pesé sur l'organisation de la levée et l'ont parfois ralentie. Ce sont les autorités locales qui habillent, équipent et arment les volontaires dont la plupart sont incapables d'assumer de tels frais. Ils s'élèvent à cent quinze livres un sol, selon la lettre de Duportail, alors ministre de la Guerre[16]. Or être citoyen actif n'implique pas nécessairement un niveau élevé de ressources. En résolvant de leur mieux ces problèmes grâce aux commissaires qu'ils ont désignés en leur sein pour organiser cet appel d'hommes, les districts et les départements justifient pleinement la confiance de la Constituante dans la primauté du pouvoir civil, même en matière d'organisation militaire.

En tout cas, la meilleure preuve que dans l'esprit des Constituants les volontaires ne sont qu'une force d'appoint et qu'en aucun cas l'engagement volontaire du garde national n'équivaut à celui de la recrue qui entre dans l'armée royale se trouve dans les ambiguïtés du décret du 28 décembre 1791, devenu loi le 3 février 1792, selon lequel les volontaires peuvent quitter les drapeaux, au terme d'une campagne[17], celle-ci étant considérée comme achevée le 1ᵉʳ décembre 1792. La Convention sera obligée d'y apporter un sérieux correctif.

Les soldats de 1792

Avant même la déclaration de guerre, les levées se poursuivent. La loi du 25 janvier 1792 accentue le contrôle du pouvoir civil sur le recrutement de l'armée royale elle-même, semblant rapprocher les deux forces, les troupes de ligne et les bataillons de volontaires nationaux[18]. Cependant, elles sont encore nettement distinguées dans les attendus de la loi.

> L'Assemblée nationale considérant que pour maintenir l'unité, la force et la bonne harmonie de l'armée française, composée des bataillons de volontaires nationaux et des troupes de ligne, il est nécessaire de conserver à chaque arme et à chaque troupe l'intégrité de sa composition et de sa formation, voulant, après avoir assuré les moyens de maintenir au complet les bataillons de volontaires nationaux, hâter aussi les

progrès du recrutement des troupes de ligne, décrète qu'il y a urgence[19].

En effet, la loi ne se contente pas d'énoncer les modalités nouvelles de l'enrôlement, elle ordonne aux autorités civiles des districts de prendre l'initiative et de rassembler dans chaque chef-lieu de canton, aussitôt après la publication du décret, les citoyens susceptibles de contracter un engagement dans l'armée d'une durée de trois ans pour l'infanterie, de quatre ans pour la cavalerie et l'artillerie. Mais les citoyens susceptibles de s'engager sont prioritairement les gardes nationaux, précise l'article 2. Il dit aussi que des membres des administrations des districts seront désignés pour être commissaires, c'est-à-dire responsables de l'organisation de l'enrôlement des recrues. Bien souvent les hommes chargés l'été précédent de l'organisation de la levée des volontaires sont désignés.

Non seulement ces nouvelles dispositions accélèrent la remontée des effectifs mais rapprochent encore plus les troupes de métier de la société. En effet, en 1792, un soldat sur trois n'appartenait pas encore à l'armée en 1789. C'est dire que ces « nouveaux » professionnels et les volontaires de 1791 sont issus de la même société en pleine transformation révolutionnaire et qu'ils ont été ensemble témoins et parfois acteurs des bouleversements qu'elle est en train de connaître. C'est donc aussi à ce titre qu'il est question des effets de la loi du 25 janvier dans un propos consacré aux levées d'hommes.

Cependant, pas plus que la Constituante, la

Législative n'entend remplacer l'armée royale par une armée nouvelle, même après la déclaration de guerre. Car, le 20 avril 1792, la France déclare la guerre au « roi de Bohême et de Hongrie »[20]. Si le neveu de Louis XVI et de Marie-Antoinette est beaucoup plus résolu que son prédécesseur à une action armée, seule une minorité d'hommes politiques français s'est opposée à l'entrée dans un conflit dont nul n'imagine qu'il se prolongera pendant quasiment vingt-trois ans jusqu'en 1815 et transformera l'Europe et dans un premier temps la France en radicalisant le cours de la Révolution. Désormais guerre et Révolution sont liées.

La majorité a voulu la guerre pour des raisons opposées. Certains pour la gagner : les Brissotins — futurs Girondins de Lamartine —, la gauche de la Législative, qui fréquentent le club des Jacobins, ne sont pas dupes du double jeu du monarque et pensent que le conflit l'obligera à se démasquer. En outre, ils sont très proches des réfugiés bataves, belges, savoyards qui espèrent une croisade des peuples qui les libérera. Les Feuillants, la droite de l'Assemblée, sont davantage partagés mais beaucoup parmi eux, notamment les fayettistes qui assignent un rôle important à leur chef, souhaitent une victoire qui restaurera le prestige du roi car, s'ils veulent un monarque constitutionnel, ils désirent en même temps qu'il soit fort. Or Louis XVI veut aussi la guerre pour que la France la perde, croyant que la défaite précipitera de nouveau à ses pieds ses sujets « égarés » et qu'il ressaisira ainsi son pouvoir absolu. En définitive, il est très peu de Feuillants et de Jacobins pour redouter l'éclatement d'un conflit qui risque de briser les fragiles compromis ou équilibres intérieurs. Robespierre demeure bien isolé quand il lance son célèbre avertissement prémonitoire.

La déclaration de guerre accélère le rythme des levées : la loi du 6 mai porte les effectifs des bataillons de volontaires de 1791 à huit cents hommes et ordonne d'en lever trente et un nouveaux dans les départements qui n'avaient rien donné jusqu'ici. La loi du 31 mai prescrit la formation de cinquante-quatre compagnies franches, troupes légères qui regroupent soldats de ligne, volontaires et recrues étrangères. Le décret des 7 et 8 juin ordonne de recruter 20 000 gardes nationaux volontaires, les «fédérés», qui se rassembleraient dans des camps autour de Paris pour protéger la capitale[21].

La guerre commence très mal et aurait même pu être plus désastreuse, n'eussent été la médiocrité de l'armée impériale et la lenteur avec laquelle elle avance. Si la crise des effectifs, qui est, entre autres, crise de confiance entre les hommes et leurs chefs, est en passe d'être surmontée, la crise morale traversée par l'armée ne l'est pas encore. La panique s'empare des jeunes soldats au cours de l'offensive lancée sur Tournai. Celle-ci se transforme en déroute ; le 19 avril, ils refluent vers Lille et massacrent Dillon, leur général, car ils s'estiment trahis par lui. Le compromis politique imaginé par les Constituants l'année précédente vole en éclats, le roi bloque les mesures que la Législative prend afin de renforcer la défense nationale. Ainsi, malgré l'émeute populaire du

20 juin qui force les portes des Tuileries, il maintient son veto sur le décret levant les fédérés, ce qui le rend inexécutoire. Maints départements contournent l'interdiction, des fédérés montent à Paris et combattront le 10 août aux côtés des sans-culottes pour abattre la monarchie.

Au début de l'été, la Prusse se joint à l'Autriche. Son armée a encore la réputation d'être la meilleure d'Europe. C'est dans ces conditions que la patrie est déclarée en danger le 11 juillet et qu'a lieu la levée des volontaires de 1792 proprement dite. Le 22 juillet 1792, la Législative vote une loi qui demande 50 000 hommes pour l'armée de ligne — ainsi appelle-t-on désormais l'armée royale — et 33 600 gardes nationaux qui constitueront quarante-deux nouveaux bataillons de volontaires[22]. Recrutement des soldats de métier et enrôlement des volontaires vont désormais de pair. Ils sont tous deux dans la main des mêmes hommes choisis au sein des assemblées locales — et civiles — pour être commissaires.

L'étude que les historiens du XXᵉ siècle ont faite des résultats de la levée des volontaires de 1792 ne coïncide pas totalement avec l'image épique que les poètes, tel Victor Hugo dans *Les Soldats de l'an II*, et les historiens du XIXᵉ siècle, tel Michelet, ont donnée, celle d'un peuple unanimement et quasi spontanément dressé contre les «tyrans». Comme l'année précédente, la France n'est pas une et, surtout, le rythme global des enrôlements est assez lent au départ même s'il va *crescendo*. Cette tiédeur initiale est-elle liée à des circonstances économiques? C'est dans le temps de la moisson qu'intervient cette levée. À la conjoncture politique ? Le cours de la Révolution se précipite et aboutit à la chute de la royauté sous l'action conjointe des sans-culottes parisiens et des fédérés bretons et marseillais. Cette seconde révolution déconcerte les autorités locales et par conséquent freine quelque peu leur action.

Ces raisons se conjuguent avec l'accroissement des problèmes matériels car la Législative, aussi irréaliste que la Constituante, pense que les volontaires sont capables de s'équiper et de s'armer à leurs frais. Or ils le sont encore moins que ceux de 1791. Ces volontaires, nous les connaissons, tout comme «leurs frères» de 1791 et comme les soldats de ligne, grâce aux registres matricules des bataillons[23]. Beaucoup plus souvent que leurs devanciers de l'année précédente, ceux qui acceptent d'être volontaires en 1792 sont chargés de famille ; d'autre part, leur niveau de ressources est encore plus faible car un nombre non négligeable d'entre eux sont citoyens passifs. En effet, la barrière entre citoyens actifs et passifs est brisée au moment de la révolution du 10 août et les élections à la Convention vont se faire au suffrage universel masculin. Autant dire que cette levée de 1792 n'est plus bourgeoise même par son encadrement.

Pour inciter les hommes au départ sous les drapeaux, des pratiques apparaissent qui sont autant d'entorses au volontariat et de signes de ses limites. La loi du 22 juillet assigne à chaque département le nombre de compagnies. Certes, ce chiffre donne une indication du niveau qu'il est souhaitable d'atteindre, non celui qu'il est obligatoire de fournir. Il n'empêche ! Certains crient au retour de la milice[24]. Le tirage au sort est parfois employé. Certes, une solidarité communautaire émerge, prélude à une mobilisation économique, souvent à l'initiative des municipalités et aussi de ceux qui acceptent de s'enrôler : leurs concitoyens leur versent une aide ou aux familles qu'ils laissent derrière eux, les dons étant rassemblés par le biais de collectes et/ou de souscriptions. Mais où est la frontière avec les « achats » d'hommes quand ces tractations ont lieu avec des « volontaires » extérieurs à la communauté villageoise ?

*Des appels de volontaires
aux réquisitions d'hommes*

En septembre, alors que la pression aux frontières s'accentue, l'élan s'intensifie. Bientôt, c'est Valmy remportée contre toute attente sur les troupes du roi de Prusse par vingt régiments de ligne et seize bataillons de volontaires, ceux de 1791 étant plus expérimentés qu'on ne le croit : ils ont en effet dix mois d'entraînement. Ceux de 1792 restent dans la réserve. Bataille qui ne figure pas au premier rang des annales de la stratégie militaire mais demeure dans les mémoires comme un combat d'une immense portée symbolique et, dans l'immédiat, politique, puisqu'il a lieu le 20 septembre 1792, veille du jour où la Convention abolit la royauté et avant-veille du jour où elle proclame la république. Par la force des circonstances, armée, république et patrie — mais une patrie davantage lieu d'enracinement des valeurs de la cité nouvelle que terre des ancêtres — partagent maintenant une communauté de destin.

Bientôt ce sont les Français qui passent à la contre-offensive et «libèrent» les peuples, ceux de la rive gauche du Rhin, ceux des Pays-Bas autrichiens, l'actuelle Belgique, les Savoyards et Niçois, sujets du roi de Sardaigne. C'est le moment que choisissent certains volontaires de 1791 pour quitter leurs bataillons, malgré les objurgations souvent inefficaces de la Convention. Ils peuvent lui rétorquer qu'ils ont accompli leur devoir, celui de libérer les frontières. Mais les bataillons de 1792 fondent aussi, sans qu'il y ait dans leur cas prétexte à ce qu'il faut appeler une désertion.

Le problème des effectifs redevient alors crucial. En deux mois, de 400 000 hommes ils tombent à 220 000 hommes. En effet, la France doit faire face à la première coalition dont la formation est accélérée par la mort du roi le 21 janvier 1793. Angleterre, Espagne, Portugal, Sardaigne, royaume de Naples, États allemands du Saint Empire et Hollande se joignent à la Prusse et à l'Autriche. L'avancée de l'armée française se brise lors de la tentative de conquête de la Hollande à Neerwinden, le 18 mars 1793, prélude de six mois de défaites ininterrompues qui entraînent la perte de la Belgique et de la rive gauche du Rhin et l'encerclement de la France au début de l'été.

Il faut à tout prix des soldats mais la Convention, où s'affrontent de plus en plus Girondins, devenus la droite de l'Assemblée, et les Montagnards, représentant la gauche, vote la loi du 24 février 1793 qui ordonne une levée de 300 000 hommes[25]. Présumant les volontaires insuffisants, bien qu'en principe elle fasse encore appel à eux, la loi met en réquisition les célibataires et veufs sans enfant de dix-huit à quarante ans parmi lesquels seront prélevés « seulement » 300 000 hommes.

L'image de la loi du 24 février est très négative car elle a pâti rétrospectivement de son association avec la guerre de Vendée qu'elle a déclenchée. Il est vrai que ses modalités ont des effets pervers. D'abord parce que la loi fixe un contingent par commune. C'est donc la première fois que les campagnes où vit alors la majorité des Français ne peuvent plus se dérober au fardeau militaire. Les volontaires, surtout ceux de 1791, étaient, eux, en majorité des citadins. Précisément, la loi prévoit que les volontaires déjà enrôlés seront déduits de l'effectif à fournir. Mais, étant donné les délais qui leur sont impartis, comment les autorités locales peuvent-elles dans la précipitation opérer de tels calculs avec exactitude ? Pareille disposition ne fait qu'alimenter les réclamations et les récriminations, et de toute façon fait retomber d'autant plus le poids de la levée sur les ruraux.

Par ailleurs, s'appuyant sur une obligation collective et non personnelle, la loi rappelle inévitablement la milice bien plus qu'elle n'annonce la levée en masse[26] et c'est d'ailleurs ce terme qui est employé dans les « murmures » que son application va susciter. Enfin, elle autorise le remplacement. Cette mesure donne lieu à des actions de solidarité interpersonnelle et communautaire. Ici, des riches cotisent pour des pauvres afin de leur payer un remplaçant, là, des communes, comme l'été précédent, procèdent à des collectes et souscriptions versées à ceux qui acceptent de partir. Mais, comme l'été précédent aussi, ont lieu des « arrangements » qui sont de fait des achats d'hommes, contre lesquels protestent les districts et les départements alors qu'ils encouragent les « transferts » communautaires.

Et par-dessus tout l'État ne tranche pas sur le mode de désignation des requis. Ce sont ceux-ci ou tous les hommes de la communauté qui déterminent eux-mêmes la façon de choisir ceux d'entre eux qui rejoindront l'armée. Passe encore quand le mode choisi est le tirage au sort... à condition qu'il soit honnêtement pratiqué. Mais quand la désignation est nominative, pressions et règlements de comptes se déchaînent et on fait partir les indésirables de la communauté ; indésirables politiques parfois car telle commune royaliste se débarrasse par ce moyen des républicains tout comme telle commune favorable à la république écarte des royalistes.

Ce n'est pas le poids démographique en soi qui suscite la colère de la population. Il est d'ailleurs dérisoire à l'aune des guerres du XXe siècle qui n'épargnent personne, fût-il marié et père de famille. Mais c'est la première fois qu'un contingent est imposé et celui de la milice était moins lourd.

On sait que la levée des 300 000 hommes déchaîne la guerre civile dans les départements de l'Ouest mais qu'elle y est davantage le catalyseur d'une profonde déception à l'égard de la Révolution que son origine principale. Mais ailleurs, si l'incendie ne se propage pas, des étincelles jaillissent, « les petites vendées », souvent sur un terrain miné pour les mêmes raisons que dans l'Ouest. Malgré tout, la moitié des hommes escomptés — 150 000 — rejoint les bataillons de volontaires de 1791 et 1792 : la levée n'est donc pas un échec total. Dans certains départements, les incidents, dont très peu sont exempts, ne dégénèrent pas. On a tendance à oublier que les fameux soldats de l'an II qui scellèrent par des victoires le sort de la république ne sont pas les requis de la levée en masse, pas encore parvenus sous les drapeaux à cette date. Ils sont ceux qui restent des volontaires de 1791 et 1792, les membres de l'armée de ligne et les requis de la levée des 300 000 hommes.

L'origine des forces qui combattent la première coalition est donc extraordinairement hétérogène. Certains s'en inquiètent au point de vue de l'efficacité militaire. C'est alors que Dubois-Crancé, de nouveau député à la Convention où il représente les Ardennes et siège sur les bancs de la Montagne, propose l'amalgame, le 7 février 1793. Soucieux de cohésion et imprégné de l'idée — simpliste — que les soldats de l'armée de ligne possèdent technicité et compétence mais n'éprouvent qu'indifférence politique et que les volontaires, enthousiastes partisans de la Révolution, sont peu instruits, il prévoit un moyen terme entre la dispersion des seconds dans tous les régiments qui aurait dilué le patriotisme qu'ils devaient insuffler à l'armée tout entière et la création d'unités nouvelles dans lesquelles les premiers auraient été trop peu nombreux pour transmettre valablement leur expérience. Son choix se porte sur l'embrigadement[27] qui s'opère au sein de la demi-brigade :

celle-ci juxtapose des unités déjà existantes, deux bataillons de volontaires et un bataillon de ligne.

En même temps, Dubois-Crancé se montre habile et prudent quant au sort des cadres de métier[28]. Il prend soin de leur démontrer que l'unification de l'armée ne compromettra pas leur carrière, au contraire. L'accès aux grades et l'avancement se font par cooptation pour les deux tiers d'entre eux. Ils sont guidés par l'ancienneté pour le tiers restant. Celle-ci s'entend pour toutes les places de la demi-brigade, non du seul bataillon. Précisément les soldats de métier, en règle générale, appartiennent depuis plus longtemps aux troupes que les volontaires. C'est donc pour des raisons militaires et autour de valeurs politiques que s'unifie l'armée nouvelle. Mais les vues de Dubois-Crancé ne sont que partiellement adoptées et l'embrigadement n'entre véritablement en vigueur qu'à partir du printemps 1793[29]. Il ne s'achève qu'à l'automne.

Une solidarité nationale s'esquisse enfin à la place de la solidarité communautaire par les lois des 26 novembre 1792 et 4 mai 1793 qui prévoient des secours pour les familles des défenseurs de la patrie. Le mouvement d'unification est net puisque à l'origine les secours sont versés aux familles des seuls volontaires mais s'élargissent bientôt à celles de tous les soldats de métier[30]. Le problème est que ces lois prises par une assemblée déchirée entre les Girondins et les Montagnards ne sont pas ou peu appliquées.

MYTHES ET RÉALITÉS
DE LA LEVÉE EN MASSE

L'ancêtre du service militaire obligatoire

Bien que la situation militaire s'aggrave de jour en jour, la Convention hésite. La levée en masse est donc précédée au printemps de levées «spéciales» vouées à combattre aux frontières ou en Vendée et qui n'exigent des hommes qu'à titre provisoire et pour un court laps de temps. Elles recourent en théorie au volontariat mais sont en fait des réquisitions[31]. Le vocabulaire lui-même traduit cette difficulté à franchir le pas du service obligatoire du citoyen: dans les textes contemporains, l'oxymore de «volontaire requis» sert à désigner les hommes de la levée du 24 février.

Même pour la Convention dominée par les Montagnards après les journées populaires des 31 mai et 2 juin 1793, il n'est pas du tout évident d'imposer le devoir de défense à tous les citoyens qui sont en âge et en état de combattre. Et même après que la situation politico-militaire est devenue particulièrement tragique en cet été 1793 où la formule «vaincre ou mourir» n'est pas vaine! C'est la Révolution et les valeurs qu'elle a voulu instaurer qui menacent d'être submergées à la fois par les forces extérieures de l'Europe coalisée, par les forces intérieures d'une anti-Révolution devenue une contre-Révolution et celles de la révolte fédéraliste dans les départements qui ont élu des Girondins et n'admettent pas le coup de force des sans-culottes parisiens contre l'Assemblée. Les conventionnels Montagnards craignent d'être à leur tour débordés par le peuple de Paris et c'est pour canaliser celui-ci qu'ils prennent des mesures d'exception, des mesures de terreur.

Les perspectives des sans-culottes telles que nous pouvons les percevoir dans les vœux qu'émettent les sections et les clubs populaires en ce début de l'été 1793 ne visent pas elles non plus à instaurer une armée nouvelle. Les sans-culottes envisagent en fait un « mouvement tumultuaire » spontané et destiné à donner, provisoirement, un coup de main à l'armée le temps que la Révolution soit sauvée. Ils sont par ailleurs attachés à la démocratie directe. La levée en masse quelque peu mythifiée est le prolongement aux frontières du droit du peuple en armes à intervenir dans les luttes internes de la cité. Le mythe n'est pas porté seulement par les Parisiens. Il gagne vingt-cinq départements mais la population de ces départements n'est pas unanime car la levée en masse est réclamée par des citadins — et encore pas par tous — comme les militants des sociétés populaires et certains administrateurs[32]. Les visées de ces militants sont aussi égalitaristes. S'il faut partir défendre la patrie et la Révolution, ne serait-ce que momentanément, il convient que tous partent. Cet égalitarisme qui correspond à des conceptions contemporaines est loin de convenir aux Français de 1793. Ruraux dans leur très grande majorité, leur départ ou celui de leur(s) fils représente une catastrophe du strict point de vue économique surtout quand ils sont petits propriétaires et par conséquent dans l'impossibilité de prendre une main-d'œuvre de remplacement alors que, toujours de ce seul point de vue, il ne l'est pas ou moins pour les compagnons ou les artisans qui constituent sociologiquement le groupe des sans-culottes.

Initialement, les Montagnards au pouvoir et le Comité de salut public sont plus que réservés devant ce «mouvement tumultuaire» d'hommes dépourvus d'instruction et d'équipement dont ils redoutent qu'il n'entrave les mouvements de l'armée plus qu'il ne les soutienne. Mais la pression populaire se fait insistante[33]. Le 29 juillet, le projet est voté au club des Jacobins, repris par la Commune de Paris le 4 août et le 7 par les délégués des assemblées primaires des départements qui sont venus à Paris pour manifester leur acceptation de la nouvelle constitution, celle de 1793, votée par la Convention. Le 16 août, c'est au tour des délégués des quarante-huit sections de Paris. La Convention finit par l'accepter sur les instances de Danton qui déjà l'infléchit. Barère fait un rapport le 23 août. Le même jour, l'Assemblée vote le décret instaurant la levée en masse, le Comité de salut public en précise ensuite les modalités.

La levée en masse est considérée comme la première forme du service militaire obligatoire. Examinée objectivement, en écartant les mythes auxquels elle a donné ultérieurement naissance, elle est avant tout une réquisition, celle des jeunes gens de dix-huit à vingt-cinq ans, célibataires et veufs sans enfant, aptes physiquement à combattre. Pour la première fois, il s'agit d'une réquisition personnelle à laquelle désormais nul ne peut se dérober puisque le remplacement est proscrit. Cependant, le vocabulaire est encore incertain et on retrouve les termes de « volontaires requis » pour dénommer ces jeunes gens de la levée en masse. Elle est égalitaire dans le sens que donnent à ce terme les citadins partisans de la Révolution bien que des exemptions soient prévues pour les célibataires qui fabriquent le matériel de guerre et/ou sont employés au service de l'armée.

Le décret conduit expressément à une mobilisation de la nation tout entière qui abolit les clivages d'âge et de sexe. Si les jeunes gens partent aux frontières, les hommes mariés transportent les vivres destinés aux combattants, les femmes soignent les blessés, les enfants confectionnent des pansements et les vieillards, à commencer par les sexagénaires, se font porter sur les places publiques pour « exciter le courage des guerriers, prêcher la haine des rois et l'unité de la république », selon le ton emphatique — ou qui nous semble tel aujourd'hui — du décret[34].

La mobilisation de la nation ne se borne pas à ces formules. Les sociétés populaires et les comités de surveillance créés dans chaque commune dès le 21 mars 1793 sont des acteurs majeurs de la défense nationale. Dès la levée des volontaires de 1791, les premières ont joué un rôle d'incitation, ce qui explique aussi que les résultats aient été meilleurs dans les villes. À partir de l'été 1793, leur impulsion est sensible dans l'organisation matérielle de la levée en masse. Avant d'être envoyés aux frontières, les requis vont passer de longs mois dans les chefs-lieux de districts où une instruction militaire leur est dispensée : il faut les loger, les nourrir, payer leur équipement, faire des collectes à cet effet. Il faut également verser des secours à leurs parents — le dispositif est encore élargi en leur faveur le 4 pluviôse an II — et les commissaires répartiteurs ainsi que les commissaires distributeurs sont désignés parmi les membres des sociétés populaires et quelquefois parmi leurs épouses pour les seconder. Leur action et encore plus celle des comités de surveillance présentent un volet coercitif car il faut faire la chasse aux insoumis et aux déserteurs.

Quant à la mobilisation économique, à partir de l'été 1793 et en l'an II, elle va bien au-delà de la traditionnelle et passive acceptation des réquisitions financières et matérielles nécessaires à l'effort de guerre qui avaient encore eu lieu au printemps 1792 quand les citoyens avaient été obligés de livrer fusils, chevaux et habits contre remboursement.

Elle devient adhésion active à un devoir civique[35] qui culmine avec l'instauration des ateliers révolutionnaires — à tous les sens du terme — de salpêtre. C'est aussi en ce sens que la défense devient l'affaire de tous puisque, par une loi du 14 frimaire an II, la Convention demande à des non-professionnels non seulement de récolter dans leurs caves le salpêtre qui sert à fabriquer la poudre mais de le raffiner dans des ateliers municipaux sous l'égide de citoyens qui sont envoyés au préalable à Paris, il est vrai, afin d'y recevoir un minimum d'instruction en la matière[36].

Mais il ne faut jamais oublier que la levée en masse des jeunes gens et la mobilisation de la nation sont conçues dans l'esprit des auteurs de ces mesures comme des moyens d'exception qu'il est impensable de reconduire quand la république sera sauvée et la paix définitivement établie. Les Jacobins n'entendent donc pas créer une institution durable ni imposer au citoyen qui n'est pas militaire de profession de donner une partie de son temps à l'armée lorsque la constitution fonctionnera et que l'existence de la république sera assurée. La levée en masse est en quelque sorte un expédient provisoire et la meilleure preuve en est qu'aucune disposition du décret ne prévoit le renouvellement annuel des jeunes gens ayant dépassé vingt-cinq ans par ceux qui n'ont pas encore atteint leurs dix-huit ans l'année précédente.

L'émergence des mythes

Les interprétations conférées à l'événement donnent d'emblée naissance à des mythes, d'autres apparaissent plus tard, suscitant des controverses chez les historiens actuels. Ce qui importe ici, c'est que ces mythes deviennent à leur tour des faits historiques qui orientent la réalité présente — ou la déforment, c'est selon —, en l'occurrence l'instauration de la conscription et du service militaire.

Selon le premier de ces mythes, la gestation d'une armée nouvelle pendant la Révolution française répond à l'entrée dans une ère nouvelle, elle aussi, de la guerre, culminant avec les deux conflits mondiaux du xxe siècle, ceux de la période 1792-1815 étant une première étape de la marche vers la guerre totale. Pourtant certains doutent que la

Révolution ait été aussi une révolution militaire[37], notamment parce que les novations techniques, canon Gribeauval de 1776 et fusil de 1777, sont utilisées avant même l'éclatement de ces conflits et ne leur semblent pas aussi décisives que l'usage massif des armes à feu de la première révolution militaire qui débute au XVe siècle, la seconde naissant à leurs yeux à partir de 1850 de la révolution industrielle et de celle des transports. À les suivre, les guerres révolutionnaires et plus tard napoléoniennes seraient tout au plus une transition entre ces deux phases. Convenons que, plutôt que de révolution, il vaudrait mieux parler de mutation car elles ouvrent le siècle de «nationalisation du fait militaire et de militarisation du fait national» qu'est le XIXe siècle européen[38]. Certes, les révolutions militaires naissent aussi de facteurs sociaux, économiques, culturels et mentaux. Un certain nombre de ces facteurs sont alors à l'œuvre même s'ils ne sont pas radicalement nouveaux, ainsi la massification des effectifs mis en jeu, 800 000 hommes quand les requis de la levée en masse rejoignent leurs camarades dans les demi-brigades. Il s'agit d'une amplification plus que d'une rupture puisque les dernières guerres de Louis XIV avaient déjà vu semblable mobilisation matérielle et démographique. De même, la mobilisation idéologique, par laquelle s'opère un transfert du sacré, n'est pas nouvelle puisqu'on l'a observée notamment lors de la première révolution anglaise du XVIIe siècle et de la révolution américaine du XVIIIe.

Mais ce qui est nouveau, c'est le caractère durable du lien entre le fait militaire et le fait idéologique au sein des masses politisées. La conception d'un peuple tout entier jeté dans une lutte à mort qui recherche l'anéantissement de l'adversaire, menée d'abord contre des armées professionnelles, ensuite contre d'autres peuples, peuple d'autant plus jusqu'au-boutiste qu'il est convaincu de combattre pour la civilisation et la paix, devient un idéal qui s'impose progressivement à l'Europe. C'est en ce sens que ces guerres de masse sont les prémices de la totalisation de la guerre[39].

Non sans que ce lien donne également naissance à d'autres mythes : quand la conscription fut supprimée en 1997, des journalistes, écrivant dans des quotidiens «sérieux», firent remonter ses origines à Valmy. Totalement faux au point de vue factuel, cet «amalgame» journalistique est révélateur d'un état d'esprit. Victoire inespérée, Valmy a donné très tôt, parfois dès le lendemain du 20 septembre 1792, naissance à plusieurs légendes. Ce n'est pas la légende noire, celle d'un combat truqué, qui importe ici, ce sont les légendes dorées ; celle, qui séduisit la gauche et l'extrême gauche, d'un peuple qui ne devait sa victoire qu'à la justesse de sa cause, même s'il était infiniment moins instruit au point de vue militaire que l'armée prussienne ; celle de combattants confondus avec ce que nous appellerions aujourd'hui les partisans de la guérilla alors que, même si des paysans harcelèrent les colonnes ennemies avant la bataille, des volontaires mieux formés qu'on ne le pensait, côte à côte avec des soldats de métier moins indifférents à la Révolution qu'on ne le croyait, remportèrent la victoire. Au demeurant, cette indifférence supposée contribua à une autre légende, celle d'une victoire obtenue par des professionnels éloignés des luttes intestines de la Révolution et *grâce à* cet éloignement même, légende propagée par une opinion conservatrice[40].

L'aura du volontaire rejaillit sur le requis de la levée en masse, les motivations et l'élan du premier sont attribués à celui qui est soumis au service obligatoire. Ce mythe contribue puissamment en France au succès d'un ressort majeur utilisé par l'État contemporain. L'État fait croire aux citoyens qu'ils sont sujets, non dans la première acception du terme, c'est-à-dire assujettis, mais dans la seconde acception, c'est-à-dire acteurs de l'histoire. Le paradoxe que révèle au plus haut point le devoir de défense du citoyen est la conception selon laquelle la réalisation suprême du sujet est dans le sacrifice de ses intérêts particuliers à la volonté générale, qui peut aller jusqu'au sacrifice de sa propre vie[41].

Les victoires sacralisent rétrospectivement l'armée de l'an II et font apparaître comme intrinsèque le lien fortuit qui se noue sous la pression des circonstances entre défense et citoyenneté. La création d'une armée nouvelle contribue à l'invention de la citoyenneté et réciproquement. Que le soldat de métier soit citoyen, c'est ce que la Constituante avait admis mais que le citoyen — civil — soit soldat, bien plus, que le devoir de défense soit un droit et représente l'essence de la citoyenneté, c'est ce qu'elle avait repoussé mais que la conjoncture historique fait accepter.

Certes, dès 1789, il est des hommes pour identifier le citoyen au soldat et faire du devoir militaire un droit, dans la lignée de Rousseau et Mably[42]. Tels Dubois-Crancé, Robespierre, Rabaut-Saint-Étienne et Carnot cités plus haut. C'est d'ailleurs plutôt pour donner à tous ce qui semblait relever d'un privilège de la noblesse que parce qu'ils sont sous l'influence de ces deux philosophes[43]. Il n'empêche que ces hommes demeurent isolés. C'est la guerre qui donne corps à cette conception, ce qui ne signifie pas encore ni pour eux ni pour les fondateurs de la conscription en l'an VI que chacun doit partir sous les drapeaux pendant le même laps de temps, surtout en période de paix.

Bien qu'elle comporte encore beaucoup de soldats-citoyens en la personne des membres de la ci-devant armée royale, l'armée de l'an II est une armée de citoyens-soldats. Aussi cette composition semble la condition même des victoires au point que les Français pendant quasiment deux siècles ne vont plus imaginer qu'une armée puisse être efficace sur le plan militaire sans qu'elle conserve un lien, fût-il de principe, avec la citoyenneté. Bien davantage, ils ne conçoivent plus qu'une armée puisse être dénommée nationale sans le maintien, même ténu, de ce lien. L'image négative de l'armée professionnelle en est renforcée, d'autant qu'elle est associée à l'absolutisme de droit divin, et ce n'est que très récemment que les historiens anglo-saxons et français ont montré combien la situation était plus complexe[44].

Enfin, c'est la guerre qui fonde le triptyque république, nation, armée, dont l'existence n'allait pas de soi. Il alimente des nostalgies durables aux XIXe et XXe siècles, les républicains et les socialistes jaurésiens ne cessant de se référer à l'armée idéale de la Révolution pour mieux critiquer l'armée réelle de leur temps et éventuellement la refonder. Il nourrit des fantasmes dont celui du « jacobin botté », de Bonaparte à Boulanger, fascinant jusqu'aux courants politiques qui *a priori* devraient lui être le plus hostiles comme l'extrême gauche. En tout cas, si le monarque d'Ancien Régime fut bien souvent le « roi de guerre »[45], les contraintes géostratégiques que connaît la France, son destin de puissance continentale, la vulnérabilité de ses frontières terrestres qui protègent mal la capitale d'un État centralisé, font du peuple souverain un « peuple de guerre »[46] et placent l'armée au cœur de la nation.

La réalisation d'une utopie ?

Sans que les hommes de la Révolution l'aient expressément prévu, l'armée devient une école ; d'abord au sens propre du terme, et elle restera même la seule école pour les membres des classes populaires avant la loi Guizot de 1833. Des milliers d'hommes y apprennent à lire et à écrire, ne serait-ce que pour garder des liens avec leur milieu d'origine[47]. Ceux dont la langue maternelle était un dialecte y apprennent aussi à parler le français, pour pouvoir communiquer avec leurs camarades et comprendre leurs chefs. C'est un effet de l'amalgame. On a vu qu'il fut décidé pour des raisons techniques — la cohésion militaire — et politiques — la cohésion nationale — mais, en outre, comme les demi-brigades brassent des hommes de toutes origines géographiques, l'amalgame devient social et culturel. Les hommes politiques de la troisième République n'oublieront pas la leçon.

L'armée devient donc aussi un lieu d'intégration nationale et d'acculturation à l'État-nation. Il n'est pas jusqu'à la structure même de la demi-brigade qui ne permette d'unir le local et le national et de faire passer les combattants de l'amour qu'ils éprouvent envers leur petite patrie à l'attachement à la grande. Il ne s'agit pas d'abolir le premier mais de supprimer un particularisme trop exclusif. En effet, l'unité de base est la compagnie qui rassemble, ou rassemblait en 1791, des hommes d'un même canton, alors que la demi-brigade juxtapose des bataillons qui sont nécessairement originaires de départements différents. Quand Napoléon régnera sur la « France des cent trente départements », il tentera de faire à une échelle transnationale ce que l'armée de l'an II réalise à l'échelle nationale. En tout cas, pendant tout le XIXe siècle et une partie du XXe siècle, c'est au niveau politique et dans les assemblées que la question de l'harmonisation entre le local et le national se posera à propos de la répartition des conscrits dans les régiments[48].

Créatrice de patriotisme, l'armée devient éducatrice du citoyen. Elle est une école civique plus que politique au sens partisan de ce terme. Les représentants en mission, c'est-à-dire les conventionnels envoyés auprès des armées[49], ne font pas de la propagande en faveur d'une « faction », mot péjoratif qui désigne alors ce qu'on appellerait aujourd'hui un parti ou mieux un courant, encore moins en faveur d'un homme, fût-il un civil (on songe à Robespierre, à Saint-Just ou à Carnot), mais en faveur de la république dans sa version jacobine[50]. Cela ne veut pas dire que, dans cet espace politisé, les «factions» ne tentent pas de gagner à elles les combattants, ne serait-ce que par la presse qui circule dans les camps et par les sociétés populaires. Certes, les clubs qui se sont formés au sein de l'armée sont dissous mais les citoyens-soldats gardent le droit de fréquenter ceux des communes où ils sont en garnison ou en cantonnement et de correspondre avec ceux de leur commune d'origine. Certes, tour à tour, les hébertistes, les robespierristes, Carnot à partir de juillet 1794 et encore davantage après le 9 thermidor, utilisent la presse pour justifier les luttes politiques internes[51]. Il n'en demeure pas moins que les soldats de l'an II sont imprégnés d'un état d'esprit qu'ils transmettront aux «grognards» de l'armée impériale : haine des rois «despotes» et des prêtres ainsi que de tous les «satellites des tyrans», conviction mythifiée de libérer les peuples. Cet état d'esprit est encore attribué, sous une forme moins virulente, à l'armée de conscription, «fille de la Révolution», jusqu'au milieu du XIXe siècle. À court terme, les soldats finissent par se croire seuls dépositaires des valeurs de la république et par conséquent autorisés à intervenir, en tant que citoyens, dans les luttes politiques qui déchirent le Directoire.

Existe-t-il, chez les hommes politiques de 1793 et de l'an II, la tentation d'aller plus loin et de faire de l'armée le «laboratoire» de l'homme nouveau régénéré, la «forge» du peuple souverain et vertueux, le seul à être adéquat à la république idéale qu'ils espèrent fonder, et enfin le guide d'une société à laquelle elle montrerait la voie de la réhabilitation ? Ce dont avaient déjà rêvé, on l'a vu, certains penseurs du XVIIIe siècle, quelquefois bien éloignés idéologiquement des conceptions des Jacobins. Certes, Sparte l'emporte sur Athènes et la liberté dans l'acception de Rousseau sur la liberté au sens où l'entend Montesquieu. Il n'est pas jusqu'à la mort au combat qui ne réalise une forme… d'égalité, et même la forme suprême d'égalité. Thomas Hippler parvient à cette conclusion après avoir cité Billaud-Varenne : « La mort est un rappel à l'égalité, qu'un peuple libre doit consacrer par un acte public qui lui retrace sans cesse cet avertissement nécessaire[52]. »

En fait, c'est plutôt sur un plan anthropologique qu'est modelé l'homme nouveau, les dirigeants de l'an II poursuivant le processus de longue durée de socialisation, de civilisation, voire de normalisation, par le biais de l'instauration d'une nouvelle discipline ou qu'ils croient telle. La discipline traditionnelle a passablement souffert jusqu'en 1792-1793 et le rétablissement de l'ordre et de la cohésion est la condition *sine qua non* de la victoire. Ainsi, dans ce domaine précis, est essayé ce qui est tenté plus largement à propos du devoir de défense, la transformation de la contrainte extrême en liberté suprême, la combinaison de l'obéissance, qui ne doit plus être aveugle, et de l'autonomie, qui n'est surtout pas « laisser-aller », ce qu'en somme souhaitait déjà Guibert[53]. L'*Instruction pour tous les grades de l'infanterie* de 1794 s'inspire d'ailleurs des idées de celui-ci[54].

Au demeurant, ce ne sont pas des hordes incontrôlées qui se jettent à l'assaut de l'ennemi. Malgré le culte de l'offensive à outrance et de la baïonnette qui devait connaître une fortune durable chez les Français, voire celui de la pique, plus conformes tout à la fois à la tradition nationale de la *furia francese* et au nouvel état d'esprit des révolutionnaires, les troupes plus précocement manœuvrières qu'on ne le croyait utilisent une combinaison intelligente du choc et du feu et savent opérer le passage judicieux de la colonne à la ligne et *vice versa*[55]. L'idéologie rejoint l'anthropologie, l'instruction militaire ne doit plus être le dressage d'automates mais l'exercice, à tous les sens du terme, de citoyens-soldats vertueux qui se soumettent à une discipline librement consentie. Qu'en fait cette discipline ne soit parfois qu'un nom qui couvre la poursuite des pratiques traditionnelles « bêtes et méchantes » des tyrans illustre l'écart entre les objectifs et les résistances de la réalité, c'est-à-dire des individus.

Cet écart, on le retrouve à propos du modelage du peuple. Les Jacobins entendent-ils que la guerre, fût-elle révolutionnaire, en soit « l'accoucheuse » ? Certes, ils se méfient de la foule, qui, même insurrectionnelle, n'est pas un peuple, d'où leurs réticences devant la levée en masse telle qu'elle est conçue par les sans-culottes. Le décret du 23 août permet au contraire de canaliser la violence populaire et en même temps, par la mobilisation de la nation entière, de faire croire que c'est le peuple et non l'État qui combat. « Est ainsi obtenue cette coïncidence du peuple et de l'État qui est au principe de la légitimité politique depuis au moins la Révolution française[56]. » « C'est parce que l'État est populaire qu'il peut convertir le droit de porter les armes en soumission disciplinaire de l'individu à la machine militaire[57]. » Ainsi tombent-ils dans le même cercle vicieux ou la même pétition de principe que Rousseau et Mably. C'est parce qu'il est censé être animé par la vertu que le peuple se soulève contre les tyrans coalisés et veut se porter aux frontières mais c'est le devoir militaire, sous forme de réquisition des jeunes gens soumis ensuite à la discipline «nouvelle» et de mobilisation des autres citoyens, qui constitue ce peuple vertueux[58].

La vertu, telle qu'on l'entend en l'an II, permet d'ailleurs d'élaborer une trilogie fondée sur l'honneur, la liberté et l'utilité sociale en transcendant les antagonismes qui existent entre ces concepts[59]. La vertu n'est pas recherche de gloriole ni même désir de gloire personnelle ou souci de son propre honneur et ne se manifeste pas par des prouesses d'héroïsme individuel. D'où la méfiance de la Convention envers le terme d'honneur, envers les décorations, les titres et les ordres honorifiques qu'elle abolit comme vestiges de la féodalité. La vertu du citoyen est mise au service de la cité et les Jacobins auraient souscrit à cette formule d'Arthur Koestler : « L'honneur, c'est de se rendre utile sans vanité[60]. »

Pour autant, on n'aboutit ni à la supériorité de l'armée sur la nation ni à la fusion entre la cité et le camp. Le pouvoir civil ne cesse de réaffirmer par des moyens extrêmes sa primauté sur le «pouvoir» militaire qui, justement, ne doit pas exister en tant que tel : si la «faux révolutionnaire », entendons la guillotine, ne s'abat pas systématiquement comme on le prétend encore, sur les généraux vaincus, encore moins sur ceux qui sont originaires de la noblesse, elle frappe les tièdes et les hésitants, « ci-devant » ou roturiers. Pas davantage l'armée de l'an II n'est une armée nation où le camp serait partout. Elle est une nation armée au sein de laquelle ceux qui combattent sont encadrés dans une institution permanente, non dans une masse en insurrection ou dans des groupes de partisans. La levée en masse n'abolit pas totalement la frontière qui sépare le devoir de défense du service militaire *stricto sensu*[61]. Les Jacobins n'ont jamais entendu mettre en question le caractère permanent de la force armée, encore moins en évincer les spécialistes ou les techniciens que paraissaient être les officiers d'origine noble qui n'étaient pas partis en émigration. Sous la pression populaire de l'été 1793 commence à leur encontre une « épuration »; or la Convention l'arrête très vite[62].

Les fêtes[63] sont pendant la Révolution des vecteurs de l'acculturation aux valeurs nouvelles et l'illustration d'une pédagogie du civisme et du patriotisme. Au cours de ces fêtes, beaucoup moins militaires que celles de nos trois dernières républiques, on ne réserve pas aux soldats une place qui serait particulière, même lorsqu'elles célèbrent des victoires; et d'ailleurs, à cette occasion, le combat sur le champ de bataille est considéré comme étant le prolongement du combat dans la cité. C'est le citoyen qui est honoré, non le militaire[64].

On décèle cependant une volonté de régénération de la société par l'armée dans les projets qui touchent à l'éducation des générations montantes ; de leurs membres masculins s'entend, car, s'il y eut des femmes pour s'engager dans les bataillons de volontaires sous des habits d'homme, citoyenneté et virilité sont plus que jamais associées et opposées à l'«efféminement». Mais la militarisation incontestable du fait national n'entraîne pas la militarisation de la société. Certains dirigeants eux-mêmes la repoussent. Le projet de Louis-Michel Lepeletier de Saint-Fargeau, dans lequel la ligne «spartiate» était particulièrement sensible, est présenté par Robespierre à la Convention après l'assassinat de Lepeletier. Il préconise des maisons d'éducation commune où les garçons et les filles de cinq à douze ans seraient internes. Or un tel projet est rejeté.

Mais ce sont aussi les Français qui se montrent réticents et c'est la société qui s'avère beaucoup plus mouvante et beaucoup plus complexe que ne le croient les dirigeants. La création de l'École de Mars destinée à dispenser à des jeunes gens de seize à dix-huit ans une instruction militaire est annoncée par Barère au nom du Comité de salut public, le 14 prairial an II. Ce pouvait être l'amorce d'une formation s'étendant à toute la jeunesse masculine et c'est un échec. Quand, au bout de quatre mois, on propose aux élèves de se rendre en caserne pour parfaire leur instruction, ils refusent[65].

Surtout, c'est dans la pluralité des attitudes des Français devant les levées et les réquisitions d'hommes qu'on saisit cette complexité de la société. Leurs comportements ne sont pas uniquement dictés par leur adhésion ou leur rejet de la Révolution. Le facteur politique se combine avec une multiplicité de facteurs, économiques, sociaux, culturels, enracinés dans l'histoire à long terme, en particulier celle des rapports pluriséculaires à l'État-nation centralisateur. Dès la levée de 1791, la France de l'enthousiasme est celle des frontières du Nord et de l'Est, du Bassin parisien, au centre de l'État-nation, des départements aquitains où se fait sentir l'influence de Bordeaux et de Toulouse, de la région lyonnaise, du Midi provençal et languedocien. La France de l'acceptation « résignée » est celle des départements de l'intérieur et de l'Ouest mais, parmi ces derniers, certains font déjà preuve d'une inertie marquée. Cette apathie est aussi le fait des départements de montagne, ceux des Alpes et des Pyrénées, et il n'est même rien demandé à certains départements du Massif central et de ses bordures[66].

Les levées de 1792 confirment ces observations, mais quelques départements qui avaient généreusement fourni des hommes en 1791 sont beaucoup plus réservés ; inversement participent ceux dont on n'avait rien exigé l'année précédente. Les réquisitions accentuent ces contrastes qui se retrouveront tout au long de l'histoire de la conscription sauf cas particulier : par exemple les départements septentrionaux de la France, en dépit de leur situation frontalière, basculent pour vingt ans dans « le camp du refus »[67].

Pourtant, si la levée en masse ne suscite pas les troubles qu'avait rencontrés celle des 300 000 hommes même s'il y eut des réticences et une insoumission larvée, c'est aussi en partie parce que les Montagnards, abandonnant l'utopie pour l'anticipation, et renonçant au mythe du « pur » citoyen rejoignant les drapeaux par patriotisme, comme s'il était libéré de toute préoccupation économique, à savoir le sort de la famille qu'il laisse derrière lui, appliquent enfin la politique des secours aux familles. En partie seulement car l'insoumission est jugulée aussi par la répression[68]. Cette politique se poursuivra même après le 9 thermidor, jusqu'en l'an V mais sera de moins en moins appliquée. C'est en ce sens que l'armée de l'an II est un laboratoire de la solidarité sociale tout comme par la politique généreuse et égalitaire menée en faveur des anciens soldats[69] ainsi qu'en faveur des veuves et orphelins des combattants[70]. Mais les promesses de la Convention sur le « milliard des vétérans » qui aurait permis aux soldats, une fois de retour dans leurs foyers, d'accéder à la propriété grâce au transfert des biens nationaux restent lettre morte faute de temps pour les accomplir.

L'INSTAURATION DE LA CONSCRIPTION

Une loi fondatrice

Le 19 fructidor an VI (5 septembre 1798) est votée la loi Jourdan qui fonde ce qu'on appelle en France la conscription. C'est la première fois depuis 1791 qu'une loi militaire n'est pas votée dans l'urgence. Jusqu'à présent, les lois et les décrets, en même temps qu'ils définissaient un mode de recrutement, levaient aussitôt des hommes. Ce n'est pas le cas cette fois puisque, si la France est encore en guerre avec l'Angleterre, la commission qui s'est formée en mai 1797 présente son rapport le 23 nivôse an VI (12 janvier 1798) au Conseil des Cinq-Cents. La première coalition est disloquée depuis 1795 et le traité de Campo-Formio vient d'être signé avec l'Autriche, le 26 vendémiaire an VI (17 octobre 1797). La seconde ne se formera que plusieurs mois plus tard.

Certes, le problème des effectifs se pose du fait que le décret du 23 août 1793 n'a prévu aucune rotation des générations sous les drapeaux. Les jeunes gens qui ont « eu le malheur d'avoir dix-huit ans accomplis et moins de vingt-cinq ans le 23 août 1793 »[71] demeurent indéfiniment dans l'armée ; beaucoup n'y demeurent pas d'ailleurs et désertent au cours de cette guerre prolongée et expansionniste. En général, ils désertent à « l'intérieur », c'est-à-dire qu'ils retournent chez eux, preuve d'apatriotisme plutôt que d'antipatriotisme ; preuve aussi, dans certains cas, que les combattants réagissent en citoyens-soldats et ne voient plus la nécessité de poursuivre la lutte dès lors que les frontières ne sont plus menacées et que la Révolution est sauvée. Dès la Convention thermidorienne, les effectifs tombent à 484 363 présents et, en 1797, à 381 909 présents[72].

Quant à ceux qui restent, de plus en plus éloignés de leur patrie et de la société, ils ont tendance à n'avoir qu'une vision négative de celle-ci, semblables en cela aux penseurs du XVIIIe siècle : ils jugent leurs compatriotes corrompus et égoïstes. En cela, ils se trouvent souvent confortés dans ces conceptions par ce qu'ils observent à leur retour. Par conséquent, ils sont persuadés d'être désormais les seuls à incarner les valeurs de la république. Le projet de régénération de la société par l'armée se transforme en coups d'État militaires qui jalonnent la politique du Directoire, accomplis sous l'égide et pour le plus grand profit des généraux ainsi que pour la gloire personnelle de ceux-ci envers laquelle la Révolution s'était montrée si méfiante. Au temps des Jacobins, la gloire et l'honneur ne pouvaient être que collectifs, ceux de la cité et de la patrie. Désormais, le passage de la vertu au second plan dans les représentations alimente un sentiment de supériorité envers le civil qui n'a d'égal que la méfiance que ressent de nouveau celui-ci à l'égard du militaire.

La commission qui se réunit et dont la composition va évoluer est dominée par des députés néo-jacobins, au premier chef Jean-Baptiste Jourdan (1762-1833), élu de la Haute-Vienne, et Pierre Delbrel (1764-1846), élu du Lot. Jourdan est un militaire, parfait représentant des généraux de l'an II. Engagé dans l'armée royale, il participe à la guerre d'Amérique puis est réformé. Capitaine dans la Garde nationale de Limoges, il s'enrôle dans un bataillon des volontaires de la Haute-Vienne en 1791, est général de brigade en mai 1793, général de division en juillet. Surtout, il est le vainqueur de Fleurus, le 26 juin 1794, la bataille qui a montré que la Révolution était sauvée, que les Français pouvaient repasser à la contre-offensive et qui leur a rouvert les portes de la

Belgique[73]. L'histoire a retenu son seul nom alors qu'à bon droit la loi devrait s'appeler Jourdan-Delbrel. Delbrel, lui, n'est pas un militaire, bien qu'il se soit engagé comme volontaire de 1792. Mais il est élu par le Lot à la Convention qui le désigne bientôt comme représentant en mission auprès des armées du Nord et des Ardennes, puis à l'armée d'Italie, enfin à celle des Pyrénées-Orientales. Les autres membres de la commission ont tous une expérience de l'armée et de la guerre. Aussi, Jean Porte, adjudant-général élu de la Haute-Garonne, Joseph Martin, représentant du même département, capitaine de la Garde nationale de la Haute-Garonne, puis général de brigade en l'an II, Jean Savary, ancien avocat puis adjudant-général chef de brigade en novembre 1793, élu du Maine-et-Loire. Son collègue et compatriote du même département, Michel Talot, juge au tribunal de commerce, a été commandant de la Garde nationale d'Angers puis élu par la Convention qui l'envoie en mission en l'an III auprès des armées[74].

Les membres de la commission appartiennent peu ou prou à ce courant néo-jacobin, complexe et vivace, libéral et égalitaire, qui, tout en se dégageant de la Terreur, tente de revenir aux sources d'une révolution démocratique et préconise une « démocratie représentative »[75].

Le projet primitif présenté le 23 nivôse est suivi d'un projet de résolution que Jourdan présente seul, où le terme de conscription réapparaît. Ce projet soulève maintes critiques, notamment de la part du député Delbrel qui, pour cette raison, rejoint la commission le 7 ventôse an VI (25 février

1798)[76]. Jourdan avait prévu que le contingent serait tiré au sort et Delbrel s'insurgea contre cette disposition. Des Français participent au débat, comme l'atteste une lettre envoyée à Jourdan par le citoyen Phillet, qui juge que « lorsqu'on le peut, il faut proscrire le rappel des institutions vicieuses de la monarchie, le tirage au sort pour la conscription se rapproche trop de la milice »[77].

Delbrel voyant se profiler le remplacement derrière le tirage au sort infléchit considérablement les propositions initiales. Le nouveau projet qu'on pourrait appeler Jourdan-Delbrel, bien que Jourdan en soit encore une fois le seul rapporteur, est présenté aux Cinq-Cents le 2 thermidor an VI (20 juillet 1798)[78]. Le 4 fructidor (21 août), après débat, les Cinq-Cents transforment le projet en résolution. Le 19 fructidor an VI (5 septembre 1798), adoptée par le Conseil des Anciens, la loi devient exécutoire.

La loi est fondatrice car Jourdan, dans son second rapport, énonce le constat suivant : certes, il est bien éloigné de vouloir jeter de la défiance sur la bonne foi des États qui ont signé des traités de paix avec la France, mais leurs souverains n'ont fait la paix que parce qu'ils étaient vaincus par elle[79]. Il faut donc une force qui maintienne l'existence de la république toujours susceptible d'être menacée par les gouvernements monarchiques. C'est pourquoi il convient, même dans cette période d'accalmie et précisément parce qu'elle permet une réflexion de fond, d'élaborer la constitution d'une armée et de définir la façon dont elle va être recrutée[80].

Le titre premier de la loi, sous le nom de « Principes », affirme par son article III que, sauf quand la patrie est en danger, l'armée de terre se forme par enrôlement volontaire et par conscription militaire[81]. On remarquera que l'enrôlement volontaire est placé avant la conscription. La Constitution de l'an III, qui avait institué le régime du Directoire, le prescrivait trois ans auparavant dans son article 286. L'armée de terre, disait-elle, se forme par enrôlement volontaire et, en cas de besoin, par le mode que la loi détermine, ce que rappelle encore dans son préambule la loi Jourdan[82].

Le titre II, intitulé « Des enrôlements volontaires », énonce les conditions de ces engagements que peuvent contracter tous les jeunes gens de dix-huit à trente ans, en état de porter les armes, pour une durée de quatre ans et sans prime d'engagement. La loi prévoit cependant une possibilité de se rengager de deux ans en deux ans, cette fois avec un supplément de solde[83]. C'est le pouvoir civil qui a la haute main sur ces enrôlements qui sont inscrits dans des registres tenus par les municipalités.

À ces enrôlés viennent s'ajouter les conscrits. La conscription est, au sens littéral du terme, l'inscription sur des registres, non le service effectif. Ce sont les autorités locales et civiles, les municipalités, qui sont chargées de la confection des registres de conscription. Quel que soit son état de santé ou son état social, nul ne peut se dérober à cette inscription, s'il est âgé de vingt à vingt-cinq ans, célibataire ou marié après le 23 nivôse an VI. C'est donc l'inscription qui est obligatoire et universelle dans la loi Jourdan, non le passage sous les drapeaux. Les jeunes inscrits sont répartis en cinq classes d'âge, celles-ci étant distinctes du contingent composé des appelés qui sont désignés, comme le souhaitait Delbrel, par ordre d'âge, en commençant par les plus jeunes de la première classe, celle des «vingtenaires». Une fois de plus, la primauté du pouvoir civil sur le pouvoir militaire est rappelée par la loi puisque c'est aux assemblées, une fois déduit le nombre des engagements volontaires et en tenant compte de ceux qui sont libérés de leurs obligations de service, de déterminer chaque année le chiffre du contingent qui part pour cinq ans en temps de paix, et pour une durée indéterminée en temps de guerre. C'est en effet une faille de la loi qui s'en rapporte alors à la sagesse des législateurs[84].

Un aboutissement

Si la loi Jourdan crée une institution, elle fait beaucoup plus que cela et les interventions des membres de la commission ainsi que les attendus de la loi le montrent bien. Jourdan l'affirme dans le rapport qu'il prononce devant les Cinq-Cents pour expliquer et justifier le projet définitif :

> La commission n'a pas modelé son projet sur des usages anciens : à l'exemple des généraux français qui ont eu le courage de se soustraire à l'habitude pour vaincre et inventer une manière de combattre conforme au caractère national. Elle a créé un mode de recrutement conforme aux principes de notre constitution[85].

Ce sont donc les expérimentations de la Révolution que la loi Jourdan prétend institutionnaliser mais, davantage encore, elle élève à la hauteur de principes jusqu'aux mythes qui ont donné une résonance immense et presque un caractère d'intangibilité à ces tâtonnements. Non que l'existence d'une force permanente, en outre composée partiellement de professionnels de la guerre, soit *a priori* récusée. Avec lucidité, Jourdan l'admet :

> Car l'expérience révolutionnaire l'a prouvé : si les bataillons de réquisition sans instruction n'avaient pas été encadrés, la victoire eût été impossible. Il faut donc fixer la force armée par le nombre des cadres, conserver en temps de paix ces cadres, étendre ou resserrer ces cadres suivant les circonstances[86].

Il n'est donc pas déraisonnable d'envisager que des hommes fassent « par goût des armes » leur métier de la défense. À condition qu'ils le fassent en hommes libres et en soldats-citoyens, et, en ceci, les auteurs de la loi Jourdan se placent dans la filiation des Constituants. On comprend pourquoi, dans de telles perspectives, aucune prime ne doit être reçue par la recrue. « Il ne s'agit plus de cela qui est bon pour un gouvernement despotique [...]. Il va sans dire que l'engagement doit être gratuit car l'argent flétrirait le caractère d'homme libre qu'a aujourd'hui l'engagé volontaire[87]. » On a vu de quelles garanties étaient entourées les conditions de l'enrôlement, qui ne sont au demeurant que la prolongation et l'aboutissement d'une action de l'État qui a commencé dès l'Ancien Régime.

En même temps, une armée qui serait uniquement constituée de soldats de métier continue à faire peur, plus en référence à son association avec l'absolutisme qu'aux péripéties, encore toutes récentes au moment où est votée la loi Jourdan, qui marquent l'histoire du Directoire, et impliquent pourtant des citoyens-soldats, il est vrai redevenus professionnels par la longueur de leur séjour sous les drapeaux : tentatives d'« entrisme » des babouvistes et de soulèvement du camp de Grenelle en l'an IV, coup d'État du 18 fructidor an V, mené par Augereau derrière lequel en fait il y a Bonaparte. Pour survivre, la république directoriale a en effet besoin du « sabre » et de l'or qu'il ramène d'une guerre conquérante et de la vassalisation des « républiques-sœurs ». Cet aveuglement quant au fait qu'une armée de conscription peut aussi bien qu'une troupe de métier participer à des coups d'État persistera jusque tard dans le xxe siècle.

Quoi qu'il en soit, l'élaboration de la loi Jourdan montre la recherche d'un équilibre politique et social. Il faut éviter que ne se consolide un pouvoir militaire qui serait supérieur au pouvoir civil et dicterait sa loi à la nation, il faut empêcher que ne se constitue ou ne se reconstitue une caste en dehors et au-dessus de la société, tentée de s'ériger en modèle de celle-ci et de lui imposer ses valeurs. Il ne convient pas non plus, et les auteurs de la loi sont sur ce point encore les héritiers des Constituants, que la société française devienne un camp permanent, ne serait-ce que pour la bonne marche des activités économiques, voire pour le budget de l'État. « La nation ne sera pas divisée en deux classes, l'une militaire, l'autre civile. Les défenseurs de la Patrie seront citoyens et, dès lors, il n'existera aucun motif de rivalité, de défiance, aucune ligne de démarcation entre le peuple et ses défenseurs[88]. » Ils insistent :

> S'il est dangereux de rendre la nation trop militaire, il ne faut pas la rendre exclusivement agricole ou commerçante et confier le soin de sa défense exclusivement à des mercenaires. Dans une république bien constituée, le gouvernement doit toujours être en état de faire la guerre sans être obligé d'entretenir une force trop importante en temps de paix, dangereuse au surplus pour les libertés […]. Tous les Français étant appelés à la défense de la Patrie, il n'est pas dans l'intérêt de la société que le service militaire nuise à l'éducation civile par quoi il y aurait beaucoup de soldats et peu de citoyens : il faut que, sous les drapeaux, les soldats gardent l'indépendance civile. L'humanité et l'économie exigent qu'une fois acquittée la dette de la Patrie, il *[sic]* puisse reprendre son emploi[89].

Il n'est donc pas question qu'en temps de paix et même en temps de guerre, sauf dans les cas d'extrême péril où la levée en masse serait rétablie — provisoirement car il s'agit d'une mesure d'exception qui doit le rester —, tous les citoyens partent tour à tour sous les drapeaux dans un « laboratoire de l'homme nouveau » ou dans l'école de civisme qui sera chère à la troisième République. En temps de paix, le contingent doit être le plus faible possible.

Jusqu'à ce point, l'appréciation de l'expérience révolutionnaire est réaliste. Porte, un des membres de la commission, le dit tout aussi clairement :

> Au milieu de tous les prodiges [accomplis par l'armée de l'an II], nous devons suspendre un moment notre admiration, tourner nos regards et nos pensées vers l'avenir et faire tout ce que la sagesse et la prévoyance commandent pour que le prix de tant de sacrifices et d'efforts ne soit point perdu pour nous ni pour la postérité[90].

Mais alors est-ce bien la seule crainte du maintien d'une armée exclusivement composée d'hommes de métier, outre l'éventualité que les enrôlements volontaires puissent être insuffisants, qui pousse «les créateurs» de la conscription à l'appel de citoyens qui ne feront pas profession du métier des armes mais ne peuvent se soustraire à l'appel en tant que citoyens? En fait, pour les auteurs de la loi, il n'est plus envisageable qu'une armée puisse être qualifiée de nationale sans que s'y côtoient des engagés et des conscrits. Selon eux, l'armée française est la seule à être alors véritablement nationale; en effet, ils affirment qu'elle existe déjà depuis la Révolution et que la loi n'a pour but que de régulariser ce grand mouvement qui a poussé les Français sous les drapeaux par besoin d'être libres et par amour de la patrie[91]. Auparavant, disent-ils, il n'a jamais existé d'armée nationale car en France et en Europe les troupes étaient au service des «despotes» d'Ancien Régime. Ainsi la conjoncture historique conduit les auteurs de la loi à y intégrer l'identification du citoyen et du soldat, l'assimilation du devoir de défense à un droit, l'irréversibilité du lien entre la défense et la citoyenneté et quasiment sa sacralisation[92].

En tête de la loi, le premier article affirme

donc : « Tout Français est soldat et se doit à la défense de la patrie[93]. »

Une loi charnière ou l'armée nationale « à la française »

L'affirmation d'un tel principe conduit à la naissance d'un nouveau mythe dont on trouve la trace jusque dans le vocabulaire contemporain et dans celui utilisé parfois dans cet ouvrage même, qui rendent synonymes la conscription et le service personnel obligatoire.

Mode de recrutement devenu inscription universelle, la conscription de la loi Jourdan acquiert une autre dimension, celle d'incarnation de la citoyenneté. Pourtant, seul est énoncé le principe selon lequel la défense doit d'abord incomber au citoyen mais cette énonciation demeure à l'état de principe ; ni son extension ni sa généralisation n'entrent en vigueur. Seule l'inscription est égalitaire mais cette égalité n'est pas étendue puisque, à aucun moment, il n'est prévu que chaque citoyen doive se rendre en personne à l'armée et y servir pendant la même durée. « Tranquilles dans leurs foyers, les Français compris dans la conscription militaire ou, pour mieux dire, les défenseurs de la patrie s'adonneront aux arts, au commerce et à l'agriculture qu'ils n'abandonneront que lorsque la Patrie réclamera leur service. Beaucoup seront destinés à servir mais peu serviront réellement », dit Jourdan[94].

Néanmoins, la loi Jourdan établit une digue au retour de l'inégalité. On a vu que l'entrée de

Delbrel dans la commission est liée à son refus de la voie du sort comme mode de désignation des conscrits parce qu'il craignait qu'il n'entraîne le remplacement. C'est l'âge de ceux-ci qui, selon la loi, est le critère de choix. Dans son second rapport, Jourdan porte une condamnation très sévère du remplacement, d'autant, dit-il, que c'est le citoyen aisé qui a recours à cette pratique alors que, détenant des biens, il devait être le premier à accourir pour les défendre. « Un abus aussi grave doit cesser : celui qui viole ouvertement les lois se déclare en état de guerre avec la société[95]. »

Mais dès la seconde levée directoriale, celle du 28 germinal an VII (17 avril 1799), réapparaissent tirage au sort et remplacement. Certes, la troisième levée, celle du 10 messidor an VII (28 juin 1799), s'apparente à une levée en masse. En fait, c'est dès le Directoire, et non après le coup d'État du 18 brumaire, que se dessinent les caractères de la conscription napoléonienne et de celle du XIXe siècle jusqu'à la loi de 1872.

La loi de 1798 est aussi, en effet, une loi charnière. Elle inspire les lois militaires des différents régimes politiques que connaît la France au siècle suivant. Elle instaure un modèle qui s'étend rapidement à l'Europe continentale, modèle original qui tient compte de l'avènement d'une nouvelle citoyenneté et de la redéfinition des rapports qui se nouent entre l'État, la Nation, l'individu. « L'armée nationale à la française » n'est plus l'armée de l'an II, dit-on. Certes, si on confond celle-ci avec un peuple en armes soulevé spontanément et provisoirement contre l'envahisseur, ce qu'elle n'a jamais été. L'armée de conscription, telle que la définit la loi Jourdan, présente un caractère mixte : elle combine la présence d'hommes de métier, engagés comme tels ou en tant que remplaçants ou qui, tels les volontaires de 1791 et 1792 et les requis de 1793, deviennent des professionnels par suite d'un séjour prolongé sous les drapeaux, et celle d'appelés en tant que citoyens, les conscrits. La guerre étant permanente, ces derniers se professionnalisent à leur tour. Aussi l'armée issue de la loi de 1798 compte-t-elle rapidement davantage de soldats-citoyens que de citoyens-soldats. Mais par le biais d'une levée annuelle, et bientôt de plusieurs levées par an, jamais le flux ne se tarit qui va de la cité au camp.

Une fois de plus, la France est plurielle devant la conscription sans que la réapparition presque immédiate du remplacement à prix d'argent en soit la cause. En effet, le caractère inégalitaire du système ne heurte pas la grande majorité des Français. Ce paradoxe durera tout au long du XIXe siècle. Il ne choque que certains hommes politiques et le remplacement ne sera remis en question que par quelques-uns d'entre eux et une partie des officiers. Au contraire, dès la seconde levée, il permet de faire accepter la conscription à la population. En tout cas, ce ne sont pas ces caractères du système, bien que combattus par une partie des auteurs de la loi et contraires à son esprit, qui suscitent des émeutes populaires ou la résistance de certaines régions. Ce qui entre en jeu ici dans les troubles anticonscriptionnels, à tout le moins dans le refus de l'institution, ce sont les rapports de longue durée avec l'État-nation, les conditions économiques et sociales, les structures mentales et culturelles qui, tout aussi bien, conduisent d'autres régions à son acceptation précoce.

Autant le temps de la réflexion n'a pas manqué pour élaborer la loi, autant son application est précipitée. Une seconde coalition se forme contre la France qui réunit l'Angleterre, l'Autriche, la Russie, la Turquie et le royaume de Naples. La question des effectifs se pose donc à nouveau de façon pressante. Cette fois, la France défend non seulement ses frontières mais celles des républiques-sœurs. Les frontières de la France sont à cette date déjà agrandies aux dimensions des départements annexés, Nice, la Savoie, la Belgique et la rive gauche du Rhin, soumis à conscription sauf celle-ci, tandis que l'Ouest en est prudemment exempté. L'application de la loi est brusquée, à peine est-elle votée qu'une première levée est ordonnée le 3 vendémiaire an VII (24 septembre 1799) alors que la confection des tableaux de conscription qui sont un des fondements du bon déroulement de la conscription est loin d'être achevée.

En effet, comme c'est la première fois qu'une telle mesure est appliquée, il faut « conscrire » cinq classes à la fois. L'année suivante, il n'y en aura plus qu'une. Avec les tableaux envoyés par les municipalités, l'administration centrale de chaque département dresse une liste départementale et les bureaux du ministère de la Guerre établissent une liste nationale, par ordre d'âge[96]. La précipitation de l'entrée en vigueur de la loi met en lumière l'impréparation de certaines administrations locales. D'ores et déjà se dessine un maillon faible du dispositif en raison de l'incompétence des maires auxquels il est pourtant assigné un rôle crucial ; faiblesse qui n'est pas due seulement à leur ignorance mais aussi aux pressions qu'ils subissent de la part de leurs administrés quand ils ne sont pas leurs premiers complices.

En moins d'un an ont donc lieu trois levées. La pesée démographique représente 1,5 % de la population, elle est faible puisque les diverses levées de la Révolution ont en moyenne prélevé 5 %, parfois jusqu'à 10 % mais en plus de deux ans, et ce qui irrite les populations, c'est la succession rapide des appels.

L'État est en train d'affiner ses instruments de mesure et de contrôle. Une source qui n'existait pas encore pendant la Révolution donne les résultats rétrospectifs de la conscription directoriale, département par département. Il s'agit du *Compte général de la conscription* établi en l'an XIV à la demande de l'Empereur[97] par Antoine Audet Hargenvilliers (1768-1835), subordonné immédiat pendant l'Empire des quatre directeurs généraux des Revues et de la Conscription[98]. Une carte de la France conscriptionnelle se superpose quasiment à celle de la France devant les levées d'hommes. Même si on ne peut espérer des travaux d'Hargenvilliers que des ordres de grandeur, on constate que des contrastes marqués existent non seulement entre départements mais à l'intérieur d'un même département entre cantons et aussi entre villes et plat pays, comme en 1791, 1792 et 1793. On observe aussi que certains départements annexés réagissent mieux que certains départements de « l'ancienne » France où éclatent de nouvelles petites vendées (mais de même aussi dans trois des neuf départements belges et dans les cantons limitrophes de quatre autres).

Ces rébellions ne sont pas nécessairement dues à de l'antipatriotisme mais d'abord à de l'apatriotisme. Le mécanisme observé lors de la levée des 300 000 hommes rejoue. Un homme ne refuse pas la conscription parce qu'il s'oppose au régime. Mais se soustrayant à l'appel par des moyens violents, il glisse de l'anti-Révolution à la contre-Révolution. Il faut donc se garder de prendre la conséquence pour la cause comme le font les commissaires du Directoire auprès des administrations locales, prompts à voir dans tout trouble anticonscriptionnel la main des prêtres réfractaires et des nobles rentrés d'émigration. Au demeurant, tout trouble ne prend pas nécessairement les dimensions d'une petite vendée. L'émeute villageoise met initialement en branle les solidarités familiales, l'attitude des femmes étant fort éloignée alors de celle que l'on prête aux mères spartiates, et les réseaux communautaires. Les maires sont quelquefois à la tête de la rébellion. Celle-ci s'en prend à la gendarmerie à laquelle la loi assigne comme tâche la chasse aux insoumis et déserteurs[99]. Les gendarmes auxquels on arrache les conscrits qui doivent partir ou qui, étant partis, sont revenus dans leur village avant même d'avoir rejoint leur corps n'ont pas toujours le dernier mot[100].

Cependant, les armées du Directoire, après avoir perdu la plupart des républiques-sœurs, sauvent les frontières de la France pendant l'été 1799, avant que Bonaparte, quittant son armée en Égypte, ne débarque et n'accomplisse le coup d'État du 18 brumaire.

Chapitre III

D'UN EMPIRE À L'AUTRE : L'ARMÉE NATIONALE DE CONSCRIPTION

L'IMPÔT DU SANG

La consolidation du système

Contrairement à beaucoup d'institutions que Napoléon Bonaparte crée lorsqu'il accède au pouvoir, en faisant la synthèse de l'héritage monarchique et des mutations opérées par la Révolution française, ou qu'il met en forme à partir des ébauches de la période révolutionnaire, il n'instaure pas la conscription puisque la loi Jourdan est votée et appliquée avant le coup d'État de brumaire. Il se garde bien — et se gardera toujours pendant son règne — de toucher officiellement à la loi y compris dans ses silences et ses lacunes, notamment à propos de la durée du service des conscrits en temps de guerre ; elle lui offre trop d'opportunités pour accomplir ses desseins personnels, quitte à l'utiliser dans un tout autre état d'esprit que celui qui a présidé à son élaboration et même à l'infléchir dans sa lettre.

Initialement d'ailleurs, pendant le Consulat et

les premières années de l'Empire, il se montre mesuré et n'abuse pas du vivier d'hommes que la conscription met à sa disposition. En fait, il consolide le système conscriptionnel en le réorganisant ou plutôt en officialisant et institutionnalisant les pratiques qui étaient apparues lors des levées du Directoire.

Pour autant, il ne revient pas à une armée de métier. L'irréversibilité de l'existence d'une armée nouvelle est réaffirmée sous le Consulat. Les comptes rendus rédigés par les conseillers d'État qu'en l'an IX et en l'an X le premier Consul a envoyés en mission pour dresser un « état du pays » et en fait confirmer la légende noire du Directoire et le rôle de sauveur qu'aurait joué Bonaparte en prenant le pouvoir en brumaire révèlent que le débat est tranché en faveur de cette armée nouvelle.

Une des missions des conseillers d'État consiste à recueillir les avis de « l'opinion publique » sur l'armée et la conscription. L'un d'entre eux, le général Jean Girard Lacuée (1751-1841), fait dire au préfet de la Seine que ce dernier regarde la conscription « [...] comme une loi vraiment nationale et propre à imprimer au peuple français un caractère de régénération. Par cette loi, tous les Français deviennent réellement les défenseurs de la patrie, ce qui forme entre tous un lien général et un lien particulier entre chaque citoyen et l'État »[1].

Son collègue de Seine-et-Marne aurait également dit à Lacuée: « Quoi que fasse un gouvernement, il n'empêchera pas qu'un individu ne préfère son intérêt particulier à celui général, c'est donc à ce gouvernement à le forcer par la loi à devenir utile à la grande famille[2]. »

En l'an X, alors qu'une loi du 28 floréal ordonne une levée sur les classes de l'an IX et de l'an X et que, quelques jours auparavant, un arrêté des consuls du 8 floréal a précisé les conditions du remplacement, Lacuée se livre devant le Corps législatif à une défense et illustration de la conscription et Daru, transmettant les vues du régime et celles de son chef, affirme devant le Tribunat que l'égalité des droits naîtra de celle des devoirs[3].

Et, en floréal an XI, Carrion-Nisas le répète au Corps législatif :

> Le service militaire n'est plus l'honneur privilégié des uns ni la charge exclusive des autres ni la ressource d'un grand nombre ; c'est le premier devoir de tous. De là, cette conscription générale absolue, institution fondamentale qu'on peut regarder comme le palladium de la République, le véritable nerf de l'État qui, cultivé, favorisé, tenu en honneur, suffira pour nous maintenir au plus haut point de grandeur et de force[4].

Tout au long du débat auquel donnera lieu la conscription, on retrouvera ces vues élevées et aussi leur discordance avec la réalité d'un système inégalitaire, perçu par les populations davantage comme l'impôt du sang que comme le devoir, voire le droit suprême du citoyen. Les mesures du Consulat, en consolidant le système, officialisent son caractère inégalitaire. Le remplacement est rétabli au moment de la première levée consulaire ordonnée le 17 ventôse an VIII mais, bien que les tenants du remplacement eussent souhaité en faire un droit, ainsi opposé à la conception illibérale et «jacobine» du service personnel, Bonaparte ne veut pas et ne voudra jamais qu'il se réduise à un commerce d'hommes[5]. Il est donc assez strictement encadré. En l'an VIII, Lacuée, qui supervise alors les opérations de la conscription, le présente comme une «faveur» que consent l'État; encore ne l'accorde-t-il que dans des cas précis[6].

Les conditions sont sévères: le remplaçant doit être agréé par le sous-préfet ou par le conseil d'administration du corps dans lequel il va servir, avoir entre dix-huit et quarante ans et mesurer au moins 1 m 65, ce qui représente alors une taille relativement élevée. À partir d'un certain niveau de fortune, le remplacé, outre ce qu'il verse au remplaçant, est tenu de s'acquitter envers l'État d'une somme de cent francs. Ce versement sera effectif à partir de l'an XIII. L'arrêté du 8 floréal an X, évoqué plus haut, et celui du 18 thermidor an X l'élargissent mais assortissent son fonctionnement de strictes conditions géographiques et d'âge. Le remplaçant doit être du même arrondissement que le remplacé et appartenir à la même classe conscriptionnelle.

Le champ d'application du remplacement est encore étendu par les décrets du 8 nivôse an XIII et du 8 fructidor an XIII. Le premier admet que le remplaçant puisse appartenir à n'importe laquelle des cinq classes conscriptionnelles mais restreint au canton du remplacé le choix de son remplaçant. Le second, lui, assigne le département comme limite du choix. Ce n'est qu'en 1813 que la «barrière» géographique saute[7].

À partir de l'an X, le tirage au sort devient la

norme pour la désignation du contingent et non plus l'âge comme le prescrivait la loi Jourdan. C'est cette année-là que se précisent les modalités générales des opérations de la conscription car, s'il y eut une levée en l'an VIII, très vite après le coup d'État, il n'y en eut pas en l'an IX: aussi l'arrêté du 18 thermidor an X consécutif à la loi du 28 floréal est-il particulièrement important. En effet, chaque fois qu'a lieu une levée, c'est une loi qui en décide, la fixation des effectifs incombant au Corps législatif. Mais cette loi est suivie d'un ou de plusieurs arrêtés des consuls qui mobilisent effectivement les conscrits. Celui du 18 thermidor an X accentue la mainmise du pouvoir central sur le déroulement des opérations au détriment des conseils municipaux, qui se sont avérés peu fiables pendant le Directoire, des conseils d'arrondissements et des conseils généraux. Ces deux derniers répartissent le contingent dans leurs circonscriptions respectives. Les préfets et les sous-préfets, dont la tâche primordiale est d'être «des pourvoyeurs d'hommes», comme le dit expressément l'arrêté du 23 pluviôse an VIII qui crée l'institution préfectorale, sont tenus de contrôler *a posteriori* les actes des conseils. Le décret du 8 fructidor an XIII les laissera seuls maîtres de la répartition, les maires continuant d'être responsables de la confection des tableaux et demeurant aussi le maillon faible du dispositif[8].

Enfin, l'arrêté du 18 thermidor an X institutionnalise un «essai» du Directoire. Au cours de la première levée directoriale et surtout de la troisième, l'état de santé et les capacités physiques des conscrits avaient été jugés par des jurys de révision. Désormais, ils le sont par un conseil de recrutement, ancêtre du conseil de révision, qui dans la pratique et surtout dans les représentations collectives semble intrinsèquement lié à la « conscription à la française ».

Dans le même temps, le premier Consul se livre à une restructuration de l'armée. Pendant un moment, elle n'est plus une armée de masse. Certes, la diminution des effectifs correspond au rétablissement éphémère de la paix en mars 1802 mais elle est encore prolongée après la rupture de celle-ci. Les demi-brigades sont réorganisées par une diminution du nombre des bataillons qui les composent ; de quatre cent quatre-vingt-huit, ils passent à trois cent quatre-vingt-cinq, de floréal à fructidor an VIII. Les effectifs théoriques de 385 000 hommes de l'an X (en réalité ils sont 384 477 hommes) passent à 340 000 hommes à la fin de l'année et, même lorsque la guerre reprend avec l'Angleterre en l'an XI, ils tombent à 230 000 hommes en fructidor. Ils ne remontent à 390 000 sur pied de paix et 444 312 hommes sur pied de guerre qu'en vendémiaire an XII[9].

Ce faisant, Bonaparte conserve et même consolide le type original d'armée né des bouleversements de la décennie précédente, celui de l'armée « nationale à la française » au sein de laquelle combattent à la fois des soldats aguerris, dont les éléments vieillis sont écartés par le congé accordé au septième d'entre eux le 8 brumaire an X, notamment aux réquisitionnaires qui ont fait au moins quatre campagnes, et les nouveaux conscrits qui apportent aux troupes un sang neuf à tous les sens du terme. Coexistence qui a un but «technique» — l'efficacité militaire — et un sens politique. La citoyenneté en vertu de laquelle sont appelés ces hommes donne une force irrésistible à l'instrument de guerre dont le premier Consul veut disposer à sa guise. Certes, l'armée du Consulat et des débuts de l'Empire ne ressemble pas aux «gros bataillons» assimilés rétrospectivement au pouvoir personnel d'un «despote» après avoir été au service de «l'anarchie révolutionnaire». Le profil de l'armée des monarchies censitaires (et même celui du second Empire) leur ressemblera par cette cohabitation des «vieux soldats» et de nouveaux appelés. Mais si les effectifs sont modestes dans les deux cas, celui du Consulat et au moins celui des monarchies censitaires sinon celui du second Empire, et si le prélèvement démographique représente le quart d'une classe sous le Consulat comme dans les dernières années de la Restauration, c'est, dans le second cas, pour rassurer l'Europe, dans le premier cas pour forger les troupes de la conquête. Car l'armée du Consulat est avant tout un instrument de guerre. Et, si bien des conscrits demeurent longtemps sous les drapeaux et se transforment à leur tour en «vieux soldats», c'est parce que la durée du service est déterminée mais longue et qu'ils ne peuvent plus se réadapter à la vie civile sous les monarchies censitaires, sous le Consulat parce qu'aucune durée n'a été fixée en temps de guerre et que la première expérience qu'ont les Français de la conscription est faite en temps de guerre permanente.

Les dévoiements du système

La conscription impériale n'est pas constamment dévorante comme le prétendront les adversaires de l'Empereur et aussi, sous la Restauration, les partisans du rétablissement du système qui voudront se démarquer ainsi des abus que Napoléon a perpétrés. Ceux-ci n'apparaissent que progressivement.

Ces abus sont en premier lieu d'ordre quantitatif, il faut reconnaître toutefois qu'ils n'en sont pas au regard de la loi qui n'interdit pas formellement en temps de guerre la levée d'effectifs nombreux. Il revenait à une assemblée de les fixer mais désormais, derrière les assemblées, c'est Napoléon le véritable maître du jeu et celui qui décide par l'entremise d'un Sénat plus complaisant que le Corps législatif qu'il remplace pour cette tâche en l'an XIV. À partir de cette date, le poids de la conscription s'alourdit. Le contingent annuel de 60 000 hommes passe à 80 000 hommes jusqu'en 1810, il est de 120 000 hommes en 1811, 1812 et 1813.

Encore s'agit-il du contingent de la levée «normale». En effet, d'autres dérives du système apparaissent qui provoquent un véritable emballement de la «machine conscriptionnelle». C'est que les procédés pour atteindre ces effectifs et surtout les biais pour enrôler, outre ce contingent ordinaire, des hommes supplémentaires, s'apparentent à de véritables illégalités ou à un détournement habile de la loi. Déjà, dès l'an X, l'introduction de la notion de réserve permet d'ajouter aux 30 000 hommes du contingent ordinaire les 30 000 hommes de la réserve dont l'instauration n'était que le masque d'une mobilisation différée qui aurait lieu de toute façon postérieurement. L'Empereur a eu recours à d'autres moyens : anticipation de l'âge légal auquel les jeunes gens sont appelés dès l'an XIV — mais levée n'est pas mobilisation —, surtout transgression de la loi Jourdan en ce qui concerne l'âge minimum des jeunes combattants. La mobilisation s'effectue quand ceux-ci n'ont pas encore atteint vingt ans ; pour la classe de 1808, il s'en faut de neuf mois pour les plus âgés, de vingt et un mois pour les plus jeunes, pour celle de 1809, respectivement de onze et vingt-deux mois. La transgression est moins forte pour la classe de 1811 mais s'accentue de nouveau pour celle de 1813[10].

À partir de 1808 se produit un tournant décisif puisque, outre la levée ordinaire, sont ordonnées des levées dites extraordinaire en septembre 1808, supplémentaire en l'an 1809 et complémentaire en août 1809. Certes, la loi de 1798 ne s'opposait pas expressément à la pluralité des appels au cours d'une même année et le vote de la loi fut même suivi de trois levées pendant la dernière année d'existence du Directoire. Ce qui peut paraître inquiétant — et l'opinion publique le ressent comme tel —, c'est le caractère de rétroactivité qui accompagne ces appels. Il est vrai que de tels appels n'ont plus lieu jusqu'en 1812 mais alors ils ressurgissent sous d'autres formes. En mars est ordonnée une levée des cohortes du premier ban de la Garde nationale, institution artificiellement revivifiée pour l'occasion, c'est-à-dire pour faire partir des hommes à l'armée bien qu'il s'agisse de la défense des seules frontières.

1813 porte le processus à son sommet et ne fait pas peu pour alimenter la légende noire de « l'ogre de Corse ». C'est l'année sombre de la conscription napoléonienne au cours de laquelle sont lancés cinq appels successifs dont l'un est une levée de 300 000 hommes, dénomination de mauvais augure, et qui ont recours de façon accrue à la rétroactivité. Celle-ci va porter jusque sur la classe de l'an XI, constituée de conscrits qui, ayant atteint la trentaine, se croyaient à juste titre libérés de toute obligation[11]. Outre ces cinq appels sont ordonnées des levées « spéciales » de gardes d'honneur et de gardes nationales.

L'armée de l'Empire devient l'armée des « gros bataillons », discrédités pour longtemps pour cette raison. Le tribut d'une classe d'âge dépasse 30 % dès 1807 et jusqu'en 1813 se situe entre 30 et 40 %. Celui qu'aurait dû verser au « Moloch de la guerre » la classe de 1812, la plus durement ponctionnée tant par la levée ordinaire que par les levées spéciales, aurait été de 60 % si tous les hommes avaient répondu aux appels.

Quand l'Empereur entre en guerre contre la troisième coalition en 1805, il dispose de 450 000 hommes, 580 000 hommes en novembre 1806, 650 000 après les levées de 1808 qui constituent aussi bien la Grande Armée que les corps qui sont employés sur les théâtres d'opérations « périphériques » telles la Calabre et l'Espagne. En 1809, il se serait retrouvé à la tête de 410 000 hommes pour la seule armée d'Allemagne et, au total, de 850 000 hommes[12]. En 1812, il envahit la Russie avec 500 000 hommes mais avec les armées « secondaires » on frôle le million d'hommes[13]. L'armée avec laquelle il pense conquérir la Russie n'est plus la Grande Armée d'Austerlitz dont celle de Wagram en 1809 était déjà différente. Les Français, même au sens de la France des cent trente départements, n'y sont plus en majorité. Les Français originaires du territoire actuel de la France ne représentent même que le tiers des combattants. C'est que Napoléon, non content de faire passer les territoires annexés et départementalisés sous le joug de la loi Jourdan, demande leur tribut d'hommes aux États vassaux du Grand Empire. Sans cela, le fardeau conscriptionnel aurait été encore plus lourd pour les « vieux » Français. Ainsi, la « machine conscriptionnelle » s'étend-elle à une partie de l'Europe.

Son organisation ne cesse de se perfectionner et la centralisation de son administration de s'accroître, à partir des bureaux de la conscription. Jusqu'en 1806, il n'existe aucun rouage spécifique chargé des levées d'hommes. Le travail conscriptionnel aboutit à plusieurs bureaux différents, tel celui du recrutement, confié dès l'an VIII à Hargenvilliers[14]. C'est en août 1806 qu'est créée la Direction générale des revues et de la conscription. Elle dispose d'un budget spécial alimenté par le produit des indemnités de remplacement et de réforme ainsi que par les amendes payées par les réfractaires, leurs familles et leurs complices[15].

La répression se peaufine également et les mailles du filet se resserrent sur les éventuels récalcitrants. La codification des mesures à l'encontre des insoumis et des réfractaires culmine dans le Grand Règlement de 1811 qui compte mille deux cent soixante-quinze articles et totalise deux cent soixante-quinze pages[16]. Il est vrai qu'au raffinement croissant des méthodes de répression, coexistant jusqu'à la fin du régime avec le déploiement de moyens brutaux, répond la subtilité accrue de ceux qui résistent à la loi et qui ne peuvent user des échappatoires légales que sont le remplacement et le mariage, au demeurant eux aussi formes masquées du refus de la conscription.

À partir de la mise en route de la loi, tout un rituel, presque un cérémonial, s'instaure qui variera peu au cours du siècle suivant et que la troisième République reprendra. À l'échelon le plus bas, le maire, au centre, le préfet. On constate une fois de plus la primauté du pouvoir civil, principe de la Révolution. On objectera que c'est Napoléon qui décide de tout mais le plus « civil » des généraux, despote mais non dictateur militaire, même s'il porte à l'extrême la personnalisation du pouvoir et exerce un autoritarisme grandissant, n'entend pas gouverner par et pour l'armée.

On constate également les progrès de la machinerie administrative apparue dès le Directoire. Les termes d'avalanche ou d'océan ne sont pas excessifs pour désigner la succession de règlements et de circulaires concernant la conscription[17]. Cette inflation bureaucratique aboutit à ce que chaque année les maires ne doivent pas confectionner moins de six tableaux pour les conscrits de la nouvelle classe[18]. Dès qu'est connu le chiffre du contingent de la nouvelle levée, les maires composent la liste de ceux qui doivent le constituer et recueillent les réclamations de ceux qui pensent ne pas pouvoir lui appartenir pour des raisons médicales ou sociales. À partir des listes municipales, le sous-préfet rédige des listes cantonales, pas moins de sept par commune pour toute l'étendue de son arrondissement. Le canton est le centre des opérations, là où, en présence des maires et sous l'égide du sous-préfet, les conscrits tirent au sort à l'aide de bulletins glissés dans une urne, et où leur taille est examinée[19]. Mais la désignation définitive du contingent est effectuée par le conseil de recrutement qui juge le bien-fondé des réclamations de ceux qui en ont présenté. Le conseil de recrutement est ambulant. Il tient des séances publiques au chef-lieu de chaque canton. C'est l'occasion pour le préfet qui le préside de «faire la tournée» de ses administrés. Certes, outre les officiers de santé civils, le conseil de recrutement comprend des militaires, l'officier commandant les troupes du département, l'officier de gendarmerie du grade le plus élevé dans le département[20]. Le capitaine de recrutement assiste aux séances du conseil mais n'a pas voix délibérative. L'examen de ceux qui prétendent être réformés se fait en présence du maire de leur commune, il est effectué par un médecin ou un chirurgien qui donne un avis mais c'est le préfet, représentant civil de l'État, eût-il accompli une partie de sa carrière antérieure comme militaire, qui tranche en dernier ressort[21].

Un bilan contrasté

Des résistances, il en existe et même une France du refus. Mais on ne peut suivre la légende noire de la Restauration, reprise par certains historiens anglo-saxons qui voient dans l'État centralisateur à la française un monstre froid pratiquant le rapt de la jeunesse masculine. Que certains de ses administrés perçoivent ainsi la conscription et persistent dans ces conceptions fort avant dans le XIXe siècle et même en période de paix est indéniable. Mais, que de l'impopularité de la conscription lors de la chute du régime impérial à laquelle d'ailleurs elle contribue, on en déduise sa généralisation et sa permanence, relance une interrogation : pourquoi ne pas l'avoir supprimée si ses inconvénients l'emportent sur ses avantages, si elle crée plus de problèmes à l'État qu'elle n'offre de solutions, si les ressources humaines qu'elle met en branle sont payées de la lourdeur des moyens de répression et, pour les mettre en œuvre, de l'obligation de trouver en nombre suffisant d'autres hommes, gendarmes, soldats de régiments et de colonnes mobiles ?

C'est un historien américain qui s'inscrit en faux contre la légende noire et fait tout simplement remarquer que, jusqu'en 1810, le système a fonctionné tant bien que mal, plutôt bien que mal ; pour notre part, nous avançons qu'il a fonctionné jusqu'en 1812[22]. La mise en perspective chronologique du «rendement» de la conscription fait apparaître trois phases dans lesquelles tous les départements s'inscrivent mais à des niveaux différents. C'est-à-dire que, dans les moments difficiles, même les régions bonnes ou excellentes en matière de conscription, le Nord-Est et l'Île-de-France par exemple, connaissent un fléchissement mais leurs réticences ne sont pas résistance, tandis que celle-ci est ou redevient alors la règle dans les quatre régions les plus hostiles à la conscription, le Massif central, le bassin d'Aquitaine, la France septentrionale et, dans une moindre mesure, l'Ouest[23]. Au contraire, au cours de la phase d'accalmie, la conscription ne suscite plus de révoltes ouvertes dans les régions rétives à l'institution mais une sourde hostilité persiste.

La première période se termine en 1806. Alors que le premier Consul puis l'Empereur use de la loi Jourdan de façon mesurée et que l'impôt du sang n'est pas trop lourd, des émeutes éclatent encore dans certains départements, prolongeant celles qui ont eu lieu lors des levées directoriales. En dépit de la propagande du régime, celui-ci ne fait pas mieux en la matière dans certains départements que le Directoire qui l'a précédé. La seconde période de 1806 à 1812, au cours de laquelle grandissent les exigences de Napoléon et où la machine conscriptionnelle commence à s'emballer, voit paradoxalement les rébellions s'atténuer, du moins les rébellions déclarées ; c'est un moment d'apaisement qui s'explique aussi par les progrès d'une répression plus efficace et moins aveugle que sous le Directoire, le Consulat et les premières années de l'Empire. Mais l'adhésion des « mauvais » départements n'est qu'apparence, le « consensus » est fragile.

Il vole en éclats lors de la conscription « des

années sombres », en fait l'année 1813. Les excès de l'Empereur en matière d'impôt du sang, on peut même parler de démesure, ne s'expliquent-ils pas justement à cause des faux-semblants de la période précédente ? Faux-semblants du moins dans les zones difficiles car dans celles qui acceptent l'institution les années qui s'étendent de 1806 à 1812 confirment l'enracinement de celle-ci. Si le système avait toujours et partout mal fonctionné, l'Empereur se serait-il cru tout permis ? En tout cas, les appels de 1813 font rejouer des « zones de fracture » et suscitent des émeutes anticonscriptionnelles qui deviennent des « petites vendées », comme en 1793 et sous le Directoire[24]. En 1814, un sursaut national se produit dans les régions de l'Est et d'une partie de l'Île-de-France qui, à la fin de 1813, ont été elles-mêmes à bout de souffle, non pas tant par mauvaise volonté que par manque réel d'hommes disponibles. Une levée de conscrits a encore lieu, les appels d'hommes sont entendus devant la menace de l'invasion puis devant l'invasion en même temps que les populations se soulèvent spontanément pour harceler l'ennemi. En Seine-et-Marne par exemple, s'esquisse une guerre de partisans menée par des gardes nationaux sédentaires à la tête desquels se trouvent d'anciens soldats de la Révolution et des conscrits revenus au pays[25].

Partout ailleurs, c'est l'effondrement du système conscriptionnel et du régime. La position frontalière n'est pas nécessairement une incitation à la résistance à l'ennemi, comme elle n'a pas été non plus un motif d'obéissance à la loi

Jourdan. Ainsi Fruchard, chef d'une bande d'insoumis du Nord grossie de réfractaires belges et du Pas-de-Calais, guide les alliés jusqu'à Doullens. Il se fait appeler Louis XVII ou prétend agir en son nom. En effet, dans les troubles de 1813-1814, rejoue le même mécanisme qui fut à l'œuvre en 1793 et sous le Directoire : on ne se révolte pas contre la conscription parce qu'on s'oppose au régime impérial sur le plan politique mais on devient nécessairement opposant en rejoignant les bandes qui se forment et dont l'action se pare d'une coloration politique. Le destin de l'institution semble scellé lorsque l'Empereur abdique et le comte d'Artois, frère du futur Louis XVIII et lui-même futur Charles X, promet sa suppression.

Et pourtant, si Napoléon Bonaparte consolida l'institution quand il accéda au pouvoir, ce n'est pas uniquement parce qu'elle était un moyen commode de trouver des effectifs. Incarnation de l'État contemporain, il reprend pour son propre compte l'établissement de nouveaux liens entre l'individu et l'État. Conscient que la société française « si elle n'est plus révolutionnaire demeure profondément révolutionnée »[26], il modèle l'héritage de la Révolution en le pliant à ses desseins en génial manipulateur. Ce faisant, il demande à ses soldats et pendant longtemps obtient d'eux ce que les souverains de l'Ancien Régime, tel Louis XIV « le Roi de guerre »[27], n'auraient jamais osé exiger de leurs propres troupes. La loi Jourdan n'est donc pas simplement un alibi pour « l'Empereur de guerre »[28] et une armée de métier ne lui aurait pas donné la marge de manœuvre que lui offre une armée nationale de conscription.

Car c'est bien d'une armée nationale, d'une armée nouvelle dont il s'agit. Les historiens ont débattu de ses caractères et insisté sur ses différences avec celle de l'an II au point d'évoquer le retour à une armée de métier. Le fait que les appelés deviennent des professionnels de la guerre à cause de la prolongation des campagnes n'autorise pas, à notre sens, une telle conclusion. Napoléon persiste à suivre la voie française vers une armée nationale ouverte par les essais de la Révolution et tracée par la loi de 1798.

Longtemps, l'Empereur joue magistralement des ressorts que contient cette loi qui a reforgé le lien entre citoyenneté et défense. Il n'est que de constater l'état d'esprit attribué aux « grognards », peu éloigné de celui des soldats de l'an II : même conviction de libérer les peuples du joug des tyrans, même hostilité envers les « satellites des prêtres et des rois ». Certains de ces grognards sont arrivés contraints et forcés sous les drapeaux et encadrés par les gendarmes. Il n'empêche qu'ils sont gagnés à cet état d'esprit qu'inversement tous ne partagent pas, même ceux qui ont rejoint l'armée de leur plein gré. La diversité des motivations des combattants de l'époque impériale remet en cause aussi bien la légende noire que la légende dorée[29].

Creuset de l'esprit national, l'armée ne prend pas un caractère transnational et l'Empereur est moins heureux sur ce point. Ou plutôt le système ne parvient pas alors à transcender les anciennes frontières et les appartenances traditionnelles au profit de la grande Nation. Les territoires conquis se trouvent précisément dans une situation de subordination par rapport à la «vieille» France. L'armée qui part à la conquête de Russie est une «cohue» hétéroclite, on l'a vu, partant, un instrument de guerre d'une moindre efficacité. L'amalgame continue d'être pratiqué au sein des demi-brigades puis des régiments de l'époque impériale et est étendu aux conscrits des départements annexés. Des Belges, des Rhénans que le Consulat a soumis à conscription, puis sous l'Empire, des Hollandais, des Allemands des départements hanséatiques, des Toscans, des Génois et des Romains se côtoient et côtoient les «vieux Français» dans les unités. Les «nouveaux Français» constituent 14 % des effectifs en 1808, 24 % en 1813[30]. Non que les résultats de la conscription soient un échec total dans les nouveaux départements, comme on l'a constaté plus haut dès le Directoire. Dans les zones où la départementalisation et la conscription ont été instaurées assez tôt pour qu'on puisse disposer de résultats sur une durée significative, le bilan global des levées consulaires et des commencements de l'Empire est loin d'être médiocre, ainsi pour l'ancienne Belgique. Les départements de la rive gauche du Rhin ne manifestent ni adhésion enthousiaste ni opposition résolue[31]. Quant à ceux de l'ancien Piémont, s'ils offrent des résultats inférieurs à la moyenne nationale de l'ancienne France, ils sont loin de faire mauvaise figure par rapport à leurs homologues du Massif central et du bassin d'Aquitaine[32].

Si l'uniformisation est hâtive, elle n'est pas artificielle et on peut constater le paradoxe suivant: jusque dans leurs réticences ou même parfois dans leur résistance, les départements annexés réagissent comme ceux de l'ancienne France ; ils sont « pluriels » devant la conscription. Quand celle-ci suscite de la répugnance, c'est à cause de l'enracinement d'un particularisme régional que l'on observe aussi dans les départements français, non par réaction nationale contre une institution « française », du moins pendant une bonne partie de la durée du grand Empire.

L'imposition de la conscription a des contrecoups indirects. Savoyards, Niçois, Belges, Piémontais, Rhénans mais aussi Espagnols, Polonais, Italiens et Allemands, sujets des États vassaux de l'Empire, deviennent officiers de la Grande Armée. Quelques-uns d'entre eux opteront pour la nationalité française à la chute de l'Empire[33]. Combien d'autres, surtout les Espagnols et les Italiens, animeront les mouvements libéraux et nationaux du premier tiers du XIXe siècle ? Il est vrai qu'ils côtoieront parfois dans ces mouvements des hommes qui ont combattu la France et se sont retrouvés pour certains d'entre eux prisonniers en France[34].

Une seconde conséquence est que, dans l'Europe continentale qui choisit le modèle français d'armée nationale de conscription et qui ne choisit pas celle-ci seulement en tant que mode de recrutement, son adoption est d'autant plus aisée qu'une expérience préalable en a été faite. Certains États, eux, n'attendent pas l'écroulement de l'Empire pour se mettre à l'école de la France... et la battre. Tel est le cas de la Prusse. Elle a exercé une fascination certaine sur la France après Rossbach, c'est à son tour d'être fascinée par la France après Iéna. Il est significatif que sa régénération et l'éveil du mouvement national allemand passent par la constitution de 1807 à 1813 d'une armée nouvelle où se nouent des rapports, nouveaux également, entre État, nation et individu mais selon un autre processus que celui de la France, au cours d'une « révolution par le haut »[35] dont les résultats dans la longue durée sont clairement antirévolutionnaires[36].

CONSCRIPTION ET CITOYENNETÉ

La refondation de la conscription

La conscription paraît condamnée en 1814 et l'article 12 de la charte l'abolit. Pourtant, quatre ans plus tard, elle est rétablie par la loi Gouvion-Saint-Cyr du 10 mars 1818. Rétablie de fait mais non dénommée comme telle, les auteurs de la loi évitant ce terme, les préfets chargés de son application l'évitant aussi pendant une bonne partie de la Restauration. Ils préfèrent le terme d'« appels obligés » et, au cours d'un débat parlementaire passionné mais de très haute tenue, ils s'évertuent à démontrer qu'ils ne veulent en aucune manière revenir à l'odieuse et dévorante conscription de « l'Usurpateur » et qu'il faut refonder le système en l'épurant de tous les abus qui l'ont entaché sans revenir pour autant à l'armée de métier. Mieux, les monarchistes constitutionnels partisans de la loi se jugent comme des fondateurs auxquels il incombe — à eux et à eux seuls — la tâche de constituer dans toute sa pureté une armée idéale et nouvelle. Camille Jordan (1771-1821) résume ainsi la position de ceux qui vont voter la loi :

> Ce n'est point, en effet, une de ces armées ordinaires [...], instrument aveugle de défense ou d'attaque aux mains du pouvoir qui la dirige que vous avez à *fonder* [souligné par nous]. C'est une armée de soldats et de citoyens tout ensemble qu'anime l'esprit de nos institutions, qui, en défendant le territoire, sache maintenir les lois, qui ne soit, en quelque sorte, que la patrie armée pour la protection de tous les intérêts nationaux [...]. On a beaucoup parlé des devoirs qu'impose l'appel, je voudrais parler de l'honneur qu'il confère et du droit dont il investit. Un tel droit devient, en effet, pour les peuples, la garantie de tous les autres[37].

En effet, eux aussi affirment haut et fort que quelque chose de neuf, de fondamental, s'est ébauché entre 1791 et 1814.

Derrière ces considérations élevées qui ne sont pas que rhétorique hypocrite, il y a la nécessité de trouver des effectifs[38]. Or pour reconstituer les forces armées de la France après le licenciement de l'armée impériale, on a fait appel aux engagés volontaires qui recevaient une prime. Les partisans de la loi estiment que cette reconstitution a abouti à un quasi-échec. « L'expérience des deux années a démontré que les engagements volontaires ne pouvaient pas suffire à l'entretien du faible corps que les circonstances nous permettent de tenir sous les armes », affirme aux députés le comte Louis Alexandre Valon de Boucheron, comte d'Ambrugeac, maréchal de camp et député de la Corrèze, rapporteur de la commission de la Chambre des députés qui a examiné le projet de loi[39]. Aussitôt, les détracteurs du projet qui sont les ultra royalistes, souhaitant revenir à l'Ancien Régime et rétablir les troupes de celui-ci, insinuent que les engagements volontaires ont été découragés systématiquement par le gouvernement et l'administration, aux mains de leurs adversaires politiques, c'est-à-dire les monarchistes constitutionnels, parce qu'ils voulaient discréditer ce mode de recrutement.

Derrière la bataille de chiffres il y a une bataille de principes et ce n'est pas la seule nécessité de trouver des effectifs par d'autres moyens qui pousse les modérés et les indépendants qui les appuient pour faire passer la loi à livrer une attaque en règle contre les engagement volontaires avec prime[40]. Le maréchal Macdonald (1765-1840), duc de Tarente, ancien serviteur de Napoléon, rapporteur de la commission formée à la Chambre des pairs, ne craint pas de déclarer : « Les enrôlements volontaires donnent une armée composée de tous les vices, la misère, la débauche, l'inconduite et le désespoir. Sur neuf cents jugements militaires rendus depuis deux ans, huit cent cinquante au moins portent sur des enrôlés volontaires[41]. » Quelques jours auparavant, Gouvion-Saint-Cyr, défendant son projet devant les députés, avait déjà avancé : « L'enrôlé qui se donne n'est pas toujours un bon sujet. Que penser de celui qui se vend ?[42] »

Pourtant l'article 1er de la loi[43] dit que l'armée française se recrute d'abord par engagements volontaires et ensuite par appels obligés. Les seconds sont en quelque sorte un palliatif des premiers. Contradiction ? Concession des auteurs de la loi à des adversaires ? Non, car, comme dans la loi Jourdan, peu invoquée même par les thuriféraires de la loi Gouvion-Saint-Cyr sinon pour se démarquer prudemment des excès qu'elle a engendrés, entendons ceux de « l'Usurpateur », les enrôlements volontaires sont gratuits. Ceux qui les contractent sont considérés comme des soldats-citoyens et cette disposition d'antériorité des engagements sur les appels obligés ne va donc pas en sens contraire des intentions de ces hommes pour lesquels le fondement de cette armée à reconstruire, à construire pensent-ils, est la citoyenneté ou plutôt le lien entre citoyenneté et défense.

La discussion se déroule en janvier et février 1818 à la Chambre des députés et en février-mars à la Chambre des pairs, pendant respectivement huit et six séances d'une densité, d'une passion, et parfois d'une liberté de ton qu'il faut souligner d'autant plus que les autres pays européens la suivent avec attention et méfiance, craignant un retour de flamme de la grande Nation. Les constitutionnels et leurs penseurs, les doctrinaires, parmi lesquels Jordan cité plus haut, ainsi que les indépendants, nébuleuse de libéraux, de nostalgiques inavoués de la Révolution et de l'Empire et d'admirateurs d'une monarchie à l'anglaise, se livrent à une très belle défense de la citoyenneté nouvelle et font triompher pour presque deux siècles le maintien — de principe — d'une union entre elle et l'armée. Pour ces hommes, une armée nationale ne peut plus se concevoir sans le ciment que lui donne l'extension de la citoyenneté.

Mieux, une armée ne peut plus exister et, même davantage, être efficace sans être en même temps nationale. Au grand dam des ultras. Un de ceux-ci, le comte Elzéar Louis de Sabran (1764-1847), fait remarquer à ses collègues :

> Pourquoi prendre l'habitude d'employer ce nom collectif d'armée pour désigner des troupes ? Il n'y a, à proprement parler, d'armée en France que lorsque le roi en assemble une. Les troupes du roi ne forment point une unité. Cette expression d'armée ne me paraît pas sans danger. On se met à évoquer les droits et les intérêts de l'armée[44].

Aussi les auteurs de la loi s'évertuent-ils à démontrer que « nationale » et « royale » sont synonymes. Et Louis Pierre Édouard Bignon (1771-1841), député de l'Eure, proclame : « Une armée n'est vraiment nationale qu'autant que tous les citoyens, sans exception, sont appelés au service militaire[45]. » Pasquier (1767-1862) le répète devant les pairs : « De toutes les compositions possibles d'armée, s'il en est une rassurante pour les institutions du pays, c'est celle qui fait sortir l'armée du sein même de la nation et qui appelle indistinctement tous les rangs et toutes les classes[46]. » On pourrait poursuivre ce florilège de citations en ajoutant que le thème de la citoyenneté est indissociable de celui de la cohérence d'une force mise en état de vaincre. Devant les députés, Beugnot (1761-1835), ancien préfet de Napoléon, rallié à la monarchie et député de la Haute-Marne, proclame :

> Aujourd'hui tout homme admis ou appelé sous les drapeaux doit connaître un [sic] bien public et des

moralités sociales. Citoyen avant que d'avoir été soldat, il est, et il faut qu'il soit avant tout, l'homme de son pays. À ces conditions, nous aurons une armée ; tout autre système ne nous donnerait que des bandes[47].

Même s'il attache beaucoup d'importance à la propriété et pense que le citoyen-soldat est le « défenseur-propriétaire », le maréchal Macdonald souligne dans son rapport aux pairs :

> La société politique n'est point une succession qu'on peut accepter sous bénéfice d'inventaire, elle se prend avec les charges et les bénéfices [...], les charges sont [pour le citoyen] de payer sa part des frais de protection intérieure et de concourir en personne à la défense du territoire. C'est véritablement en ce sens que l'on peut dire que tout homme naît soldat [...][48].

Force est de reconnaître que les ultras n'ont que de faibles arguments à opposer aux constitutionnels. Ils se placent même sur le terrain de ceux-ci, ce qui prouve l'attraction des idées mêmes qu'ils combattent ! Ils tentent de démontrer que les conscrits, bien que le projet proscrive ce mot, ne sont plus des citoyens et que la conscription, même si les auteurs de la loi de 1818 se défendent de la rétablir — mais les ultras ne sont pas dupes et n'ont aucune peine dans ce cas à démontrer la filiation du système —, viole la liberté et l'égalité dont se targuent pourtant leurs adversaires. C'est le sens de l'intervention de Chateaubriand devant les pairs :

> La milice, a-t-on dit, était la conscription sauf l'égalité [...]. La belle définition de la milice par Monsieur le ministre de la Guerre va me fournir celle de la

conscription : elle est la milice avec l'égalité [...], à la fois le mode naturel de recrutement du despotisme et de la démocratie, elle ne peut appartenir, par cette double raison, à la monarchie constitutionnelle. Elle est le mode de recrutement sous le despotisme parce qu'elle lève des hommes de force, viole les libertés politiques et individuelles [...]. Elle est le mode de recrutement de la démocratie parce qu'elle ne compte que l'individu et établit une égalité métaphysique qui n'existe point dans la propriété, l'éducation, les mœurs [...]. Rien n'est plus naturel que la conscription qui convient au despotisme convienne aussi à la démocratie : il y a une grande analogie entre la tyrannie de tous et la tyrannie d'un seul. Le despotisme est niveleur comme le peuple [...][49].

Une armée selon la charte, l'Europe et « les temps nouveaux »

C'est précisément parce qu'ils désirent montrer que l'armée de la loi Gouvion-Saint-Cyr est parfaitement adéquate à la monarchie constitutionnelle qu'ils veulent en même temps fonder pour « royaliser la nation et nationaliser la royauté » selon les mots d'Élie Decazes (1780-1860), ministre du duc de Richelieu, puis « homme fort » du régime[50], que les thuriféraires de la loi y font inscrire le principe de la citoyenneté. Leur réflexion est politique et c'est en tant que citoyens et non en spécialistes des questions militaires qu'ils prétendent instaurer la loi. Ils l'affirment ouvertement. Par exemple, le comte Chollet dit aux pairs que le projet peut être considéré sous deux angles distincts, l'un purement militaire, l'autre relatif à l'enrôlement et à l'avancement. Il

«[...] présente des questions constitutionnelles et morales sur lesquelles tout homme qui sait penser et réfléchir peut déterminer son jugement sans avoir besoin de connaissances positives de l'art de la guerre »[51].

Le débat, comme chacun de ceux auxquels le vote d'une loi militaire donnera lieu au cours du XIXe siècle, est éminemment politique et idéologique et nullement confiné à un cercle étroit de techniciens de la « chose militaire ». On objectera que le projet émane d'un maréchal de Napoléon, Laurent Gouvion-Saint-Cyr (1764-1830) qui a commencé sa carrière sous la Révolution et s'est rallié à la monarchie à condition qu'elle soit constitutionnelle car il est resté républicain de cœur. Alors ministre de la Guerre, pour la seconde fois depuis septembre 1817, dans un ministère Richelieu composé de monarchistes modérés, il n'est nullement un prête-nom et intervient dans la discussion de manière décisive. Aussi marque-t-il la loi de son empreinte personnelle. Mais ses vues sont d'abord celles d'un politique et d'un homme d'État[52]. À l'image de Dubois-Crancé, il est davantage un praticien qu'un philosophe-militaire à la Guibert. Néanmoins, tout comme Dubois-Crancé, il se veut fondateur, comme en témoignent, tant la loi qui porte son nom, et dont il est l'architecte, que la création par ses soins d'une commission chargée de réorganiser le système de défense en tenant compte des nouvelles frontières définies par le second traité de Paris. Il est d'ailleurs soucieux de réconcilier « deux » nations et « deux » armées, et de faire en sorte que la nouvelle armée intègre en son sein une partie des vétérans de

Napoléon, pas seulement pour des raisons d'effectifs ou en vertu de leur expérience mais aussi et surtout afin que la monarchie les « récupère » et que le monarque les gagne à sa personne sinon à sa cause.

Ce désir d'adéquation avec la monarchie constitutionnelle autorise à dire que ce n'est donc pas — pas seulement — hypocrisie de la part de ces hommes si, dans leur œuvre législative, seule la conscription est universelle et si l'universalisation du service personnel demeure inenvisageable pour eux. Car celle-ci conduirait inévitablement, pensent-ils, aux « gros bataillons », instrument de la Révolution, celle de 1792-1793, et de la levée en masse qu'ils repoussent alors qu'ils ne refusent pas celle de 1789. Or ils entendent que la monarchie constitutionnelle se tienne entre les extrêmes du pouvoir personnel et de l'absolutisme de droit divin. C'est pour cette raison qu'ils condamnent si fort les engagements volontaires parce qu'ils ont été associés à l'existence d'une armée de métier. Celle-ci est l'instrument d'un type de monarchie dont ils ne veulent plus. À tel point que ces admirateurs de l'Angleterre ne voient pas et ne verront pas, pendant longtemps pour la plupart, qu'une monarchie parlementaire peut très bien disposer d'une force publique qui soit professionnelle[53].

Ces hommes du « verbe » repoussent la suprématie du « sabre » et jugent que le pouvoir militaire risque de dicter sa loi à la société aussi bien par le biais d'une armée de métier que par une armée de masse populaire ; populaire au sens politique s'entend, car l'armée des monarchies censitaires est populaire au sens sociologique. Le comte d'Ambrugeac prend soin de dire que, en temps de paix, l'armée ne pourra dépasser 240 000 hommes (dont 150 000 d'infanterie). Le contingent annuel sera de 40 000 hommes, nombre établi une fois pour toutes et non pas par un vote annuel des chambres. Le choix d'une armée à petit effectif ne leur est pas seulement imposé par les circonstances, c'est-à-dire par la nécessité de rassurer l'Europe, bien qu'ils s'évertuent à montrer que l'armée idéale — défensive — ne peut être composée de « gros bataillons » qui poussent nécessairement à la conquête ; pas davantage par l'état des finances de la France quatre ans après la chute de l'Empire. On peut très bien concevoir, en effet, que, à budget égal, des effectifs nombreux accomplissent un service nécessairement court. En fait, c'est alors que se forge l'antinomie de la durée du service et du nombre des conscrits. Le centre droit monarchique a une conscience très vive de ce que la citoyenneté, qui transforme la charge militaire en devoir, est une force mais une force qu'il faut capter et de toute nécessité contrôler.

Quel meilleur contrôle que celui d'un service de longue durée assigné à un petit nombre d'hommes passant de nombreuses années en caserne, à « l'abri des passions » de la société civile ? Il s'agit de corriger les effets qu'on suppose pervers de la citoyenneté et contenir son expression dans d'étroites limites. Il apparaît en outre la perspective d'introduire par la longue durée une certaine dose de professionnalisme dans la force armée, comme antidote à l'esprit critique potentiellement attaché à l'exercice de la citoyenneté. Des deux termes de l'alternative, service du plus grand nombre sinon universel et courte durée ou service d'un petit nombre et longue durée, c'est le second qui est choisi par les hommes de 1818 et qui est confirmé jusqu'à la loi de 1872. Ainsi se forme la trilogie des monarchies censitaires et du second Empire : tirage au sort, petits effectifs, longue durée[54]. Ce triptyque a pour corollaire nécessaire le remplacement. Les ultras se déchaînent contre son existence et sont les premiers à le qualifier de « traite des Blancs ». « Nous nous soulevons contre le trafic des Noirs et nous le rétablissons au sein du christianisme », avance Louis de Bonald[55].

Il est encore deux autres champs d'intervention de la loi où la citoyenneté est un enjeu : la création d'une réserve, les règles d'accès aux grades et d'avancement. Ces deux points soulèvent de formidables discussions dans lesquelles l'intervention personnelle du maréchal Gouvion est essentielle. Au demeurant, les partisans du projet ont beau jeu de rappeler que ses dispositions sont — et doivent être — conformes à la « liberté et l'égalité selon la charte », charte qui reprend en la matière les principes de 1789.

En effet, ils sont d'autant plus soucieux de montrer cette conformité avec la charte qu'ils ont dû déployer des trésors d'éloquence et bien des artifices rhétoriques pour prouver que les appels obligés ne violent pas l'article 12 qui supprimait la conscription. Ils insistent énormément sur les garde-fous dont s'entoure la loi pour la différencier de la conscription napoléonienne. Il n'existe plus de rétroactivité des appels, immédiatement après la fin des opérations de la levée annuelle intervient la libération définitive des bons numéros, exempts de toute obligation militaire même en temps de guerre ; la durée du service, même en temps de guerre, est également fixée.

Le titre IV de la loi, qui crée la réserve, prescrit qu'elle sera composée des anciens conscrits de Napoléon âgés de trente-deux ans qui, pendant six ans, seront à la disposition de l'armée mais demeureront dans leurs foyers en temps de paix. Au bout de six ans, ils seront remplacés par les conscrits levés à partir de la promulgation de la loi. Il s'agit de pallier la faiblesse des effectifs et de se donner les moyens de repousser une éventuelle invasion, la libération définitive des bons numéros promise par la loi créant à cet égard un risque qui n'existait pas du temps de la conscription napoléonienne. Comme il a été dit plus haut, le titre IV recèle une volonté politique qui déchaîne d'ailleurs les foudres des ultras. Ceux-ci dénoncent cette armée citoyenne et prédisent qu'elle deviendra une «armée parlementaire à la Cromwell». Elle «[...] peut être chargée de faire une révolution dans l'intérieur [...], elle peut comprimer tous les citoyens et les asservir de nouveau à un gouvernement usurpateur, tyrannique et militaire», affirme Charles Séraphin Genech, comte de Sainte-Aldegonde (1765-1822), représentant de l'Aisne[56]. À tort, au demeurant, car l'article 23 aboutit finalement à ce que la réserve de légionnaires vétérans ne soit organisée... que sur le papier[57].

Le titre VI donne également lieu à des joutes

oratoires enflammées. Contre les ultras qui souhaitent que l'ancienne noblesse ait l'exclusivité ou du moins la priorité de l'accès aux grades d'officiers, et qui sont soutenus en cela par le futur Charles X, les constitutionnels et libéraux font triompher le principe de l'égalité civile. Le mérite et l'ancienneté sont les seuls critères retenus par la loi, étant entendu que l'instruction reçue dans une école militaire entre en ligne de compte dans l'appréciation du mérite.

À en croire Gouvion-Saint-Cyr lui-même, l'armée est donc « selon l'Europe et selon la charte ». Ajoutons selon les temps nouveaux. Selon la charte, comme il a été dit plus haut, selon l'Europe car les auteurs du projet, tel Beugnot, le défendent vigoureusement : « Cet appel général à tous les citoyens [...] est devenu la loi de l'Europe et il nous faudrait la subir quand nous ne l'aurions pas donnée[58]. » Le député de la Haute-Loire, Georges Marcellin Chabron de Solilhac (1769-1829), bien qu'ultra, en prononçant le mot tabou de conscription, l'admet :

> Les peuples de l'Europe, pendant vingt ans, se sont instruits à l'école de leurs revers et de nos victoires [...]. Ils ont été vaincus par la conscription. Ils l'ont appelée à leur secours et la conscription les a sauvés. Prenons bien garde aujourd'hui de rejeter légèrement, sous quelques prétextes de similitudes, des institutions qui ont décidé du sort de l'univers[59].

Selon les temps nouveaux : Barante, commissaire du roi, qui a collaboré avec Gouvion-Saint-Cyr, se livre à ce sujet à une diatribe contre les ultras :

> Certaines opinions [...] blessées de l'ordre actuel [...] sont tentées de le nier et en refusent les conséquences. Elles voudraient refouler les événements et le cours des choses leur semble un accident coupable et passager. Avec une sorte d'aigreur, elles semblent faire de l'esprit du siècle un reproche personnel à chaque contemporain. Les autres, tâchant de reconnaître l'état de la société tel qu'il est, cherchent leur assiette et leur repos [...]. Reprocher le passé au temps présent leur semble au moins inutile. Elles aiment mieux préparer l'avenir [...][60].

Pourtant, revenus au pouvoir, les ultras se rallient au système, bien qu'ils soient encore éloignés de faire de l'armée « l'arche sainte », comme le feront leurs descendants idéologiques[61]. La loi de 1818 a fait la preuve de son efficacité au moment de la campagne d'Espagne en 1823. Elle a justifié le pari de Gouvion-Saint-Cyr de réconcilier les anciens soldats de Napoléon, ceux qui étaient restés au sein de l'armée active, avec la monarchie restaurée. L'application de la loi montre que les garde-fous qu'elle a instaurés sont respectés. Cependant, les ultras accentuent la professionnalisation de l'armée. La loi de 1824 corrige sur trois points la loi Gouvion-Saint-Cyr[62]. La réserve prévue par la loi de 1818 est remplacée par une réserve de jeunes appelés et, par conséquent, le contingent est porté à 60 000 hommes. L'extension numérique des appels ne conduit pas à un raccourcissement du temps de service passé dans l'active puisque les 20 000 appelés supplémentaires doivent remplacer les vétérans. Sa durée est portée à huit ans. Quant à la « nouvelle » réserve, son existence est en fait tout aussi théorique que celle des légionnaires vétérans.

Un combat à « front renversé »

C'est toujours à titre de citoyens qu'interviennent les protagonistes du débat sur la conscription et l'armée idéale qui se poursuit quand la monarchie de Juillet remplace la Restauration et qu'un nouveau projet est discuté qui aboutit au vote de la loi Soult le 21 mars 1832. « La loi sur le recrutement est une loi tout à la fois politique et militaire », dit le général Delort, député du Jura[63]. On observera que c'est un militaire qui parle ainsi et que par ailleurs, comme Gouvion-Saint-Cyr en 1818, l'auteur du projet est le maréchal Soult (1769-1851), lui aussi ancien général de la Révolution et maréchal d'Empire, qui en la circonstance n'est pas seulement le porte-parole de Thiers. On constatera aussi que le maréchal Jourdan préside la commission qui examine le tout premier projet de ce qui deviendra la loi de 1832.

Mais précisément pas plus qu'en 1818 et 1824, et qu'en 1867-1868 quand sera débattu le projet Niel, les joutes parlementaires n'opposent d'un côté des civils, de l'autre des militaires. Derrière les questions les plus techniques surgissent des enjeux idéologiques, d'abord la conception que l'on a de la citoyenneté et l'extension qu'on veut lui donner. Sous les monarchies censitaires, les officiers supérieurs, y compris ceux qui sont en activité, peuvent être représentants de la nation dans la Chambre des députés ou siéger à la

Chambre des pairs. Les parlementaires «militaires» se retrouvent aussi divisés que leurs collègues civils. Partant de prémisses semblables — leur expérience de professionnels de la guerre — ils parviennent à des conclusions opposées. Quand ils invoquent leur expérience d'ailleurs, ce n'est que pour corroborer leurs conceptions politiques.

Le débat se poursuit à «front renversé» du moins selon nos conceptions contemporaines modelées par une histoire à court terme car, jusqu'au milieu du XIXᵉ siècle, ce sont les gauches qui apparaissent militaristes et défendent l'armée «fille de la Révolution» ou du moins souhaitent que la conscription des monarchies censitaires soit le plus possible fidèle à ses origines telles qu'elles les imaginent. Elles n'ont de cesse de critiquer un système «bâtard» qui caricature et dénature la véritable armée nationale et citoyenne. Ce sont au contraire les droites qui défendent ce «système d'appelés au service long »[64] en prenant bien soin de dire qu'il ne s'agit pas d'une armée de métier. Et il est vrai que, qu'on le dénomme bâtard ou mixte, un lien, si ténu soit-il, est maintenu entre citoyenneté et armée. Mais il est non moins vrai que les appelés astreints à de longues années se rengagent pour la plupart, ce long passage sous les drapeaux ne leur conférant pas pour autant une compétence professionnelle certaine. C'est d'ailleurs le but des droites, bien qu'elles le démentent parfois.

Il convient en effet, étant donné le caractère de la vie politique française, de parler de droites et de gauches, avec des transferts, voire des basculements de concepts et d'idéaux, avec des nuances et même des divergences en leur sein, et quelquefois des alliances inattendues entre des fractions des unes et des autres, tant l'évolution de la conscription est un sujet passionnel qui met en jeu les fondements de l'histoire des Français.

Ainsi les républicains ou républicanisants — on ne craint plus de s'avouer tel à partir de 1830 —, les bonapartistes mais aussi les orléanistes de gauche qui soutiennent le régime de la monarchie de Juillet et la nouvelle dynastie à condition que soient entreprises de profondes réformes sont accusés de vouloir militariser la nation et la société par les légitimistes et les orléanistes de droite qui détiendront le pouvoir de 1831 à 1848. En fait, ils sont adeptes des « gros bataillons » car ils veulent l'extension des appels sinon l'universalisation du service qui deviendrait obligatoire pour chacun. Ils plaident donc pour que le temps de ce service soit raccourci. Il est une autre raison pour que ces hommes défendent un service écourté. Il leur faut démontrer que la conscription n'est pas « dévorante » non plus pour les finances publiques et que la rotation rapide des jeunes gens au sein des « gros bataillons » permettra de garder le même budget que celui affecté à une conscription à petits effectifs et de longue durée.

Le débat se structure autour de couples antinomiques tel celui de la durée et des effectifs qui avait émergé dès le vote de la loi de 1818. Dès 1824, c'est un militaire, le général Foy (1775-1825), député indépendant, élu de l'Aisne, qui s'interroge :

> Pourquoi ne soumettent-ils pas à notre discussion la haute question *politique* [souligné par nous] de savoir s'il ne vaudrait pas mieux inscrire un plus grand nombre d'hommes sur les registres matricules et les tenir enchaînés moins longtemps que d'en prendre moins et de les garder un espace de temps plus considérable[65] ?

Dès 1824 également, le comte d'Ambrugeac, rapporteur de la loi de 1818, souligne le dilemme. Membre de la Commission des pairs de 1832, il le répète :

> Depuis moins de quatorze ans, cela fait pour la troisième fois que nous sommes appelés à discuter la loi du recrutement sur le rapport de la durée du service ; des changements si brusques attestent la gravité de la question [...]. La force du contingent à prélever sur chaque classe est calculée sur la durée du service. Ainsi la fixation de cette durée est la base sur laquelle repose la constitution de l'armée[66].

Derrière ce couple en surgit un autre, également en rapport de contradiction, qui permet aux gauches de retourner contre les droites l'accusation de militarisation — car c'en est une et elle le restera — et l'épithète militariste demeurera péjorative. Il s'agit de l'antagonisme entre esprit militaire et esprit de défense nationale. Les orléanistes de résistance, notamment François Guizot (1787-1874), craignent ou feignent de croire que l'extension du service au plus grand nombre n'aboutisse à transformer la France en caserne permanente et à « repaître le pays de chimères et de prophéties effroyantes » ; ils entendent par là la guerre révolutionnaire car, au début des années 1830, les gauches désirent que la France, comme en 1792, prenne la tête d'une croisade des peuples et aide les mouvements nationaux et libéraux qui soulèvent les Italiens, les Polonais, les Allemands et les Belges. Destutt de Tracy, député de l'Allier, est donc obligé de répliquer :

> On vous a dit qu'une nation devait être préservée de l'esprit militaire, je le comprends si on parle de cet esprit militaire qui ne soupire que pour la guerre d'invasion, que pour les conquêtes et la gloire. Mais si on parle de cet esprit militaire qui consiste à avoir constamment devant les yeux la nécessité de défendre le pays [...], cet esprit militaire-là, je veux qu'il existe et qu'il soit celui de toute la France [...]. Tous les Français doivent être soldats, ce doit être la religion politique de tous les Français et j'ose dire alors que les armées permanentes et nombreuses deviendraient inutiles[67].

Les gauches contre-attaquent : l'esprit militaire à proscrire, parce qu'il se confond avec l'esprit de corps et l'esprit de caste et une discipline passive et aveugle, n'est-ce pas celui qui est inculqué à un petit nombre, nécessairement coupé de la société par de longues années de service et incapable de s'y réadapter ensuite ?

Un troisième couple antagoniste se profile, instruction militaire contre éducation militaire, mais chaque camp interprète le plus péjorativement possible la façon dont l'autre camp conçoit cette éducation. Les gauches soupçonnent les défenseurs des petits effectifs de vouloir leur dressage. Les droites redoutent que parmi les « gros bataillons » ne se propage un esprit de « turbulence » et de conquête, voire de contestation.

Le passé de la France et le présent des nations étrangères, tout aussi mythifiés l'un que l'autre, servent d'arsenal dans lequel puisent tour à tour les adversaires. On invoque ouvertement 1789 qui n'est plus tabou après les Trois Glorieuses. On invoque aussi la Prusse, modèle pour les gauches, qui la croient plus fidèle que la France aux sources de la conscription, repoussoir pour les droites.

Les partisans du service long l'emportent : comme sur beaucoup de points en effet la monarchie de Juillet n'est pas en rupture avec la Restauration. La loi Soult, à laquelle la Chambre des députés consacre onze séances à l'automne 1831 et la Chambre des pairs six séances, confirme l'alternative choisie en 1818. Certes, conformément à ce qui s'est passé depuis la mise en vigueur de la loi de 1818, la loi place désormais les appels avant les engagements volontaires pour composer les rangs de l'armée. Un contingent annuel de 80 000 hommes effectue en principe un service de sept ans dans une armée de 500 000 hommes. En principe, car pour des raisons budgétaires tous n'accomplissent pas sept ans effectifs. Certains même ne rejoignent jamais les drapeaux. Dans le cas d'un service écourté, les hommes reçoivent des congés, ce qui ne les empêche pas de se rengager.

CONSCRIPTION ET DÉMOCRATIE

*Égalité devant la durée du service,
égalité devant l'instruction militaire*

La durée du service est donc un enjeu idéologique majeur sur lequel se focalise le débat jusque sous la troisième République au point que les lois militaires de celle-ci ne sont plus désignées dans le langage courant par leur date mais par le temps de service imposé aux conscrits[68]. Elle met en jeu des conceptions différentes de la citoyenneté mais aussi des acceptions antagonistes de l'égalité. Pour les gauches, l'idéal est que tous les jeunes gens passent sous les drapeaux mais encore et surtout qu'ils y passent le même temps.

Pourtant, une autre forme d'égalité est parfois envisagée, celle de l'instruction militaire. Les garde-fous de la loi de 1818 sont reconduits par les lois de 1824 et de 1832. C'est dire que la libération définitive des bons numéros conduit à ce que les trois quarts des jeunes gens, au commencement de la Restauration, les deux tiers à la fin du régime et sous la monarchie de Juillet, ne reçoivent aucun rudiment de formation en matière de défense. Certains s'en inquiètent dans l'éventualité d'une guerre défensive et cherchent le moyen de dispenser un apprentissage à ceux auxquels aucune obligation militaire n'est imposée.

Le combat des gauches a été vain pour l'instauration du service universel. Elles adoptent donc des « lignes de repli ». La première est donc, dans la perspective mentionnée plus haut, l'existence d'une réserve digne de ce nom. Dès le débat qui précède le vote de la loi Soult, elles posent le problème et on a vu que les partisans du service court l'assortissent d'un passage dans la réserve qui serait de temps équivalent. Mais surtout, pour ceux-ci, la réserve ne doit pas seulement être composée de ceux qui ont tiré un mauvais numéro. Elle doit aussi être constituée des bons numéros ou d'une partie d'entre eux, astreints à des exercices qui ne seront pas effectués en caserne mais au cours de rassemblements périodiques organisés dans leur département d'origine. Les orléanistes du mouvement ne sont pas moins incisifs que les républicains sur cette question.

> L'effet de la civilisation et des institutions libres est [...] de diminuer les cadres de l'armée active et de fortifier les cadres de réserve. C'est dans les temps de barbarie que les gouvernements ont pu augmenter à leur gré les cadres de leur armée active parce que c'est un instrument d'ambition et de conquête. L'effet de la civilisation et des institutions libres est au contraire [...] de diminuer les moyens agressifs et de fortifier de beaucoup les moyens défensifs[69].

Telle est la proclamation d'Odilon Barrot (1791-1873) qui deviendra dans les années 1840 un des leaders de la gauche dynastique.

Combat lui-aussi mené en vain : dans la loi de 1832, comme dans les lois précédentes, la réserve continue à n'avoir d'existence que sur le papier. L'enjeu de citoyenneté et celui de l'égalité deviennent étroitement entrelacés. Les hommes de gauche, déçus par l'armée de conscription des monarchies censitaires, en viennent à voir dans la réserve défensive la seule véritable armée citoyenne et cette conception traversera tout le XIXᵉ siècle jusqu'à Jean Jaurès et son œuvre *L'Armée nouvelle*[70].

Dans les années 1840, les gauches défendent encore la réserve au cours de l'interminable débat de trois ans consécutif à la crise diplomatique de 1840. Le président du Conseil, Thiers (1797-1877), pourtant orléaniste de résistance, est partisan d'une politique extérieure active. Ses initiatives aboutissent à ce que la France soit à deux doigts de faire la guerre, seule, à toute l'Europe. L'armée française aurait-elle été capable de faire face? La question du recrutement et, inextricablement liées à elle, celles de la durée du service et de l'instauration d'une vraie réserve, sont une fois encore posées. Le 16 avril 1841, Soult, alors ministre de la Guerre et président du Conseil en titre — le véritable «homme fort» du gouvernement étant Guizot — relance le débat[71]. De nouveau, la lutte des gauches se termine sur un échec[72]. On leur rétorque que la libération définitive des bons numéros suppose qu'on ne leur inflige aucune part du fardeau militaire, quand bien même il s'agirait d'exercices et non d'un séjour en caserne. Surtout, l'armée française risque d'apparaître aux yeux de l'Europe comme forte d'un million d'hommes. Or Thiers a été contraint par Louis-Philippe de démissionner car sa politique est jugée par le roi trop belliqueuse et trop dangereuse, et Guizot joue la carte de l'apaisement.

Les combats des républicains, dénommés maintenant radicaux, des bonapartistes et de la gauche dynastique ne sont plus que des combats « d'arrière-garde ». Faute d'avoir gain de cause sur la réserve, ils essaient d'obtenir la militarisation de la Garde nationale ou d'une partie d'elle, celle des gardes nationaux les plus jeunes, sous le nom de Garde mobile. La Garde nationale a été recréée par les monarchies censitaires[73]. Elle est un des piliers du régime de Louis-Philippe. Elle est vouée au maintien de l'ordre intérieur. Les mêmes vœux qui animent à propos de la réserve les thuriféraires des « gros bataillons » et du service court les engagent à réclamer cette garde mobile : récupérer ainsi les bons numéros, faire jouer à la Garde mobile un rôle d'armée citoyenne qui pourrait incarner le devoir et le droit de défense, quintessence de la citoyenneté, et rendre tangibles les liens entre l'armée et la nation. Les orléanistes de résistance qui, en 1830-1831, n'avaient pas été hostiles à la formation d'une garde mobile leur opposent les mêmes arguments que ceux qu'ils utilisent dans les années 1840 contre une réserve qui n'aurait pas qu'une existence de papier.

Les gauches se rabattent sur l'incorporation de la totalité du contingent. Qu'au moins tous les conscrits appelés reçoivent une instruction militaire ! Le maréchal Soult, d'abord favorable à cette disposition, y renonce en 1844. Pas seulement pour des raisons budgétaires. Il dit craindre que l'esprit militaire de l'armée ne soit affaibli par « ce trop grand » nombre de conscrits et, pour le sauvegarder, préfère un petit nombre de « vieux soldats ». C'est l'expression que l'on emploie maintenant couramment sous la monarchie de Juillet pour désigner les conscrits «condamnés» à se rengager et aussi… les remplaçants.

Car tout aussi vain s'avère le combat contre le remplacement. Cette fois, les députés et pairs qui lui sont hostiles parce qu'il leur paraît le contraire de l'égalité sont soutenus par les cadres militaires — pas tous —, soucieux et même dubitatifs à propos de la valeur physique et morale des remplaçants, et par les préfets — pas tous —, ceux des bons départements conscriptionnels qui sont aussi en général «fournisseurs» de remplaçants et qui dénoncent les abus perpétrés par les compagnies de remplacement; non sans tomber eux-mêmes dans la légende noire car, si on accepte l'existence de ce marché d'hommes, il faut reconnaître que beaucoup de compagnies suivent honnêtement les règles de ce commerce particulier. Seules quelques-unes d'entre elles se livrent à des escroqueries tant vis-à-vis des remplacés que des remplaçants.

Du fond de sa prison du fort de Ham où il est détenu depuis l'échec de sa tentative de coup d'État à Boulogne et où il jouit néanmoins d'une grande liberté d'expression, Louis Napoléon Bonaparte intervient dans le débat en qualifiant le remplacement de «traite des Blancs». Il n'est pas jusqu'au maréchal Soult lui-même qui ne semble le mettre en question lors du débat des années 1840, à tout le moins éradiquer ses abus.

De fait, il ne sort aucun changement de cette discussion parlementaire qui dure de 1841 à 1844, ni en matière de remplacement ou de pratiques des compagnies ni en matière de durée du service et d'effectifs ou de succédanés de la conscription, réserve et garde mobile.

Égalité devant l'urne, égalité devant le feu ?

Les orléanistes de résistance (et de gouvernement) ne repoussent pas le principe d'une armée nationale et citoyenne, c'est l'expression de la citoyenneté au sein de l'armée qu'ils conçoivent dans le sens le plus restrictif possible. On dira que la citoyenneté est aussi tronquée dans la vie politique si l'on estime que le droit de vote est le fondement essentiel de celle-ci. Les monarchies censitaires méritent en effet leur nom. Sous la Restauration, 1 % des électeurs potentiels du suffrage universel votent aux élections nationales, 2 % sous la monarchie de Juillet. De 100 000 électeurs, on passe à la fin du régime à 200 000, 246 000 tout au plus, même si cette étroitesse est contrebalancée — mais pas de façon décisive — par l'élargissement de l'électorat aux élections municipales et à celles des officiers de la Garde nationale.

Mais 1848 établit le suffrage universel masculin. Celui-ci semble appeler l'instauration concomitante du service personnel afin que disparaisse la distorsion entre conscription et citoyenneté ainsi qu'avec l'égalité politique. En fait, la seconde République échoue et maintient inchangé le système conscriptionnel des monarchies censitaires.

Lorsque la constitution est débattue par l'Assemblée, c'est en octobre 1848, postérieurement aux journées de juin. Le parti de l'Ordre prend maintenant l'ascendant sur la Constituante. Il est animé par Thiers, farouche partisan de maintenir telle quelle la loi de 1832. Pourtant, l'universalisation du service personnel obligatoire est, un moment, envisagée. Le service de trois ans est inscrit dans une première rédaction de la constitution. Le ministre de la Guerre, le général Lamoricière (1806-1865), y est favorable ainsi que le général Cavaignac (1802-1857), qui est à la tête du gouvernement après avoir dirigé la répression de l'insurrection[74]. Il prend soin de dire dans un article du *Moniteur de l'Armée* que « l'égalité républicaine ne consistera pas à abaisser les grands au niveau des petits, mais à élever les petits au niveau des grands »[75]. Dans son argumentation surgit un thème que l'on retrouve vingt ans plus tard, le souhait que la pratique de l'égalité politique, celle du vote et celle du service militaire confortent la stabilité de la société et même la hiérarchie qui existe en son sein, quand elle est justifiée. Les fils des élites côtoieront les fils du peuple au sein des troupes et les premiers exerceront sur les seconds une influence salutaire, espère-t-il. C'est déjà la conception d'une démocratie conservatrice dans le cadre d'une république. Elle ressurgira dans le cadre d'un empire.

Mais, dès juillet, les compagnies de remplacement, menacées dans leur existence, font une campagne de pétitions qu'on appellerait aujourd'hui du « lobbying »[76]. Surtout, Thiers défend la loi de 1832 dont il est l'un des instigateurs. L'article 107 de la constitution prescrit, dans sa version initiale, que tout Français doit en personne le service militaire et celui de la Garde nationale, et que le remplacement est interdit. Déjà, quand s'ouvre la discussion le 19 octobre 1848, les formulations « doit en personne » et « Le remplacement est interdit » ont disparu de la présente version[77]. Thiers se pose en défenseur de la liberté et de l'égalité. Il prétend que les armées dangereuses pour la première sont les armées jeunes, enthousiastes, « raisonnantes » et non les troupes composées de vieux soldats. Dans les grandes nations militaires, telle que Rome, prétend-il, l'état de soldat est une profession ; la législation française est parvenue à concilier la nécessité de rendre la charge égale pour tous — concession à l'institution de la conscription « nationale » — et la faculté de laisser le métier des armes être une profession spéciale. « [...] Et c'est en cela que cette législation doit être admirée »[78].

La citoyenneté fait d'autant plus peur qu'elle n'est plus celle d'un citoyen « passif » au sens propre du terme, dont on espère faire un soldat docile, et qu'il faut désormais intégrer dans les forces armées un citoyen doté du suffrage universel. L'antidote à cette citoyenneté encombrante est de continuer à ne recevoir au sein de l'armée qu'une petite fraction de citoyens pour une longue durée qui émoussera leurs facultés critiques. « S'il est une nation à qui il faille une éducation spéciale pour la guerre, c'est la nation française qui a l'élan, l'intrépidité, l'enthousiasme mais qui se décourage facilement. Il faut donc lui former l'esprit au militaire [...]. Or l'esprit militaire, ce n'est qu'avec le temps qu'on l'acquiert[79]. »

Quant à l'égalité politique, elle ne doit pas

conduire à une armée populaire et démocratique, jugée en outre inefficace au point de vue militaire. Thiers est cependant un des seuls à déclarer sa préférence pour une armée de métier qui s'avoue telle, encore que même lui reconnaisse que le modèle anglais n'est peut-être pas adapté à la France.

Le service personnel républicain de trois ans est d'ores et déjà condamné même si une loi particulière va organiser la conscription de la seconde République. En effet, l'article 107 devient l'article 102 dans la version définitive de la constitution de 1848. Cet article dit : « Le mode et les conditions de la faculté pour chaque citoyen de se libérer du service militaire personnel seront réglés par la loi du recrutement[80]. »

Ainsi le débat se prolonge jusqu'à la fin de la Constituante au sein d'une commission dont Cavaignac est le président et Lamoricière le rapporteur. Quand la commission dépose son projet le 11 avril 1849, elle ne parvient même pas à faire accepter les deux changements proposés par rapport à la loi de 1832 : un système d'exonération contrôlé par l'État pour éviter les abus du remplacement, l'organisation d'une réserve apte à combattre[81]. La seconde République ne modifie en rien l'héritage conscriptionnel des monarchies censitaires et, pas plus que les régimes précédents, elle ne parvient à trancher entre le retour ouvertement déclaré à une armée de métier — inavouable — et l'instauration définitive — impossible — du service personnel obligatoire.

Après le coup d'État de 1851, le prince-président, devenu Napoléon III après l'instauration du second Empire, le reçoit tel quel alors qu'il l'a vigoureusement critiqué. Lui-même ne parvient pas à le changer bien qu'il éprouve des doutes sur la valeur des forces dont il dispose dès la guerre de Crimée (1854-1856), et plus encore pendant la campagne d'Italie (1859). C'est seulement parce qu'elle a eu affaire à des adversaires médiocres que l'armée a été victorieuse. Il est parfaitement conscient qu'en somme « la France avait, dans les faits, une armée de métier moins parce que les hommes qui la composaient connaissaient le métier des armes que parce qu'ils faisaient métier de l'exercice des armes », selon l'expression d'un historien[82].

De longue date il pense nécessaire de modifier le système. Toutefois, lors de la période de l'Empire autoritaire pendant laquelle Napoléon III a une très grande marge d'action, il l'infléchit sur deux points significatifs sans le bouleverser. Le 26 avril 1855, l'exonération « remplace » le remplacement. Les remplacés versent le prix du remplacement à une caisse de dotation de l'armée. L'État se substitue aux compagnies, ce qui est pour l'empereur un moyen de moraliser « la traite des Blancs » mais non de la supprimer. En effet, les militaires qui ont l'oreille de Napoléon III préfèrent cette solution qui permet en outre de verser des primes aux engagés. Par ailleurs, comme l'État fait varier le montant de l'exonération en fonction de la conjoncture de paix ou de guerre, il fait des bénéfices.

En 1861, Napoléon III organise une vraie réserve : la seconde partie du contingent qu'on n'appelle pas sous les drapeaux est tenue d'accomplir des exercices d'une durée de six mois, répartis sur trois ans. Encore cette mesure ordonnée par circulaire entre difficilement en vigueur.

Pour le reste, c'est le *statu quo* qui satisfait la majorité de la population. Pourtant, le contingent annuel en temps de paix est maintenant de 100 000 hommes et c'est le tiers d'une classe d'âge qui est prélevé. En temps de paix... mais, contrairement aux monarchies censitaires, le second Empire renoue avec la guerre quoique bien moins que le premier. En effet, même si les campagnes n'atteignent pas l'ampleur de celles du premier Empire, de nouveau, et contrairement aux monarchies censitaires, mises à part la conquête de l'Algérie et de très brèves interventions en Espagne, en Grèce et en Belgique, le second Empire est une époque de guerre. Et le contingent peut alors s'élever à 45 % d'une classe d'âge et représenter 140 000 hommes, par exemple au moment de la guerre de Crimée.

Or le moindre changement, allât-il dans le sens de l'égalité réelle, fait peur. On le voit bien au moment de Sadowa, le 4 juillet 1866, victoire prussienne inattendue remportée sur les troupes autrichiennes, qui prélude à une guerre contre la France à plus ou moins brève échéance. En France, tout le monde en est conscient, et l'empereur le premier. Mais quand celui-ci veut modifier l'organisation des forces armées pour les mettre en état de supporter une attaque de la Prusse, il échoue.

C'est en effet d'abord pour des raisons militaires et non politiques et idéologiques qu'il esquisse le projet qui devient la loi Niel en 1868. C'est lui qui en est à l'initiative à la fin d'août 1866. Grâce à la *Landwehr* notamment, la Prusse dispose de 730 000 hommes dont 356 000 peuvent être tout de suite engagés au combat. La France, elle, a une force de 654 000 hommes mais, comme sa réserve n'est pas exercée, c'est seulement sur 385 000 hommes qu'elle peut compter et même sur 250 000 hommes, compte tenu des troupes engagées sur des théâtres extérieurs dont le Mexique. Napoléon III veut désormais disposer d'au moins 1 million d'hommes, 600 000 d'active et de réserve et 400 000 composant une force nouvelle, la Garde mobile, dans laquelle entreraient les bons numéros et pour laquelle il reprend le terme usité sous la monarchie de Juillet. C'est pour cela que son projet semble être un pas vers le service personnel.

Mais dès qu'il est connu par la circulaire La Valette du 18 septembre, et malgré l'impression encore vive dans le pays qu'a laissée Sadowa, « coup de tonnerre dans le ciel bleu », il rencontre des résistances de toutes sortes. On est désormais dans la période de l'Empire libéral ou semi-libéral. Le suffrage universel, malgré les fraudes, est un élément dont doivent tenir compte les députés, beaucoup moins libres à cet égard que leurs prédécesseurs des monarchies censitaires. La presse est surveillée, mais beaucoup moins que sous l'Empire autoritaire, et les journalistes profitent d'une liberté de parole toute relative. Ce qui inquiète l'opinion publique, c'est que l'empereur laisse entrevoir la suppression de l'exonération pour la Garde mobile. Celle-ci n'est pourtant pas la caserne et semble peu astreignante puisque les exercices périodiques doivent être accomplis dans le département où réside le garde mobile[83].

Le processus qui mène à la loi est très vite grippé, les militaires de l'entourage de Napoléon III ayant eux-mêmes des avis contradictoires. Pendant seize mois, le régime va aller de reculade en reculade à ce sujet. Après l'échec au bout d'un mois d'une commission spécialement créée en octobre pour affiner le projet, après la publication d'une note de synthèse des idées de l'empereur et du maréchal Niel dans *Le Moniteur* en décembre 1866, Napoléon III décide de présenter le projet au Corps législatif, pensant le faire plus facilement adopter[84]. Le maréchal Niel (1802-1869) devient ministre de la Guerre en janvier et, en mars 1867, le projet est discuté par une commission parlementaire qui lui est d'emblée peu favorable.

La garde mobile, avant-garde d'une « démocratie conservatrice »

L'architecture du projet se veut pourtant rassurante pour les membres du Corps législatif, qui comprend des officiers supérieurs en activité, comme le Sénat où sont nommés les maréchaux *ès qualités*. Il prévoit que les mauvais numéros entrent pour cinq ans dans l'active puis passent quatre ans dans la réserve où ils rejoignent les bons numéros qui y accomplissent une durée similaire. Ces derniers font en outre cinq ans dans la Garde mobile. La durée du service actif est écourtée. Le remplacement est rétabli à la place de l'exonération sauf pour la Garde mobile.

Nul ne peut plus échapper à l'obligation militaire, si faible soit-elle, car les gardes mobiles doivent accomplir quinze jours d'exercices par an. C'est le nœud du débat qui fait dire aux masses populaires : « Il n'y a plus de bons numéros », alors qu'elles ne voient pas qu'il y a au moins un raccourcissement du service pour les mauvais numéros. En parallèle, ou comme sous l'effet d'un jeu de miroir, une campagne de désinformation se produit, menée par la presse pendant que se diffuse dans tout le pays la crainte d'un changement du *statu quo*. En mars 1867, pendant que la commission du Corps législatif prépare significativement une contreproposition, démarre au même moment une campagne de pétitions[85] qui semble amorcer une crise du régime. La pétition touche trente-six départements, quelle que soit leur inclination politique, la Bretagne légitimiste, le Dauphiné républicain mais aussi le Midi bonapartiste. Elle recueille 26 000 signatures. Au Corps législatif, un front commun contre la future loi se dessine entre les libéraux conservateurs, c'est-à-dire les anciens orléanistes de résistance, Thiers au premier chef, les légitimistes, les républicains et les bonapartistes libéraux du tiers parti dont Émile Ollivier. Au demeurant, cette levée de boucliers est aussi liée à la pression du suffrage universel. La fin de la session amène une pause mais aussi des élections partielles au cours desquelles les candidats mesurent l'importance de la question dans l'esprit de leurs électeurs, parfois à leurs dépens.

Le 8 novembre 1867, l'empereur présente de nouvelles propositions fort édulcorées par rapport aux précédentes mais la commission parlementaire entre à nouveau en conflit avec le gouvernement, ce qui augure mal du sort de la future loi quand s'ouvre le débat en décembre 1867[86]. Ce qui est aussi en jeu est l'égalité ou un commencement d'égalité devant l'institution militaire. Les opposants républicains demeurent insensibles à ce qui devrait représenter pour eux un progrès et un pas — certes fort timide — vers le service obligatoire. Regrettent-ils cette timidité même ? En partie, mais une autre raison entre en ligne de compte pour expliquer leur attitude qui va s'apparenter à de la surenchère. L'armée de conscription qui les a déçus sous les monarchies censitaires est aussi celle qui a accompli le coup d'État, croient-ils, car de fait elle a été loin d'être unanime en décembre 1851. Leur « retournement » n'est pas total d'ailleurs, d'autant que chez leurs électeurs l'armée demeure populaire quand elle se comporte en armée de soldats-citoyens, voire de citoyens-soldats, menant une « guerre de libération » qui, de plus, ouvre une brèche dans les « honteux » traités de 1814-1815. On l'a bien vu à Paris en 1859 au départ des troupes pour la campagne d'Italie, encore plus à leur retour.

Chez les conservateurs, le basculement n'est pas non plus total, « la mystique de l'ordre ne l'emporte pas encore sur la mystique de la production »[87]. Surtout, ils croient voir derrière le projet l'institution de la *Landwehr* prussienne, nation qu'ils ont toujours vilipendée, et la victoire de celle-ci n'incite plus à se mettre à son école, contrairement à la fin du XVIIIe siècle. Ils dénoncent dans l'instauration de la Garde mobile le spectre de la nation armée qu'ils ont toujours redouté. Les divers opposants se livrent à une véritable surenchère contre la future loi et, pourrait-on dire, une surenchère de démocratie.

Selon les libéraux conservateurs, la Garde mobile amorce une démocratisation. Pour eux, cette perspective est dangereuse. Mais les républicains, qui ne sont d'accord avec eux que pour rejeter son instauration, ne lui font pas meilleur accueil. Loin d'y voir un début de réalisation de l'égalité, ils affirment que la Garde mobile sera une armée supplémentaire au service d'un pouvoir personnel despotique et lui opposent la réserve idéale de leurs contre-projets. « Le projet de loi n'arme pas la nation mais il arme le gouvernement »[88], déplore Ernest Picard (1821-1877), élu de la Haute-Garonne. En mai 1867, le républicain Alexandre Glais-Bizoin (1800-1877), représentant des Côtes-du-Nord, avait proposé dans un contre-projet le maintien de l'armée permanente mais avait fait une ultime tentative en faveur du service obligatoire : le plus grand nombre possible de jeunes gens se rendraient sous les drapeaux pendant deux ans puis pendant quatre ans dans une réserve pour accomplir des exercices deux fois par semaine[89]. Comme sa proposition n'est pas retenue, il s'élève avec force contre la Garde mobile qui n'incarne pas l'égalité parfaite, celle qui devrait exister aussi bien devant l'urne que devant le feu de l'ennemi. C'est sous les drapeaux que les fils des sénateurs et de députés devraient être confondus au coude à coude avec les simples soldats, dit-il au cours du débat parlementaire[90].

Bien plus, il est des républicains pour prôner l'abolition de l'armée permanente, tels Ernest Picard mais aussi Jules Simon (1814-1896), député de la Seine et future grande figure de la troisième République, Jacques-Louis Hénon (1802-1872), élu du Rhône, Louis Antoine Garnier-Pagès (1803-1878), député de la Seine, et Jules Favre (1809-1880), lui aussi député du Rhône, qui déposent dès avril 1867 une contre-proposition en ce sens[91]. Si la patrie est attaquée, les Français sauront se lever en masse et spontanément comme en 1792 et remporteront inéluctablement la victoire puisqu'ils défendront une cause juste. En effet, les républicains des années 1860 font une lecture mythifiée de Valmy et attribuent de la valeur à l'improvisation populaire[92], ce que n'avaient pas fait les républicains des années 1840.

Les seuls à défendre le projet sont les bonapartistes autoritaires. Pas seulement parce qu'il émane de l'empereur. Ils s'évertuent à prouver que, contrairement à ce que leurs adversaires, notamment Glais-Bizoin, prétendent, l'existence de la Garde mobile est une résultante logique du suffrage universel et un progrès de l'égalité politique et de la démocratie. Le baron Jérôme David (1823-1882), élu de la Gironde, dit que le suffrage universel doit entraîner l'égalité complète entre tous les citoyens aussi bien devant le scrutin qu'au feu devant l'ennemi[93]. Un autre partisan du projet, le baron Edmond de Beauverger (1818-1873), député de Seine-et-Marne, rappelle qu'autrefois la défense du pays était dévolue à la noblesse mais qu'aujourd'hui, en ce sens, toute la France est noble[94].

La citoyenneté n'est pas oubliée : « Ce ne sont pas les tendances particulières qu'il faut encourager dans une grande nation, ce ne sont pas l'esprit militaire ni l'esprit industriel ni l'esprit commercial, ce qu'il faut encourager, c'est l'esprit civique parce que celui-là engendre et fortifie tous les autres »[95], déclare le député Théodore Morin (1814-1890) qui représente la Drôme au Corps législatif.

Mais la démocratie prônée par les Mameluks (ainsi surnomme-t-on les bonapartistes autoritaires) est fort conservatrice. Aussi bien ont-ils prétendu avec l'empereur aux commencements du régime que celui-ci était une « démocratie autoritaire ». C'est dans l'intérêt du maintien de l'ordre social et des hiérarchies fondées sur le mérite... et l'argent que le remplacement ne peut être envisagé pour la Garde mobile. Le comte de Latour-Maubourg (1820-1886) l'énonce ainsi :

> Si la bourgeoisie actuellement dominante veut conserver longtemps sa suprématie face au flot démocratique qui monte et qui doit monter légitimement avec l'accroissement de l'enseignement, il n'est pas seulement nécessaire qu'elle se montre plus intelligente que la masse populaire, il faut que dans toutes les circonstances graves, elle se montre digne de cette grande bourgeoisie française qui a inscrit tant de noms glorieux dans nos fastes militaires [...]. Lorsque l'ennemi menaçait autrefois nos frontières, l'aristocratie disait : « noblesse oblige ». [...] Dans notre pays démocratisé où la nouvelle aristocratie de la fortune inspire aux masses de si ardentes convoitises, lorsque la patrie en péril acceptera le secours de ses enfants, il

faudra que l'on dise au sein des classes aisées : « Fortune oblige »[96].

Le maréchal Niel le répète :

> L'interdiction du remplacement dans la Garde mobile est un principe d'égalité. [...] Dans un but conservateur, je veux que les enfants du commerce et de l'industrie, que les enfants de l'agriculture, des sciences, des arts, que tous les hommes qui se sont élevés par leur travail et qui ont de si grands intérêts à défendre viennent se confondre dans la Garde mobile parce qu'alors elle ne subira aucun entraînement, aucune pression, je ne dis pas démocratique, mais démagogique. C'est non seulement une idée démocratique mais une idée de conservation sociale[97].

Eugène Rouher (1814-1884), qui fut un des piliers de l'Empire autoritaire et un des ministres les plus influents pendant cette période, le confirme en s'élevant contre le souhait des bonapartistes libéraux d'autoriser le remplacement dans la garde mobile :

> Dans une société dont la base est fondée sur la démocratie, dont les classes inférieures s'élèvent par le travail [...], croyez-vous que vous n'ayez pas un intérêt politique puissant à maintenir l'égalité de situation pour amener à une fusion de sentiments ? Ne créez pas des inégalités mauvaises pour un État politique qui a pour base le suffrage universel[98].

De la « fusion des sentiments » on passe à la « fusion des classes ». Rouher le dit, le baron Louis de Benoist (1813-1896), député de la Meuse, l'avait explicité quelques jours auparavant :

> Je veux que nos enfants aient non seulement le droit
> mais le devoir de servir dans la Garde mobile. [...] Je
> recherche, pour moi, mes amis, mes enfants, la popu-
> larité que l'on acquiert en partageant les dangers, les
> périls, les charges d'un pays. Là, des liens durables
> s'établiraient dans les classes sociales diverses. Ne
> privez pas la Garde nationale des jeunes gens issus de
> familles riches qui ont un intérêt direct à la conser-
> vation de l'ordre. Dans l'intérêt de la fusion des classes,
> il est nécessaire que les jeunes gens se trouvent confon-
> dus dans ses rangs et se trouvent pénétrés des grandes
> obligations qu'ils ont à remplir envers le pays[99].

Toutefois, les bonapartistes autoritaires sont minoritaires et, si la loi est votée le 15 janvier 1868 au Corps législatif par deux cents voix contre soixante et à l'unanimité au Sénat le 22 janvier, c'est parce qu'après de tels atermoiements elle n'a plus rien à voir avec la volonté de réforme profonde de l'empereur. Certes, le remplacement est interdit dans la Garde mobile mais le service de cinq ans n'en est pas un : les exercices ne doivent pas excéder une durée annuelle de quinze jours et n'ont pas à donner lieu à un déplacement de plus d'une journée. Le successeur de Niel, le maréchal Lebœuf (1809-1888), ne fait pas appli-quer la loi, la Garde mobile n'a d'existence que sur le papier. Mais les Français rassurés croient qu'ils peuvent désormais faire face à l'armée prussienne.

Chapitre IV

LA CONSCRIPTION, LES CORPS, LES ESPRITS, LES CŒURS

LA CONSCRIPTION, UN PROCESSUS D'ACCULTURATION

Un lent et progressif enracinement

D'emblée, les rapports que les Français entretiennent avec l'institution sont tumultueux et complexes, en tout cas extraordinairement contrastés suivant les groupes sociaux et les régions. Ainsi, la conscription est un nouveau révélateur de la diversité de la France. Le processus d'enracinement a duré plus d'un siècle. On pourrait dire que, commencé à Valmy, pris dans un sens symbolique puisque les combattants de Valmy n'appartenaient en aucune façon à une armée de conscription, il s'est achevé à Verdun, également évoqué dans un sens symbolique désignant la guerre de 1914-1918[1].

Nous nous arrêterons ici sur les étapes fondamentales de ce processus dans les deux premiers tiers du XIXe siècle et d'abord celle du premier Empire, déjà envisagée plus haut, pendant laquelle les Français vivent leur première expérience de la conscription sur fond de guerre permanente. Pourtant, la persistance des résistances tout au long du XIXe siècle, même si elles sont moins ouvertes, prouve que le refus que certains Français, mais pas tous, lui opposent est en fait le refus de l'emprise de l'État-nation centralisateur. Au contraire, la chute du régime ne met pas fin à l'expérience en dépit des promesses de la monarchie restaurée. C'est donc qu'elle n'est pas un échec total.

Une deuxième étape commence en 1818 lorsque la loi Gouvion-Saint-Cyr entre en application. Peut-être conviendrait-il à propos de cette nouvelle étape de parler d'accoutumance au système plus que d'adhésion, de résignation plutôt que d'acceptation, du moins dans certaines régions. Cette accoutumance n'est pas ébranlée par la reprise de la guerre sous le second Empire même si celle-ci n'a ni la permanence ni la généralité de celle de la période impériale. Qu'elle conduise les Français à préférer le *statu quo* à un progrès de l'égalité de la charge militaire, le rejet suscité par le projet Niel le manifeste clairement à la fin des années 1860.

En tout cas, le processus, heurté sous le Consulat et l'Empire, ne subit pas de retour en arrière, les progrès sont continus à partir de 1818, alors qu'à cet égard l'année 1813 avait marqué une brutale régression. Les changements de régime que connaît la France pendant les deux premiers tiers du XIXe siècle n'interrompent pas cette progression. Il est vrai que les racines profondes des attitudes devant la conscription ne sont pas politiques à proprement parler ou, plus exactement, le facteur politique n'est qu'un élément parmi d'autres et non le plus important.

Les progrès se lisent d'abord dans les chiffres, les comptes annuels présentés à partir de 1819 par le ministre de la Guerre en font foi[2]. Le taux global de l'insoumission ne cesse de baisser alors même que le poids démographique de «l'impôt du sang» grossit de nouveau régulièrement. De l'ordre du sixième, voire, dans certains départements, du septième d'une classe d'âge lorsqu'est appliquée pour la première fois la loi Gouvion-Saint-Cyr, le contingent en prélève entre le cinquième et le quart à la fin de la Restauration. Sous la monarchie de Juillet, il représente désormais, et jusqu'en 1846, 26 à 27 % de la classe. Sous le second Empire, même en temps de paix, le contingent n'est jamais moins que le tiers de la classe mais, en temps de guerre, par exemple pendant la guerre de Crimée, le «tribut» payé par la jeunesse masculine s'élève à plus de 45 %.

Naturellement, les décalages entre les régions, déjà observés au cours des trois phases de la conscription consulaire et impériale, sont encore visibles sous les monarchies censitaires et le second Empire. Mais une relative homogénéisation des comportements s'instaure.

Comparons les cartes des attitudes face à la conscription à différentes époques même si, à partir de la Restauration, les changements de régime ne représentent plus des infléchissements majeurs[3]. Il a été dit plus haut qu'en la matière des «camps» se dessinent dès les origines de la conscription et, même auparavant, au moment des levées d'hommes de la Révolution. Certes, pendant toute la période, la France demeure plurielle devant l'institution. Il n'empêche que le camp des régions anticonscriptionnelles se rétracte par transfert de certains départements vers le groupe des régions qui acceptent l'impôt du sang : c'est le cas de la France septentrionale pour laquelle l'expérience d'une dure occupation en 1814 et 1815, prolongée parfois jusqu'au congrès d'Aix-la-Chapelle, joue un rôle catalyseur dans ce basculement. Auparavant se produisait une « contamination » d'un « mauvais » département à l'autre, par cantons limitrophes interposés, « contagion » déplorée par les préfets impériaux de l'Oise et de la Somme. Ceux-ci incriminaient un peu facilement le mauvais exemple donné par le Pas-de-Calais, les autorités de celui-ci dénonçant à leur tour la « contagion » exercée par le Nord et les départements de l'ancienne Belgique. Celle-ci semble s'exercer désormais dans le bon sens[4]. Les France anticonscriptionnelles se réduisent désormais au Massif central et aux Pyrénées. Et seuls les départements du Massif central forment un bloc. Même dans ce bastion, l'insoumission s'amenuise. Sous la Restauration, il n'existe plus que trois départements, le Cantal, la Lozère, la Haute-Loire, qui dépassent encore un taux d'insoumission de 10 %. Sous la monarchie de Juillet, les Basses-Pyrénées frôleront seules ce niveau sans le dépasser, sous le second Empire elles ne le franchiront même plus ; la proportion du refus qui persiste et qui est déplorée par leurs préfets respectifs aurait ravi leurs prédécesseurs du premier Empire.

Les obstacles auxquels se heurte le fonctionnement de l'institution dans les zones sensibles deviennent moins nombreux, les résistances ouvertes tendent à s'atténuer, les émeutes anticonscriptionnelles ne sont plus qu'un phénomène résiduel. Certes, aux commencements de la Restauration, lors de la première levée consécutive à la loi Gouvion-Saint-Cyr, le soulagement des préfets qui craignaient dans certains départements de devoir affronter la résistance violente de leurs administrés, comme sous l'Empire, est-il quelque peu prématuré. Précédés par quelques «fausses notes» dès celle de 1818, des troubles éclatent lors du déroulement des levées suivantes[5]. Néanmoins, ils ne sont plus que des soubresauts sporadiques de la violence anticonscriptionnelle. Ce à quoi l'Empire avait donné un caractère d'aventure, la Restauration sait le régulariser[6]. Il est significatif que le préfet de Corse qui, de l'échec de la conscription dans l'île, concluait dans un rapport spécial à la nécessité de sa suppression en 1821, avec une franchise que ses collègues du Massif central et des Pyrénées auraient volontiers reprise à leur compte, est beaucoup plus circonspect et moins pessimiste à la fin de la Restauration[7].

Quand des émeutes anticonscriptionnelles surviennent encore, elles ne mettent plus — ou plus rarement — en jeu toute une communauté villageoise prompte à défendre «ses» jeunes gens contre l'intrusion de l'État. Cette évolution qui fait entrer l'analyse dans le domaine du qualitatif et non plus seulement dans celui des chiffres est particulièrement sensible dans les départements du Massif central comme en témoignent les rapports des gendarmes au début de la monarchie de Juillet[8]. Néanmoins ces échauffourées sont d'abord le signe d'un refus persistant, même s'il est moins déclaré et moins violent, ensuite celui de l'existence de décalages entre les régions qui sont autant de décalages mentaux, les mentalités étant elles-mêmes les résultantes d'une multiplicité de facteurs divers.

La « mosaïque » France

Dans certains départements, l'acceptation de la conscription est très précoce, quasi immédiate, dans d'autres, la résistance à l'institution persiste fort avant dans le xixe siècle. Cette inscription des comportements dans la moyenne durée incline à penser superficiellement « qu'il en a toujours été et qu'il en sera toujours ainsi », qu'il est des identités culturelles non susceptibles d'évolution, des tempéraments culturels intangibles. C'est d'ailleurs à ceux-ci que, dans un premier temps, les préfets du Consulat et des commencements de l'Empire attribuent l'échec massif auquel aboutit la conscription. Car ces hommes, du moins initialement, ne cachent pas l'échec.

Dans un second temps, ils entreprennent une analyse beaucoup plus fine qui fait d'eux des géographes, des historiens de la longue durée, des sociologues et même des ethnologues et des anthropologues avant la lettre. Leur démarche, certes entachée des préjugés qu'ils éprouvent envers leurs administrés sur lesquels ils jettent parfois le regard qu'auront en d'autres temps les colonisateurs sur les indigènes[9], est poursuivie par leurs successeurs de la Restauration qui, eux, l'appliqueront également aux bons départements conscriptionnels. Les rapports qu'ils envoient au ministre de l'Intérieur constituent une source qui, pratiquement tarie après les commencements de la monarchie de Juillet, ne sera égalée que par les rapports envoyés par les procureurs généraux des cours d'appel aux ministres de la Justice de la seconde République et du second Empire[10]; bien que ces derniers saisissent les oscillations de l'opinion publique dans le court terme alors que les préfets donnent une perspective à long terme. En tout cas, les officiers d'état-major sont beaucoup plus pointilleux dans leurs reconnaissances[11].

Très tôt est fait le constat que l'attitude politique — l'adhésion ou l'opposition au régime du moment — ne commande pas *ipso facto* l'adhésion ou l'opposition à la conscription. Conception confirmée par les résultats de la conscription sous la Restauration. Certes, le facteur politique joue un rôle, par exemple dans les zones de résistance temporaire. Mais dans les zones de résistance durable[12] les populations, et d'abord les conscriptibles, renouent très vite avec leurs vieilles habitudes, même s'ils ont de moins en moins recours à la violence. Certains préfets, tel celui de la Lozère, constatent la distorsion entre mentalité et opinion: les ruraux des cantons catholiques qui incarnent ou devraient incarner les sujets modèles de la monarchie paternelle de Louis XVIII et sont «royalistes», pour autant qu'on puisse inférer leurs préférences politiques de leur docilité à une époque de suffrage extrê-

CARTE 1

L'insoumission sous le Directoire, le Consulat et au début de l'Empire (an VII-an XIII [1798-1804])

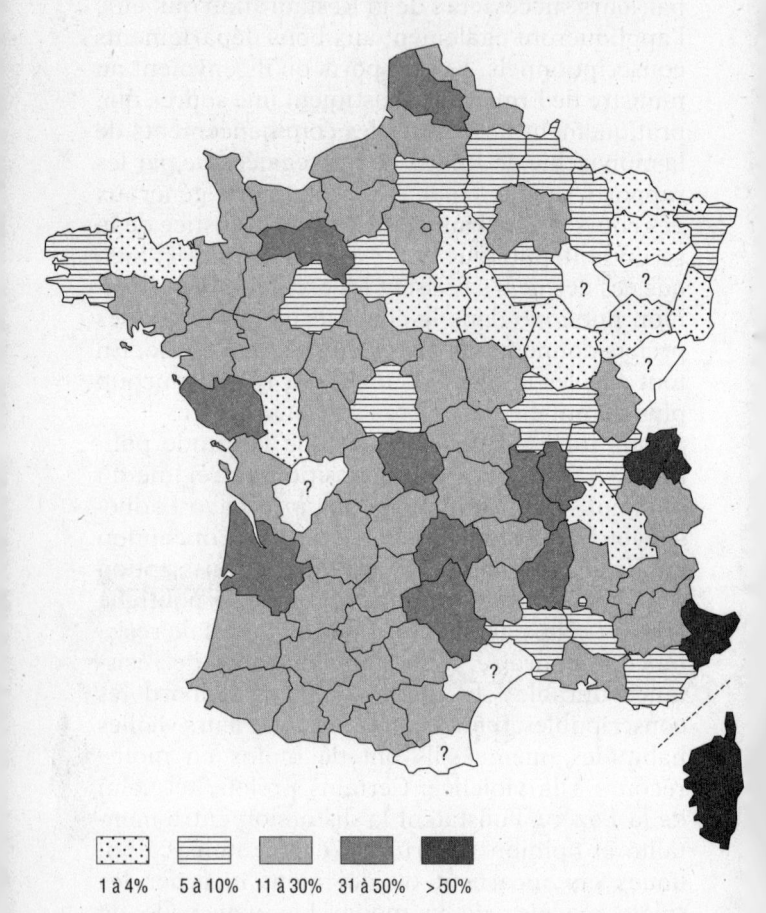

| 1 à 4% | 5 à 10% | 11 à 30% | 31 à 50% | > 50% |

Source : Arch. Nat. AF IV 1123, Compte général de la Conscription
établi par A. A. Hargenvilliers

Note : pour que puisse être établie une comparaison avec l'insoumission des périodes ultérieures, les «déserteurs en route» n'ont pas été comptabilisés ici. Toutefois, ils sont pris en compte dans la carte suivante (carte 1 bis)

CARTE 1bis

Les réfractaires sous le Directoire, le Consulat et au début de l'Empire (an VII-an XIII [1798-1804])

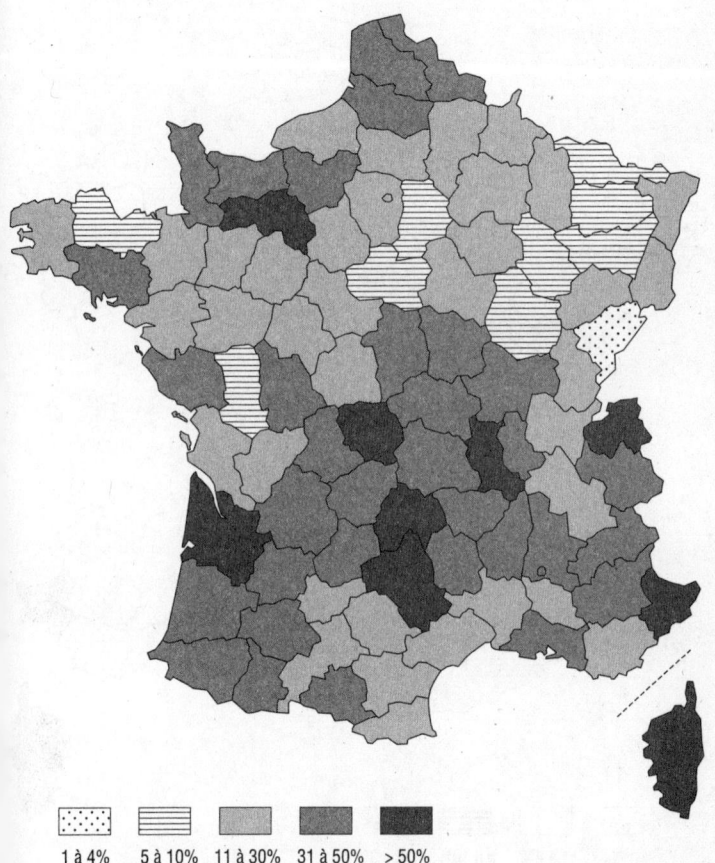

1 à 4%	5 à 10%	11 à 30%	31 à 50%	> 50%

Source : Arch. Nat. AF IV 1123, Compte général de la Conscription établi par A. A. Hargenvilliers

CARTE 2

*L'insoumission sous la Restauration
(1821-1830)*

< 1% 1 à 4% 5 à 10% 11 à 30%

Source : S. H. A. T. MR Fonds Préval 1959-1960
MR Fonds Préval 2036 - Recrutement

CARTE 3

L'insoumission sous la monarchie de Juillet
1831-1847

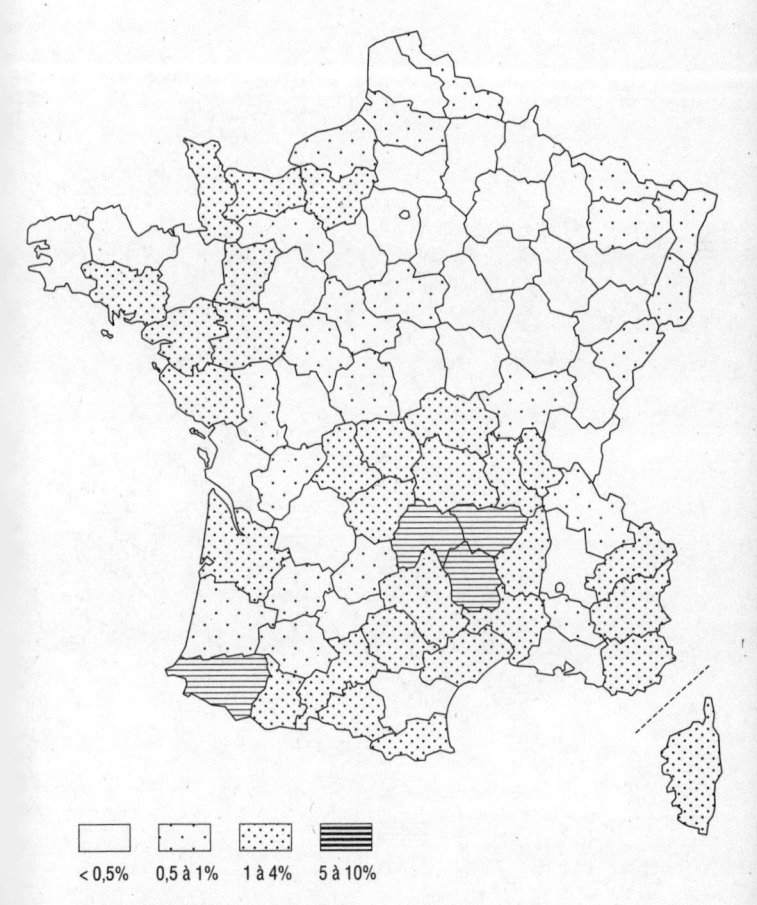

Source : Bibliothèque Nationale Lf 194 26
Compte rendu sur le recrutement de l'armée (1831-1847)

| < 0,5% | 0,5 à 1% | 1 à 4% | 5 à 10% |

CARTE 4

L'insoumission sous le Second Empire (1852-1856/1859-1868)

| < 0,5% | 0,5 à 1% | 1 à 4% | 5 à 10% |

Source : Bibliothèque Nationale Lf 194 26
Compte rendu sur le recrutement de l'armée (1852-1856 et 1859-1868)

mement restreint, accueillent à coups de fusil le percepteur qui vient collecter les impôts et le gendarme qui vient rassembler les conscrits. Au contraire les cantons protestants, considérés comme peuplés de «dissidents», bien que la charte ait réaffirmé la liberté religieuse et que la monarchie restaurée ait conservé les Articles organiques, se signalent par leur remarquable empressement à s'acquitter des impôts de toute nature y compris et surtout l'impôt du sang. Cette dichotomie est durable[13]. Somme toute, ce phénomène était déjà observable dans les révoltes de 1793 contre la levée des 300 000 hommes et dans les émeutes anticonscriptionnelles du Consulat et de 1813. Inversement, les préfets de certains départements de l'Île-de-France, de l'Est lorrain et du Dauphiné s'étonnent sous la Restauration de la coexistence chez leurs administrés de leur bon esprit militaire, entendons leur soumission à la conscription, et de leur mauvais esprit politique, autrement dit leur nostalgie supposée envers le régime de «l'Usurpateur», pire encore envers les temps révolutionnaires[14].

En tout cas, dès le premier Empire, les administrateurs avouent que l'aversion devant le fait militaire est inscrite dans l'histoire à long terme et que cette répugnance, terme qui revient fréquemment sous leur plume, existait déjà, plutôt sous forme de méfiance ou d'ignorance quand ce fait n'avait pas encore les traits du devoir de défense. Des contrastes marqués entre les aires de recrutement pour l'armée royale sont en effet perceptibles sous l'Ancien Régime. Sans qu'on puisse en faire une généralité: dans certaines zones, l'éventualité d'être appelé en personne introduit un élément d'hostilité qui n'existait pas auparavant. Louis Bergès remarque à propos du Sud-Ouest aquitain que le Gascon, bon « mercenaire », se transforme en conscrit rebelle[15].

Les administrateurs de l'Empire analysent donc le faisceau des raisons qui motivent cette aversion[16]. Ce faisant, ils ne se contentent pas d'être des observateurs, quelles que soient la validité et la pertinence de leurs observations encore pour les historiens d'aujourd'hui. Pour l'État, l'institution est, comme il a été dit plus haut, un élément de savoir et aussi de pouvoir ; eux-mêmes qui le représentent cherchent à créer les conditions de réussite de la conscription, et ainsi à la faire accepter par les Français dans leurs esprits et dans leurs cœurs.

Ils insistent sur les conditions naturelles qui s'opposent au bon déroulement des levées d'hommes. Le préfet de l'Ardèche fait un tableau que maints de ses collègues des départements de montagne pourraient reprendre :

> La population de l'Ardèche est [...] agricole et répandue sur un terrain qui offre mille difficultés aux agents du gouvernement, aux exécuteurs de ses lois et mille facilités aux infracteurs. [...] L'habitant des montagnes tient régulièrement au sol qui l'a vu naître, peut-être s'y attache-t-il en raison même des travaux durs et continuels par lesquels il lui arrache sa subsistance. Le besoin de bras jeunes et vigoureux fait ensuite qu'il y a une opposition sourde de la part des parents, de la population et d'un très grand nombre de fonctionnaires à l'exécution des lois de la conscription. La population de l'Ardèche est considérable mais [...] dispersée sur un sol hérissé de montagnes escarpées [...]

> et la plupart des chemins ne sont que des rampes pratiquées sur le penchant des précipices. [...] Ces communications sont tout à fait impraticables à certaines époques de l'année par les dégradations de neige et de torrents. Si l'on veut bien se représenter trois cent trente-cinq communes réparties sur le sol et la population distribuée de manière à ce que celle des villes soit à celle des communes rurales comme un est à onze, on pourra facilement se faire une idée vraie de toutes les facilités que trouve cette population à se soustraire à l'exécution des lois de police et à celles de la conscription en particulier[17].

Géographie physique et géographie humaine se combinent pour aboutir à un isolement défavorable à la conscription mais éminemment — et paradoxalement — propice à la solidarité anticonscriptionnelle qui se joue des limites administratives quand se jouxtent les cantons récalcitrants de plusieurs départements[18]. On remarque au passage que les préfets anticipent l'analyse d'Alan Forrest: la trame cantonale est bien plus déterminante que l'échelle départementale pour juger de la conscription. Les administrateurs, par exemple ceux des Pyrénées, sont très sensibles aux contrastes qui opposent les cantons au sein du département dont ils ont la charge. Leur collègue de la Creuse souligne que les difficultés qu'il rencontre ne tiennent qu'à quatre cantons: « Mais il faut reconnaître le principe [de cette désobéissance] dans le caractère des habitants de cette partie de la montagne qui offre, surtout dans l'exécution des lois sur la conscription, une récalcitrance qu'on ne connaît point dans le reste du département[19]. »

On note que, géographes, les préfets se font aussi économistes et sociologues. Il est des types d'économies qui ne se prêtent pas à l'acceptation de la conscription surtout quand ils engendrent la mobilité des jeunes gens, mobilité de subsistance et de survie dans les régions pauvres des Pyrénées et du Massif central, ainsi en Corrèze.

> La population des communes rurales qui composent les cantons qui sont ingrats en conscription se compose généralement de familles de métayers presque annuellement remuantes et passagères ; cela leur est d'autant plus aisé que, n'ayant ni meuble ni immeuble et qu'étant en raison de la rareté des bras réclamée à l'envi par les propriétaires étrangers, elles n'ont qu'à suivre le premier caprice qui les donne aux uns plutôt qu'aux autres et toujours aux nouveaux de préférence[20].

Mobilité liée aussi à l'émergence de l'industrie comme en Seine-Inférieure. Son préfet, Beugnot, constate :

> Les arrondissements manufacturiers sont ceux où la levée de la conscription est la plus difficile, la désertion quelquefois la plus abondante [...] Dans les cantons qui ne sont qu'agricoles, l'homme tient généralement au sol qui l'a vu naître, s'il déserte, c'est pour y revenir et on peut le retrouver mais, dans les cantons manufacturiers, l'ouvrier paraît, fuit ou revient à son gré parce qu'il trouve sa patrie partout où l'industrie le soudoie[21].

Mobilité involontaire en ce sens qu'elle est une nécessité et qu'elle n'est pas initialement un moyen d'insoumission mais que les jeunes gens savent ensuite parfaitement utiliser à cette fin, ce qui augmente les migrations.

L'aisance — relative — et une agriculture « développée » ne garantissent pas nécessairement de bons résultats conscriptionnels. Au contraire même, comme le démontre le comportement de certaines populations du Nord et du Pas-de-Calais où quelques cantons sont de véritables petites républiques qui n'acceptent parmi les lois de la grande république (et plus tard de l'Empire) que celles qui ne les gênent pas[22].

Les préfets jettent sur ces particularismes qui sont autant d'entraves à l'enracinement de la conscription des regards d'ethnologues ou d'anthropologues, non dénués de jugement de valeur. Il faut reconnaître que dans certains départements la rudesse de leur tâche de « pourvoyeurs d'hommes » concourt à leur mépris ; mais d'abord elle concourt au constat d'un éloignement culturel avec l'État-nation, d'une distance qui rend incompréhensibles, à tous les sens du terme surtout quand elle est aussi linguistique, les exigences de cet État. « Les bruits de guerre sont accrédités dans les campagnes [...] et j'ai à craindre que cette circonstance, qui doit faire une impression tout à fait favorable au recrutement sur des esprits éclairés, produise un effet tout contraire sur celui des conscrits de ce département dont la majeure partie habite les campagnes et n'est jamais sortie du pays qui les vit naître », redoute le préfet de l'Ariège[23]. Quelques années plus tard, son collègue du Finistère avoue que « ses » conscrits ont déserté en route. Selon lui, ils ont cédé « [...] à cet amour, dont rien ne peut presque égaler le sentiment, qui pénètre les Bretons pour le sol qui les a vu naître et pour leurs parents »[24] et, quelques années plus tard, il reconnaît que se déroulent de véritables rituels de deuil au moment du départ des conscrits. Il est vrai qu'on est en 1813 ; mais sous la Restauration, en un temps de paix où tous peuvent constater que les jeunes gens sont envoyés en caserne et non sur les champs de bataille, ces rites persistent[25]. Preuve que parmi les origines du refus la guerre permanente n'est pas nécessairement la plus déterminante : au demeurant les zones de résistance le sont quel que soit le régime en place, en temps de guerre comme en temps de paix.

Le préfet de la Haute-Loire use de termes plus incisifs. « Ce pays est [...] étranger presque à la civilisation, indépendant en quelque sorte depuis les dragonnades de Louis XIV, aujourd'hui dominé par tous les préjugés religieux et civils[26]. » Certains de ses successeurs de la Restauration ne s'embarrassent pas toujours de cette réserve exprimée par le mot « presque » quand ils évoquent à leur tour l'arriération de leurs administrés. La civilisation — ou son absence — est un thème majeur des administrateurs des monarchies censitaires. Pour expliquer combien la situation conscriptionnelle demeure difficile dans le département dont il a la charge, le préfet du Lot dénonce « la violence native des classes inférieures, leur indépendance à demi sauvage »[27]. Celui de la Corrèze, lui, reprend le constat de son prédécesseur de la Haute-Loire : « La dernière classe du peuple est presque sans civilisation. Ses passions que ne répriment ni les sentiments religieux ni l'instruction sont violentes et aveugles[28]. » Jusque sous la monarchie de Juillet, leur collègue de l'Ariège décrit le peuple de certains cantons comme étant âpre, peu éclairé et par conséquent non patriote[29].

LA CONSCRIPTION, VECTEUR DE NATIONALISATION

Petites patries et grande Patrie

Des observations des préfets du premier tiers du XIXe siècle, il ressort nettement qu'aucun facteur ne joue de manière univoque dans les motivations des Français en faveur de la conscription ou contre elle.

Ainsi, la situation frontalière ne conduit pas nécessairement à accepter l'institution comme l'atteste l'exemple du département du Nord pendant toute la période impériale[30]. Le relief de montagne n'entraîne pas non plus le refus de la conscription comme le démontrent le cas des Vosges et celui des Ardennes où elle obtient d'excellents résultats. Au demeurant, il convient de ne pas prendre la conséquence pour la cause. Ce n'est pas parce que la géographie physique et humaine d'une région facilite l'insoumission que celle-ci est automatiquement forte. Inversement, quand des jeunes gens refusent la conscription, ils trouvent toujours un refuge : en France septentrionale, ce sont les marécages proches du littoral, voire les mines ou les canaux que les réfractaires transforment en autant de cachettes[31].

La ruralité elle-même doit être mise en corrélation avec les structures économiques et sociales, celles de la propriété et de l'exploitation. Cette confrontation conduit par exemple à écarter le schéma binaire des historiens qui longtemps opposèrent le métayer docile aux injonctions du propriétaire — noble — et, par là même, censé être rebelle aux levées d'hommes dès la Révolution au petit propriétaire paysan, libéré du prélèvement féodal par cette même Révolution et supposé répondre avec ardeur aux appels qui lui sont faits. Ici encore, point d'automaticité : on peut — ou son père — avoir, parfois par la force, défendu sa terre contre tout retour des droits seigneuriaux mais ne pas nécessairement entendre les injonctions d'un État encore abstrait à participer à une défense aux perspectives plus vastes. Un schéma ternaire est préférable qui prend en compte le salarié agricole dont la conscription menace moins les intérêts et en temps de guerre favorise même le sort de celui qui reste par une montée des salaires ; sans compter que le grand fermier peut remplacer sa main-d'œuvre quoi qu'il en dise au conseil général de son département ; le petit ou le micro-propriétaire ne peut pas parce que sa main-d'œuvre, c'est son ou ses fils[32].

Aucun facteur non plus ne joue isolément. Les déterminismes, parfois perçus comme des fatalités par des préfets qui avouent être découragés — mais ils ne le demeurent pas longtemps — ne deviennent tels que s'ils s'additionnent les uns aux autres en de véritables cercles vicieux. Certains préfets le pressentent, observant à leurs dépens à quel point ces particularismes où se combinent méfiance devant l'État et méfiance devant le fait militaire font préférer la petite patrie à la grande. En 1809, le préfet de l'Aveyron insiste sur le fait que les facteurs défavorables à la conscription retentissent les uns sur les autres, ce qui aggrave l'effet de chacun d'entre eux : « Les difficultés incalculables résultent d'un esprit casanier et antimilitaire et s'augmentent par des localités inaccessibles qui présentent aux réfractaires un asile assuré.[33] » Son successeur constate en 1822 :

> L'extrême aversion que, de tout temps, les jeunes gens de ce département ont manifestée pour le service militaire [...] tient à plusieurs causes contre lesquelles il est difficile de lutter, à cet amour du pays et de l'indépendance qui règne avec tant de force dans les pays de montagne, à ce que le département, n'ayant jamais eu de ville de garnison, n'étant point un lieu de passage pour les armées, ses habitants ne peuvent connaître la vie militaire et s'en font une idée effrayante [...]. Si l'on ajoute à cela les facilités qu'un sol coupé, montagneux, escarpé, leur donne pour se soustraire aux poursuites, on conçoit sans peine que le département compte près de huit cents retardataires sur les cinq classes précédemment appelées[34].

Mais il existe aussi des cercles « vertueux » qui font dire aux heureux préfets de ces départements que leurs administrés ont bon esprit et même « l'esprit militaire ». En fait, il ne s'agit pas de militarisme ou de bellicisme même si le fait militaire n'est pas ignoré et si cette expérience se combine chez les habitants de ces départements à un patriotisme local qui, lui, s'élargit aux dimensions de la nation. Ainsi l'énonce le préfet de la Meurthe sous la Restauration, qui démontre en outre que la distance ou la proximité envers les exigences de l'État-nation ne s'entendent pas nécessairement au sens géographique, culturel, voire historique :

> D'abord, de toutes les provinces du royaume, la Lorraine était la moins française. Unis tout récemment à la monarchie, les peuples regrettaient la domination de leurs anciens maîtres et ne passèrent qu'avec répugnance sous celle de la maison des Bourbons [...] à cette époque, ils se regardaient comme lorrains et point comme français. À peine l'étaient-ils devenus, non de cœur, mais de fait, que la Révolution éclata. Elle y trouva des esprits tout disposés à embrasser ses doctrines. En outre, cette population étant toute militaire, prit presque en masse les armes, d'abord pour la cause de Révolution puis pour celle de son héritier. [...] Il est peu de villages en Lorraine qui, parmi leurs modernes notabilités, ne comptent quelque officier supérieur [...], sept à huit de nos maréchaux sont originaires de cette province [...], il ne faut nullement compter sur sa [celle de la Lorraine] fidélité [politique] mais [...] le recrutement s'y opère sans résistance parce que le génie des habitants est tout militaire[35].

Patriotisme, civilisation et « modernité »

De l'analyse des rapports préfectoraux, il ressort aussi que l'acceptation ou le refus de la conscription, résultantes des cercles vicieux ou vertueux décrits plus haut, sont autant de signes des différents stades atteints par les départements dans un processus qui est tout à la fois de civisme et de civilisation, de développement et de patriotisme et que leur niveau d'intégration nationale correspond aussi à leur degré de modernité.

Ainsi l'atteste l'œuvre de D'Angeville. Avec plus d'objectivité que les préfets mais non moins d'engagement comme nous le verrons ultérieurement, ce notable orléaniste gagné peu ou prou au saint-simonisme fait, sous la monarchie de Juillet, œuvre pionnière d'anthropologue. Il est même considéré aujourd'hui comme un des pères de l'anthropologie sociale et culturelle[36]. Ce qui est premier chez lui, ce n'est pas l'étude des résultats de la conscription. Ils ne sont pour lui qu'un matériau parmi d'autres pour appréhender le degré d'intégration à l'État-nation des diverses régions françaises, voire le chemin parcouru sur les voies de l'acculturation et de la modernité. L'aspect novateur de cette œuvre consiste en ce que d'Angeville met en relation des statistiques jamais corrélées auparavant. Le nombre des insoumis d'un département, la taille des conscrits, leur degré d'instruction, tous éléments qui lui sont fournis par les comptes rendus adressés par les préfets au ministre de l'Intérieur, sont confrontés par lui au niveau d'impôt exigé de ce même département, à la longévité de ses habitants, au nombre des propriétaires. Sauf dans le cas de la Normandie, l'adhésion à la conscription dans une région donnée semble aller de pair avec le degré de développement et de modernité atteint par elle. D'Angeville, qui confirme « scientifiquement » les intuitions des préfets quant au tissu économique, social et culturel dans lequel s'inscrit l'institution, rend également manifeste à travers son œuvre le fait que les formes de résistance qu'on lui oppose ou, au contraire, la façon dont elle est acceptée sont elles-mêmes des faits économiques, sociaux et culturels.

La nationalisation progressive du fait militaire sous les traits de la conscription, forme que ce fait militaire revêt pour les Français du XIXe siècle, mais aussi ses limites, transparaissent dans les rapports des procureurs impériaux du second Empire. Les résultats de la conscription n'entrent pas dans le cadre de classement qui est assigné à ces rapports. C'est à l'occasion de la guerre — en préparation, imminente ou dont la perspective s'éloigne à nouveau — qu'apparaissent sous leur plume des notations indirectes sur les réactions des Français à l'institution. « Un état des lieux » du processus d'enracinement apparaît en creux des jugements des procureurs, le rapport des Français à la guerre ou à la paix donnant la clé de leur rapport à l'impôt du sang bien qu'un ministre ait intimé l'ordre à un procureur de rayer ce terme de son vocabulaire[37]. Encore au moment de la campagne de Crimée puis lors de celle d'Italie, les particularismes refont surface mais sur de nouvelles bases économiques et sociales. « L'opinion a évolué : d'abord opposée à la guerre, elle l'a ensuite acceptée franchement [...] pour arriver à la ferveur de l'enthousiasme. Dès que le drapeau a été déployé, l'instinct militaire qui est un des traits saillants de la race lorraine a jeté avec élan la population dans le mouvement politique actuel[38]. »

Toutefois, le procureur est obligé de reconnaître qu'initialement l'enthousiasme n'a pas été très vif. Dans cette même région du Nord-Est, son collègue de Colmar admet :

> Les idées de la guerre qui répondent si bien aux instincts naturels de cette partie de la France n'y sont pas accueillies avec faveur. Les campagnes qui, en pleine paix, sont privées de bras, redoutent de nouvelles levées d'hommes et craignent l'aggravation des impôts. Les ouvriers craignent le tarissement de leur source de travail. Les mêmes préventions existent dans la partie saine des classes éclairées[39].

Dans les années 1860, à la différence des observations de D'Angeville, ce n'est plus tant l'arriération des ruraux archaïques que les progrès économiques dont même ceux-ci bénéficient qui renforcent la défiance envers la guerre ou l'éventualité d'une guerre mais aussi envers la conscription.

> Le commerce et l'agriculture sont plus que jamais intéressés au maintien de la paix, le commerce par suite de l'extension de ses relations avec l'étranger, l'agriculture en partie par le même motif et plus particulièrement à cause de la rareté croissante de la main-d'œuvre et des charges qui, en temps de guerre [...] menacent la propriété foncière. Enfin, il faut tenir compte des progrès de la fortune mobilière et des intérêts nouveaux qu'elle a créés en faveur de la paix[40].

Tel est l'aveu du procureur impérial de la cour de Toulouse dont le ressort recouvre des départements appartenant à une zone sensible, eu égard à la conscription.

On peut au demeurant s'enivrer de victoires mais refuser de les payer de sa personne. C'est ce que révèlent les réactions du pays au projet Niel. Le procureur d'Aix-en-Provence attribue au «tempérament méridional » la répulsion que suscite le projet dans des populations qui n'ont que pas ou peu l'instinct militaire et dont, en outre :

> le patriotisme est émoussé par une longue habitude de la paix et du bien-être. Les plus pauvres voient grandir leurs enfants avec l'illusion de pouvoir les exonérer du service ou tout du moins l'espérance que, au moment du tirage, le sort leur sera favorable. Aussi le sentiment de justice et de bonne démocratie qui semble protéger le projet vis-à-vis des masses en proclamant l'égalité des devoirs et des citoyens pour la défense du pays n'a-t-il été compris ni apprécié même dans les classes inférieures. La paysannerie ne peut sans une vive inquiétude envisager la perspective d'une prise d'armes qui l'arracherait à sa famille, à son toit, à ses travaux [...]. Le gouvernement élaborera sans doute une législation transitoire qui façonna les idées et les mœurs et transforme notre nation en une nation toujours armée et essentiellement militaire [...]. Mais il me paraît difficile, de notre temps surtout, d'opérer tout à coup une telle métamorphose qui ne peut être que l'œuvre de la nécessité et du temps[41].

Quant au procureur de Pau, ressort qui recouvre une zone longtemps difficile, il affirme : « Le paysan le plus belliqueux redoute la conscription[42]. » Dans l'Ouest, son collègue de Caen résume fort bien la situation :

> Par une singulière inconséquence, alors que les événements calamiteux de 1815 et en particulier le souvenir de l'invasion prussienne ne sont pas effacés dans les esprits et dans les cœurs et que, depuis Sadowa, beaucoup pensent que la France a perdu son prestige militaire, le projet de loi sur l'armée a rencontré une répulsion générale de sorte que la guerre serait peut-être populaire à condition du maintien du mode de recrutement actuel qui laisse au pauvre la chance

d'obtenir un bon numéro et au riche la faculté de se faire remplacer[43].

Quelques jours plus tôt, celui de Pau, déjà cité, a lui aussi affirmé:

> Le côté de la loi qui flatte en elles [les populations] le sentiment très vif de l'égalité ne va pas jusqu'à compenser le côté qui les assujettit à la plus lourde des charges [...]. Le mode le mieux accepté est le mode établi, a-t-on dit du recouvrement des impôts. Comment cela ne serait-il pas vrai du plus grave des impôts[44]?

Il est vrai que la présentation du projet suscite tellement de fantasmes que, même dans le Nord-Est, seule l'opinion du ressort de Colmar est acquise à la future loi. Même dans le ressort de Nancy, son procureur avoue:

> L'esprit public se détourne de plus en plus des choses militaires pour se porter vers les progrès intérieurs [...]. L'opinion flotte entre le désir de ne point trop aggraver les charges et les servitudes militaires et les besoins d'avoir une armée au moins égale à celles de nos voisins immédiats. Faut-il adopter le système prussien? Je ne puis dissimuler à Votre Excellence que cette idée soulève autour de moi des répugnances très vives et très générales[45].

Ainsi se trouvent mises en lumière les conditions auxquelles les populations acceptent le système conscriptionnel, acceptation qui est «résignation au *statu quo*»[46].

Pourtant les préfets n'ont pas ménagé leurs efforts depuis le premier Empire pour «nationaliser» la conscription. C'est le terme qu'utilise une circulaire de l'an XII émanant du ministre de l'Intérieur à l'adresse des préfets et des sous-préfets qui dans leurs réponses emploient aussi le verbe «naturaliser». C'est également le vœu d'Hargenvilliers dans le *Compte général de la conscription* qui se clôt en l'an XIV, preuve qu'à cette date l'institution ne l'est pas encore[47]. Même dans les zones de rébellion, ils ne s'en remettent pas à la pure et simple répression même s'ils en font aussi usage. Ils agissent sur le contexte économique et social, parfois sur le contexte culturel mais de façon plus conjoncturelle que structurelle. Ils le répètent à l'envi, tel le préfet du Lot: «La résistance à la conscription est due à l'absence de civilisation, c'est des progrès de celle-ci que résulteront les progrès de l'institution[48].» Ils se livrent à une pédagogie de la nation, de la modernité et de la civilisation et tentent d'agir à la fois sur le plan de l'acculturation et sur celui de l'intégration nationale pour transformer les mentalités[49]. Le préfet du Morbihan distribue des secours aux familles indigentes des conscrits, celui du Finistère s'adresse en breton aux jeunes gens[50].

Ils essaient de familiariser les populations avec le fait militaire. D'abord en demandant au ministère que les conscrits ne soient pas encasernés trop loin de leur région natale, reprenant sur de nouvelles bases le débat jamais tranché entre le recrutement local des unités et le recrutement national qui mêle les soldats de toutes origines géographiques mais risque de les déraciner[51]. Quant au préfet de Corse, dont il a été dit plus haut qu'il voulait supprimer la conscription, il préconise que les appelés de Corse soient uniquement versés dans la marine et/ou que l'on crée un bataillon provincial de conscrits auxiliaires de la gendarmerie[52].

Ensuite en demandant, surtout à partir de la monarchie de Juillet, la construction de casernes dans la «France profonde» qui les ignore; mais déjà sous la Restauration le préfet de l'Aveyron regrette qu'aucune ville de sa circonscription ne comporte de garnison[53]. À cet égard, la trilogie de la troisième République, chemin de fer, lois Ferry, service militaire, trouve un précédent dans la trilogie de la monarchie de Juillet, chemins vicinaux, loi Guizot, conscription.

Enfin, en tentant d'améliorer la condition des anciens soldats. Mais les limites de leur action dans ce domaine montrent bien l'ambivalence des Français et de leurs dirigeants à l'égard du fait militaire en général et de la conscription en particulier.

Conscription, identité nationale et «nationalisme intégrateur»

La France est devenue dès la Restauration un grand pays d'immigration. Au sein de la population en fonction de laquelle est calculé le contingent, l'administration ne fait pas de distinction entre les régnicoles — c'est ainsi qu'on appelle les nationaux français — et les Belges habitant le Nord ou les Ardennes, les Allemands vivant dans le Bas-Rhin et le Haut-Rhin, les Italiens du Var, les Hautes-Alpes et de la Corse ou les Espagnols des Basses-Pyrénées et des Pyrénées-Orientales par exemple. Sans compter que les prisonniers de toutes nationalités faits par les armées françaises de la Révolution et de Napoléon demeurent en France après leur captivité, s'y marient et y font souche. Il convient de rappeler à ce propos que jusqu'en 1927, une Française ne peut transmettre sa nationalité à ses enfants.

Par une nouvelle contradiction dont l'histoire militaire de la France n'est pas avare, les élites des départements où vivent des «colonies» d'étrangers ne sont pas dans leur grande majorité adeptes de l'universalisation du service personnel obligatoire mais militent très tôt en faveur de l'extension de la conscription, à tout le moins du tirage au sort, aux jeunes gens étrangers qui n'ont pas — pas encore — la nationalité française.

Cette situation particulière est donc l'occasion de la relance d'un débat sur les effets de la conscription; débat qui une fois encore est éminemment politique. En effet, il ne s'agit pas, et il ne s'agira pas pendant longtemps, même au «temps de la Revanche» des débuts de la troisième République, d'augmenter les effectifs[54]. «Et ce n'est point pour avoir quelques soldats de plus que nous soutenons cette discussion. C'est dans l'intérêt de la justice et des principes sacrés en matière de répartition des charges[55]», affirme dès le règne de Louis-Philippe un député du Var, Poulle, dont il sera encore question.

C'est initialement un «égalitarisme intéressé» — intéressé d'abord au sort des nationaux français — qui, sous la Restauration, pousse les préfets et les conseils généraux, relayant les doléances de leurs administrés, à demander à l'État de modifier un état des choses qui ressemble à un « privilège », chose honnie des Français, dont bénéficieraient les étrangers. En effet, c'est au moment du tirage au sort, bien plus seulement après qu'il a tiré un mauvais numéro, que le jeune étranger se déclare tel et « excipe de son extranéité ». Qu'on juge de l'amère surprise de celui qui a tiré le numéro suivant et est obligé de partir — ou de trouver un remplaçant — s'il est français alors qu'il pouvait escompter être libéré. Phénomène plus fréquent et situation plus pesante qu'on ne le croit : par exemple, dans les cantons du département du Nord, un huitième de la population est belge, dans le canton de Tourcoing, c'est même un sixième[56].

La solution qui paraît la plus simple — et en outre facile à mettre en œuvre — consisterait en ce que le calcul du contingent ne porte plus que sur les seuls régnicoles. C'est ce qui sera fait à partir de 1832 puis perfectionné en 1837 sans que le problème soit résolu pour autant[57]. En effet, outre que peu d'administrateurs réclament un nouveau mode de calcul, le fait même que l'exemption des étrangers soit considérée comme un « privilège » montre que ce qui est en jeu — pour des raisons initialement très concrètes et fortuites — c'est la conception de la citoyenneté et de l'identité française. Au demeurant, ce ne sont pas tous les étrangers vivant sur le sol français qui sont visés mais ceux qui sont y sont nés et qui y ont vécu leur enfance et leur jeunesse, autrement dit ceux qui appartiennent à la seconde et à la troisième générations, comme on les dénommera plus tard.

Dans l'argumentation des conseils généraux, des préfets et des maires de la Restauration, on trouve déjà tous les thèmes clés d'un débat qui durera cinquante ans et qui trouvera sa fin sous la troisième République. Il porte en germe «un nationalisme d'inclusion»[58]. Ce qui fonde la conviction de ceux qui demandent que les jeunes étrangers acceptent dorénavant un mauvais numéro et ses conséquences, c'est le lien fondamental entre citoyenneté et conscription. Celle-ci est une conséquence inéluctable de la citoyenneté dont elle est l'attribut le plus essentiel. Tous les citoyens sont égaux devant l'impôt ; jouissant des mêmes droits, il leur faut accomplir les mêmes devoirs. Les administrateurs locaux s'emploient donc à démontrer au gouvernement que les jeunes gens nés en France de parents étrangers sont citoyens et que, en cette qualité, ils doivent être astreints — et contraints si besoin est — à prendre leur part du fardeau commun.

Partant de la défense de l'intérêt des nationaux, et parlant en quelque sorte contre celui des jeunes étrangers, du moins dans l'immédiat, les administrateurs en viennent à accorder la préférence à la citoyenneté sur la nationalité et à donner la primauté à la nationalité de fait, c'est-à-dire à la citoyenneté, sur la nationalité de droit. Ils en viennent également à définir non seulement ce qui conduit à être citoyen mais aussi ce qui conduit à être français. Ce faisant aussi, ils en viennent à défendre l'intérêt à long terme des jeunes étrangers, même si, au moins sous les monarchies censitaires, la conscription n'est pas considérée encore comme un moyen d'«intégration» nationale mais comme le signe... qu'elle est déjà réalisée.

En effet, nul soupçon d'antipatriotisme de la part de ces jeunes étrangers n'apparaît dans l'argumentaire, nulle crainte que ne se forment des «nations dans la nation». Dans ce cas d'ailleurs, pourquoi les faire entrer dans les rangs de l'armée française? Enfin, aucune volonté — ou alors de façon très sporadique — de les renvoyer «chez eux» ou de les exclure de ces droits dont ils bénéficient. Le seul souci est la perpétuation d'une situation absurde qui verrait au fil des générations «s'opposer» deux catégories de Français au regard du devoir de défense.

> [...] les fils, petits-fils et arrière-neveux de ceux-ci [les Belges nés en France, souvent fils de Françaises et futurs maris de Françaises] suivant la condition de leur auteur se trouveront également étrangers jusqu'à l'infini, et il pourrait arriver que, non seulement des familles, mais la population tout entière d'une commune, se trouverait [sic] étrangère au milieu du territoire et de la population française, serait [sic] une cause toujours croissante de dommages pour les nationaux soumis à la loi de recrutement, de troubles et de désunion entre les habitants d'une même commune[59].

On remarquera que le trouble redouté n'est pas celui qui résulterait de la trahison d'une «cinquième colonne» infiltrée dans la nation mais de la révolte des nationaux devant un privilège aux raisons incompréhensibles[60].

Mais alors qu'est-ce qui fait le citoyen et le Français? Pourquoi le conseil général des Pyrénées-Orientales estime-t-il à propos des Espagnols de son ressort : « par le fait, ils sont nationalisés français » ? pourquoi le conseil d'arrondissement de Valenciennes juge-t-il que pour ses administrés d'origine belge la qualité d'étranger n'est plus qu'une fiction[61] ?

Certes, cette citoyenneté est fondée sur des avantages matériels, la participation au droit d'affouage et la jouissance des biens communaux, des droits civils, économiques et sociaux : l'admission à des places salariées par l'État, voire aux séminaires et aux barreaux et, pour les moins favorisés, la participation aux secours publics et la jouissance des biens communaux. Ce sont aussi des droits électoraux ; non pas le droit d'élire les représentants de la nation ; mais on sait que, en cette période de monarchie censitaire, beaucoup de Français n'en disposent pas non plus ; il s'agit plutôt du droit de vote dans les assemblées de commerçants notables et de l'élection ainsi que de l'éligibilité aux postes d'officiers de la Garde nationale[62]. Mais surtout, et l'on comprend alors la place centrale réservée à la durée du séjour en France : « Il est de toute justice que celui qui, depuis vingt ans, a abandonné son pays et adopté une nouvelle patrie par suite d'un séjour continuel, que celui qui jouit, par son domicile, des avantages de citoyen français en supporte les charges »[63], comme l'énonce le conseil général des Pyrénées-Orientales.

Ce raisonnement vaut plus encore pour le jeune étranger qui, né en France, y a passé la période déterminante de son enfance et de sa jeunesse. Ainsi le proclame en 1825 le conseil d'arrondissement d'Hazebrouck : « Jusqu'à l'âge de la conscription, aucune différence n'existe entre eux et les régnicoles : même instruction, même morale religieuse, mêmes jeux et mêmes habitudes[64]. » Le conseil général des Hautes-Alpes est tout aussi affirmatif : « En émettant le vœu que les fils d'étrangers soient appelés à concourir au recrutement, le conseil a borné son vote à ceux de ces jeunes gens qui sont nés en France et où leur père se trouve établi et domicilié depuis plus de dix ans[65]. »

L'argumentaire tient davantage au principe d'égalité qu'à celui de liberté : « Dépend-il d'eux de renoncer à la qualité de Français au moment d'en supporter les charges inhérentes ? Après avoir vécu sous les lois qui régissent la Corse depuis qu'elle a le bonheur d'appartenir à la France, peuvent-ils alléguer ne l'avoir jamais eue[66] ? » Tel est le raisonnement d'un administrateur local de la Corse. Car les administrateurs plaident pour que ces jeunes étrangers soient automatiquement français, par conséquent automatiquement soldats français.

Les gouvernements successifs de la Restauration font la sourde oreille à ces démonstrations qui appellent à la rescousse la loi de mai 1790, les constitutions de 1793, de l'an III puis celle de l'an VIII, voire... l'édit de 1770, qui, parmi les conditions d'acquisition de la nationalité française, mettaient l'accent sur la durée de résidence. C'est qu'il leur aurait fallu remanier le Code civil lui-même dont l'article 9 réputait étranger celui qui, né en France, était issu de parents étrangers, à moins qu'il n'ait fait une déclaration contraire dans l'année qui suit sa majorité. Outre que le tirage au sort pèse sur des gens de vingt ans, les jeunes conscriptibles étrangers ont tout intérêt à ne pas faire cette déclaration. Non qu'ils soient moins patriotes que les jeunes Français de leur âge ! Mais, comme beaucoup de ceux-ci, ils veulent échapper à l'impôt du sang, par des moyens légaux ou illégaux. Ils ont donc, juridiquement parlant, une corde supplémentaire à leur arc que n'ont pas leurs «concitoyens». Quelques années après, quand ils ne risquent plus, de par leur âge, d'être soumis à la conscription, ils se font naturaliser français. D'où une rivalité sur le marché du travail, les patrons préférant cette main-d'œuvre employable immédiatement alors que les Français risquent de partir à tout moment pour six, voire huit ans. Cette concurrence, induite par l'exemption de fait dont bénéficient les jeunes étrangers, est dénoncée dès la Restauration, par exemple dans le Nord par les préfets et les maires qui admettent toutefois que les jeunes ouvriers belges se contentent, par compensation, d'un salaire moindre[67].

Pas plus qu'on ne naît citoyen mais qu'on le devient, pas davantage on ne naît français mais on le devient par un apprentissage qui doit être celui de tout homme vivant en France, et la conscription scelle ce processus. Ce thème, en germe dans les considérations des administrateurs de la Restauration, est au cœur de la rhétorique des députés de la monarchie de Juillet. L'éventualité d'une imposition de la conscription aux jeunes étrangers acquiert une dimension nationale, car elle est discutée à la Chambre des députés au moment du vote de la loi Soult. Les députés des départements concernés et qui appartiennent à tous les courants politiques proposent un amendement selon lequel un individu étranger mais né en France serait « libéré » des conditions de l'article 9 du Code civil, c'est-à-dire « délivré » de l'obligation de se déclarer français. Devenu automatiquement français, il devrait — tout aussi automatiquement — se soumettre au verdict du tirage au sort. Les députés partent d'une position égalitaire, la nécessité d'éradiquer les abus et les privilèges. Mais emportés au-delà de cette intention initiale, ils en arrivent à définir une conception politico-culturelle de l'identité française liée irrévocablement selon eux à la citoyenneté. Le plus représentatif de ces hommes est Poulle, représentant du Var, futur guizotiste. Il commence par ironiser sur ces « étranges » étrangers qui ne se découvrent tels qu'au moment du tirage d'un mauvais numéro. Il achève son discours par un vibrant plaidoyer tout imprégné de nationalisme d'inclusion.

> La question qui nous occupe est, pour les départements qui forment les frontières de la France, d'une bien plus grande importance qu'on pourrait le croire tout d'abord. Je conçois qu'un étranger qui vient en France exploiter une industrie pendant quelques années ne doit pas être soumis aux lois du recrutement, aussi n'est-ce pas de ceux-là que nous voulons parler.

> Mais bien avant la Révolution de 89 des habitants de la Suisse, de l'Allemagne et surtout de l'Italie sont venus fixer leur domicile en France [...]. Dans le Var, sous la République et l'Empire, un grand nombre de Piémontais, se considérant comme français puisqu'ils l'étaient alors, sont venus s'établir sans espoir de retour.

Presque tous sont devenus propriétaires, paient patentes et impôts, ont épousé des Françaises. Dans tous les actes de la vie civile, publique ou privée, ils se considèrent et sont considérés comme français. [...] la plupart d'entre eux figurent dans les conseils municipaux. Leurs fils n'ont jamais quitté la commune qui les a vus naître. Ils ne connaissent d'autre langue que celle du pays et n'en connaîtront jamais d'autre. Leur éducation, leurs mœurs, leurs usages, leurs habitudes sont les nôtres. Enfin, ils sont irrévocablement établis en France.

Mais lorsque l'époque du tirage approche, ils excipent, pour la première fois de leur vie, de leur prétendue qualité d'étranger, sauf à la répudier immédiatement après que les opérations du recrutement sont terminées. C'est alors que la plupart d'entre eux vont chercher dans la poussière des archives de l'Allemagne ou de l'Italie des pièces qui prouvent qu'en 1686 ou 1760, leurs aïeux sont venus s'établir en France et que, depuis cette époque, ils n'ont pas obtenu de lettres de naturalisation.

Je sais que, au moment du danger, les enrôlements volontaires nous donneraient des armées nombreuses et que la France n'a pas besoin de soldats étrangers. Mais, avant tout, il faut s'entendre sur le mot étranger [...] et, je vous le demande, pourrons-nous sérieusement donner le nom d'étranger à ce jeune homme qui est né au milieu de nous, qui n'a jamais habité et qui n'habitera jamais que la France, parce que c'est là que se trouvent ses parents, ses amis, ses propriétés, son commerce, à ce jeune homme qui ne connaît d'autre langue que la nôtre, [...] qui n'a jamais vu peut-être un homme du pays que ses aïeux ont habité il y a plus d'un siècle ou d'un demi-siècle ?

Et ce jeune soldat combattant dans les rangs de l'armée française au milieu de ses frères d'armes et de ses compagnons d'enfance pourrait-il jamais être considéré comme portant les armes contre une patrie qu'il

> ne connaît pas [...] ? Celui qui possède une partie du territoire français n'a-t-il pas intérêt à la conservation de sa propriété ? C'est pour la défense du sol, c'est pour empêcher que l'ennemi ne le profanât par sa présence, que serait versé le sang des prolétaires, lorsque les propriétaires, invoquant leur qualité d'étrangers [...] posséderaient tous les avantages sans éprouver le moindre inconvénient ? [...] Croyez-vous que ces jeunes soldats [...], dont le numéro est atteint par suite de la radiation de ces singuliers étrangers qui ont toujours vécu au milieu d'eux et ne quitteront jamais la commune de leur domicile, n'éprouveront pas une impression pénible et qu'ils ne sont pas convaincus que l'on admet une fiction quand on ne tient pas compte de la réalité[68] ?

Quand Faure, député des Hautes-Alpes, orléaniste du Mouvement, s'écrie : « La Patrie, c'est le berceau », il faut le comprendre comme la condition impérative d'un processus dont Poulle a montré les fondements[69]. Un député de l'Indre, Charlemagne, lui aussi orléaniste du Mouvement, va jusqu'à prétendre : « Serait-il juste que les fils de ces étrangers soient affranchis du service militaire lorsqu'ils jouissent de la protection de nos lois, qu'ils parlent notre langue, qu'ils partagent nos idées, nos sentiments, jusqu'à nos préjugés[70] ? »

Les tenants d'une conception ethnico-culturelle, qui s'opposent aux partisans du droit — et des devoirs — du berceau, appartiennent eux aussi à tous les horizons politiques. C'est le républicain Destutt de Tracy qui s'interroge : « Est-il bien prudent, est-il bien politique, de placer dans nos rangs des hommes qui, *toujours* [souligné par nous], auront le cœur étranger ? [...] non, rien n'est bon de ce qui est contraire aux lois de la nature et les lois de la nature sont inflexibles et invariables : elles font naître des liens que l'éloignement pendant un certain temps ne brise pas[71]. » C'est l'orléaniste de Résistance, le colonel Lamy, député de la Dordogne, qui fait chorus : « Il conviendrait de garder à l'armée sa parfaite nationalité [...], je vous le demande [...], que l'admission dans l'armée reste un privilège national[72]. »

Non que le débat oppose les tenants de la nature à ceux de la culture. Les partisans du « service militaire des étrangers » n'ignorent pas celle-là : « Ils sont français aux yeux de la raison et de la nature s'ils ne le sont pas aux yeux de la loi », proclame Charlemagne[73]. Mais ceux qui sont favorables aux devoirs du berceau jugent que la nature elle-même est une construction, non une donnée. Dans leurs considérations sur le processus d'attachement à la France de ceux qu'ils appellent de « faux étrangers », ils font intervenir les liens familiaux, le fait que les jeunes gens peuvent être fils, petits-fils ou futurs époux de Françaises. Même les intérêts qu'ils ont noués en raison de leur vie sur le sol français, intérêts de ceux qui sont par exemple propriétaires, relèvent de la nature : il existe selon eux des intérêts naturels et des affections naturelles. Il y a donc d'un côté les tenants du droit du sang qui jugent que les lois de la nature sont « inflexibles et invariables », tandis que les tenants du droit du sol pensent que les affections et les intérêts naturels ne peuvent exister que dans le pays où l'on est né et où l'on vit. Au demeurant, les partisans d'une conception ethnico-culturelle de l'identité française sont extrêmement minoritaires. Si la majorité des députés repoussent l'amendement, c'est parce qu'ils considèrent que le Code civil est intangible et que, en outre, on ne saurait le discuter à l'occasion du vote d'une loi militaire.

Le débat n'est pas clos. En 1840 encore, le conseil général de Corse déplore les lacunes des lois du recrutement en la matière. « Français quand il s'agit de se prévaloir des prérogatives attachées à cette question, ils cessent de l'être toutes les fois qu'il est question d'en supporter les charges [...]. Ils ne doivent pas pouvoir cumuler les bénéfices des deux nationalités[74]. »

Le phénomène d'immigration ne cesse de s'amplifier et, avec lui, la concurrence sur le marché du travail et sur le « marché matrimonial ». Les partisans de l'assujettissement de ces jeunes gens à la conscription persistent dans leur combat qui doit beaucoup plus à l'égalité qu'à la liberté. C'est pourquoi ils réfutent une identité française qui ne serait fondée que sur la seule volonté de l'individu. On le voit quand, au début de la seconde République, s'affrontent trois conceptions de la nationalité. Le gouvernement provisoire avait facilité le processus de naturalisation par le décret du 28 mars 1848[75]. À la fin de l'année 1849, un retour en arrière est opéré par la loi du 3 décembre. Or les adeptes de l'extension de la conscription ne défendent pas celle de la naturalisation ; bien au contraire pour certains, tel Vatimesnil, député du Nord, devenu un des chefs du parti de l'Ordre. Il ne renie pas pour autant ses positions de 1831. Certes, il existe des raisons tactiques expliquant ce choix puisque les jeunes naturalisés qui accompliraient par le fait même leur service militaire sont beaucoup moins nombreux que les jeunes gens de la seconde et de la troisième générations. Mais une conception idéologique l'explique tout autant, qui refuse aussi bien le choix volontaire que le déterminisme biologique et les juge insuffisants pour fonder le patriotisme d'un homme :

> Vous repoussez les individus qui sont nés au milieu de nous et qui vivent parmi nous, qui ont pour ainsi dire une histoire commune avec nous, mais vous admettez à l'honneur de servir dans l'armée française un homme qui est né sous un ciel étranger et a fixé son domicile en France, quoique cet homme n'ait rien en commun avec nos idées, nos sentiments, qu'il diffère de nous par le langage [...]. Les individus qui se regardent comme français doivent inspirer plus de confiance que ceux qui ont obtenu des lettres de naturalisation.

est-il affirmé... dès 1831[76].

Malgré les apparences, nulle contradiction non plus quand, à peine votée une loi « parcimonieuse » sur la naturalisation, selon les termes de Bernard Schnapper, les mêmes parlementaires en votent une autre le 7 février 1851 qui « impose » à la troisième génération la nationalité française et partant la conscription[77]. En réalité, la loi ménage une échappatoire à ces jeunes gens puisqu'ils conservent le droit de réclamer leur qualité d'étranger dans l'année de leur majorité.

De fait, le problème reste entier sous le second Empire. L'automaticité — qui serait en soi une modification du Code civil — est repoussée à l'occasion du vote de la loi Niel de même qu'est rejetée la proposition des conseils généraux du Nord et de la Moselle de faire entrer automatiquement les jeunes étrangers dans la Légion étrangère[78]. La seconde génération continue globalement à ne pas manifester sa volonté d'être française tandis que la troisième découvre l'intérêt d'y renoncer officiellement. Comme le reconnaît un député du Nord, département en tête des régions d'immigration et dont les représentants sont désormais à la pointe du combat dans cette controverse : ce n'est pas que ces jeunes étrangers ne veulent pas devenir français, ils ne veulent pas être soldats. La joute parlementaire devient plus âpre et parfois non dépourvue de xénophobie tant le ressentiment devant ce « privilège » s'exacerbe. En même temps, une évolution se produit : l'accomplissement du service par les jeunes étrangers n'est plus une « conclusion », le signe d'une intégration déjà réalisée mais une étape qui achèvera leur assimilation. Assimilation dont personne ne doute qu'elle se fasse tant l'optimisme de ce nationalisme d'inclusion ne se dément pas tout au long de la période[79].

LA CONSCRIPTION ET LE CHOC DES PASSIONS FRANÇAISES

Guerrier barbare ou soldat des Lumières ?

L'éventualité de la soumission des jeunes étrangers au devoir de défense nationale est un exemple de plus du fait que la conscription en particulier et le fait militaire en général suscitent les passions des Français et parfois révèlent les contradictions de celles-ci. On a vu que les élites étaient divisées sur ce problème. Elles divergent tout autant sur les finalités du service militaire et de l'instruction alors dispensée aux conscrits, voire sur la place de l'armée dans la société et sur le rôle qu'elle doit jouer. Ces controverses sollicitent aussi bien l'intellect que les affects et la sensibilité : on comprend pourquoi le débat s'est perpétué — sans que la loi de 1997 y mette fin —, même s'il y eut quelquefois transfert de conceptions ou migration des idées « d'un camp à l'autre ».

Ces interrogations, ces contradictions et ces divergences, on les retrouve dans les écrits des Français qui n'ont jamais cessé, depuis l'époque des cahiers de doléances, de dire et d'écrire ce qu'était pour eux l'armée idéale. Quand une loi militaire arrive en discussion, surgit une floraison d'écrits ; manuscrits envoyés au ministre de la Guerre, imprimés sous forme de brochures et d'opuscules, d'ouvrages adressés en priorité aux parlementaires mais dont un plus large public prend connaissance et qui peuvent comporter une centaine de pages. Nombre de ces auteurs sont d'anciens militaires mais pas nécessairement[80].

Le corps du combattant, le « corps combattant », ne cesse au XIXe siècle d'être l'enjeu d'un affrontement tout à la fois idéologique et anthropologique, dans la lignée de celui du XVIIIe, à propos de la tactique idéale, de la supériorité du choc et des qualités qu'il faut inculquer aux combattants. Leur faut-il un apprentissage ou un dressage ? Ce dernier terme — péjoratif — est évidemment employé par chaque camp à l'encontre de l'autre camp qu'il faut discréditer. On a vu que le mot de « militarisation » connaît les mêmes avatars et qu'il est entaché du même soupçon de militarisme.

C'est un général, Foy, qui dès 1824 avertit les députés : « Gardez-vous de traiter une pareille jeunesse comme des soldats achetés et comme des automates à qui on imprime des mouvements mécaniques[81] » ; et c'est un civil, preuve une nouvelle fois que derrière l'apparente technicité l'enjeu est politique, Basterreche, député des Basses-Pyrénées, qui confirme : « [...] Ce luxe d'instruction, cette coquetterie du métier ne sont pas la guerre. Habitant une ville-frontière, j'ai vu dans les terribles luttes de la Révolution nos bataillons à moitié instruits battre de vieilles troupes[82]. » Tous les deux s'opposent à un service de longue durée qu'ils jugent inutile si l'on veut faire acquérir des compétences aux recrues. Mais les partisans de la longue durée l'estiment indispensable pour imprégner les recrues de l'esprit militaire qui ne peut être dispensé que dans un lieu clos, la caserne, comme « antidote » à la société civile. Ce que dénonce encore au moment du vote sur le projet Niel le républicain Jules Simon :

> L'esprit militaire est un esprit artificiel qui résulte d'un grand nombre d'éléments [...], prendre un homme du milieu de sa famille, l'éloigner — car on y tient — de son pays natal, le faire fréquemment changer de garnison, l'obliger à demeurer dans une caserne [...], lui faire porter l'uniforme et le sabre au milieu d'une population à laquelle le port d'armes est interdit, lui donner des lois qui ne sont pas celles des autres citoyens, des juges qui ne sont pas ceux des autres citoyens, lui

inculquer certains principes qu'on aurait tort d'inculquer au reste de la nation et qu'on est bien obligé de lui inculquer à lui, lui dire par exemple que son premier devoir est d'obéir immédiatement et sans réflexion[83].

Esprit militaire et instruction militaire demeurent donc antinomiques. Les thuriféraires de l'esprit militaire en conviennent d'ailleurs. Quelques années suffisent, admettent-ils, pour acquérir une instruction valable. Mais l'éducation militaire est plus que cela. C'est un esprit de corps «[...] qui ne se forme et ne se perpétue que dans les masses qui restent longtemps les mêmes et ne se renouvellent qu'avec lenteur[84]», dit le comte de Chastellux. Vingt ans plus tard le général Cubières lui fait écho : « Ce qui fait la supériorité d'une armée, ce n'est pas son effectif, quelque élevé qu'il soit, c'est la discipline [...], c'est l'esprit de corps [...], or la discipline ne s'établit fortement, l'esprit de corps ne se développe que par la plus longue présence possible sous les drapeaux[85]. »

En filigrane, au demeurant, s'affrontent deux conceptions de la discipline. L'autonomie que prônent les adeptes de l'instruction militaire n'est jamais « laisser-aller » ou « laisser-faire ». Le combattant capable d'initiative n'est autre que l'homme de la Raison, l'homme vertueux — vertueux étant pris au sens premier —, le soldat-citoyen, voire le citoyen-soldat, l'accent étant mis sur la citoyenneté. Au contraire, pour leurs adversaires, le terme de soldat l'emporte.

La controverse entre les partisans du service court et ceux du service long est donc à la fois idéologique et culturelle. Les premiers en viennent à mettre en doute l'efficacité professionnelle de cette éducation militaire et en dénoncent les effets pervers, voire contradictoires avec les buts qu'on se proposait initialement. En 1831, au moment de la discussion de la loi Soult, Beauséjour, représentant de la Charente-Inférieure, déplore que les soldats séparés — au sens politique du terme — de leurs concitoyens et poussés à se rengager indéfiniment, faute de perspectives, deviennent des « machines à fusils »[86]. C'est encore un « technicien », le général Lamarque, qui critique le service long imposé à un nombre d'hommes trop petit selon lui ; il aboutit à ce qu'ils savent parfaitement s'aligner ; connaissance inutilisable et jamais utilisée le jour d'une bataille. Les seules manœuvres nécessaires pour remporter la victoire consistent en mouvements simples — mais pas simplistes, précise-t-il — qu'il faut faire acquérir au plus grand nombre, pas nécessairement en caserne mais dans une réserve véritable[87]. Si l'instruction militaire n'est que la concrétisation du devoir de défense du citoyen, il faut qu'elle soit dispensée à tous ou au plus grand nombre possible. On se souvient en effet que le débat sur les mérites respectifs du service court et du service long est couplé avec un débat sur ceux des gros bataillons ou des petits effectifs. La discussion se déploie aussi sur un plan sociologique. Il n'est pas indifférent que, quelle que soit son orientation, cette imprégnation s'adresse à une minorité ou au plus grand nombre. Or l'éducation chère aux adeptes du service long ne forge pas une minorité triée sur le volet ; aussi bien, quand on observe l'origine sociale des recrues, peut-elle être considérée comme un élément supplémentaire d'encadrement des « classes laborieuses » devenues « dangereuses » pour reprendre les termes de Louis Chevalier[88].

Initialement suscitée par une réflexion sur la tactique idéale à enseigner au futur combattant, la discussion finit en retour par bloquer toute inventivité. Les découvertes techniques des années 1850 qui rendent possible un tir très rapide ne sont pas diffusées jusqu'en 1866, date où on se met à utiliser le fusil chassepot. Ce n'est donc pas tant l'opposition entre le choc et le feu qui explique l'évolution de la réflexion sur la tactique ou l'absence d'évolution. C'est l'équilibre impossible à garder entre autonomie et obéissance, encore plus le contenu que l'on donne à la seconde. L'autonomie permise par les innovations est assimilée à une dangereuse licence. Elle est à ce point redoutée que la pensée tactique française n'intègre pas dans ses schémas la nouvelle puissance de feu. En même temps et contradictoirement, les automatismes acquis par le soldat ne lui étant d'aucun secours sur le champ de bataille, il est contraint d'improviser. « Étrange aboutissement du système que ce "débrouillez-vous" et l'appel à l'initiative individuelle que l'on a tout fait pour brimer », constate Raoul Girardet[89].

In fine, cette armée de métier — inavouée comme telle — et nullement professionnelle au sens où ses membres auraient des compétences[90] s'avère incapable de lutter contre l'armée prussienne avec quelques succès. Napoléon III le pressentait. Ce sont d'ailleurs les doutes qu'il éprouve depuis la campagne d'Italie qui le poussent à lancer le projet Niel. Même un contempteur des gros bataillons, tel Ardant Du Picq, penseur militaire féru de cohésion des combattants, dénonce de façon prémonitoire ce dévoiement de l'esprit militaire et l'absence d'initiative qu'il engendre[91].

Cet «apprentissage», les élites veulent d'abord en préserver leurs fils, preuve qu'inconsciemment elles le considèrent comme un «dressage». En effet, la trilogie qui fonde le système conscriptionnel des monarchies censitaires et du second Empire s'enracine dans une conception politique mais aussi dans les mentalités et les sensibilités. Il y a là comme une conséquence de la méfiance tenace éprouvée par ces hommes de «la plume et du verbe» envers le «sabre» associé à la brutalité de la caserne et à la guerre de conquête, phénomène archaïque et barbare. Pourtant cet état d'esprit commence à se modifier sous le second Empire chez une partie des élites qui juge que cette expérience a du bon même pour ses propres fils et aura le mérite de les «viriliser».

Car un nouveau thème se greffe sur cette discussion à échos multiples, apparu déjà au XVIIIe siècle sous la plume des militaires-philosophes, la mise en valeur de la virilité, opposée non pas à la féminité mais à «l'efféminement», synonyme d'amollissement et même de corruption de la société. Ce sont les bonapartistes autoritaires, les Mameluks, qui défendent une Garde mobile qui serait une école de virilité en même temps qu'elle serait une école de démocratie (on a vu plus haut quel contenu ils donnaient à ce mot). Le baron de Benoist dont on a cité précédemment les arguments en faveur du projet proclame : « Je veux que nos enfants aient non seulement le droit mais le devoir de servir dans la Garde mobile : là notre jeunesse se familiariserait avec la notion du devoir et de la discipline[92] », et le maréchal Niel demande aux députés de repousser la possibilité de remplacement dans la Garde nationale comme « un privilège quelque peu efféminé »[93]. Il faut en fait les défaites devant la Prusse puis la Commune et le sentiment de culpabilité qui s'empare alors de toutes les familles d'esprit en même temps que la crainte du déclin de la France et de la dégénérescence des Français pour que ce thème devienne dominant dans les esprits aussi bien dans les élites que dans les masses. Encore cette prédominance ne fait-elle pas disparaître l'antagonisme entre les deux figures du guerrier barbare et du soldat des Lumières qui ressurgit sous d'autres formes tant il est inhérent aux passions que suscite la défense.

*Processus de normalisation
ou moteur de civilisation ?*

De l'interrogation sur un processus touchant les individus, on voit que le débat s'élève et porte sur un processus touchant la société. Une partie des élites craint « les barbares de la caserne et du sabre » de façon inavouée, et, tout en ne dédaignant pas d'utiliser l'armée comme rempart de l'ordre intérieur contre d'autres « barbares », tient à la cantonner — politiquement et socialement — aux marges de la cité.

Ce « cantonnement » engendre chez certains officiers une réserve hautaine et revendiquée comme telle et comme nouvel avatar du sens de l'honneur traditionnel qui trouve par exemple sa transposition littéraire dans l'œuvre de Vigny[94] ou dans le *Lucien Leuwen* de Stendhal. Celui-ci constate qu'à la différence de leurs devanciers de l'an II, les soldats de la Restauration et de la monarchie de Juillet sont payés pour exercer un métier dans l'ennui et la routine des garnisons[95]. Cependant, ni l'un ni l'autre de ces auteurs ne traitent de la conscription en tant que telle, c'est la place de l'armée et au sein de celle-ci le rôle des officiers de métier qui les intéressent d'abord et, au demeurant, ils désacralisent la guerre et l'héroïsme, démythification qui s'étend jusqu'aux combattants de l'Empire, voire à ceux de la Révolution pour Vigny[96]. Hugo manifeste semblable ambivalence. Il magnifie les soldats mais ce sont les soldats du temps passé, notamment de l'an II et de l'épopée napoléonienne, et au cours de son exil du second Empire il en vient à demander l'abolition de l'armée permanente désormais utilisée contre le peuple ou dans des guerres de conquête[97]. Quant à Balzac, il évoque la conscription dans *Les Paysans* mais c'est la conscription napoléonienne dont il montre les ravages dans les campagnes qui ne l'acceptaient pas, même si un personnage du roman, conscrit revenu dans la société rurale, lui doit son ascension sociale par l'ouverture à des idées nouvelles et la découverte d'autres milieux qu'elle lui a procurées[98].

Une autre partie des élites voit d'ailleurs dans l'armée — une armée de conscription — un instrument du processus de civilisation. C'est un renversement de perspective par rapport à ceux qui faisaient de l'adhésion à l'institution un signe de modernité et de développement économique et social, tels d'Angeville ou certains préfets du premier Empire et des monarchies censitaires. Il ne s'agit plus d'un effet de la civilisation, c'est la conscription qui devient un moyen d'accès à celle-ci.

Le préfet du Finistère le déclare ouvertement, non sans présupposés quant au «niveau» de ses administrés:

> N'en doutez point, hommes de la campagne, la conscription est une occasion salutaire que la Providence a préparée pour vous faire participer à la civilisation du surplus *[sic]* de votre Patrie dans laquelle vous êtes arriérés, qui vous fera contracter des habitudes conservatrices de votre santé [...], les hommes qui restent dans leurs foyers et qui ne peuvent s'instruire par les connaissances répandues dans les diverses contrées ne sont point ordinairement ceux qui améliorent leur sort. Attachés à des préjugés ridicules qui détruisent leur santé ou qui s'opposent d'une autre manière à leur bonheur, ils sont étrangers aux progrès des arts, de l'agriculture et aux jouissances des autres hommes. Victimes de l'erreur, du charlatanisme et de la mauvaise foi, ils n'ont la plupart en partage qu'une existence bien malheureuse et souvent la misère[99].

Lorsqu'il répond au ministre de l'Intérieur dans le cadre de l'enquête mentionnée plus haut, Beugnot, alors préfet de la Seine-Inférieure, élargit la vision de son collègue:

> La conscription est [...] la première de nos institutions modernes, elle doit changer en bien ou en mal

> l'esprit de la nation [...]. Le moment n'est pas loin où il ne restera en Europe que de grands empires et la force relative se mesurera sur leur force militaire mais cette force se compose encore plus de l'esprit des soldats que de leur nombre [...]. Mais la nation qui saura concilier le nombre de soldats avec les progrès de l'instruction, répandre les Lumières jusqu'au milieu des camps, conservera nécessairement l'avantage : elle sera tout à la fois forte et éclairée, guerrière et civilisée[100].

Sous la monarchie de Juillet encore, le général Bedeau, un des auteurs qui participent au débat sur l'armée idéale évoqué plus haut, exige : « Il faut alors que l'armée devienne le grand centre de la civilisation dans les campagnes : il faut rassembler l'influence de la discipline, de l'amour-propre et des récompenses pour assurer le projet[101]. »

Sous le second Empire ce thème se conjugue avec ceux que défendent les Mameluks. « Bien employé, le temps de service au lieu d'être préjudiciable deviendra un puissant moyen de civilisation en permettant de donner à la partie la plus virile de la population une éducation qui aura pour effet de hâter la fusion des éléments variés et complétera l'éducation de la famille de manière avantageuse » souhaite un professeur des sciences appliquées de l'école d'artillerie d'Auxonne[102]. De telles conceptions supposent qu'une large fraction de la nation rejoigne le camp. Au contraire, on le sait, une partie des élites redoute cette perspective, prélude à une militarisation de la société, jugée militairement inefficace, économiquement régressive, culturellement barbare[103].

Derrière l'opposition entre barbarie et civilisation affleure toujours, bien qu'elle ne coïncide pas totalement avec elle, l'opposition entre l'inéluctabilité de la guerre et l'aspiration au progrès qui passe par la paix. Au commencement de la monarchie de Juillet, un auteur anonyme s'écrie :

> La guerre n'est plus de notre temps ; elle ne s'accorde plus avec l'état de nos mœurs et des progrès de notre civilisation. Les gouvernements et les peuples préfèrent aujourd'hui la voie des négociations à celle des armes [...], trop éclairés du reste pour nourrir encore ces préjugés nationaux ou se livrer à ces ombrageuses susceptibilités, source autrefois de tant de discorde et dont l'existence seule assurait un état d'ignorance et de barbarie. [...] Le ministre espère qu'un jour viendra où tous les citoyens sans distinction devront payer à la Patrie la dette de leurs personnes. Quant à moi je ne l'espère ni ne le désire [...]. S'il importe d'avoir une armée pour les cas de plus en plus rares de guerre, certes, il importe beaucoup plus d'avoir au sein des villes et des campagnes des citoyens industrieux, moraux, habiles qui puissent augmenter le bien-être social et pousser la civilisation dans des voies nouvelles[104].

En même temps, par l'appareil statistique qu'elle constitue et qui, dans certains domaines, fournit des renseignements inégalés pour le XIXe siècle[105], par le contrôle social et anthropologique qu'elle institue, l'armée paraît devenir le laboratoire de l'homme nouveau. Cependant, au cours des deux premiers tiers de ce siècle, l'État n'est pas un démiurge, il encadre, il constate mais il n'expérimente pas. La vaccination sur le plan médical, l'alphabétisation des illettrés sur le plan social et culturel, même si la première est imposée, ne sauraient être considérées comme un modelage des corps et des esprits.

D'aucuns déplorent même les effets pervers des

levées conscriptionnelles : « rafle » par l'État des éléments les plus sains au point de vue physiologique — c'est la crainte des médecins et des membres civils des conseils de révision dès la monarchie de Juillet —, mariages tardifs et exode rural, phénomènes sur lesquels les légitimistes, mais pas exclusivement, attirent l'attention pendant le second Empire. Effectivement dans certains cantons défavorisés sur le plan sanitaire et médical, à peine trouve-t-on assez de jeunes gens aptes pour compléter le contingent, toujours calculé selon un rapport quantitatif. Quand ces hommes ne peuvent se faire remplacer, ils laissent derrière eux, seuls pour assurer la « reproduction », des jeunes gens reconnus faibles et inaptes par le conseil de révision, ce qui fait que le problème se perpétue de génération en génération et même s'aggrave. Par exemple, sous le règne de Louis-Philippe, le conseil général des Hautes-Alpes dénonce ce phénomène :

> La situation du malheureux canton de l'Argentière auquel peut être assimilé celui de Guillestre est vraiment digne de pitié et d'attention sous le rapport du recrutement par les effets permanents du crétinisme sur la population ; presque tous les jeunes gens [sont] rachitiques ou goitreux. On ne peut lever en entier le contingent, tout ce qui est un tant soit peu apte est constamment enlevé *ipso facto*. Il ne reste au pays que des êtres dégradés qui passant à l'état de mariage propageront éternellement une race dégénérée. Le conseil général voudrait laisser quelque espérance de régénération à cette malheureuse population.

Il propose que le contingent ne soit réparti que sur le nombre d'hommes valides de chaque canton[106]. Quant au retard de l'âge au mariage et ses conséquences sur la démographie et la moralité publique, il préoccupe jusqu'aux députés du Corps législatif du second Empire qui proposent des amendements au projet Niel[107].

De l'impôt du sang
à la « monade de la nation »,
des mythes au modèle

Pourtant, des marges de la cité où elle était reléguée, certains veulent replacer l'armée au cœur de la cité, voire en surplomb. Parmi eux, il en est qui se sont longtemps méfiés d'elle et ont mis en cause son utilité. Ainsi les libéraux conservateurs rejoints par une partie des socialistes utopiques, tels Saint-Simon et Pecqueur. Du coup, des officiers saint-simoniens s'évertuent à démontrer l'utilité sociale de l'existence de l'armée à condition qu'elle dispense une instruction générale et professionnelle et pas seulement militaire.

Les économistes libéraux jugent que l'armée est inutile parce que génératrice de guerre, de dégénérescence morale même en temps de paix, et qu'elle grève lourdement le budget de l'État. « Faites des échanges, pas la guerre », ainsi pourrait-on traduire ces conceptions auxquelles l'opinion publique semble accorder sa faveur, notamment sous le second Empire. Dans son discours inaugural de Bordeaux, le futur Napoléon III proclamait : « L'Empire, c'est la paix. » Mais l'Empire devient la guerre. Les rapports des procureurs impériaux montrent bien les réticences au moment des campagnes de Crimée et d'Italie, qui vont au-delà de la bourgeoisie entrepreneuriale. Barault-Roullon, intendant militaire, écrit au moment de la guerre de Crimée :

> Une seule conquête, un seul besoin auxquels les rois et les nations sont conviés, c'est la paix, la diffusion du bien-être, la propagation de l'industrie et des arts, l'échange des bons procédés, la mutualité du commerce et des relations sociales, le feu des chemins de fer qui vivifie et produit et non pas celui des batailles qui énerve les peuples, les ruine et les détruit[108].

Surtout, si la nation se satisfait des victoires, la société aspire à la paix, dit le procureur de Paris :

> On désire ardemment le maintien de la paix, c'est le vœu unanime des populations, c'est le vœu de toutes les classes de la société, c'est celui de l'agriculture et de l'industrie, du capitaliste comme de l'ouvrier, du pauvre aussi bien que du riche [...]. Le pays ne demande pas cependant l'immobilité ou l'inertie. Mais la sève qui bouillonne dans les artères de la France se tourne vers les conquêtes pacifiques des arts et de l'industrie[109].

Et son collègue de Nancy confirme deux ans plus tard : « Dans toutes les classes sociales, prédomine [*sic*] le goût de la paix, le bonheur de voir le pays progresser et fleurir dans l'agriculture, le commerce et les arts. Cette opinion est instinctive dans les campagnes et éclairée dans les classes plus relevées[110]. » Que l'on n'ait pas à payer personnellement le prix des victoires remportées par des quasi-professionnels explique d'ailleurs les réactions des Français au moment de la loi Niel.

Cependant, c'est sous le second Empire que s'amorce un glissement d'attitudes, notamment chez les libéraux conservateurs. « La mystique de l'ordre » croît à côté de « la mystique de la production » sans pour l'instant se substituer à elle[111]. Bien plus, gardienne — subalterne — du maintien de l'ordre, l'armée est en train de devenir « l'arche sainte » dans la pensée de ces hommes. Le glissement est idéologique et préfigure le transfert ultérieur du thème de la nation de la gauche à la droite. Plus exactement, c'est jusqu'alors à l'extrême gauche que l'armée était le refuge des valeurs par rapport à une société estimée molle, égoïste, corrompue, intéressée, matérialiste et individualiste. Au demeurant, les philosophes eux-mêmes, tels Rousseau et Mably, les militaires-philosophes comme Guibert, stigmatisaient dans les mêmes termes la société du XVIIIe siècle. Pour autant, ils souhaitaient que la régénération de l'armée aille de pair avec celle de la société dont la première n'était que le miroir[112]. C'est ce qu'exprime encore sous la Restauration Baillet dans un mémoire adressé au ministre de la Guerre : « L'armée et la Nation deviendraient alors l'une pour l'autre ce qu'elles devraient être dans un État libre [...]. L'armée serait l'école de la Nation en temps de paix comme son rempart en temps de guerre. Cité en petit, elle deviendrait [...] la monade de la nation[113]. »

Quelques-unes cependant jugent l'armée supérieure à la société, comme au-dessus de celle-ci. Mais, si elle est considérée comme le dépositaire des « vraies » valeurs, ces dernières sont celles des Lumières et de la république. Or un transfert se produit. Il est des penseurs, et parmi eux des militaires, qui non seulement fustigent la société de leur temps, celle de la monarchie de Juillet où se développe la révolution industrielle et, avec elle, le règne de l'argent, en des termes que n'auraient pas reniés Rousseau et même les militaires-philosophes, mais qui retrouvent aussi les accents du chevalier d'Arcq pour affirmer que l'armée est l'unique rempart de l'ordre. Tel est le sens du mémoire que le capitaine Du Bouzet envoie au ministre de la Guerre. Il y fait référence d'ailleurs à l'expérience de l'armée d'Afrique dont l'esprit tranche sur celui du reste de l'armée :

> Au milieu des turpitudes de notre époque d'agiotage, méprisant l'égoïsme du siècle et vivant de patriotisme et d'abnégation, une grande institution, l'armée, s'est toujours présentée belle [...], elle est restée pure parce qu'elle avait le culte de l'honneur et la religion du drapeau. Sourde aux clameurs du rhéteur et à la phrase ronflante et creuse de l'avocat, et regardant avec dédain les calculs froids de l'économiste au cœur sec qui chaque jour la mutilent, elle est descendue sur le forum pour disperser les factieux qui voulaient bouleverser la patrie et à ses détracteurs elle a répondu : Alger, Anvers, Constantine. [...] Les gens sont assez niais pour gémir sur ces bons bédouins que l'on fait fusiller quand ils ont assassiné quelqu'un de nos soldats [...] tandis qu'à leur porte, dans le pays même, ils n'ont pas une larme ou un liard à donner à la pauvre veuve du soldat[114].

Telle est l'affirmation d'un militaire qui, par ailleurs, déplore l'existence du remplacement et voudrait que l'armée soit la représentation exacte de toutes les classes de la société.

Pendant tout le XIXe siècle, comme on l'avait déjà observé pendant l'ère révolutionnaire, des modèles historiques ou contemporains transformés en mythes prouvent que cette recherche de l'armée idéale n'est pas seulement affaire d'idées mais de sentiments et de passions. Paradoxalement des modèles étrangers ou révolus interfèrent dans un débat français. D'abord ceux de l'Antiquité qui imprègnent les élites se plaisant à opposer une Sparte réinventée à une Athènes reconstituée ; réinventée ou reconstituée pour les besoins de la cause tant l'histoire n'est invoquée que pour conforter la propre idéologie de l'auteur ou de l'orateur. En général, Sparte la guerrière, mais qui n'est que guerrière, est présentée comme un repoussoir à l'adresse des adeptes des gros bataillons et du service personnel obligatoire par ceux qui jugent précisément qu'un civil perpétuellement sous les armes est une figure archaïque et barbare. Mais les premiers répliquent qu'Athènes la créatrice a porté au plus haut point le devoir de défense du citoyen sans attenter à la liberté de ceux-ci. Derrière Sparte se profile le mythe de Rome — plus acceptable — et du soldat romain, combattant et, en temps de paix, laboureur et bâtisseur. Cette figure est utilisée par ceux qui défendent le bien-fondé de l'existence de l'armée et son utilité sociale à condition qu'elle évite la vie de garnison jugée depuis les militaires-philosophes nocive et débilitante. Les officiers saint-simoniens, mais ils ne sont pas seuls sur cette position, préconisent ainsi l'emploi de soldats dans les travaux publics. Mais ce mythe du soldat laboureur, qui aussi bien est à l'origine de la figure du soldat Chauvin[115], se dégrade et il est des journaux et des revues républicaines pour s'indigner que la monarchie de Juillet songe à utiliser l'armée afin d'aider les colons d'Algérie dans leurs travaux d'agriculture. *Le National* dit que le soldat « tiré de ses foyers pour une œuvre sainte ne doit pas être considéré comme un serf corvéable »[116].

Au demeurant, les historiens, tel Hubert Heyriès, discutent encore de l'adéquation de ces mythes à la réalité historique, en particulier du lien entre nation armée et civilisation. L'Athènes du ve siècle, la Rome républicaine et celle des débuts de l'Empire correspondent à un sommet de la civilisation. Quand Athènes au ive siècle et Rome à la fin de l'Empire délèguent le soin de leur défense à des professionnels, s'amorce un déclin de la civilisation. Mais le modèle anglo-saxon infirme ce schéma.

En effet, derrière ces mythes s'en profilent d'autres et les modèles antiques, estimés ou dépréciés, sont autant d'allusions aux nations voisines de la France. Une grande partie de l'Europe continentale adopte la conscription en réplique aux victoires de la Révolution et de Napoléon. Il n'y a pas dans ce domaine d'exception française d'autant que ces États-nations déjà formés ou en voie de formation n'adoptent pas seulement un modèle de recrutement mais un mode nouveau de rapports entre l'État et l'individu citoyen, même s'il repose sur des conceptions différentes, de celle française, de la citoyenneté. Or les exemples de ces nations voisines sont eux-mêmes transformés en mythes dont la résonance dans le débat français a autant et plus d'importance que la réalité elle-même. Ce faisant, ces mythes accèdent au statut de fait historique.

Dès 1818, les partisans de la loi Gouvion-Saint-

Cyr les utilisent : à cette date, il est encore question indistinctement de toute l'Europe — continentale — sans distinction de pays même si le comte de La Roche-Aymon trouve déjà une similitude entre la réserve des légionnaires-vétérans et la *Landwehr* de 1813[117]. En 1824, toujours à propos des réservistes, le baron de Montalembert, ancien ambassadeur à Stuttgart, évoque les exemples de la Bavière et du Wurtemberg[118]. Mais, une fois encore, Basterreche parle de la Prusse, même s'il s'agit de la Prusse de Frédéric II[119].

Très vite, la Prusse, dont « [...] on parle toujours et dont il faut toujours parler » selon les mots de Lamarque[120], passe au premier chef. La Prusse ne dispose-t-elle pas d'une réserve organisée dont les gauches déplorent l'absence en France pendant une bonne partie du XIXe siècle ? D'autant que les levées nombreuses et le service « court » sur lesquels est fondé son système militaire paraissent aller dans le sens de l'égalité, la passion des Français. La Prusse et la France ne cessent d'exercer l'une sur l'autre une vive attraction mêlée d'une répulsion tout aussi viscérale. Après Iéna, la Prusse s'est mise à l'école de la France. Les gauches des années 1830 et 1840 sont intimement persuadées, et ce jusqu'à Sadowa, que l'armée de la Prusse, incarnée pour elles par la *Landwehr*, raccourci qui désigne la totalité de cette armée, est bien plus proche de l'esprit initial qui a présidé à l'avènement de la conscription en 1798 que le système inégalitaire des monarchies censitaires et du second Empire. Pour elles, et ceci s'explique par cela, la Prusse est un pays progressiste : « La Prusse a d'excellents soldats. N'est-elle pas un des foyers de la pensée les plus vivants et les plus énergiques ? » affirme la revue républicaine *Le Progrès*[121].

Le modèle prussien élevé à la hauteur d'un mythe éclipse toutes les autres expériences européennes en matière de conscription, même si Destutt de Tracy évoque la Suisse au cours du débat sur la loi Soult et d'Ambrugeac l'Autriche pendant la discussion de 1841-1843[122]. Au contraire, les droites dénoncent l'absence totale de liberté — autre passion française — qu'induit le système prussien. La Prusse est pour ces esprits un repoussoir parce qu'elle est une caserne permanente. Ainsi Mounier en 1832 : « Un tel système est impossible en France, pays de liberté individuelle et de mobilité alors que, en Prusse, la servitude territoriale n'a été abolie qu'en 1810[123]. » Oudinot s'interroge : « [...] si les populations françaises sont plus guerrières que les populations allemandes, elles sont moins disposées à cette soumission qui est l'essence de la vie guerrière dans les garnisons [...], je ne crois pas que ce système soit applicable à la France[124]. »

Sadowa change la donne auprès des gauches : l'imitation — pourtant fort pâle — de la *Landwehr* dans la disposition qui créait la Garde mobile, semble aux républicains trop « prussienne », terme désormais péjoratif. Si Glais-Bizoin éprouve encore de l'attachement pour le modèle prussien, ses collègues idéalisent un nouveau modèle, celui des milices suisses qui devraient remplacer l'armée permanente abolie selon la proposition de Jules Simon, Picard, Garnier-Pagès et Jules Favre. Quant aux conservateurs libéraux, ils persistent à diaboliser la Prusse. Au mythe répond le contre-mythe puisque, non contents de noircir la *Landwehr*, ils mettent en doute son efficacité. Mais l'Angleterre ne retrouve pas pour autant son lustre auprès de ceux qui craignent les gros bataillons, ou plutôt ils n'osent pas s'inspirer du modèle britannique. Thiers lui-même est obligé d'en convenir dès 1818 : l'organisation prussienne est selon lui détestable et celle de l'Angleterre est la seule valable mais ne peut être appliquée en France qui se trouve dans une situation intermédiaire entre son voisin britannique et son voisin prussien, c'est pourquoi il vaut mieux maintenir telle quelle la loi de 1832 qui correspond à cet état intermédiaire[125].

Les Français sont à cent lieues de ces joutes oratoires. Ce ne sont pas des mythes mais des réalités tangibles qui expliquent leur accoutumance à la conscription.

Au premier chef, le remplacement à propos duquel il faut nous déprendre de nos conceptions contemporaines. Il devient au cours du XIXe siècle une réalité économique et sociale incontournable que les Français, sauf leurs hommes politiques, ne remettent pas en question. L'Empire avait interdit les intermédiaires. Ce n'est donc que sous la Restauration qu'apparaissent les agences de remplacement qui sont de véritables entreprises, peut-être parmi les premières entreprises capitalistes ou d'assurances que la France ait connues. Certaines ont un rayonnement national. Leurs modalités d'action et la nature juridique de l'association de capitaux qu'elles mettent en jeu relèvent de l'histoire économique et pas seulement d'une économie de la conscription. Quelques-unes —

mais pas toutes — usent de méthodes malhonnêtes. Si l'on admet une fois pour toutes ce « trafic d'hommes » ou cette « traite des Blancs » que réprouvent aussi bien les ultras que les républicains et le futur Napoléon III, il faut avouer que certaines font correctement ce commerce d'hommes. Mais, même si ceux qui l'admettent réprouvent ses abus pendant toute la monarchie de Juillet et veulent les corriger et contrôler les compagnies, force est de reconnaître que celles-ci perdurent au point que le second Empire qui avait substitué l'exonération au remplacement en 1855 est obligé d'y revenir en 1868, au moment de la loi Niel.

Notons au passage que ce commerce d'hommes met en jeu l'intervention de l'État dans la vie économique. En effet, dès 1818, les ultras avaient demandé que, si on ne supprimait pas le remplacement, ce soit l'État qui fasse office de compagnie de remplacement. Ceux qui voulaient se faire remplacer lui verseraient une somme et, avec les sommes reçues, il rémunérerait les remplaçants. Ce sont les libéraux qui s'opposent à cette idée au nom de la liberté du contrat et de l'égalité des contractants ! À leur tour les militaires, et, à partir de 1840, les conseils généraux des départements « fournisseurs » s'élèvent contre les abus et parfois cèdent à la légende noire du remplacement, tant à l'égard des remplaçants que des compagnies de remplacement. Peine perdue : on sait que la crise de 1840 aboutit à l'enlisement du débat et laisse la situation inchangée. Ajoutons que les compagnies de remplacement — modernes jusqu'en cela — formaient de véritables *lobbies* ou des groupes de pression qui furent redoutablement efficaces jusqu'à l'été 1848 quand la seconde République parut remettre en question le remplacement.

C'est que tout le monde y trouvait son compte : l'État qui faisait payer patente mais aussi les remplacés et les remplaçants. Il est remarquable que le remplacement qui choque notre égalitarisme contemporain n'a jamais suscité de révolte populaire. Il est un transfert social et géographique et il n'est pas unilatéral. Le niveau du remplacement qui se situe aux alentours de 5 % sous le premier Empire s'élève au quart du contingent dans les premières années qui suivent la loi Gouvion-Saint-Cyr. Après une baisse, il représente encore le cinquième du contingent à la fin de la Restauration et au début de la monarchie de Juillet, puis la hausse est accentuée par la crise de 1840 et on atteint 30 % au commencement du second Empire.

Par ailleurs, il ne faut pas se figurer que tous les riches et seuls les riches se fassent remplacer. Il est des artisans ou de petits propriétaires qui s'endettent pour le restant de leurs jours. Inversement, il est des fils de notables pour accepter un mauvais numéro ou devancer l'appel par un engagement volontaire car, même si la promotion est lente, elle est fondée sur l'ancienneté, elle-même liée au talent et au mérite, et on sait combien ils ont partie liée avec le niveau de fortune ; ces jeunes gens ont donc bien plus de possibilités de parvenir au grade d'officier. Cela dit, on a plus de chances, quand on est remplaçant, d'être chômeur, le chômage étant la cause conjoncturelle de la hausse du remplacement, ou d'être d'un milieu social modeste, le niveau social étant la cause structurelle de l'importance du remplacement.

Enfin, il ne faut pas imaginer une France coupée en deux, la France riche et développée qui demanderait des remplaçants et la France pauvre qui les fournirait. Il est des départements de l'Est qui donnent à la fois leur contingent complet, des engagés volontaires... et des remplaçants, il est des zones pauvres qui détestent la conscription au point de ne même pas voir en elle un complément de ressources !

Mais, globalement, « l'irremplaçable remplacement » des monarchies censitaires et du second Empire, prît-il la forme de l'exonération, est aussi un des éléments qui permet la nationalisation de la conscription. Celle-ci était encore à la veille de la guerre de 1870 dans maints endroits une résignation au *statu quo* dont d'autres faits montrent les limites et révèlent la distorsion entre les mythes et les réalités vécues par les Français : d'abord l'impossible transformation de la Garde nationale en force de combat capable de défendre les frontières. On a vu plus haut que cette militarisation de la Garde nationale ou d'une partie d'elle fut réclamée par les républicains et les orléanistes du Mouvement au commencement de la monarchie de Juillet et qu'elle leur fut refusée par les dirigeants ; mais il n'est pas sûr non plus que les Français aient été adeptes de ce nouveau rôle de la Garde nationale. Après le « feu de paille » de l'été 1830 qui pousse les gardes nationales à réclamer des armes contre une éventuelle coalition de l'Europe, une désaffection se produit, même dans les régions frontalières. En 1835, en beaucoup de régions, la Garde nationale n'a souvent plus qu'une existence de principe[126].

Quelques gardes nationales, dont celle de Paris, échappent à cet engourdissement[127]. Mais la garde nationale parisienne, faute que la plupart de ses membres reçoivent et veuillent recevoir une instruction adéquate, est constituée de gens qui jouent au petit soldat plutôt que d'hommes qui pourraient devenir effectivement soldats[128]. Ardant Du Picq est lucide sur cet état d'esprit qui s'étend au fait militaire en général :

> Les Français sont bien les dignes fils de leurs pères les Gaulois ; [...] D'où vient cette facilité à la guerre chez ceux-là surtout, bon bourgeois, bon populaire, qui ne sont point amenés à la faire personnellement ? [...] de cette poésie dont on entoure la guerre, le combat, et qui a chez nous, dix fois plus qu'ailleurs, le don d'enthousiasmer les gens. Ce serait service à rendre à l'humanité, à son pays, que de désillusionner à cet égard, de montrer ce que sont les combats : des pasquinades, terribles il est vrai à cause du sang versé mais des pasquinades, en résumé, dont les acteurs, héros aux yeux de la foule, ne sont que de pauvres gens pris entre la peur, la discipline et l'amour-propre [...][129].

Enfin, la place impartie à l'ancien soldat, quand il rentre dans la société civile, témoigne bien des sentiments ambivalents qu'éprouvent les Français à l'égard du fait militaire. Ambivalence qui est sensible dès le premier Empire lorsque certains combattants reviennent à la vie civile et bien avant le retour massif des vétérans à partir de 1814-

1815 où joue alors contre ceux-ci l'approche politique[130]. Mais la monarchie de Juillet témoigne d'une relative indifférence envers les survivants des campagnes de la Révolution et de l'Empire — on l'a vu plus haut à propos de l'action des préfets — et plus encore envers les appelés qui ne peuvent ou ne veulent plus se rengager. Les pensions sont distribuées avec parcimonie aux premiers et aucune réinsertion sociale n'est prévue pour les seconds même si, dans les débats qui précèdent les lois militaires, la possibilité de leur réserver des places subalternes dans l'administration est régulièrement évoquée. Quelques conseils généraux abondent dans ce sens, tel celui de l'Isère qui prône que le remplacement soit réservé aux rengagés.

> [...] on assurerait un capital de 3 000 francs à tout soldat qui aurait fait un second congé comme remplaçant [...]. Un militaire pourrait se retirer à quarante-quatre ans avec un capital de 6 000 francs. Il faudrait en plus lui donner une médaille honorifique comme autrefois aux vétérans et une place particulière à l'église du village. L'état militaire deviendrait une carrière aussi recherchée qu'elle est aujourd'hui redoutée par le peuple de nos campagnes et l'esprit militaire que le régime industriel tend à étouffer renaîtrait par là avec une nouvelle énergie[131].

Les préfets qui prônent la familiarisation de leurs administrés avec le fait militaire n'évoquent même pas le rôle que pourraient jouer ces anciens appelés[132]. Le second Empire lui-même montre l'écart entre les discours et la réalité. Dès 1849, Louis-Napoléon s'intéresse au sort des anciens soldats, au moins à celui des anciens combattants des guerres de la Révolution et de l'Empire. Des secours sont accordés de 1850 à 1862 mais irrégulièrement. La médaille de Sainte-Hélène elle-même, créée en 1857, relève de la propagande plus qu'elle n'améliore le sort des récipiendaires.

Chapitre V

LA TROISIÈME RÉPUBLIQUE, NATION ARMÉE

LA FRANCE DE LA DÉFAITE ET DE LA GUERRE CIVILE ET LA NATION ARMÉE

Sedan, Champigny et le mur des Fédérés

« Vous ne voulez pas faire de la France une caserne mais prenez garde à ne pas la transformer en cimetière » avait dit le maréchal Niel de façon prémonitoire à ses détracteurs lors du débat à propos de la loi de 1868[1]. Il redoutait que l'échec de son projet ne laisse la France désarmée face à la Prusse et, par avance, semblait en faire porter la responsabilité aux opposants à cette loi.

Le 1er septembre 1870, c'est la bataille de Sedan. L'étau se resserre vite sur les troupes françaises. Pris de panique sous le feu de l'artillerie prussienne, des régiments d'infanterie se débandent. D'héroïques — mais vaines — charges de cavalerie, écrasées elles aussi par l'artillerie, se brisent sur les lignes de l'infanterie ennemie[2].

Une nation armée, la Prusse, a vaincu une

nation, la France, qui «n'a» qu'une armée[3], dit, quelque temps après et lorsque de nouvelles défaites avaient été subies par le pays, un auteur fidèle à la vision traditionnelle selon laquelle l'adversaire, ayant mieux appliqué que la France les leçons de la conscription telle qu'elle avait été instituée initialement, dispose d'une organisation militaire capable d'entraîner derrière elle toutes les forces vives du pays. Comme le premier Empire, le second s'écroule dans la défaite alors que ses assises paraissaient mieux assurées. Les résultats du plébiscite de mai 1870 sur les réformes libérales n'avaient-ils pas représenté en effet une victoire politique du régime ? À vrai dire, ce n'est pas sur le contenu des réformes que les Français s'étaient prononcés mais sur la personne de Napoléon III et sur le régime. Les ruraux avaient dit oui alors qu'ils n'étaient pas tous adeptes, tant s'en faut, de la liberté de presse ou de l'établissement de pratiques parlementaires, les habitants des grandes villes qui leur auraient été favorables avaient dit non parce qu'ils étaient déjà gagnés à la république. Mais les ruraux représentaient alors la majorité des Français. En tout cas les amis du régime comme ses opposants avaient cru qu'il était définitivement enraciné et qu'il avait trouvé une légitimité plus grande qu'après le coup d'État de décembre 1851.

Sedan balaie cette illusion. Suivi de nouveaux échecs lors de l'été 1870, ce désastre militaire marque l'effondrement d'un mythe, celui de l'efficacité d'une armée de quasi-professionnels.

La nouvelle de Sedan parvient à Paris dans l'après-midi du 3 septembre. Le 4 septembre, la déchéance du régime est prononcée par une poignée de députés du Corps législatif sous la pression de la foule. Puis ces députés dont Gambetta se rendent à l'Hôtel de ville pour y proclamer la république. La troisième République naît donc de la guerre et poursuit la lutte. Son premier gouvernement porte significativement la dénomination de Gouvernement provisoire de la Défense nationale. Il est dirigé par un militaire, le général Trochu[4], qui est depuis l'été 1870 gouverneur militaire de Paris. Conservateur, il n'accepte d'être à la tête de ce gouvernement que pour contenir «l'anarchie».

Gambetta, à la tête de la délégation de Tours, semble renouer avec ses prédécesseurs révolutionnaires de 1792 et 1793 : comme eux, il se trouve dans la nécessité de sauver la patrie et la république. À la fois ministre de l'Intérieur et ministre de la Guerre, il se révèle être un grand homme d'État. Il lève de nouvelles armées destinées à briser le blocus de Paris et faire leur jonction avec les défenseurs de la capitale. Il appelle des volontaires, la classe de 1870 est requise dans sa totalité, puis les célibataires et veufs sans enfants de vingt et un à quarante ans, dont certains ont été en principe exercés dans la Garde mobile de la loi Niel. En réalité, étant donné les déboires de cette loi et surtout le fait qu'elle n'a pas été appliquée, ils ne le sont pas du tout et, malgré leur courage et leur détermination inattendue, ces soldats pas instruits et mal équipés ne remportent que d'éphémères succès. Cet épisode représente une mise à l'épreuve des conceptions des républicains qui s'étaient opposés à la loi Niel et une tragique sanction de la surenchère à laquelle ils s'étaient livrés alors. L'échec de l'action de Gambetta fait tomber un second mythe, celui de la nécessaire invincibilité d'un peuple tout entier dressé contre l'ennemi quand il combat pour une cause juste, même s'il est dépourvu d'instruction militaire. Les levées de 1870-1871 ne disposent pas de la formation que les volontaires de 1791 avaient reçue pendant plusieurs mois et, pour réaliser leur amalgame avec des soldats plus expérimentés, il manque à Gambetta le temps dont avaient disposé ses prédécesseurs de la première République.

Que l'improvisation de la défense nationale aboutisse à un échec est également manifeste dans les vaines tentatives de « trouée en masse » réclamée par le peuple de Paris, persuadé de revivre 1792 et ce dès la déclaration de guerre[5], et qui se soldent par les sanglants revers du Bourget, de Champigny et de Buzenval.

Le patriotisme blessé du peuple parisien est d'ailleurs une des origines de l'éclatement de la Commune. Un troisième mythe s'effondre alors et la révolte des Parisiens marque le crépuscule de la Garde nationale ou du rôle militaire que certains voulaient lui faire jouer. Incohérente et indisciplinée, organisée de façon tellement décentralisée qu'elle en est éclatée, tout en étant le jouet des rivalités entre les diverses instances de la Commune, la garde nationale de Paris mérite-t-elle au demeurant le nom de milice qui suppose un minimum de structuration et l'existence d'une hiérarchie[6] ? Cela, en dépit des efforts du délégué à la Guerre de la Commune, Cluseret, puis de

Rossel qui le relaie après son arrestation[7]? Ni l'un ni l'autre ne sont entendus par la Commune quand ils essaient d'instaurer un minimum de discipline et d'écarter les incompétents. Dans de telles conditions, l'avance des Versaillais après l'attaque générale qu'ils lancent le 21 mai n'est pas surprenante. Certes, ils rencontrent une résistance acharnée mais d'une totale inefficacité militaire. Les derniers combattants de la Commune, poursuivis de tombe en tombe dans le cimetière du Père-Lachaise[8], tombent sous les balles des soldats de l'armée de Versailles devant le mur qu'on appellera désormais « mur des Fédérés » puisque tel est l'autre nom des Communards.

1871, « l'année terrible », est donc celle d'un double traumatisme. À la guerre étrangère s'est en effet ajoutée la guerre civile comme en 1793. Certes, une guerre limitée dans le temps et l'espace puisque les tentatives d'instaurer des communes dans les grandes villes de province à l'instar de celle de la capitale ont très vite été brisées. Il n'empêche : les quelque deux mois de durée de vie de la Commune pèsent lourd dans les représentations des politiques et des penseurs. Cela n'est pas sans conséquences sur l'esprit dans lequel va se dérouler l'instauration de la nation armée sous la troisième République.

*L'armée, instrument
de la reconstruction intérieure*

Après la guerre de Sept Ans (1756-1763), la réflexion de Guibert s'était inscrite dans une sorte de « crise prussienne de la pensée française » mais celle-ci valait surtout pour la pensée militaire. Après la guerre de 1870 se produit une « crise allemande de la pensée française »[9] qui est alors générale et dont les effets, telles des ondes concentriques, s'étendent sur plusieurs générations. Avant même l'élaboration des réflexions qu'elle suscite, un sentiment quasi viscéral de remords, associé à une hantise de la décadence et, en corollaire, à une volonté d'expiation, traverse toutes les familles d'esprit, les courants politiques, monarchistes de toutes obédiences — légitimiste ou orléaniste —, libéraux de toutes les nuances jusqu'à la plus conservatrice, républicains, et les cercles de penseurs — ceux qui furent spiritualistes sous le second Empire comme ceux qui furent positivistes et/ou se dirent réalistes tels Renan ou Taine —, ceux qui furent marqués par le catholicisme ou inspirés par le protestantisme, même si ces familles d'esprit n'assignent pas le même sens à ce repentir et à tout ce qu'il sous-tend.

La conscience du péril allemand conduit moins à la volonté de revanche qu'au désir de se défendre d'une nouvelle agression. En général, les Français redoutent la guerre plus qu'ils ne la souhaitent[10]. Le rapport de l'amiral Jauréguiberry consacré aux origines de la défaite de la France et publié dès le 3 mai 1871 dans le *Journal officiel* montre combien une revanche immédiate est impossible étant donné la faiblesse militaire de la France[11]. En même temps existe une très vive conscience du péril social et la volonté chez les conservateurs qui dominent l'Assemblée depuis les élections de février 1871 de se prémunir contre lui et d'opérer un redressement intérieur autant qu'extérieur, voire une régénération.

L'armée va être cet instrument car elle échappe au discrédit qui frappe le régime impérial déchu, rendu directement responsable de la guerre perdue et indirectement de l'éclatement de la Commune, la société française étant tenue également pour responsable dans ce dernier cas par son matérialisme, par sa corruption intellectuelle et morale favorisée, selon cette conception, par le second Empire. L'armée refuge des «vraies valeurs» est un thème qu'on a vu naître au XVIIIe siècle et ressurgir au XIXe siècle. Mais tous ne donnent pas le même contenu à ces valeurs. En 1871, c'est la version conservatrice de ce thème qui triomphe. L'oubli de la charge révolutionnaire du concept de patrie, sa dissociation du concept de révolution, repérables dès la guerre de 1870 dans des articles de l'orléaniste *Revue des deux mondes*, même s'ils ne prennent leur plein développement que trente ans après, favorisent puissamment le basculement de la mystique de la production à la mystique de l'ordre qui ne s'était pas encore effectué totalement sous le second Empire.

Mystique de l'ordre associée à une mystique de la nation au profit de laquelle s'opère un transfert de sacralité dont bénéficie l'armée et qu'on retrouve, trente ans plus tard également, dans la notion d'«arche sainte». Ce transfert est tel que des évêques, élus députés tel Mgr Dupanloup, s'inquiètent d'un possible dévoiement et le reprochent à leurs amis conservateurs[12].

Ce transfert s'opère largement dans une atmosphère sacrificielle, sensible au cours des cérémonies qui se déroulent autour de monuments aux morts qu'on peut considérer comme des lieux de mémoire, cérémonies auxquelles est d'ailleurs largement associé le clergé catholique — mais aussi dans certaines régions les membres des deux autres cultes concordataires — quand il ne les organise pas lui-même. Ces monuments sont érigés sur le théâtre des combats grâce à des souscriptions lancées par les conseils municipaux et généraux dont relèvent ces lieux. La cérémonie d'inauguration débute en général par une messe qui précède les discours prononcés par les autorités civiles. Certaines de ces « célébrations » ont lieu avant le vote de la loi militaire de 1872, telle celle de Saint-Pierre-La-Cluse où le chanoine Besson de Vesoul, devenu « spécialiste » des homélies des cérémonies qui ont lieu entre Besançon et Belfort, s'exprime en ces termes :

> À ceux qui se croisent les bras en attendant la catastrophe suprême, je veux dire : la catastrophe, c'est votre lâcheté. Battez-vous au lieu de vous plaindre et de vous désespérer, battez-vous jusqu'à la dernière heure [...]. Les ennemis jurés de l'ordre social tomberont par milliers à vos pieds [...]. Sauvez-vous du découragement et Dieu sauvera la France de la décadence et de la ruine. Que la France endormie dans la joie et la mollesse se réveille donc dans la disgrâce et la défaite. Cette fatale année changera de caractère et de nom, ce ne sera plus l'année terrible mais l'année de grâce et, après avoir pleuré au pied de la Croix sur la passion de la France, nous chanterons dans un patriotique *alleluia* les gloires de notre résurrection morale, militaire et chrétienne[13].

D'autres sermons sont prononcés après le vote de la loi, ainsi à Champigny, celui du vicaire général Legrand, représentant l'archevêque de Paris :

> Le salut est parti du calvaire. Eh bien nous voici sur un autre calvaire, le sang a coulé sur ces hauteurs [...]. Mais, je l'espère, de cette colline sanctifiée par la souffrance de tant de martyrs, sortira *[sic]* aussi la *régénération* [souligné par nous] et le salut de la France, de cette France qui ne demande qu'à vivre[14].

Nous avons souligné le terme « régénération », il domine l'arrière-plan du débat qui se déroule à propos de l'armée et de son mode de recrutement. Certes, tout combattant de 1870-1871 n'est pas nécessairement assimilé au soldat du Christ, il l'est aussi au soldat de la république, surtout quand il a été franc-tireur, parfois quand il a été mobile, notamment dans les discours des maires ou dans ceux que prononcent les anciens combattants eux-mêmes, en particulier après 1873 et l'échec des gouvernements d'ordre moral[15]. Il devient aussi, comme il le deviendra après 1918, le soldat de la paix et de la civilisation.

> [...] en inspirant ces nobles sentiments de fraternelle sympathie, nous ferons des hommes qui apprendront à s'aimer les uns les autres et nous-mêmes, nous travaillerons aux grandes œuvres de régénération du XIXe siècle. Que le fer, Messieurs, qui n'a que trop servi à la destruction de l'homme par l'homme soit désormais employé à la construction du soc de nos charrues et de nos admirables industries, lesquelles doivent de plus en plus accroître le bien-être et le bonheur de la France[16].

Tel est le vœu d'un ancien combattant, où l'on voit que le terme de régénération est polysémique et susceptible d'être repris par plusieurs familles d'esprit.

Certes, ces lieux de mémoire sont créés là où existe déjà antérieurement à 1870 le souvenir des invasions et des occupations[17]. Toutefois, dans certaines communes éloignées des champs de bataille — mais pas dans toutes comme ce sera le cas après 1918 —, des monuments sont érigés, en général dans le cimetière, plus rarement dans un espace distinct, à la mémoire des morts au combat qui étaient nés dans cette commune ou dans le canton dont elle est le chef-lieu. Ces lieux de mémoire contribuent à la pénétration du fait militaire dans la France entière ; au départ, ils matérialisent la formation d'un état d'esprit qui chez les élites s'apparente à un véritable « retournement ».

Auparavant, les élites ne dédaignaient pas d'utiliser l'armée à des fins de répression intérieure mais c'était « du bout des doigts » et en la tenant à l'écart. Désormais, elle est promue par elles modèle de la société et placée au centre de la cité. Ce retournement des élites conservatrices, explicable aussi par le sentiment de culpabilité qui les gagne pour avoir échappé ou fait échapper leurs fils au devoir militaire et donc avoir participé au relâchement et à l'égoïsme qu'elles dénoncent maintenant, est pressenti ou prôné entre autres par les articles de la *Revue des deux mondes* cités plus haut et parus quand la guerre n'est pas encore terminée[18]. On y décèle le ralliement au thème de « la fusion des classes », fusion entendue comme acceptation des hiérarchies et respect de l'ordre social existant. Lors de la discussion de la loi Niel, on l'a vu, les bonapartistes autoritaires avaient défendu ce thème, corollaire de celui d'apprentissage de la virilité pour les fils des classes supérieures «amollies». Ils avaient été peu entendus. Alors que la mise en vigueur de ces idées devait se dérouler par et dans la Garde mobile, désormais, c'est l'armée — mais une armée nouvelle — qui en sera chargée.

L'armée sera nouvelle en ce sens qu'elle sera largement ouverte à la société vers laquelle en retour, et à ces seules conditions, elle diffusera les valeurs d'ordre, de discipline et d'abnégation nécessaires au «réarmement moral» autant qu'au réarmement proprement dit.

> Ce service sous les drapeaux ne doit plus être une fonction pour quelques-uns, il est un devoir pour tous [...] mais nous devons armer toute la nation, imposer à la jeunesse dès le collège ce rude apprentissage [...]. Notre armée renouvelée deviendra elle aussi, comme l'a été l'armée prussienne après Iéna, une école de patriotisme [...]. Nous y ferons passer, à grands flots toujours renouvelés, le peuple entier pour le rendre capable non de conquête, mais de résistance à la conquête. [...] Cette mission de sauver la France [...] aura, en dehors des résultats militaires, une conséquence du plus haut prix: le rapprochement des classes et des partis sous le même uniforme [...]. Ainsi tomberont [...] bien des préjugés et des haines. Tout cela doit amener en même temps une vie de concorde, une paix définitive entre les classes[19].

1872, la loi du nombre, de la science et de l'Allemagne

Thiers, chef du pouvoir exécutif puis premier président de la troisième République de 1871 à 1873, n'est nullement en désaccord avec le diagnostic porté sur les maux de la France mais il confierait volontiers la mission de régénérer la nation et la société à une armée restreinte et souhaite reconduire la loi de 1832 qu'il a inspirée. En cela, il est cohérent avec la faveur qu'il a toujours accordée à une armée de métier. À la différence d'un Guizot par exemple, il n'a pas travesti sa préférence en invoquant un système d'appelés au service long. Depuis les années 1830, il est un des seuls à le proclamer ouvertement, en 1872, il demeure également seul ou quasiment[20].

Une armée restreinte ne correspond plus en effet aux desseins de la plupart des conservateurs monarchistes, légitimistes ou orléanistes, qui peuplent majoritairement l'Assemblée. Leur «conversion» à la loi du nombre s'explique aussi parce que la Prusse l'a fait triompher sur les champs de bataille. Sur ce point la minorité républicaine de l'Assemblée peut rejoindre ses adversaires politiques. Mais la nation armée des uns n'est pas celle des autres. Plus que jamais, les conservateurs vilipendent la levée en masse assimilée aux levées de volontaires. Par exemple, les articles de la *Revue des deux mondes* fustigent les esprits légers qui se paient de ces «vains mots» de levée en masse et de volontaires de 92. Caro oppose la foi patriotique et le feu révolutionnaire.

Celui-ci installerait des estrades avec tentures et drapeaux et décréterait la victoire alors qu'il vaudrait mieux l'organiser[21]. Le rapport Jauréguiberry n'est pas plus tendre envers les levées de Gambetta[22]. Le nombre ne doit pas être la foule désordonnée. Les « masses » prussiennes sont organisées et disciplinées. En cela, la loi du vainqueur s'impose encore. Lewal, conservateur modéré qui se rallie à la république et un des futurs maîtres de la pensée militaire française, écrit qu'il faut éviter de confondre nombre et multitude, armées et bandes[23]. Sur ce point aussi, les républicains ne sont pas forcément en désaccord. N'est-ce pas Gambetta lui-même qui dans un discours prononcé à Bordeaux, le 26 juin 1871, reconnaît :

> Il faut faire disparaître le mal, cause de tous les maux, l'ignorance d'où sortent alternativement le despotisme et la démagogie [...]. Oui, on peut établir preuves en main que c'est l'infériorité de notre éducation nationale qui nous a conduits aux revers. Nous avons été battus par des adversaires qui ont mis de leur côté la prévoyance, la discipline et la science : ce qui prouve, derrière ce mal, que même dans les conflits de la force matérielle, c'est l'intelligence qui reste maîtresse[24].

Mais Thiers, considéré jusque-là par la majorité monarchiste comme son porte-parole et choisi par elle comme une solution d'attente avant la Restauration et pour la faire advenir, est en train de s'éloigner d'elle et de se rallier à la république, pourvu qu'elle soit conservatrice et qu'il reste à sa tête. Pour cette raison, les républicains dont Gambetta est alors le chef désirent le ménager et éviter son départ qui ne manquerait pas de survenir s'ils adoptaient des positions maximalistes sur le raccourcissement du service, au cours « du bras de fer » qui oppose Thiers et ses anciens alliés. Une fois de plus, la durée du service est un enjeu majeur du débat.

Le 17 mai 1871, avant même l'écrasement de la Commune, une commission formée au sein de l'Assemblée et composée de quarante-cinq membres reçoit pour mission d'élaborer la réorganisation des forces armées. Les députés appartiennent à tous les courants politiques sauf à l'extrême gauche, et la majorité d'entre eux sont des officiers car, dans l'Assemblée de 1871 comme dans celles qui l'ont précédée, un militaire en activité peut siéger. Ce ne sera plus le cas à partir de la loi du 10 novembre 1875 et jusqu'en 1945[25]. Le rapporteur Chasseloup-Laubat[26] remet la première partie de son rapport le 19 août suivant et la totalité le 12 mars 1872. Le travail de la commission s'accompagne de la publication d'ouvrages comme chaque fois qu'une loi militaire est votée. Une fois de plus, les Français interviennent — et pas seulement les militaires de carrière — mais à un point rarement égalé jusque-là. À propos de ces interventions, on est autorisé à parler d'un cru exceptionnel par le nombre des publications, la diversité des auteurs et la qualité de leur réflexion[27]. Ce moment de réflexion se prolonge dans les écrits de Lewal qui, dès 1871, avait publié *La Réforme de l'armée* et qui, en 1872-1873, alors qu'il n'est encore que colonel, rédige *Les Lettres à l'armée* sous le pseudonyme de V. Studens.

S'il n'y a pas volonté dans ces propositions de

copier aveuglément le modèle prussien, il se dégage majoritairement le souhait d'instaurer le service personnel obligatoire. Désormais, il est pensable et acceptable en temps de paix. Le rapport de la commission d'enquête sur les origines de la Commune, publié le 15 mars 1872, montre le ralliement unanime de la commission à ce type de service.

Tout aussi unanime, à une voix près, est la sous-commission de recrutement, émanation de la commission de réorganisation, qui supprime le remplacement. Le principe de l'universalisation du service personnel est inscrit en tête de la loi du 27 juillet 1872. Jusqu'alors c'était la conscription seule qui était universelle, en cela la nouvelle loi militaire est une rupture. Mais elle est aussi une mosaïque, résultat d'un compromis instaurant un « service à la carte » non en fonction du choix des individus mais de leur appartenance sociale.

On a vu dans quel subtil « jeu parlementaire à trois » se déroulent la discussion et le vote de la loi, ce qui explique sa complexité. Mais il y a plus : jusqu'à présent le nombre et la durée étaient deux concepts antinomiques. Or les conservateurs persistent à attribuer bien des vertus à la longueur du service, notamment celle d'inculquer l'esprit militaire qu'ils continuent de distinguer et même de juger supérieur à l'instruction militaire, affirmant que le service court de la Prusse ne fonctionnait que parce que la société dont émanaient les soldats était déjà disciplinée.

N'est-ce pas Renan lui-même, bientôt maître à penser des républicains mais se livrant alors à une violente réaction pessimiste et élitiste contre la république et la démocratie dans *La Réforme intellectuelle et morale de la France*, qui affirme :

> Le système prussien n'est possible qu'avec des nobles de campagne, chefs-nés de leur village, toujours en contact avec leurs hommes, les formant de longue main, les réunissant en un clin d'œil. Qu'est-ce que la noblesse, en effet, si ce n'est la fonction militaire considérée comme héréditaire et mise au premier rang des fonctions sociales[28] ?

Marqué par la défaite qui fait exploser un germanisme latent chez lui, Renan, dans cette œuvre vite oubliée et qu'il fera oublier, se montre admirateur du système prussien mais juge la France frivole et « perdue par la démocratie » incapable de l'appliquer[29].

Par ailleurs, le remplacement était justifié parce qu'il évitait le risque de perturber le cours des études ou de briser les commencements d'une carrière. La perspective de discipliner à leur tour et de civiliser les jeunes élites auxquelles serait dévolu « naturellement » un rôle d'encadrement dans l'armée nouvelle et de conforter ainsi l'ordre social ne contrebalançait pas totalement ce risque. Enfin, les préoccupations budgétaires ne pouvaient être négligées par les protagonistes du débat.

C'est par l'organisation différenciée des « gros bataillons » que les auteurs de la loi de 1872 sortent de ces dilemmes. La discussion s'ouvre le 27 mai 1872 et l'atmosphère dans laquelle elle se déroule n'est pas sans rappeler celle qui a entouré le vote de la loi Gouvion-Saint-Cyr : même passion et même hauteur de vues d'autant plus remarquable que, comme en 1818, pèse sur la France le regard vigilant de l'Allemagne qui en outre l'occupe encore partiellement. Le rapport de la commission résume les desseins des concepteurs de la loi et dit que leurs préoccupations sont aussi intérieures :

> L'armée est la grande école du pays! [...] Ce programme, ce n'est pas nous qui l'avons imaginé, c'est la force des choses, c'est notre situation en Europe, c'est avant tout l'état intérieur de notre société qui nous l'ont imposé [...]. [Vous savez] quel est l'état intérieur, à quelles passions subversives il est en butte ; quelles funestes doctrines on cherche à répandre dans nos populations, enfin quelles divisions on tâche de faire naître entre tous les rangs de la société [...]. La pensée qui nous a constamment dirigés [...], c'est surtout notre situation intérieure qui nous l'a inspirée. Dans tous les cas, il n'en était pas d'autres [moyens] pour résister au mal qui menace de plus en plus de désagréger tous les éléments de notre société ; il n'en était pas d'autres pour relever dans tous les cœurs le sentiment de la Patrie, dans tous les esprits le sentiment de la discipline, dans toutes les âmes les pensées du dévouement[30].

Des trois conceptions qui sont aux prises, deux sont écartées ; celle de l'armée de métier que Thiers défend dans une sorte de « baroud d'honneur », affirmant que le nombre véritable c'est la qualité[31], celle des républicains, les trois ans, que Gambetta et ses amis ne défendent qu'avec retenue au cours du vote d'un amendement qui ne recueille pas toutes les voix républicaines, le 8 juin 1872[32], tant ils se savent minoritaires, tant ils évitent les surenchères, tant ils pensent enfin qu'une loi vraiment républicaine ne pourra être votée que lorsqu'ils seront majoritaires à leur tour et que, en attendant, il faut se contenter de ce pas vers la nation armée à laquelle ils assignent un autre contenu. La conception qui l'emporte est certes celle du service personnel mais celui-ci demeure inégalitaire, comme dans la France du premier XIXe siècle la conscription a été inégalitaire. La loi, ne serait-ce que par ses ambiguïtés, démontre que la « prussianisation » du système militaire français n'est pas totale.

Faisant ressurgir les vieux thèmes — les vieux mythes — de Sparte, d'Athènes et de Rome, le général Ducrot[33] s'écrie :

> L'égalité est une bien belle chose, j'en suis très partisan, surtout de l'égalité qui s'obtient en élevant les niveaux inférieurs à hauteur des niveaux supérieurs. Mais j'avoue que je suis l'adversaire de l'égalité qui s'obtient en abaissant les niveaux supérieurs à hauteur des niveaux inférieurs. Je ne veux pas surtout de cette égalité qui s'obtient à la manière de Tarquin, c'est-à-dire en abattant les têtes qui dépassent le niveau général[34].

Certes, Ducrot est favorable à l'armée de métier. Mais les partisans de la loi ne sont pas nécessairement opposés à de telles vues.

La durée du service est fixée à cinq ans ; l'avant-projet de la loi parlait de quatre ans mais le rapport de la commission revient à cinq ans, pour ménager les susceptibilités de Thiers car la majorité ne songe pas encore à l'écarter du pouvoir. Mais tous ne feront pas cinq ans, seuls y seront astreints les mauvais numéros puisque le tirage au sort est maintenu. Les bons numéros, eux, ne resteront qu'un an sous les drapeaux et même ceux d'entre eux qui auront reçu une instruction militaire préalable n'accompliront que six mois. Pour les auteurs de la loi, il est entendu que seule mérite considération la partie du contingent qui demeurera cinq ans sous les drapeaux, que c'est elle et elle seule qui est composée de «vrais soldats» et qu'à elle seule seront réservés les efforts administratifs et financiers de l'État.

Le service personnel est donc modulable et, même si le privilège d'échapper au fardeau commun est supprimé, les inégalités sociales réapparaissent subtilement. Les modalités de la loi de 1872 permettent de concilier les contraires, les contraintes budgétaires inhérentes au service long, les impératifs sociaux, la nouvelle idéologie qui fait — refait — de l'impôt du sang un devoir, et le désir de préserver les qualités attribuées à la longue durée.

Mais avec la suppression du remplacement, les fils des élites ayant tiré un mauvais numéro risquent de subir tous les «inconvénients» du service personnel obligatoire. Aussi un dispositif de la loi est spécialement prévu pour eux, l'engagement conditionnel d'un an contracté avant tout tirage au sort et qui suppose de la part du contractant la possession du baccalauréat et le versement à l'État d'une somme de 1 500 francs pour frais d'équipement. Ces deux conditions disent assez à qui ce dispositif est réservé; au terme de cette année, les engagés peuvent passer un examen pour devenir sous-lieutenant.

Le caractère inégalitaire de la loi est encore renforcé par le maintien des dispenses qui existaient dans les lois précédentes en faveur des soutiens de famille mais aussi des futurs ecclésiastiques des trois cultes concordataires et de ceux qui se destinent à l'enseignement public. Mais il est juste de dire que l'attribution de sursis s'adresse aussi bien à des paysans jugés indispensables à la bonne marche d'une exploitation qu'à des étudiants jusqu'à ce qu'ils aient atteint l'âge de vingt-quatre ans.

Par contre, sauf les dispensés, tous se retrouvent dans une réserve à laquelle la loi donne une importance nouvelle : on y passe quatre ans après cinq ans ou six mois de service, on y accomplit deux périodes de manœuvres de vingt-huit jours chacune puis on entre dans la territoriale pour cinq ans et enfin pour six ans dans la réserve de la territoriale. La réserve et la territoriale ne sont d'ailleurs pas sans rappeler la *Landwehr* et la *Landsturm* prussiennes[35]. Chaque année, le ministre de la Guerre fixe l'effectif de chacune des deux parties du contingent. Mais, en cas de guerre, et c'est une nouveauté de la loi de 1872 par rapport aux lois militaires antérieures, il n'y a plus de différence entre ces deux parties ou plutôt la notion de contingent disparaît de fait[36].

La loi du 27 juillet 1872 qui aboutit à une armée de 500 000 hommes n'est que la première de trois lois organiques prises par la « république sans républicains ». En effet, beaucoup estiment non seulement que la Prusse a mieux retenu les leçons de la conscription originelle inventée par la France, même si c'est à partir d'autres prémisses idéologiques et politiques, mais encore qu'elle a mieux compris les ressorts de la nouvelle révolution militaire en cours, déjà sensible lors de la guerre de Sécession aux États-Unis. La révolution industrielle et celle des transports — l'ère du chemin de fer — aboutissent à donner d'autres contours, et d'abord ses supports matériels, à une guerre de masse fondée à la fois sur la science des combattants et de ceux qui les commandent et sur la rapidité avec laquelle les forces armées sont transportées sur le champ de bataille et déjà sur celle avec laquelle elles sont mobilisées.

La rapidité : la loi du 24 juillet 1873 précise l'organisation de cette armée de 500 000 hommes en créant dix-huit corps d'armée auxquels correspondent dix-huit régions militaires en France plus une dix-neuvième en Algérie, organisation qui permet entre autres de convoquer très vite les réservistes, à l'imitation de l'exemple prussien[37]. Cette loi « technique » fait d'ailleurs ressurgir le problème du choix politique entre recrutement régional et recrutement national. Certains auraient souhaité la militarisation du personnel des chemins de fer, la loi se contente de le mettre à la disposition du ministère de la Guerre en cas de conflit[38].

La loi du 13 mars 1875 précise la constitution des effectifs et des cadres en stipulant que le nombre de ceux-ci sera désormais permanent et fixé par la loi[39]. Pour renforcer leur entraînement sans augmenter les effectifs, un quatrième bataillon est ajouté à chaque régiment[40].

La science : la guerre de 1870 n'avait-elle pas été la « victoire du cerveau sur le muscle et l'instinct »[41] ? Le ministre de la guerre, de Cissey[42], prévoit la formation d'un Conseil supérieur de la guerre. Créé après la loi de 1872, composé de hauts fonctionnaires civils et militaires, il ne répond pas aux souhaits de ses initiateurs et disparaît en 1874. Ses avatars ne réussiront pas davantage[43]. Il prouve au moins l'existence d'une réflexion collective qui s'incarne avec plus de succès dans l'École supérieure militaire instituée en mars 1875, voulue par de Cissey pour transformer le corps de l'état-major, et par Lewal qui la commande en 1877. À partir de 1880, elle prend le nom d'École supérieure de guerre[44].

Enfin, entre 1873 et 1875, la république conservatrice amorce la construction d'un réseau de casernes qui favorisera la pénétration du fait militaire. La loi du 17 juillet 1874 est directement inspirée des réflexions du général Séré de Rivières qui appartient à l'arme du génie[45].

La science et la rapidité, combinées avec les forces de toute une nation, n'ont-elles pas permis à l'Allemagne de vaincre ? De cette manière, celle-ci « impose sa loi » même s'il faut reconnaître que, en général, la France ne se livre pas à une imitation sans nuances et artificielle.

LES RÉPUBLICAINS AU POUVOIR
ET LA NATION ARMÉE

La vision républicaine

Première loi militaire de la troisième République, celle du 27 juillet 1872 n'est pas considérée comme une loi républicaine par les républicains qui l'ont votée faute de mieux et aussi en raison d'une lucide appréciation du rapport des forces politiques. Pour eux, elle n'est tout au plus qu'un préalable. Ils se promettent de la républicaniser une fois qu'ils seront au pouvoir.

Qu'entendent-ils par républicanisation ? Redonnons la parole à Gambetta qui esquisse ce qu'elle doit être dans le discours qu'il prononce à Bordeaux le 26 juin 1871 :

> Le jour où il sera entendu que nous n'avons pas d'œuvre plus grande et plus pressante à faire [...], que nous n'avons qu'une tâche, instruire le peuple, répandre l'éducation et la science à flots, ce jour, une grande étape sera marquée vers notre régénération : mais il faut que notre action soit double, qu'elle porte sur le développement de l'esprit et du corps [...]. Je ne veux pas seulement que cet homme pense et raisonne, je veux qu'il puisse agir et combattre. Il faut mettre partout, à côté de l'instituteur, le gymnaste et le militaire afin que nos enfants, nos soldats, nos concitoyens soient tous aptes à tenir une épée, à manier un fusil, à faire de longues marches, à passer les nuits à la belle étoile, à supporter vaillamment toutes les épreuves de la Patrie. Il faut pousser de front ces deux éducations car, autrement, vous ferez une œuvre de lettres, vous ne ferez pas une œuvre de patriotes [...]. En un mot, rentrons dans la vérité et que, pour tout le monde, il soit bien entendu que, lorsqu'en France un citoyen est né, il est né un soldat et que quiconque se dérobe à ce double devoir d'instruction civile et militaire soit impitoyablement privé de ses droits de citoyen et d'électeur[46].

Cette républicanisation espérée ne peut faire l'économie d'une régénération dont on a vu combien elle marque alors les esprits. Régénération qui n'est pas seulement politique et idéologique et dont la réalisation est confiée à un triumvirat dans lequel le gymnaste se voit accorder la même place que le militaire et l'instituteur, ce qu'une image convenue de la troisième République — celle d'hommes politiques ventripotents et inaugurant des banquets — a fait oublier. Une autre image convenue a d'ailleurs volontiers fait croire au rôle exclusif de l'instituteur. Gambetta précise sa pensée à Annecy, après le vote de la loi de 1872 :

> Sous la République, il y aura véritablement une armée nationale, une armée qui comprendra tout le monde, une armée qui sera la nation elle-même debout devant l'étranger ; une armée où les droits de l'intelligence et la hiérarchie seront parfaitement respectés et, surtout, où la science des armes, ce triomphe de l'intelligence, sera appliquée à sa dernière puissance, avec tout ce que comporte d'audace, d'intelligence, d'héroïsme et de grandeur, le génie même des Français[47].

On croit entendre en écho de ces discours la formule qui devient un lieu commun sous la troisième République, y compris chez les intellectuels : c'est l'instituteur prussien qui est le vainqueur de Sedan. Sans doute les républicains n'entendent-ils pas la même chose que leurs adversaires monarchistes dans le mot « éducation » ni n'assignent-ils les mêmes buts à la régénération. On a vu combien l'héritage de la Révolution avait été vilipendé par ceux-ci lors de l'instauration de la loi de 1872. Les républicains vont l'assumer et refonder la trilogie république-patrie-armée sur cet héritage en le débarrassant de ses mythes. Ce que leurs devanciers de 1792-

1793 avaient ébauché dans l'urgence et sous un régime d'exception pour sauver la Révolution menacée d'être emportée par la guerre étrangère et la guerre civile avant même que la république ne soit réellement fondée, les hommes de la troisième République des années 1880 vont l'ancrer dans une république constitutionnelle, postérieurement à la guerre civile et à la guerre étrangère, même si la menace allemande reste présente à l'arrière-plan et si le débat politique quant aux fondements du régime demeure très vif. Ce qui n'était que fortuit et contingent pour les hommes de la Révolution, l'histoire — et les victoires — semble l'avoir rendu nécessaire aux yeux de leurs héritiers : liens intrinsèques entre citoyenneté et devoir de défense, voire avec le fait militaire en général, entre l'armée, l'État-nation centralisateur et l'unité nationale dont la première est l'instrument. Ils achèvent de forger ces liens.

Ils « achèvent » car les régimes précédents et encore la république des notables de 1872 ont compris ces liens tout en écartant et même en répudiant le passé révolutionnaire de ceux-ci. Au contraire, les républicains qui vont voter la loi de 1889, première loi républicaine, et celle de 1905, sommet de l'universalisation du service personnel obligatoire, identifient — et font en sorte que les Français identifient — la patrie et la nation avec la république qui certes n'est plus révolutionnaire mais n'est plus conservatrice à partir de la séquence politique qui s'ouvre en 1876.

En 1873, à la suite de la chute de Thiers, dont ils avaient été les artisans, les monarchistes avaient élu à la présidence de la République le maréchal

Mac-Mahon, de sympathie légitimiste, afin de préserver les chances d'une restauration. Or les élections législatives de 1876 donnent la majorité aux républicains mais Mac-Mahon atermoie et, au lieu de former un ministère franchement républicain, confie successivement à Dufaure, orléaniste rallié à la république, puis à Jules Simon, républicain modéré, la tâche de diriger le cabinet ; tâche impossible car Dufaure et Simon sont pris « entre le marteau et l'enclume », entre le président et l'Assemblée. Le 16 mai 1877 s'ouvre une crise politique majeure, Mac-Mahon accule Jules Simon à la démission et le lendemain est formé un ministère conservateur de Broglie, mis en minorité par la Chambre républicaine. Comme les lois constitutionnelles de 1875 lui en donnaient le droit, Mac-Mahon dissout celle-ci mais, sortant de son rôle d'arbitre, prend position en faveur des candidats conservateurs au cours de la campagne électorale passionnée qui suit, s'attirant les foudres de Gambetta qui le menace : lorsque les électeurs auront rendu leur verdict, il lui faudra se soumettre ou se démettre. Les républicains remportent une nouvelle victoire aux élections d'octobre 1877. Mac-Mahon se soumet dans un premier temps puis, alors que le Sénat est à son tour gagné par les républicains en 1879, se démet le 30 janvier lorsque la Chambre des députés exige qu'il révoque de hauts fonctionnaires et magistrats de sympathie monarchiste. Mac-Mahon refuse dès lors qu'il s'agit du personnel militaire, ne voulant pas frapper, dit-il, ses compagnons d'armes. On observera que l'armée en tant qu'institution se cantonne lors de la crise à un strict légalisme, et ce quelles que soient les orientations politiques des individus qui la composent.

Les républicains opèrent donc une républicanisation de l'armée et par l'armée, qu'ils ne considèrent cependant pas comme supérieure à la société. Il n'est pas non plus question de fusion : l'armée permanente est maintenue et demeure dans les casernes. Ce double mouvement a pour corollaire un service militaire démocratisé car, pour être étendu et universalisé, il faut qu'il soit acceptable pour le plus grand nombre.

Sur certains points, ce projet rencontre l'assentiment de militaires qui ne sont pas ou fort peu républicains. On l'a déjà vu à propos de la science que requiert la révolution militaire en cours. L'invention au début des années 1850 d'armes à feu au tir plus rapide semble désormais condamner le « soldat-machine » des monarchies censitaires et de guerres redevenues limitées après l'ère révolutionnaire et napoléonienne, celui dont on requérait bien davantage la docilité que l'autonomie, celui auquel on demandait avant tout de l'obéissance passive.

Cette convergence entre républicains d'une part, d'autre part officiers de métier et/ou penseurs militaires peut encore s'opérer quand, à partir de 1880, la suprématie du choc sur le feu revient à l'honneur dans les écrits de ces derniers, dans le cadre de la nouvelle guerre de masse dont quelques-uns voudront faire une guerre éclair. Quinze ans après Sedan, le souhait de l'offensive tactique ressurgit[48]. Ce nouvel état d'esprit est décelable dans les cours et les écrits du colonel Bonnal qui enseigne à l'École supérieure de guerre, dans ceux du capitaine Georges Gilbert qui écrit dans la *Nouvelle Revue*, périodique républicain, et réinterprète les guerres de Napoléon et, de « façon tronquée » selon Jean-Charles Jauffret, la pensée de Clausewitz[49]. Il triomphe chez Foch quand à son tour il dirige l'École supérieure de guerre de 1908 à 1911. Ses éléments sont : guerre de mouvement dont l'infanterie, reine des batailles, est le pivot, mépris du feu et supériorité de la force morale chère à Ardant Du Picq, publié de façon posthume dans les années 1880, et transformée — déformée — par Foch en « école d'énergie », offensive à outrance au cours d'une guerre absolue visant à l'anéantissement de l'adversaire, et culte de la baïonnette. Ces éléments font ressurgir un mythe né à propos de la Révolution et de l'Empire[50] et confirment les vues de ceux qui pensent que les conflits de la période 1792-1815 sont le prélude de la guerre totale. Comme « le choc » des guerres de la Révolution et de l'Empire, celui qui est prôné n'est pas celui de hordes qui se ruent aveuglément sur l'adversaire. Il n'est antinomique ni de l'initiative, ni de la conviction du combattant, ni même de l'autonomie tactique du tirailleur, il est élan qui entraîne derrière lui la nation tout entière[51], d'où l'intérêt nouveau porté aux réserves ; toutes choses qui ne sont pas incompatibles avec la vision républicaine, toutes choses qui sont rendues possibles par la massification que les républicains sont en train de mettre en œuvre.

Les trois ans de la république de Gambetta et de Ferry

La loi de 1872 est appliquée avec des arrière-pensées permises par son caractère hybride. Priorité est donnée par l'Assemblée mais aussi par l'exécutif, particulièrement par Thiers tant qu'il est au pouvoir[52], à la première portion du contingent où, en pratique, le ministre de la Guerre, puisque c'est lui qui décide, verse 110 000 hommes, la seconde étant constituée en moyenne de 40 000 hommes, tenus comme « quantité négligeable », car le haut commandement ne souhaite pas alors que les réserves combattent[53]. Si les monarchistes restent au pouvoir, ils poursuivront dans cette voie ; au contraire, si les républicains l'emportent, au nom de l'égalité et aussi de l'unité de l'armée, ils combleront le fossé qui existait entre les deux parties du contingent et supprimeront tout ce qui reste de privilèges. L'extension de l'universalisation passant pour les républicains par l'égalisation du temps de service, ils font valoir à l'appui de leur argumentation que des recrues de six mois ou d'un an ne peuvent guère devenir des combattants fiables. Ils se font fort aussi de montrer que la loi de 1872 était inapplicable et est de fait inappliquée. En effet, pour des raisons budgétaires, les cinq ans, jugés si essentiels par les auteurs de la loi de 1872, sont réduits à... quarante mois, l'année accordée à une partie de la seconde fraction à six mois[54]. Quant au volontariat d'un an, il est jugé injuste par les républicains, inefficace par les cadres de l'armée car les jeunes gens qui se présentent à l'examen pour l'accès au grade de sous-lieutenant considèrent qu'il s'agit d'une formalité et s'y préparent insuffisamment[55] au point que l'encadrement voudrait leur infliger une année supplémentaire.

Cependant, la loi du 15 juillet 1889 est, à son tour, moins une rupture qu'un compromis. D'ailleurs, il faut aux républicains, devenus enfin maîtres de la République, plus de dix ans d'un débat confus pour instaurer la loi des trois ans après le dépôt d'une douzaine de projets ou propositions à partir de 1876.

Dès 1876, le député radical Laisant[56] dépose en effet une proposition de loi en faveur des trois ans, idéal républicain depuis le milieu du XIXe siècle. Quand la victoire politique des républicains est acquise, le mouvement s'accélère ; le 25 mars 1882, Gambetta lui-même s'engage en faveur des trois ans et présente un texte en ce sens. Le même jour, le général Billot, ministre de la Guerre, dépose un projet qui synthétise tout ce qui avait été élaboré jusque-là pour un service plus égalitaire et donc écourté. L'armée elle-même est divisée sur cette question, le haut commandement favorable à quatre ans effectifs, les officiers d'infanterie aux trois ans.

Ce n'est qu'en avril 1884 que commence la discussion à la Chambre des députés qui vote un projet en juin suivant[57]. Il faut encore cinq années pour que le service de trois ans soit définitivement voté pendant qu'il progresse « sur le terrain » : dès qu'ils sont au pouvoir en effet, les gouvernements républicains font remonter la durée du service de la seconde partie du contingent à onze mois pendant que par un jeu de bascule, lié à des raisons financières, le service de la première partie continue à diminuer et, en 1887, a lieu un premier essai du service de trois ans[58]. Les trois ans progressent également dans la faveur du haut commandement, le regain de tension avec l'Allemagne en 1887 et le vote d'une nouvelle loi militaire allemande démontrant la nécessité d'avoir recours à un maximum de forces.

Après de multiples navettes entre Sénat et Chambre des députés et de nombreux déboires, dont le dépôt par le général Boulanger, ministre de la Guerre et alors proche de la gauche radicale, d'un projet de trois ans imposés aux dispensés — ce sont essentiellement les séminaristes qui étaient visés, d'où le slogan des « curés sac au dos ! » — Freycinet, ancien délégué de Gambetta à la Délégation de Tours et qui s'est révélé alors être un très efficace second, présentement président de la commission militaire du Sénat, devient ministre de la Guerre en mars 1888. C'est le premier civil qui accède à ce poste. Il donne son nom à la loi, en fait plus communément appelée « loi des trois ans », dont on remarquera qu'elle est votée en pleine commémoration du centenaire de la Révolution française, ce qui est beaucoup plus qu'une coïncidence chronologique.

L'exposé des motifs du projet de loi manifeste clairement les intentions des républicains : extension de l'universalisation, intensification de la préparation et de l'instruction de la réserve, rôle de seconde école du citoyen imparti à l'armée :

> Nous inspirant de son exemple [celui du législateur de 1872], nous avons respecté la loi de 1872 dans ses parties essentielles, nous contentant de faire un pas en avant dans la voie qu'elle avait tracée et dont le but était de ne pas laisser une partie des citoyens en quelque sorte désintéressés de la défense de la Patrie et d'offrir à la République tous les défenseurs dont elle peut avoir besoin. [...] Les charges militaires, les mêmes pour tous, devraient également peser sur tous [...], nous savons qu'on peut compter sur l'intelligence et le dévouement de la race française pour obtenir dans un délai de trois ans des hommes instruits et disciplinés qui, restant des années à la disposition du ministre de la Guerre, pourront [...] conserver et même développer leur instruction militaire [...]. En résumé, la loi, sans compromettre les grands intérêts de l'armée, donne satisfaction à l'opinion publique par la réduction du service actif et par une plus équitable répartition des charges militaires ; sagement et progressivement appliquée, elle préparera des réserves instruites, pénétrées de leurs devoirs, et le pays, confiant dans l'énergie et le dévouement de ses enfants, pourra continuer dans la paix le relèvement et le progrès poursuivis par la République[59].

Et Freycinet précise à l'adresse du Sénat :

> Il s'agit simplement de savoir s'il ne vaut pas mieux un nombre plus grand de soldats ayant reçu une instruction suffisante, quoique de moindre durée, qu'une quantité moindre de soldats ayant reçu une instruction plus complète. Ce qu'il faut comparer n'est pas un homme avec une instruction de cinq ans ; ce sont deux hommes ayant reçu, le premier, cinq ans et le second, un an d'instruction, avec deux ayant passé deux ans au service. Il tombe sous le sens qu'avec ces deux hommes vous constituez une force plus grande que si vous prenez un soldat de cinq ans et un autre qui n'aura aucune instruction[60].

Mais la loi reste en deçà de ces intentions ; il est vrai que les députés préfèrent à tout prendre voter un projet modifié par le Sénat dans un sens inégalitaire, le sort des dispensés ayant donné lieu à de multiples passes d'armes, plutôt que de laisser traîner les choses. Ils agissent en ce sens en républicains opportunistes. On se souviendra que ce qualificatif, accolé à cette période de la troisième République et à des hommes politiques tels que Ferry et Gambetta, n'a rien de péjoratif mais désigne le caractère graduel que ceux-ci entendent donner aux réformes. Édouard Thiers[61], rapporteur à la Chambre des députés, est obligé d'en convenir :

> Je croyais, et tous les républicains croyaient comme moi, que les deux principes au point de vue desquels nous nous étions placés étaient, le premier, l'obligation absolue du service pour tous, le second, l'égalité absolue de ce service pour tous [...]. Que vous proposons-nous d'adopter aujourd'hui ? Une loi où le premier de ces principes est consacré de la façon la plus complète, une loi qui édicte qu'aucun jeune homme français en état de porter les armes ne pourra plus jamais dans l'avenir éviter de passer par la caserne. C'est l'obligation absolue du service pour tout le monde et, sous ce rapport, la victoire républicaine est complète, je le répète. Notre second principe, nous n'avons pu le faire triompher d'une manière aussi complète ; nous n'avons pu obtenir que ce service obligatoire pour tous fût absolument égal pour tous. Néanmoins, la différence sera moins grande qu'en 1872 et l'égalité aura gagné[62].

De fait, l'article 2 est ambigu puisque au lieu d'affirmer, comme le désiraient les députés, « le service militaire est égal pour tous», il se contente d'énoncer, selon les vœux des sénateurs, «l'obligation du service est égale pour tous»[63]. L'égalité progresse incontestablement mais tous ne feront pas trois ans. Certes le volontariat d'un an est supprimé, certes il n'y a plus de dispensés mais il est décidé qu'ils ne seront astreints qu'à un an de service, tant ce point soulève les passions.

Des passions qui vont au-delà du conflit classique de la troisième République mettant aux prises les cléricaux et les anticléricaux, même si celui-ci les alimente. En fait, le débat s'élève bien au-delà des formules clochemerlesques dont on a vu plus haut un exemple. Au demeurant, les séminaristes catholiques ne sont pas seuls en cause, les futurs membres de l'Instruction publique le sont aussi. Le débat fait revivre les modèles mythifiés de la Grèce antique, il témoigne que le transfert de sacralité, décelable dès la loi de 1872, se poursuit... chez les républicains, il montre le sens que ceux-ci accordent à la fusion des classes et prouve qu'ils donnent une version démocratique au rôle de seconde école qu'ils prétendent faire jouer à l'armée.

Dès 1887, Laisant avertit ses adversaires politiques :

> L'armée, sous le régime où nous vivons surtout, est déjà, doit devenir et deviendra de plus en plus la grande école nationale et militaire de la France, une école de civisme, une école de patriotisme, une école où l'on apprendra tout ce qui est de nature à élever l'esprit des hommes au lieu de les diviser par ces rivalités, ces luttes, ces idées de privilèges et de particula-

risme que vous introduisez ici lorsque vous venez défendre les dispensés[64].

En effet, les conservateurs ne s'y sont pas trompés qui, faute d'obtenir le maintien de la loi de 1872 telle quelle et celui de la « double » durée, condition du « façonnage » de soldats véritables à leurs yeux, défendent bec et ongles le maintien des dispenses. Le député Martimprey[65] fustige « l'égalité à la Tarquin » de la future loi qui n'est fondée selon lui que sur la haine de la fortune, du savoir et de Dieu en la personne des séminaristes, et n'aboutira qu'à un nivellement[66], et Monseigneur Freppel juge que l'idéal de la nation armée porté « à la dernière extrémité » est un retour à la barbarie. Il établit un parallèle entre Sparte « qui réalisait déjà l'idée de ce camp militaire dans lequel on voudrait aujourd'hui transformer les nations modernes » et dont l'influence a été nulle sur les progrès de la civilisation et Athènes, maîtresse de l'art, de la pensée et de la philosophie [67].

Il est permis de voir aussi dans ces accents passionnés contre la « caserne pour tous » un dernier sursaut de la répugnance traditionnelle des élites, qui a des racines idéologiques, mais aussi culturelles et « sensibles ». Aussi, Hanotaux[68] leur réplique-t-il :

> Et permettez-moi d'ajouter que ce serait une situation vraiment singulière que celles *[sic]* que se feraient les jeunes gens qui éviteraient le sort de leurs compatriotes et de leurs contemporains. Comment ! Vous croyez qu'il est possible que, dans notre état social, certaines classes qui se prétendent, qui se croient plus développées, vous croyez que ces classes qui se considèrent comme appelées à commander puissent échap-

per au service qu'elles doivent rendre dans l'armée ? Quel déshonneur, et j'ajouterai quel péril[69] !

Les orateurs favorables aux trois ans démontrent en effet qu'ils sont favorables à la paix sociale. Paul Bert[70] affirme : « Oui, vous n'avez qu'un seul moyen d'établir véritablement dans ce pays l'unité des esprits ; ce moyen, c'est le séjour uniforme et des conditions absolument égales sous les drapeaux[71]. » Comment celui qui veut exercer une magistrature spirituelle — le futur membre des clergés — ou intellectuelle — le futur instituteur — ne serait pas celui qui, sur le champ de bataille, donne l'exemple par le sacrifice de sa vie ? C'est le leitmotiv des partisans de la loi. Lenient[72], député de Seine-et-Marne, précise que la loi est plus proche de l'équilibre athénien entre enseignement militaire et éducation libérale que de l'ascétisme spartiate[73].

Paul Bert introduit dans la discussion un nouveau mythe, celui de Carthage : « [...] Rome la batailleuse [derrière laquelle se profile Sparte] a subjugué Carthage commerçante et la Grèce artistique[74]. » L'évocation de Carthage à laquelle la France ne veut pas s'identifier est un moyen de contrer l'émergence du modèle anglais dans les arguments des adversaires de la loi. La France ne peut avoir, sous peine d'anéantissement, le système de défense d'un État libéral et marchand qui est au surplus protégé par sa configuration géostratégique[75].

Quant à l'Allemagne, encore appelée Prusse par les orateurs des années 1880, elle ne cesse d'étendre son ombre sur le débat et continue d'exercer une attraction mêlée de répulsion. Les adversaires des trois ans «français» persistent à dire que les trois ans «allemands» ont lieu dans une société où existe le respect de l'autorité et de la hiérarchie. Quant à Monseigneur Freppel, il déplore l'imitation de l'Allemagne pour des raisons spirituelles et, comme Monseigneur Dupanloup en 1872, le culte de la nation armée. Édouard Thiers lui réplique vertement: «Ah! Messieurs, la patrie est vraiment plus grande que l'Église catholique elle-même. [...] La patrie, c'est notre idole[76].»

Et sur ce point, il est suivi par certains contempteurs de la loi. Dès 1887, Margaine[77] affirme:

> Quant à moi, j'estime que l'idée de Patrie est bien plus tangible que celle dont vous parlez [...]. Je déclare que, dans cette armée qui se compose de musulmans, de catholiques, de protestants et même d'hommes qui ignorent la divinité, une seule pensée domine: celle de la Patrie française [...]. C'est au nom de la Patrie française qu'ils meurent et je prétends que cette idée morale est supérieure à toute autre idée pour les soldats dont vous parlez[78].

Les deux ans de la république de Combes et de Clemenceau

Les adversaires de la loi le prédisent avec inquiétude dès sa mise en discussion: elle sera remise en cause et la durée du service encore raccourcie. Malgré les protestations de bonne foi de la part des partisans de la loi, cela ne manque pas d'arriver très vite après qu'elle est votée. Le débat récurrent sur le temps du service reprend pour les traditionnelles raisons idéologiques, avivées encore par l'exemple allemand. Une fois de plus, il se poursuit dans des écrits[79]. Il est encore intensifié par la conjoncture politique, c'est-à-dire l'évolution de la troisième République après l'affaire Dreyfus.

Pour des raisons idéologiques : on voit que l'idéal républicain des trois ans, une fois atteint, n'apparaît plus comme indépassable. La loi de 1889 n'aura représenté qu'une étape. L'égalité n'est pas totale en effet et l'année unique des anciens dispensés semble un reste de privilège. Or les républicains opportunistes avaient promis de démocratiser totalement le service obligatoire afin qu'il soit un parfait instrument de républicanisation. L'armée doit être la copie même de la nation, proclamait le radical Laisant dès 1884[80]. Les radicaux une fois au pouvoir vont tenir un langage plus incisif encore, ainsi que les socialistes, tel Jaurès. À l'arrière-plan de cette discussion sur la durée du service, les conservateurs en reviennent à la défense de l'armée de métier et déposent, avant même le vote de la loi de 1889, des amendements en ce sens. Désormais, ils fondent cette défense moins sur l'esprit militaire du vieux soldat que sur l'efficacité du professionnel spécialisé[81]. De tels professionnels constituent une partie des troupes qui participent à la conquête coloniale, par exemple les régiments de fantassins et d'artilleurs de marine, formés d'engagés qui reçoivent une prime. Les conservateurs voudraient transposer ce modèle aux régiments de cavalerie et d'artillerie de la métropole et plus tard aux troupes de couverture sur les frontières[82].

Pour des raisons proprement politiques ensuite,

l'affaire Dreyfus et ses séquelles interfèrent dans le débat et lui donnent une nouvelle acuité. Portant à son terme la dichotomie entre l'idée de nation d'une part, les idées de révolution et de république d'autre part, ce que met en lumière la création de l'Action française, l'Affaire est aussi un révélateur du divorce ou du risque de divorce entre le régime et les officiers d'active, fruit d'une évolution sociologique qui a aussi des aspects idéologiques. Évolution que montraient déjà les résultats de « l'enquête » de Gambetta en 1876 et que la victoire politique des républicains ne fait qu'accentuer, l'armée devenant le refuge des milieux hostiles à la république qui affectent de servir la patrie et la nation et non le régime ; on voit ainsi les effets de la dichotomie entre ces notions. Certes, il faut se souvenir que les militaires sont frappés d'incapacité électorale d'une part et que, d'autre part, il ne faut pas considérer non plus par l'effet de l'exagération contraire le corps des officiers comme unanimement antirépublicain ; mais l'avancement se faisant en circuit fermé au gré d'une commission de classement échappant au regard de l'État et s'autorecrutant chez des personnalités peu adeptes du régime, ceux qui sont républicains sont obligés de se cantonner à une prudente réserve que n'observent pas leurs camarades dans les lieux de sociabilité, sinon dans les isoloirs. Avec les cadres de la première école — les instituteurs — les républicains ne connaissaient pas de tels problèmes ! L'affaire Boulanger n'avait pas joué ce rôle de révélateur, le général ayant agi en solitaire après sa rupture avec le régime et, on l'a vu, ayant d'ailleurs poussé auparavant dans le sens des trois ans quand il était ministre de la Guerre.

La méfiance des gauches républicaines radicale et socialiste, née au milieu du xixe siècle, en est intensifiée. Pour la seconde, s'ajoute la répulsion envers une armée utilisée comme instrument de répression des luttes ouvrières et syndicales. Mais la migration des concepts repérée dès le second Empire n'est pas totale, le chassé-croisé des représentations et des attentes à propos de l'armée ne parvient pas à son terme. L'« antimilitarisme » des radicaux, semblable quoique exprimé plus fortement par les socialistes jaurésiens, n'est pas absolu. Il est relatif et résulte de la comparaison entre l'armée idéale, fortement colorée par l'image idyllique de l'armée de citoyens-soldats de la Révolution, et l'armée réelle, celle des débuts du xxe siècle, dont les chefs ont condamné Alfred Dreyfus et dont certains proclament leur dégoût de « la gueuse ». Au passage, on remarquera — évidence tellement forte qu'elle n'est même plus commentée — que l'Affaire n'oppose pas à l'origine l'armée à un civil mais à un de ses membres, non pas même un conscrit, mais un officier de carrière.

Il existe donc, sous-jacente à la volonté de porter à son terme l'universalisation du service personnel et la renforçant, la conception selon laquelle il est nécessaire de « noyer » l'encadrement de métier, dont on ne peut se passer si on se place dans l'optique de l'armée permanente, par un flot de conscrits, des « citoyens-soldats » antérieurement civils et destinés à le redevenir. Cela peut et doit être réalisé par les deux ans pour tous.

En 1899, les radicaux deviennent le pivot de la coalition de «défense républicaine», soutenue par une partie des socialistes dont Briand et Jaurès, puis, après les élections de 1902 qui voient la victoire du Bloc des gauches où ils occupent une position centrale, le général André, un des leurs, devient ministre de la Guerre dans le gouvernement Combes appuyé par Jaurès bien que celui-ci n'y participe pas.

Lors des campagnes électorales, la durée du service est un point de controverse, les deux ans un élément du programme radical et ce contre les vœux de l'état-major, condamné à un relatif silence après les remous de l'affaire Dreyfus. Le général André ne consulte même pas le Conseil supérieur de la guerre. Bien des officiers sont hostiles aux deux ans mais, dans l'atmosphère de passion qui règne après l'Affaire, il est difficile de démêler dans les causes de ce refus des deux ans les raisons idéologiques, le rejet du régime républicain, des raisons purement professionnelles, c'est-à-dire l'immense crainte d'une insuffisance quantitative et qualitative de l'armée. En effet, les opposants aux deux ans ne sont pas tous opposants au régime. Dès 1895, Lewal n'écrit-il pas dans une revue contre la perspective du service de deux ans[83]? Parmi ceux qui les récusent, certains veulent le maintien des trois ans, d'autres le retour à une armée de métier[84]. Pourtant, en 1902, l'Allemagne fait passer le service à deux ans et c'est un argument de plus pour ceux qui veulent qu'il en soit de même en France.

La discussion parlementaire proprement dite commence en juin 1902 quand le sénateur Rolland redépose une proposition, modifiée selon les vœux de la commission du Sénat. La loi est votée trois ans plus tard. C'est la loi du 21 mars 1905 qui supprime le tirage au sort, fait passer définitivement les «anciens dispensés» dans le sort commun mais élargit les sursis. Le général André, à la suite du scandale de l'affaire des fiches qui le conduit à démissionner, n'est plus alors ministre, Maurice Berteaux, président de la commission de la Chambre des députés et rapporteur, lui a succédé.

Les partisans de la loi font triompher les thèmes de l'armée école, de l'armée instrument de citoyenneté avant même d'être un instrument de guerre, et de l'officier «grand frère» plutôt qu'agent disciplinaire[85], nous dirions plutôt l'officier instituteur ou éducateur, conception déjà émergente en 1872 chez les républicains et qu'ils opposent à «l'officier prêtre» des monarchistes. L'accent est mis sur les réserves, les réservistes étant à leurs yeux les seuls véritables citoyens-soldats et à cause de cela les seuls capables d'assurer la défense de la patrie, l'armée n'étant qu'un cadre d'entraînement, celui dans lequel tous les Français viendront s'instruire successivement en temps de paix et s'incorporer simultanément en temps de guerre, selon les mots de Berteaux[86].

Esprit militaire et instruction militaire s'affrontent de nouveau, confrontation rendue plus virulente par le souvenir tout proche de l'affaire Dreyfus et ses grandes controverses sur l'esprit critique, la conscience personnelle et l'autorité de la chose jugée. Le sénateur de Lamarzelle[87] proclame :

> Vous voulez des soldats sans esprit militaire, des officiers sans esprit militaire. Dans votre rapport, vous dites que les officiers comme les soldats devaient être « des citoyens mobilisables » [...]. L'esprit militaire, c'est la soumission dans le service, absolue, irraisonnée, aux ordres. L'esprit militaire, c'est non seulement la discipline matérielle mais la discipline morale, c'est-à-dire l'abdication de la volonté à l'égard de n'importe quel chef[88].

Gervais[89], député radical de la Seine, réplique à la Chambre : « Comme l'armée doit de plus en plus se confondre avec la nation, à peine doit-elle s'en distinguer par sa discipline. La transformation qui s'opère dans les méthodes de la guerre se combine avec l'évolution qui se produit au point de vue politique et social[90] », et le socialiste Gérault-Richard[91] juge que les deux ans ouvrent la voie « au civilisme » dans l'armée.

> Il faut introduire dans les cadres et parmi les hommes de troupe un esprit nouveau. Il faut introduire dans la caserne les mœurs du civil [...]. On ne saurait conduire les soldats de deux ans comme les reîtres et les mercenaires. La discipline répressive doit être remplacée par une discipline morale où la confiance réciproque, l'esprit de solidarité, la conscience du devoir civique remplaceraient les rigueurs et les craintes aux yeux des citoyens armés pour défendre la liberté[92].

Les socialistes, en effet, votent la loi comme s'ils faisaient un pari, celui de la réalisation de leur idéal au sein même d'une armée qui demeure permanente et de caserne, avec la pensée implicite que la loi de 1905 n'est qu'une étape. Les conservateurs, et désormais les nationalistes qui ne se réjouissent nullement de cette généralisation du passage sous les drapeaux, ne se font pas faute de les accuser de duplicité à ce sujet comme de supposer chez eux et chez les radicaux un complot pour détruire l'armée permanente au motif de raccourcir le service et de faire entrer tout le monde dans les casernes.

LES FRANÇAIS ET LA NATION ARMÉE

*Interpénétration de l'armée
et de la société*

L'enracinement spatial et symbolique du régime ne se donne nulle part plus à voir que dans l'édification de l'école et de la mairie, parfois de la mairie-école, au cœur de la commune. Dans les cités de quelque importance, il faut y ajouter la caserne. C'est alors que s'achève l'encasernement des soldats français qui fut progressif. La loi de 1874, citée plus haut, met en œuvre le programme Séré de Rivières de construction des casernes et cent cinquante sont édifiées entre 1875 et 1910[93]. Ainsi est réalisé le souhait des préfets des monarchies censitaires, l'établissement des casernes dans la France de l'intérieur et pas seulement dans celle des frontières du Nord et de l'Est, afin d'établir une familiarisation des populations avec le fait militaire, méconnu ou craint.

Cette familiarisation est déjà permise par les négociations qui se déroulent entre les municipalités et l'État par l'intermédiaire des préfets et de l'administration militaire à propos de l'implantation des casernes[94]. Une fois construit ce réseau de casernes, cette familiarisation s'accroît, ne serait-ce que par ses retombées économiques, positives en général mais parfois moins qu'il n'était attendu. Certes, on maintient des casernes anciennes, voire vétustes et la « seconde école » du citoyen n'est donc pas toujours le modèle d'hygiène que prétendait être la caserne « modèle 1875 », aussi appelée significativement « Séré de Rivières », améliorée ensuite par le « modèle 1889 » puis par le « portefeuille 1907 »[95]. Mais toutes les casernes participent à la vie quotidienne de la cité et rendent visible — et sympathique — le fait militaire par les défilés, par la contribution aux fêtes, même celles qui ne sont pas régimentaires. Qu'on songe au rôle joué par la « musique du régiment »[96] ! Certains auteurs évoquent même la banalisation du militaire, à tout le moins une très grande familiarité[97], encore que cette image d'Épinal coexiste chez les populations avec des sentiments plus ambivalents.

Ce ne sont pas seulement des bâtiments qui permettent l'interpénétration de l'armée et de la société. Celle-ci résulte avant tout de l'action des hommes. En effet, elle est accrue par la stabilité nouvelle des régiments alors qu'auparavant le nomadisme était la règle. La restructuration de l'organisation militaire dont nous avons vu les raisons aboutit à la permanence des corps d'armée dans les dix-huit régions auxquelles chacun d'eux est affecté de manière durable. Chaque région comporte des subdivisions, dans chacune desquelles est stationné un régiment d'infanterie. Ce caractère nouveau de l'organisation s'explique par la volonté d'imiter la Prusse et d'opérer une mobilisation décentralisée[98].

En second lieu et surtout, les casernes n'accueillent pas seulement des soldats de métier mais reçoivent des conscrits, des «citoyens-soldats», en nombre croissant au fur et à mesure que s'étend l'universalisation du service et que le contingent est constitué d'une partie grandissante de la classe sans se confondre totalement avec elle. À partir de la loi de 1872, la moitié d'une classe accomplit son temps; à partir de la loi de 1889, ce sont désormais les deux tiers d'une classe qui rejoignent les drapeaux, la loi de 1905 ne modifiant guère cette proportion. «Faire son régiment» devient une étape majeure de la vie de l'homme, du citoyen, du Français[99].

La perception mythifiée du service militaire de la troisième République suscite encore bien des nostalgies, elles-mêmes objet de réflexion pour les historiens. Ils observent que la formation du mythe est explicable parce que, jamais à un tel degré qu'à cette époque, le service n'a été un vecteur d'acculturation et d'intégration nationale, un instrument de citoyenneté, un agent de socialisation et de civilisation, de par la volonté des dirigeants du régime mais aussi parce que l'institution, qu'on appelle désormais significativement «service militaire» plutôt que conscription, touche le plus grand nombre des jeunes gens.

Vecteur de l'intégration nationale car la troisième République est amenée à trancher dans le débat, récurrent depuis la réalisation de l'amalgame dans l'armée de l'an II, entre la composition locale et la composition nationale des unités, en faveur de la première en réalité, même si le principe du recrutement national est affirmé par la loi du 24 juillet 1873 pour l'active — mais non pour la réserve et la territoriale — et si, d'autre part, le recrutement local s'opère dans la pratique de façon modulée, au niveau du département et non de la commune[100]. Cela permet d'aboutir à un compromis qui rend acceptable par les villes l'implantation de casernes sur leur sol puisqu'elles recevront des conscrits «du cru»; compromis aussi porteur d'avenir puisqu'il renforce les liens entre les petites patries et la grande et qu'il est un des éléments de cette familiarisation évoquée plus haut[101], le corps d'armée installé dans chaque région militaire y puisant ses effectifs. Effectué au niveau du département, le recrutement rend possible le brassage qui conduit, non à la fusion des classes, reproductrice des hiérarchies sociales, chère aux conservateurs, mais à leur unité autour de valeurs civiques — et non culturelles — de la république et de la patrie, confondues par les républicains tenants d'une société égalitaire. Non que ce brassage soit total, n'en déplaise au mythe, même après la loi de 1905 qui semble porter le plus loin l'universalité d'un service égalitaire. Certes, et on dispose à ce sujet de nombreux témoignages, le service militaire fait se côtoyer et se découvrir des hommes qui ne se seraient jamais rencontrés autrement et l'expérience de la camaraderie de régiment n'est pas purement légendaire. Pour autant, reflet d'une société que les républicains conçoivent démocratique davantage sur le plan politique que sur le plan social, il ne subvertit pas cette société et n'abolit pas les inégalités s'il les suspend pour un temps ; encore pas totalement car l'affectation dans telle arme plutôt que dans telle autre ne doit rien au hasard mais tout à l'état de santé du conscrit et à son niveau d'instruction et donc, en dernier ressort, à son appartenance sociale[102]. Toutefois, les situations ne sont pas totalement figées comme le montrent les progrès de l'alphabétisation au sein même des régiments.

Il est un autre domaine dans lequel le service est vecteur de l'unité nationale et ciment du modèle français d'intégration, fondé sur l'identification entre citoyenneté et identité nationale. C'est celui de l'imposition des charges militaires aux jeunes étrangers nés en France que résout la troisième République.

C'est d'abord la république conservatrice qui opère par la loi du 16 décembre 1874[103] un pas décisif en ce qui concerne la troisième génération qui ne pourra plus se dispenser dans la pratique du devoir commun alors que la loi de 1851 lui en laissait encore le moyen dans une large mesure. Des Rotours, l'initiateur de cette loi, est fils du député du second Empire qui avait lui-même combattu avec énergie pour l'extension de l'obligation. La loi de 1874, évitant les embûches qui avaient rendu inopérantes les précédentes tentatives, ne prétend pas modifier le Code civil ni attenter à la « liberté » des jeunes étrangers de la troisième génération — puisque en définitive, malgré les vœux initiaux de son auteur, elle ne concerne que celle-ci — de proclamer leur extranéité. Mais elle assortit cette liberté de telles conditions, des preuves irréfragables de cette extranéité, qu'elle la rend impossible. En même temps, des avantages sont promis à ceux qui renoncent à leur condition d'étrangers, fictive selon le rapporteur de la proposition, puisque «[...] il ne s'agit pas de faire acquérir la qualité de Français à des mineurs qui ne l'ont point mais il s'agit de la consolider chez des mineurs qui sont présumés l'avoir»[104]. Les avantages sont, par exemple, la possibilité d'accès aux grandes écoles, notamment Polytechnique, interdites à ceux qui n'étaient pas juridiquement français.

Les attendus de la loi prouvent que les préoccupations sont politiques et qu'il ne s'agit pas d'abord d'augmenter les effectifs. Le souci d'égalité prime, d'ailleurs avivé par la loi de 1872 qui touche un plus grand nombre de jeunes Français en comparaison desquels le sort des étrangers paraît plus que jamais privilégié.

C'est sous la «république des républicains» qu'est achevé ce processus de «nationalisme d'inclusion» qui englobe la seconde génération par la loi du 26 juin 1889. On remarquera — ce qui n'a rien de fortuit — que cette loi est votée quelques semaines avant la première loi militaire républicaine, les longs débats qui précèdent le vote de chacune entretenant des liens étroits. Les deux lois ont la même portée, elles traduisent toutes deux le nationalisme optimiste et intégrateur du régime qui s'adresse en la matière aussi bien aux ruraux du Midi et de l'Ouest qu'aux jeunes «Belges» et «Italiens» nés en France à propos desquels le Sénat, au cours de la discussion, utilise l'expression «prétendus étrangers». Comme la loi de décembre 1874, celle de juin 1889 préserve la liberté de choix de la seconde génération mais la somme, au cas où elle opterait pour l'extranéité, d'en fournir des preuves qu'on sait impossibles à apporter. Il faut noter que le droit du sol n'est pas considéré comme s'appliquant mécaniquement à celui qui en bénéficie, l'accomplissement du devoir militaire exigeant sa participation active, renforçant ses liens avec la France et venant justifier *a posteriori* son attribution, d'autant qu'alors le premier groupe d'immigrants n'est plus constitué par des Belges fils d'une nation neutre et amie mais par des Italiens originaires d'un pays devenu hostile.

Mais ce nationalisme intégrateur trouve ses limites quant à l'imposition du service personnel obligatoire aux indigènes de «la plus grande France»[105]. Car les républicains ont bâti un empire colonial et c'est même en partie pour faire échapper la France au déclin qu'ils redoutent, comme beaucoup après la guerre de 1870. En Algérie, seule colonie française de peuplement, le 19ᵉ corps d'armée, plus communément appelé «armée d'Afrique», comprend des Européens, citoyens et naturalisés, dont une loi spéciale régit le service de 1875 à 1905. Ils ne font qu'un an et, en règle générale, ne peuvent être affectés en métropole. Cette disposition montre la méfiance éprouvée envers les musulmans, ajoutée au fait que ceux qui effectuent leur service sur place sont exceptionnellement nombreux en proportion de la population. On craint à la fois d'armer les indigènes et de susciter de nouvelles révoltes en les assujettissant à la conscription obligatoire. Cependant, le débat est récurrent sur cette question : étant donné l'agrandissement de l'Empire, il faut des effectifs et l'hypothèse du service obligatoire pour les musulmans est posée dès 1887, mais cela conduirait à leur accorder la citoyenneté, ce que refusent les députés d'Algérie qui représentent les colons. La loi de juillet 1889 contient bien une disposition sur l'obligation de service des indigènes mais elle doit être précisée par une loi ultérieure, qui n'advient pas. Le lien intrinsèque entre citoyenneté et conscription joue cette fois un rôle contraire au nationalisme intégrateur. Ce ne sont pas forcément les militaires qui sont le plus hostiles à la conscription des indigènes[106]. Non qu'il n'y ait pas d'indigènes qui s'engagent volontairement et le 19e corps est formé aussi de tirailleurs algériens qui participent à la conquête... des autres colonies, tout comme les tirailleurs indochinois ; bientôt de ces nouvelles colonies sont tirées des forces indigènes auxiliaires et certains militaires, tel le colonel Mangin dans son ouvrage publié en 1911[107], montrent l'intérêt qu'il y aurait à puiser dans ce vivier humain que représentent les territoires conquis. D'ailleurs, d'autres militaires, parmi lesquels on retrouve Lyautey, veulent adjoindre au rôle social de l'officier un rôle colonial.

En tout cas, pour ceux qui sont citoyens, le service militaire devient pleinement un agent de virilisation, de socialisation et de civilisation au point qu'un renversement se produit dans la perception qu'en ont en général la population, en particulier les conscrits.

On se souvient que sous le second Empire encore, le gendre recherché était celui qui avait échappé aux sept ans. Désormais, celui qui n'aurait pas «fait son temps», par exemple parce qu'il aurait été réformé pour raison médicale, fait figure de suspect. Désormais encore, on n'envisage plus dans la France des campagnes qu'un jeune homme se marie et s'établisse sans s'être au préalable acquitté de ses obligations. Le service joue dans la construction du genre masculin un rôle fondamental[108], ce que les intéressés eux-mêmes traduisent d'instinct par la formule «Bons pour le service, bons pour les filles». Les conscrits s'approprient spontanément cette perception nouvelle en inventant, sans que cela leur soit dicté d'en haut, un folklore dont les prémices étaient apparues dès le second Empire dans certaines régions, celles qui acceptaient le mieux la conscription. Le mot rituel serait plus pertinent pour décrire ce qui s'apparente aux rites d'initiation ou de passage étudiés par les ethnologues à propos d'autres civilisations[109]. Les conscrits organisent des manifestations pour marquer les étapes qui mènent du tirage au sort au passage devant le conseil de révision devant lequel les futurs enrôlés défilent nus, puis à l'incorporation. La fête des conscrits en est le point culminant. Elle est ambivalente, étant aussi bien la fête d'une classe d'âge qu'un moyen d'exorciser les angoisses suscitées par l'entrée dans une nouvelle phase de la vie d'un homme[110]. En tout cas, elle prouve que l'enracinement de la conscription est anthropologique et pas seulement idéologique.

Nation armée, utopies de l'État et société plurielle

À ce point, il convient de se demander si les hommes politiques de la troisième République, à l'instar de ceux de la première, n'ont pas vu dans le service militaire un outil de création d'un homme régénéré, «tentation» qui affleure déjà dans le discours prononcé par Gambetta à Bordeaux.

La même réponse nuancée qu'à propos de l'œuvre de la première République doit être apportée quant à la réalisation de cette utopie. La généralisation de la conscription accroît l'action de l'État dans le domaine sanitaire et médical, action déjà entamée auparavant par la pratique de la vaccination qui dès lors se généralise. La caserne est même conçue comme pionnière de l'hygiénisme et de la salubrité[111]. Malgré l'écart entre ce vœu et la réalité, la plupart des jeunes gens découvrent des conditions de vie et d'alimentation supérieures à celles qui étaient les leurs avant leur service. Dans cette volonté d'amélioration de l'état physique des conscrits, dont on espère qu'à leur tour ils seront dispensateurs des bons préceptes, des médecins militaires, tel Morache, voient le prélude à leur régénération morale et opposent les casernes du service long des régimes précédents, lieux d'oisiveté, d'alcoolisme[112], de dégénérescence, aux casernes de la république, lieux d'où partent des soldats pour aider les agriculteurs à faire les moissons, moyen de faire pénétrer le fait militaire dans les campagnes[113] et ultime avatar du mythe du soldat-laboureur, lieux de formation de corps sains, ce qui n'exclut pas pour autant l'esprit critique.

Il existe aussi une volonté d'améliorer le niveau d'instruction générale des recrues. Sensible dès l'entrée en vigueur de la loi de 1872, et même avant puisqu'une circulaire de janvier 1872 prescrit aux capitaines d'organiser l'instruction élémentaire des conscrits à une époque où l'instruction primaire n'est pas encore obligatoire, elle s'accentue sous le ministériat de Boulanger. Au début du siècle se multiplient les bibliothèques et les foyers pour les soldats, souvent sous l'égide de la Ligue de l'enseignement. Incontestablement, le service participe à l'achèvement de l'alphabétisation. Par là même et par la découverte d'autres modes de vie, il permet à certains une promotion sociale.

Les auteurs de la loi de 1872 rêvaient, on l'a vu, de « l'officier prêtre » et, en tout cas, avaient donné un rôle aux aumôniers militaires dans l'éducation des jeunes appelés[114]. Les républicains préfèrent « l'officier instituteur », et la conception de l'armée-école, école entendue aussi bien sur le plan moral qu'intellectuel, préside à la loi de 1905. Il est des militaires de métier pour s'en réjouir[115], point tous républicains[116], mais il est aussi des officiers favorables au régime pour s'en inquiéter, l'armée étant selon eux détournée de sa tâche essentielle.

La tentative de modelage d'un homme nouveau doit être également analysée dans la création de « l'usine à citoyens » pour reprendre les termes d'Alain Ehrenberg[117]. Une fois de plus, on constate le heurt de deux conceptions de la discipline — dressage ou apprentissage —, intrinsèquement liées à deux conceptions différentes de la tactique. La volonté de républicanisation et de démocratisation de l'armée donne toute son efficience à l'alliance à parts égales chez le combattant de l'obéissance et de l'autonomie, clé de la réussite tactique et de la force morale qu'elle requiert. Ce qui explique que des militaires peuvent rejoindre les républicains dont ils ne partagent pas l'idéologie, comme on l'a dit plus haut. Pour les républicains, cette force morale ne peut exister que chez un citoyen éduqué et s'identifiant individuellement à la défense de la patrie et de la république[118]. L'individualisation tactique nécessite que le soldat sache se comporter sur le champ de bataille sans qu'il soit nécessaire que ses chefs lui dictent des ordres en permanence : cette intériorisation des règles n'est-elle pas aussi celle du citoyen face à l'autorité politique[119] ? Pour autant la volonté de forger cet homme régénéré ne donne pas à l'armée une position de supériorité. On sait que le souci des républicains est d'« emprisonner les murs de la caserne dans la liberté vertueuse du citoyen »[120]. C'est celui-ci qui est l'homme nouveau, non le militaire en tant que tel.

Et la France demeure plurielle devant le service militaire même si ce n'est plus de la même façon que devant la conscription.

Certes l'insoumission chute drastiquement, elle est de l'ordre de 1 à 1,5 % des appelés[121]. Mais l'union quasi mystique entre l'armée et la société que certains auteurs croient déceler[122] n'est pas unanime ni durable et ne conduit en aucune manière à leur fusion.

Avant même l'entrée en vigueur de la loi de 1889,

mais renforcé par elle, un nouvel antimilitarisme se substitue à l'ancien amilitarisme de certains ruraux. À vrai dire, il prend plusieurs formes et émane de milieux différents qui n'émettent pas les mêmes griefs contre l'armée et contre le service égalitaire. Une de ces formes prend naissance dans le constat du fossé qui sépare l'idéal du service, conçu comme triple apprentissage de virilité, de citoyenneté, de civilisation, des réalités de la caserne. Si les œuvres de Courteline appartiennent au registre satirique[123] qui relève du mode de l'appropriation, tels les mystères médiévaux à l'égard de la religion chrétienne, et si, à un niveau plus médiocre, les chansons des cafés-concerts et, d'une façon générale, le registre du comique troupier, dont les « troufions » sont les antihéros, surgissent de la même veine et témoignent d'une banalisation repérable aussi dans la multiplication des lithographies[124], la dénonciation se fait plus âpre chez des écrivains qu'on peut qualifier d'antimilitaristes. *Le Cavalier Miserey* d'Abel Hermant publié en 1887, *Sous-offs* de Lucien Descaves en 1889, *Biribi* de Georges Darien en 1890 sont les jalons de ce courant[125].

Dans l'œuvre de ces intellectuels, on retrouve la trace de la traditionnelle répugnance des élites devant la caserne, juste bonne à « dresser » les masses. Aussi bien lors du débat qui précède le vote de la loi de 1889, ses partisans accusent ses détracteurs, surtout ceux qui s'élèvent contre l'extension du service aux catégories dispensées précédemment, de parler au nom de cette méfiance inavouée. Lors de la discussion de la loi de 1905, ses adversaires retournent l'argument en leur faveur en affirmant que l'antimilitarisme contemporain est l'effet pervers de l'extension du service personnel et que cela plaide en faveur du retour à une armée de métier[126]. En tout cas, les écrivains antimilitaristes ainsi que d'autres auteurs qui ne passent pas nécessairement par le biais de la fiction[127] émettent des critiques acerbes contre « la nouvelle caserne », lieu où se perpétuent l'alcoolisme et une discipline abrutissante qui conduit à l'obéissance passive ainsi qu'à l'inculcation d'une virilité caricaturale. Lyautey lui-même admet que certains sous-officiers se livrent à des dénis de justice même si on en exagère la généralité mais, ajoute-t-il, avant de crier au scandale, il faut reconnaître le fond de vérité sur lequel reposent ces développements littéraires et qu'il a lui-même observé après une enquête approfondie[128].

En même temps, les lois militaires — même républicaines — sont fondées sur la conception que le peuple « n'est plus [ne doit plus être] en armes mais sous les armes »[129]. Or, en l'absence de forces spécialisées, c'est l'armée du service citoyen qui est utilisée dans la répression menée contre le mouvement ouvrier, comme sous les précédents régimes, voire encore davantage. D'où un antimilitarisme idéologique qui peut rejoindre l'antimilitarisme intellectuel, sans se confondre avec lui, dans sa dénonciation du décervelage des recrues. Il émane de syndicalistes, notamment des anarcho-syndicalistes qui dominent à la CGT, et des courants hervéiste et allemaniste au sein de la SFIO. Le *Manuel du soldat* de Georges Yvetot, qui date de 1902 et qui condamne l'armée « école du crime, école de la fourberie, de la paresse, de l'hypocrisie et de la lâcheté »[130], est répandu par les soins de la CGT et de la Fédération des bourses du travail. En 1903, dans le même esprit sont publiés le *Nouveau Manuel du soldat* de Jean Grave ainsi que la *Lettre aux soldats* de Laurent Tailhade[131]. À l'imagerie d'Épinal qui rend familière l'image du « pioupiou » et somme toute une vision idyllique du service répondent les féroces caricatures de *L'Assiette au beurre* comme aux cafés-concerts les refrains de chansonniers antimilitaristes qui visent non seulement la conscription mais aussi l'armée en tant qu'institution et l'alliance — nouvelle et impensable encore cinquante ans auparavant — du « sabre et du goupillon », révélée par l'affaire Dreyfus. L'antimilitarisme imprègne également les courants pacifistes et internationalistes sans coïncider totalement avec eux. En 1902 est créée la Ligue antimilitariste qui devient membre de la Ligue internationale antimilitariste implantée à Amsterdam.

L'affaire Boulanger n'avait pas eu cet impact et témoigne plutôt de l'attrait que revêt aux yeux d'une partie de la gauche et de l'extrême gauche l'image du « jacobin botté », comme le montre la trajectoire politique de ses premiers partisans, radicaux et socialistes — on l'a vu dans le cas du député Laisant —, parfois anciens communards. L'affaire Dreyfus, elle, avive les diverses formes d'antimilitarisme et paraît révélatrice du clivage entre les gauches antimilitaristes et les droites militaristes, clivage qui semble avoir existé de tout temps selon une légende encore tenace aujourd'hui. En fait elle n'est qu'un point de croisement entre deux évolutions contraires, évolution qui, ni dans le camp des droites ni dans celui des gauches, n'aboutit au total retournement des positions initiales. Radicaux et socialistes — une partie d'entre eux du moins sous l'égide de Jaurès — ne cessent de vouloir fonder l'armée la plus adéquate à la nation armée. Plus que jamais ils se méfient d'une armée prétorienne incarnée selon eux par les cadres de métier. C'est pour cette raison, on l'a vu, que les radicaux souhaitent étendre le plus loin possible l'universalisation du service. Mais, après avoir voté la loi de 1905, les socialistes jaurésiens, eux, ne croient plus que l'armée de caserne puisse être un jour cette armée idéale. Le 14 novembre 1910, Jaurès dépose une proposition de loi qui, enrichie de développements par lesquels il expose les fondements de sa pensée, est publiée sous forme d'un ouvrage connu sous le titre *L'Armée nouvelle*[132]. Il s'inspire du modèle suisse et préconise une armée de milice bien qu'il n'emploie pas le terme. Les officiers de carrière, dont le nombre est restreint, doivent faire leurs études à l'université. L'instruction en caserne est réduite à six mois mais doit être précédée d'une préparation effectuée dès l'âge de dix ans. Le « citoyen réserviste » est ensuite astreint à des périodes d'exercices jusqu'à l'âge de quarante ans. Censée rapprocher armée et société, cette organisation est conçue comme un moyen d'intégrer la classe ouvrière dans la nation ; elle relève aussi de la conception utopique — ou qui va se révéler telle — selon laquelle une armée de réservistes ne peut être utilisée pour l'agression ou même pour l'offensive.

Certes, surtout quand il est militant, l'antimilitarisme ne concerne pas la majorité des Français, loin s'en faut. Mais la traditionnelle hantise de la caporalisation demeure présente, à des degrés divers selon les classes sociales. L'encasernement est accepté à condition qu'il soit provisoire. Toute tentative de le prolonger, en amont pour la jeunesse, en aval parmi les hommes qui ont «fait leur régiment», se heurte au scepticisme et à la défiance.

Le destin réservé aux bataillons scolaires est significatif. Ils sont instaurés pour les garçons de dix à douze ans par un décret du 6 juillet 1882, ceux-ci devant être pris en charge par les instituteurs aidés de sous-officiers. Sur leur réalisation, Déroulède s'accorde encore avec Gambetta et Ferry. En fait, l'expérience appliquée de mauvaise grâce par les enseignants et dénaturée par des sous-officiers peu pédagogues s'essouffle très vite[133]. Elle est supprimée officiellement en 1892 mais elle avait sombré bien avant. Ce refus de «l'embrigadement» de l'enfance et de l'adolescence conduit à ce que Jaurès, vilipendé par les droites et surtout par la nouvelle droite nationaliste comme voulant détruire l'armée, est paradoxalement accusé de militarisme lorsqu'il propose de soumettre à des exercices militaires les garçons à partir de dix ans, ainsi qu'il a été dit plus haut.

La préparation militaire des jeunes gens ne rencontre pas plus de succès. Sa nécessité est évoquée à plusieurs reprises lors de la discussion des lois de 1889 et 1905. On envisage même, afin de la rendre plus attractive, d'accorder des avantages au cours de leur service à ceux qui l'auraient suivie auparavant. En fait, elle demeure facultative et est dispensée par des associations privées de tir et de gymnastique, bien que l'État les subventionne et les contrôle de plus en plus, et qui sont fréquentées davantage comme lieu de sociabilité qu'en raison du caractère paramilitaire qu'elles revêtent.

Enfin l'expérience des réservistes donne lieu à des appréciations mitigées tant de la part des militaires de métier qui les encadrent que de la part des intéressés. Depuis la loi de 1872, la réserve est une réalité. L'idéologie républicaine de la nation armée et la conception tactique qui remet le choc à l'honneur ne peuvent que lui accorder une importance primordiale. Dans la pratique, et en dépit des discours des hommes politiques qui se félicitent de son existence, les deux périodes, de vingt-huit jours chacune, ne suscitent pas l'enthousiasme chez les réservistes et embarrassent les officiers qui les encadrent au point qu'en 1908 la durée des périodes est abaissée respectivement à vingt-trois et dix-sept jours[134].

Même ceux qui croient à la supériorité de l'armée sur la société ne lui ménagent pas leurs critiques. Il est vrai que, adeptes de l'armée de métier, c'est plutôt au service obligatoire qu'à l'institution qu'ils attribuent l'exode rural et la chute de la natalité quand ils ne se livrent pas à une dénonciation de la caserne école d'alcoolisme qui ne le cède en rien à la littérature antimilitariste. Il est significatif que ces critiques émanent davantage de conservateurs traditionalistes longtemps réticents devant le fait militaire que des nationalistes qui voient dans l'armée «l'arche sainte ». À leur tour des historiens anglo-saxons estiment que la trilogie école primaire-chemin de fer-service militaire a eu pour effet pervers l'uniformisation des Français et l'éradication des cultures locales[135]. Pourtant, on l'a vu plus haut, l'amalgame voulu par les républicains est civique et politique, non culturel ni même social ; s'il le devient, c'est par un mouvement induit par les conscrits eux-mêmes.

Les nuances, les paradoxes, jusqu'aux contradictions qui sous-tendent les attitudes des Français s'observent encore lors du débat à propos de la loi de 1913. C'est la quatrième loi militaire du même régime et, une fois de plus, l'enjeu est la durée du service qu'il s'agit de faire repasser de deux à trois ans sur fond de tension avec l'Allemagne, intensifiée par la seconde crise marocaine de 1911. En janvier 1913, l'Allemagne augmente les effectifs de son armée et les porte à 800 000 hommes. La volonté de l'état-major français est d'égaler un tel chiffre. L'infériorité démographique de la France est un argument supplémentaire pour celui-ci qui demeure défavorable aux deux ans. Il est davantage écouté dans un contexte politique qui n'est plus marqué par l'affaire Dreyfus et où le gouvernement n'est plus aux mains des seuls radicaux. Poincaré, nouveau président de la République, s'engage d'ailleurs nettement en faveur des trois ans. En second lieu, l'état-major est partisan de l'offensive à outrance qui nécessite de très nombreux effectifs. Le Conseil supérieur de la guerre vient d'adopter en ce sens en 1911 le plan XVII élaboré par le général Joffre, tout nouveau chef d'état-major.

La troisième République, nation armée

Aussi, le 6 mars 1913, le gouvernement Briand lance-t-il un projet de loi qui revient aux trois ans.

Une fois encore, l'enjeu idéologique apparaît aussi important dans le débat que l'enjeu militaire proprement dit, même si le ministre de la Guerre Étienne s'efforce de circonscrire la discussion à celui-ci. En vain ; un des partisans de la loi, le député Veillat[136], a beau dire : « Ce que nous voulons, ce n'est pas une armée bonne, une armée meilleure, une armée idéale, ce que nous voulons, c'est une armée qui nous permette de lutter dans les circonstances actuelles avec l'Allemagne et de repousser son offensive »[137], il n'est pas suivi. Dans une atmosphère passionnelle et parfois polémique où chaque camp accuse l'autre d'être antipatriote, s'affrontent une fois encore des conceptions antagonistes de la discipline et de l'éducation militaire. La ligne de partage entre les deux camps passe d'ailleurs au sein des radicaux dont certains voteront la loi, tel Clemenceau, et d'autres s'y opposeront[138]. Les socialistes, Vaillant et Jaurès au premier chef, dénoncent dans le projet un retour à la barbarie et au militarisme, déplorent le manque de confiance dans les réserves qu'il suppose, demandent la suppression de l'armée permanente et la création d'une armée de milice. Les radicaux adversaires du projet ne sont pas loin des socialistes quant à l'assimilation faite par ceux-ci entre les trois ans et la réintroduction d'une armée de métier alors que les trois ans étaient considérés au milieu du XIXe siècle comme la durée républicaine par excellence ! Le radical Chautemps[139] proclame :

> [...] la loi est attentatoire à la République parce qu'elle consacre victorieusement les efforts hostiles qu'ont menés sans discontinuer les officiers de l'état-major contre le principe même de la nation armée qui est inscrit dans la loi de 1905. C'est par surcroît l'armée abêtie, passive et prête à tout dans la main des chefs, ennemis décidés de la République[140].

Il ajoute :

> Enfin, l'esprit de discipline et l'idée du devoir militaire sombreraient irrémédiablement dans l'inutile désœuvrement de la troisième année qui raviverait un antimilitarisme éteint par l'action bienfaisante du service à court terme. [...] Les Français aiment consentir leur discipline et en comprendre les raisons ; ils n'ont aucun goût pour l'obéissance passive : c'est l'honneur de notre race[141].

Les députés et les sénateurs favorables à la loi, dont des républicains modérés et des radicaux et pas seulement des conservateurs et des nationalistes, rétorquent qu'une armée permanente, *a fortiori* un service de trois ans, ne font pas une armée de métier. Le sénateur Maujan[142] issu des rangs de la Gauche démocratique déclare :

> Je ne rappellerai pas le mot fameux « Dieu est du côté des grands bataillons » mais je citerai le mot de Guibert qui dit que « la bataille n'est pas une boucherie mais une bataille morale ». Il faut une armée de premier choc, puisque la guerre moderne sera courte, égale en nombre à l'armée allemande et supérieure en qualité. En raison de la « surpopulation » de l'Allemagne, le nombre sera obtenu par l'incorporation de trois contingents au lieu de deux allemands. La qualité sera obtenue par l'instruction [...]. Cette instruction sera d'autant meilleure que le temps passé sous les drapeaux sera plus long[143].

La loi est votée le 19 juillet à la Chambre par une nette majorité, le 7 août 1913 au Sénat par une majorité encore plus nette.

Une fois encore enfin, les Français ne sont pas unanimes. Une pétition est lancée contre la loi. À l'initiative des syndicats ont lieu des manifestations, et, chez les appelés qui, partis pour faire deux ans, allaient être obligés d'en faire un de plus, des mouvements éclatent dans les villes de garnison de l'Est mais aussi dans celles de la région parisienne. À Reuilly, ils sont proches de la mutinerie[144]. La remise en cause de la loi de 1913 est un des deux enjeux — l'autre étant l'impôt sur le revenu — des élections d'avril-mai 1914 et le programme des radicaux et des socialistes laisse entendre, quoique de façon ambiguë, son abrogation. C'est ce qui explique en partie la victoire électorale des gauches jaurésiennes et caillautistes.

Ainsi les Français peuvent-ils être chauvins et cocardiers mais en leur sein seules des minorités sont nationaliste ou antimilitariste. Le patriotisme défensif est le trait dominant des opinions et, plus profondément encore, des mentalités auxquelles sont étrangères, du moins à la plupart d'entre elles, la militarisation des esprits et encore plus la culture de guerre. Tout au plus, une proximité plus grande avec le fait militaire les a conduits à renouer avec ce que leurs ancêtres avaient déjà expérimenté pendant la Révolution française, la conception du devoir de défense comme devoir suprême du citoyen. Mais à condition, et cette condition est impérative, que ce devoir soit exercé dans une guerre défensive et que soient menacées dans leur existence même la république, la patrie et la civilisation, car pour une majorité de Français ces trois notions n'en font qu'une, et cette identification, les leçons de l'école républicaine auxquelles s'ajoutent les leçons du service militaire l'ont rendue possible.

Chapitre VI

DU CITOYEN-SOLDAT
AU SOLDAT PROFESSIONNEL

LA NATION ARMÉE À L'ÉPREUVE
DE LA PREMIÈRE GUERRE MONDIALE

L'amère victoire du citoyen-soldat

« Honneur à nos grands morts qui ont fait cette victoire [...]. Grâce à eux, la France, hier soldat de Dieu, aujourd'hui soldat de l'Humanité, sera toujours le soldat de l'idéal[1]. » C'est ainsi que Clemenceau, alors président du Conseil, annonce la victoire et la fin de la guerre à la Chambre des députés. C'est exprimer ce que crurent les Français en août 1914, convaincus qu'ils allaient défendre tout ensemble la patrie, la république, la civilisation.

Ce qui explique pourquoi ils partent, non pas « la fleur au fusil », selon une légende dont l'historien Jean-Jacques Becker a fait justice, mais résolus, non pas soulevés par une vague d'enthousiasme, mais résignés lorsque la mobilisation est annoncée le 1ᵉʳ août, puis déterminés à défendre leur bon droit ou plutôt le bon droit de la patrie lorsqu'ils rejoignent les frontières. « Les hommes pour la plupart n'étaient pas gais : ils étaient résolus, ce qui vaut mieux[2]. » Les Français prennent alors conscience de l'unité de la nation qu'ils forment, à un point qui n'avait jamais été atteint jusque-là et ne sera plus égalé[3].

Ce qui explique aussi que les manifestations contre la guerre — il y en eut, et plus qu'on ne le croit généralement — ne trouvent pas d'écho[4]. Le taux d'insoumission est très faible. L'état-major s'attendait à ce qu'il s'élève à au moins 10 % en cas de mobilisation générale, il est de 1,01 %[5]. Les insoumis ne le sont pas d'ailleurs en raison de convictions idéologiques. L'État, lui, s'attendait à devoir appliquer le *carnet B* qui fichait les militants antimilitaristes, en particulier les syndicalistes, ce qui représentait un millier de personnes, il n'en a nul besoin, comme le constate le 1er août 1914 le ministre de l'Intérieur Malvy.

Ce qui explique enfin l'émergence de l'Union sacrée[6] et que s'y rallient Jouhaux, secrétaire de la CGT, et par là même son organisation tout entière, comme l'atteste son discours d'acceptation de la guerre aux obsèques de Jaurès le 4 août, et Gustave Hervé, un des plus virulents contempteurs de l'armée au sein de la SFIO. Le 26 août 1914, les socialistes Jules Guesde et Marcel Sembat deviennent ministres dans le gouvernement Viviani, issu des élections de 1914, Viviani étant lui-même un socialiste indépendant. Il convient de souligner que ce ralliement n'est pas un renoncement à ses propres convictions et que l'Union sacrée n'est pas « l'illusion lyrique », autre légende que Jean-Jacques Becker a démythifiée[7]. Elle ne met donc pas fin aux clivages de toute nature qui divisent les Français, elle n'en est que la suspension et montre la priorité accordée momentanément à la solidarité nationale sur toute autre forme d'appartenance collective. Momentanément... car les Français croient que la guerre sera courte, comme tous les peuples belligérants, tout aussi convaincus qu'eux que leur nation est dans son bon droit et qu'elle incarne la civilisation. C'est ainsi que se forme « le consentement » des Français à une guerre qui va durer quatre ans, même si l'étendue et surtout la nature de cette acceptation font débat entre historiens[8].

En tout cas, la guerre de 1914 qui jette des peuples entiers les uns contre les autres est l'aboutissement d'un processus à l'œuvre dès les guerres de la Révolution et de l'Empire. À dire vrai, c'est un mécanisme conduisant à la totalisation de la guerre qui s'était alors déclenché, marqué par l'irréversibilité du couplage entre fait militaire et fait politique à travers l'idéal de la nation armée[9]. Cet idéal donne tout son sens au nombre. En effet, la guerre de 1914 est d'abord une guerre totale en raison de l'ampleur des effectifs déployés. Le service personnel obligatoire qui a rendu possible l'existence d'une armée de masse aboutit à la mobilisation de 3 600 000 hommes de vingt à quarante-huit ans, hommes de l'active, de la réserve, de la territoriale et de la réserve de la territoriale. Tous ne sont pas envoyés au front. L'active, composée des trois classes de 1911, 1912, 1913, passe directement de la caserne aux zones de combat. Les réservistes les rejoignent progressivement du 5 au 18 août. Au total,

1 700 000 hommes. Les plus âgés qui composent la territoriale et la réserve de la territoriale sont affectés à la garde des dépôts et des voies de communication. En face, l'Allemagne aligne 4 millions d'hommes.

On croyait que la guerre serait courte, elle dure, et il faut reconstituer sans cesse pendant quatre ans les effectifs d'une armée de masse. À la fin du conflit, 8 millions d'hommes auront été recrutés, les classes de 1887 à 1919 auront été mobilisées[10]. Diverses pratiques permettent d'adapter le système aux exigences de cette guerre et de « récupérer » le plus d'hommes possible. D'abord, les appels par anticipation, anticipation qui va de dix à vingt-deux mois, permettant d'avancer le moment de l'incorporation; ensuite le réexamen systématique des hommes qui avaient été exemptés ou réformés par le conseil de révision avant la guerre : 60 % — 1 187 497 hommes — sont ainsi repris par l'armée. Pour les classes de 1915 à 1919, ce sont 48 % des jeunes gens initialement réformés qui sont finalement récupérés, soit 335 987 hommes[11]. En tout cas, le contingent des classes qui correspondent aux premières années de guerre dépasse 90 % de chacune d'elles. Il atteint même quasiment 95 % de la classe de 1917. Ensuite il s'abaisse à 86 % de la classe de 1918 et ne représente plus « que » 75,8 % de la classe 1919[12]. La crise de 1917 et les besoins de main-d'œuvre de l'économie de guerre expliquent cette chute bien qu'en même temps les autorités veulent éviter de favoriser ou de faciliter l'existence des embusqués qui semble avoir connu un pic en 1915. La loi du 17 août 1915 est aussi une manière de combattre ce phénomène. Cette loi est complétée par celle du 10 août 1917 qui tend à ce que les affectations correspondent vraiment aux impératifs économiques de l'effort de guerre[13].

L'insoumission, c'est-à-dire le refus initial du départ sous les drapeaux — maintenant au front —, demeure faible. Si son taux est de 2,39 % en 1915, il redescend à 0,88 % en 1916. Pour 1917, il n'est pas connu car non publié, mais en 1918 il est de 0,72 %. En 1920 et 1921, il sera plus élevé — toutes proportions gardées —, respectivement de 0,97 % et de 0,91 %, ce qui est explicable par l'aspiration au relâchement de l'effort tout de suite après la guerre. Aussi faible soit ce niveau d'insoumission en plein milieu du conflit, il révèle des nuances dans l'unanimisme; nuances qui prouvent la persistance, quoique de façon marginale, des anciennes réticences devant la conscription dans les zones «sensibles» auxquelles on demande d'ailleurs relativement moins d'hommes. Les exigences sont plus élevées que la moyenne nationale dans la France du Nord, du Nord-Est et du Bassin parisien, où la proportion d'engagés volontaires est forte, moindres au sud et à l'ouest d'une ligne Saint-Malo-Briançon, où cependant peut apparaître dans quelques départements un important volontariat. Mais, dans des régions qui ne furent pas difficiles, on observe des noyaux d'insoumission qui sont la trace de l'antimilitarisme «moderne» de l'ère de la révolution industrielle, par exemple dans le Nord et le Nord-Est et la région parisienne, et/ou qui sont le reflet de la mobilité de la population comme dans les grands ports.

Il n'empêche: ces chiffres très bas prouvent à quel point est intériorisée l'identification du devoir de défense au devoir suprême du citoyen. En cela, le processus que, par commodité symbolique, nous avons fait commencer à Valmy, atteint son point culminant à Verdun qui désigne ici, de façon également symbolique, la guerre de 14-18. Car jamais, sauf pendant la Révolution, la défense de la France n'a été autant l'œuvre de citoyens-soldats qui se comportent comme tels jusque dans leurs révoltes.

> Les hommes restaient ainsi éveillés, critiques, grognons si l'on veut, avec une indiscipline à fleur de peau mais toujours refoulée; une indiscipline d'esprit critique, de citoyen démocrate et syndicaliste, bien plutôt que de «forte tête» ou de «rebelle primitif». [...] La défense nationale étant le devoir [...], il est mieux de le faire dans la règle et la discipline, plutôt que de traîner, saboter ou bâcler. Car elle implique aussi la solidarité: tenir, c'est aussi aider à survivre le camarade d'à côté, lâcher, c'est aggraver son sort[14].

Tel est l'admirable portrait que Maurice Agulhon fait des combattants de 1914.

Dans quelle proportion ce sens du devoir — contrainte intérieure — entre-t-il dans l'obéissance manifestée par ces combattants? Dans quelle mesure cette obéissance résulte-t-elle d'une contrainte extérieure? C'est l'objet essentiel de la controverse évoquée plus haut. Quoi qu'il en soit, cette obéissance n'est pas — pas toujours — inconditionnelle, encore moins aveugle ni passive.

Ainsi l'attestent les mutineries. Même au cours de ce tragique épisode, dont le point culminant a lieu en avril 1917, les protagonistes ne cessent de se comporter en citoyens-soldats. Car contre quoi et contre qui se révoltent-ils exactement ? Pas contre la guerre, ni même contre la légitimité de cette guerre ; ils ne sont pas pacifistes, encore moins influencés par la révolution russe — la révolution bolchevique éclatant... six mois après[15]. Ils ne sont pas non plus animés par le défaitisme. Ils ne refusent même pas de se sacrifier, encore faut-il pour eux que le sacrifice ait un sens, plus précisément un résultat, et qu'il permette la victoire. Ce sont donc les conditions de ce sacrifice qu'ils mettent en question et la manière dont les combats sont alors menés, pas la raison ultime de ce sacrifice[16].

C'est à dessein qu'est employé ici le terme de « sacrifice » car la guerre de 1914 voit l'achèvement d'un autre processus, celui de la nationalisation du fait religieux et de la sacralisation du fait national[17]. C'est un ciment de cette culture de guerre qui se forge alors. Cela explique pourquoi ce conflit, mené pour la civilisation et pour l'avènement définitif du droit et de la paix, a conduit à un summum de barbarie. Il exacerbe les paradoxes qui jalonnent l'histoire de la défense de la France. À dessein nous ne disons pas l'histoire militaire, car l'immense majorité de ces combattants sont des civils sous uniforme[18]. Ce sont eux qui franchissent des seuils de violence au cours de cette marche vers la totalisation de la guerre, à laquelle sont également consubstantielles l'extension de la mobilisation à tous les domaines, économique, idéologique et culturel, la mondialisation du théâtre des opérations et une volonté d'anéantir l'adversaire qui n'épargne pas les civils, tous phénomènes qui s'étaient esquissés pendant les guerres de la Révolution et de l'Empire. Jean Jaurès avait cru voir dans les réservistes l'incarnation de la défensive et par conséquent un possible rempart contre le déchaînement guerrier[19]. Ils ne seront ni l'un ni l'autre. En ce qui concerne le premier point, après que le haut commandement, qui ne les trouvait pas utiles, les eut négligés, celui-ci tire rapidement la leçon des échecs initiaux et utilise pleinement les réservistes en vue de l'offensive tactique. Quand la guerre de mouvement fait place à l'enlisement et à un blocage stratégique, vient le temps de la guerre des tranchées puis de la guerre d'usure dont Verdun est l'« apogée ». Verdun où passent les deux tiers de l'armée française n'est plus le choc de deux armées pendant une journée ou au plus quelques jours mais dure presque neuf mois, du 21 mars au 18 décembre 1916, mettant aux prises des millions d'hommes. Le jusqu'au-boutisme n'est pas le fait de soldats professionnels mais de citoyens-soldats. Ont-ils simplement été victimes d'un processus qu'ils avaient déclenché ou lui ont-ils donné leur assentiment ? Sans prétendre trancher définitivement dans la controverse, on peut penser que coexistent à des degrés divers ces deux états d'esprit en chacun de ces combattants. N'est-ce pas le même homme qui successivement — ou simultanément — veut venger la mort des « copains » sans faire de quartier, fraternise avec l'ennemi, voire se mutine ?

La nation armée célébrée et fragilisée

La nation armée des citoyens-soldats remporte la victoire à un prix très lourd. La réussite du processus qui a mené de Valmy à Verdun est scellée dans le sang. 1 325 000 Français ont été tués, les indigènes qui ont combattu pour la France — ils furent 72 000 — ont payé eux aussi un lourd tribut[20]. Certes, en chiffres absolus, si cette comptabilité de la mort est admissible, l'Allemagne, la Russie, l'Autriche-Hongrie ont perdu plus d'hommes, respectivement 1 827 000, 1 700 000, 1 400 000[21]. Mais c'est parce que sa population est en voie de décélération démographique que la France est la plus atteinte. Les pertes représentent trente-quatre morts pour mille habitants, contre trente pour mille en Allemagne. C'est aussi dans ses forces vives que la nation est touchée et même proportionnellement plus touchée que les autres belligérants. 10,5 % de la population active a été frappée contre 9,8 % en Allemagne, 9,5 % en Autriche-Hongrie et, chez ses alliés, 6,2 % en Italie et 5,1 % en Angleterre, 5 % en Russie qui a quitté le conflit en 1917 et 0,2 % aux États-Unis qui n'y sont entrés que la même année. La guerre a fait aussi trois millions de blessés dont un million sont reconnus comme invalides. Sur dix hommes de vingt à quarante-cinq ans, deux ont été tués, un est tombé à charge de ses concitoyens, trois sont amoindris. Aux quatre autres incombe la tâche de faire vivre la nation. À travers ces chiffres, on perçoit un ébranlement vital qui ne l'est pas seulement au sens strictement démographique. Les deux tiers, voire les trois quarts des Français sont touchés[22], que ce soient les combattants ou leur famille au sens restreint — il y a 600 000 veuves et 700 000 orphelins — ou au sens élargi, c'est-à-dire leurs collatéraux, ascendants et descendants.

Au centre de la cité, à côté ou proche de l'école et de la mairie, il y a maintenant le monument aux morts. Et dans la société française de l'entre-deux-guerres, l'ancien combattant est une figure majeure[23]. Dans la France des années 1920 et 1930, un homme sur deux est un ancien combattant, même s'il n'appartient pas nécessairement à une association d'anciens combattants; dans la génération « qui est aux commandes », ce sont neuf hommes sur dix[24]. Il est très significatif que, au cours des débats que suscite le vote de nouvelles lois militaires, un des arguments mis en avant par les députés pour justifier leur intervention dans ce domaine n'est plus seulement celui de la citoyenneté comme au XIXe siècle, et encore avant 1914, mais celui de l'expérience combattante. Tel le député Bouteille[25], qui dit lui-même appartenir à une fraction modérée de la Chambre :

> Ce sont de très simples observations que je désire présenter avec une entière bonne foi, ne parlant ni en homme de parti ni en technicien mais en ancien combattant, même pas officier de complément [...]. Vous pouvez dire que ce n'est qu'un profane qui parle ; ce sont des centaines de milliers de profanes qui, jetés héroïquement dans la tourmente, se sont battus héroïquement et qui, ignorant jusqu'au nom de Jomini, ne

connaissant pas la théorie de la guerre, l'ont fait [*sic*] dans la pratique magnifiquement et héroïquement[26].

Ce sont les anciens combattants qui jouent le premier rôle dans les cérémonies qui se déroulent autour du monument aux morts. Ce sont eux qui ont voulu que le 11 novembre, organisé initialement par eux-mêmes, devienne une fête nationale. On a vu précédemment que dans quelques lieux des monuments aux morts avaient été érigés à la suite de la guerre de 1870. Mais après la guerre de 14, c'est dans la presque totalité des communes de France que s'élève un monument. Il en existe trente-cinq mille, construits quelquefois par la volonté des anciens combattants, des municipalités le plus souvent et seulement 1 % des communes n'en ont pas[27].

Mais, précisément, que commémorent ces monuments et que célèbrent les anciens combattants qui se rassemblent autour d'eux le 11 novembre de chaque année? Ni la guerre, ni la victoire en tant que telle, ni même la nation. Il convient de remarquer que « la langue française dit monument aux morts là où l'anglaise dit *War Memorial* »[28]. L'écolier représenté sur le monument de Gentioux dans la Creuse dit « Maudite soit la guerre »[29] mais il est très rare que les monuments dénoncent la guerre aussi explicitement et bien des monuments ont une connotation patriotique, voire nationaliste. Toutefois, le thème central de leur iconographie est en général le sacrifice du simple soldat — le citoyen-soldat — victorieux mais souffrant[30]. Et surtout le caractère essentiel du 11 novembre est d'être une fête de la paix et une fête des morts. Ainsi l'atteste aujourd'hui encore le cérémonial de ce culte des morts, le seul culte civique qui ait vraiment réussi à s'implanter en France. Ce n'est pas une fête militaire, malgré les drapeaux et les chants patriotiques. D'ailleurs, sur un certain nombre de monuments, le grade des anciens combattants n'est même pas mentionné. Les deux personnages qui président les différents moments de ce rituel, démarqué de la liturgie catholique, sont le maire de la commune et le président de l'association locale des anciens combattants, deux civils[31]. Les discours qu'ils tiennent devant les citoyens et les enfants des écoles exaltent la paix et la justice, anathémisent l'horreur de la guerre, rendent hommage avant tout au sacrifice des morts. Les participants ne s'inclinent pas devant les drapeaux, ce sont ceux-ci qui s'inclinent devant le monument, c'est-à-dire devant les morts.

Parmi les deux voies qui étaient offertes à la France avant 1914, celle d'une armée «arche sainte», modèle de la société, ou celle d'une société libérale et démocratique dont la supériorité s'imposerait à l'armée, c'est en faveur de la seconde que la guerre de 14 semble avoir tranché. La fête du 11 novembre n'est pas militaire, encore moins militariste. C'est si vrai que, lorsque le 11 novembre 1923, à Choisy-le-Roi, un cortège d'anciens combattants se heurte à une troupe de contre-manifestants qui chantent *L'Internationale* et crient «À bas la guerre», la section locale de l'UNC (Union nationale des combattants)[32], dont les leaders nationaux se situent politiquement à droite et penchent bientôt vers la droite nationaliste, loin d'être choquée, dit qu'il ne s'agit que d'un malentendu désolant et que la célébration du 11 novembre a pour but d'écarter à jamais la guerre[33].

Ainsi, « le poilu » est sacralisé en même temps que la nation armée est glorifiée comme jamais auparavant, au risque de figer ce dernier concept. C'est le député Bouteille, cité plus haut, qui s'écrie :

> Si nous avons gagné la Marne, ce n'est peut-être pas tout à fait par sa science [celle de l'état-major]. Certes, il y a eu ce qu'on a appelé le miracle de la Marne, mais en dehors de la décision géniale d'un chef admirable [...], l'admirable Gallieni, il y a surtout ce miracle du redressement du poilu qui [...] se redressa magnifiquement. [...] Inclinez-vous devant lui, devant celui qui reste le grand vainqueur de la Marne, le poilu de la France[34].

Au même moment, la stratégie défensive est élevée à la hauteur d'un absolu par les chefs militaires vainqueurs de la guerre qui imaginent la lutte future à l'image de celle qu'ils viennent de gagner. Cependant, le maréchal Foch tente de faire prévaloir une stratégie offensive, appuyée sur le Rhin et qui jouerait sur la menace de l'occupation de la Ruhr. Mais ce sont les vues du maréchal Pétain qui l'emportent : il est vice-président du Conseil supérieur de la guerre en 1920 et ses proches, les généraux Buat et Debeney, deviennent chefs d'état-major généraux. Ils estiment qu'il faut rendre inviolables les frontières du Nord et de l'Est pour éviter à tout prix les saignées en hommes[35]. De telles vues organisent *L'Instruction provisoire sur l'emploi tactique des grandes unités*[36].

Lors des débats parlementaires à propos des nouvelles lois militaires, il est pourtant des députés, du moins des socialistes, pour reprocher au haut commandement de n'avoir pas tiré suffisamment les leçons de la guerre ! Ils le soupçonnent de demeurer méfiant envers les réservistes, méfiance qui a failli être fatale lors des reculs initiaux de l'été 1914. Les réservistes assimilés à la nation armée victorieuse sont tellement devenus « intouchables » que les adversaires de droite de ces députés ne leur répliquent qu'avec prudence. Les réservistes ont manqué de cohésion sur l'instant, disent-ils, mais, ensuite et en quelques mois, ils ont acquis beaucoup de valeur. Même le maréchal Joffre qui écrit ses mémoires en 1922 déplore qu'on ait jugé trop sévèrement les réservistes[37].

Après la guerre, les Français souhaitent un raccourcissement du temps du service. Jean Fabry[38], rapporteur du projet de loi des dix-huit mois, future loi du 1er avril 1923, est obligé de convenir de cette impatience quand il présente son rapport le 2 juin 1921[39]. La discussion parlementaire commence à la Chambre le 28 février 1922 et se poursuit par intermittence jusqu'au mois de juin 1922. Elle s'ouvre lors de la période du Bloc national, du nom de la majorité issue des élections de 1919 et très nettement orientée à droite. Elle se déroule dans une Chambre « bleu horizon »[40], appelée ainsi à cause du grand nombre des anciens combattants qui ont été élus et dans laquelle la majorité parlementaire est plus diverse et plus ambiguë que la majorité électorale puisqu'elle s'étend jusqu'à des radicaux et des socialistes indépendants. Elle a lieu quand Poincaré vient de former un ministère après la démission de Briand en janvier 1922.

On remarquera que ce qui met aux prises les protagonistes du débat, c'est une durée de... six mois ; en effet s'affrontent ceux qui soutiennent le projet et ceux qui ne veulent qu'un an. Seul le ministre de la Guerre, André Lefèvre, argumente en faveur d'une durée de deux ans, le 17 mars 1922, mais, le 22 juin, il n'est suivi que par neuf députés[41]. Même les partisans des dix-huit mois et jusqu'au rapporteur Jean Fabry avouent qu'eux aussi préféreraient un an mais que les conditions techniques et politiques de son instauration ne sont pas encore réunies[42]. «[...] je continue à penser que le service d'un an est le service normal vers lequel notre pays doit tendre. Le service d'un an supposerait que le traité de paix soit exécuté. Le service de dix-huit mois est adapté à la situation actuelle qui est loin de ce que le traité pouvait faire espérer», dit Fabry. Nationalistes, conservateurs et modérés pensent avec le ministre qu'il faut une armée de 675 000 hommes avec 443 000 conscrits, qu'on ne peut pas par conséquent trop écourter le service ; par ailleurs il faut que les troupes de couverture soient composées de soldats de métier afin de riposter très vite à une éventuelle attaque allemande, un certain temps étant nécessaire pour mobiliser la réserve. D'ailleurs si on raccourcit le service en deçà de dix-huit mois, il faudra avoir recours à davantage de professionnels... et d'indigènes.

Radicaux-socialistes et socialistes veulent bien de troupes de couverture, et en cela les seconds diffèrent de Jaurès, mais ils pensent que la couverture doit être composée de 260 000 conscrits, scindés en deux groupes, appelés à six mois d'intervalle, ayant reçu au préalable une instruction de trois mois puis perfectionnant cette instruction dans les mois suivants dans les unités de couverture[43]. Une fois de plus, une fois encore, même quand seuls six mois font l'objet d'une controverse, c'est la conception de l'armée idéale qui est en jeu ; au point que Valmy projette sa grande ombre sur le débat et, avec l'évocation de la bataille, les légendes que cette victoire inattendue a fait naître, comme on l'a vu plus haut. À Léon Daudet[44], adepte du contre-mythe de la victoire truquée, un député réplique : « C'est de l'histoire ancienne. » Léon Daudet rétorque : « Non, puisque nous sommes forcés après la victoire d'envisager ces questions comme si la guerre devait recommencer après-demain, vous comprenez que ce n'est pas de l'histoire ancienne[45]. » Chaque « camp » proteste de sa loyauté au modèle français, accuse l'autre de préparer le retour d'une armée de métier et prétend être lui-même le plus fidèle à la conception de la nation armée. C'est Jean Fabry qui affirme :

> À l'étranger, le mot armée lui-même n'est pas compris comme il l'est chez nous. Par le fait que nous avons depuis toujours une frontière vulnérable sur laquelle, peu à peu, au cours du XIXe siècle s'est précisé le danger de plus en plus grave que nous faisait courir l'Allemagne [...], nous avons forcément évolué vers l'application de plus en plus étroite de la conscription. Elle était apparue en France au moment précis où un danger de même nature se montrait sur ses frontières

en 93. [Comme beaucoup d'autres il confond levée en masse et conscription.]

> Tous les pays qui n'ont pas une frontière vulnérable — et ni l'Angleterre, ni l'Amérique n'ont une frontière de ce genre — n'ont jamais senti le besoin de la conscription [...]. Ils [les Alliés] donnent à leur armée le sens d'un corps expéditionnaire destiné à intervenir au-dehors, et, par ce fait même, cette armée se recrute obligatoirement par engagements volontaires [...].
>
> L'armée anglaise comme l'armée américaine ne présentent donc à aucun degré la forme d'une armée nationale[46].

La conscription est la base sur laquelle doit s'édifier une armée nationale et démocratique à caractère strictement défensif : en effet, même chez les tenants des dix-huit mois, l'armée de métier est vue comme l'instrument d'une guerre de conquête et ils l'assimilent à la préparation d'une telle guerre. Mais c'est précisément pour cela qu'il faut maintenir un service de dix-huit mois, sinon il faudra augmenter le nombre des militaires d'active car le temps d'instruction des conscrits sera sinon anéanti, du moins « anémié ». Jean Fabry lance à ses adversaires qu'au fond ils préparent le retour à une armée de métier. Ce jour-là, « l'armée et la nation seront séparées. L'armée n'aura pas l'esprit national, la nation n'aura pas l'éducation militaire »[47]. Or « chaque citoyen est [et doit être] un soldat et chaque soldat est un citoyen »[48].

En fait, ce qui sépare les protagonistes de ces discussions, byzantines selon l'aveu même de Jean Fabry, c'est l'étendue plus ou moins grande accordée à la place et à l'action de la réserve. Certes, et on l'a vu plus haut, les adeptes des dix-huit mois ne nient pas que celles-ci ne doivent être très grandes. Mais pour les socialistes, fidèles à la pensée de Jaurès, et dont Pierre Renaudel[49] et Joseph Paul-Boncour[50] sont alors les porte-parole pour les questions de défense, en même temps que le second est membre du Conseil supérieur de la défense nationale et présente un contre-projet le 6 décembre 1921, qu'il défendra le 28 novembre 1922[51], la réserve incarne à elle seule la nation armée. Elle conditionne la nature même de l'armée. Jean-Hector Molinié[52] proclame : « Qui donc oserait douter aujourd'hui de l'excellence de nos réserves ? [...] la loi de 18 mois est une loi de crainte, une loi d'inadaptation à la vérité et aux leçons éclatantes de la guerre[53]. »

Les radicaux et radicaux-socialistes les suivent sur ce point. Daladier, qui présente lui aussi un contre-projet le 6 avril 1922 avec Antériou[54], prétend que le service de dix-huit mois ne se justifie ni par la situation générale de l'Europe, ni par les conditions politiques et techniques du problème militaire franco-allemand.

> Ce qui nous sépare, c'est une demi-classe ou une classe de réservistes [...]. Le problème qui nous sépare est la question des réserves. Nous disons que non seulement il faut organiser les réserves, là-dessus tout le monde est d'accord, — mais qu'elles constituent la force principale de notre armée. Nous disons que ce sont les civils qui ont gagné la guerre, qui ont formé « la plèbe obscure et tenace du front », la plèbe victorieuse dont parle le poète, je suis persuadé qu'il y a encore dans la pensée des organisateurs de notre armée

> actuelle des préjugés qui se sont traduits au début de
> la campagne par des erreurs si redoutables[55] !

Il ajoute que les dix-huit mois séparent l'armée du peuple et sont le retour à une armée de caserne, voire à une armée de façade et lancent la France dans l'aventurisme militaire[56].

En fait, les partisans du service d'un an veulent que l'armée ne soit plus qu'une école, un cadre d'entraînement pour les réserves. En cela encore, ceux qui sont socialistes sont fidèles à Jaurès. Là où ils innovent, c'est qu'ils élargissent le concept de nation armée en temps de guerre, notamment au champ de l'économie. Renouant avec l'esprit du décret d'août 1793, ils estiment qu'elle ne doit plus seulement être composée de citoyens-soldats, mais que tous les hommes et les femmes sont concernés, la mobilisation n'étant pas seulement militaire mais nationale. Elle doit toucher tout le monde et tous les biens[57]. Ainsi Paul-Boncour est-il le rapporteur d'une loi sur l'organisation générale de la nation en temps de guerre déposée en juillet 1925 par Painlevé, après la victoire du Cartel des gauches aux élections de 1924. C'est en 1927 que ce projet est discuté, deux ans après son élaboration ; la Chambre l'approuve mais le Sénat le modifie car il est en désaccord avec le contrôle de l'État sur l'économie en temps de guerre et la stricte limitation des bénéfices des entreprises qui travaillent pour la défense. Au final, la loi ne passe pas et il faudra une décennie encore pour que soient adoptées des mesures visant à organiser la nation en temps de guerre[58]. Les socialistes d'ailleurs se retournent contre ce projet pourtant défendu par l'un d'entre eux et Paul-Boncour finit par être marginalisé au sein de la SFIO où monte un courant antimilitariste et pacifiste hostile à sa ligne et à celle de Renaudel[59].

La loi du 1ᵉʳ avril 1923 avait instauré le service de dix-huit mois qui se révéla inviable. Les partisans du service d'un an l'emportèrent par la loi du 31 mars 1928 qui fut votée sans passion après trois jours de débat seulement, les 4, 6 et 7 juillet 1927[60].

En fait, la défense de la France repose sur une illusion. Elle est confiée à une armée en « trompe-l'œil »[61], et surtout, en cas de conflit, l'effort essentiel résiderait dans la mobilisation de gros bataillons, alors que la nation a une démographie languissante, et qui au surplus sont mal armés et faiblement motorisés, et dans celle de réserves portées au pinacle alors que, faute du budget nécessaire, elles ne sont pas assez souvent convoquées et que leurs obligations demeurent purement théoriques[62].

LE TEMPS DES ÉBRANLEMENTS

*Les premières remises
en cause conceptuelles*

Dans le prix très lourd que la guerre a coûté à la France, il y a aussi l'ébranlement du modèle républicain traditionnel et, par conséquent, de la « voie française vers une armée nationale ». C'est en ce sens aussi que s'achève le processus qui s'est déroulé de Valmy à Verdun, même si les effets de cet épuisement ne sont pas immédiatement perceptibles. Dans l'immédiat, on l'a vu, la nation armée est sacralisée.

Ainsi confortée, l'armée nationale de conscription semble peu ébranlée par la contestation antimilitariste de l'entre-deux-guerres. Après le congrès de Tours de 1920, le jeune Parti communiste reprend la « tradition » qu'avaient incarnée avant 1914 certains courants de la SFIO et de la CGT. Au demeurant, la question de la défense nationale joue un rôle majeur dans la scission de la SFIO à Tours. Mais celle-ci résulte du récent conflit et c'est sur la haine de la guerre, sur le refus de la boucherie et du rôle que la SFIO a joué dans l'Union sacrée que s'opère la cassure; bien plus que sur la conscription en tant que telle. Ainsi à cette époque, l'occupation de la Ruhr en 1923 et la guerre du Rif en 1925 prennent dans les dénonciations du PC la place qu'avait tenue la conquête du Maroc dans celles de la SFIO. Certes, l'armée de conscription est une armée permanente et une armée de caserne. À ce titre elle est suspecte. Dans ses appels à la désertion lors des épisodes de la Ruhr et du Rif, le PC ne manque pas de s'élever de façon virulente contre les conditions de vie dans les casernes et l'abrutissement auquel sont soumis, selon lui, les conscrits. La guerre fait ainsi l'objet des imprécations des députés communistes lors du débat qui précède la loi de 1923. Aussi Renaud-Jean[63] met-il sur le même plan les hommes de la droite favorables à la loi et les hommes de la gauche qui la combattent, car pour lui « ce qui unit les partisans de la loi et ceux qui déposent des contre-projets est beaucoup plus fort que ce qui les divise »[64]. Et ce qui les unit est l'acceptation de la guerre que l'impérialisme cherche encore à fomenter. « Et surtout n'espérez pas nous duper encore par une distinction entre la guerre offensive et la guerre défensive [...], les guerres se sont toujours faites contre la volonté des peuples mais par la volonté des gouvernants[65]. » Par conséquent, toute loi qui organise le service obligatoire doit être rejetée, tendrait-elle à la réduction du temps de service. Cette surenchère exerce une pression indéniable sur la SFIO, ce qui explique en partie le triomphe en son sein des courants antimilitariste et pacifiste, sans que sa doctrine en matière de défense en soit pour autant renouvelée, jusqu'au Front populaire[66].

L'antimilitarisme trouve son expression grinçante dans des journaux tel *Le Canard enchaîné* et dans les caricatures qui renouent avec la tradition d'avant-guerre mais s'en prennent davantage aux militaires d'active qu'à la conscription. Plus redoutable pour le « dogme » de la nation armée et sa traduction dans le service militaire obligatoire pourrait être le pacifisme. Non pas tant le pacifisme idéologique dont certaines nuances — mais pas toutes — sont liées à l'antimilitarisme. Ce courant est souvent porté par l'extrême gauche et la gauche, puis à partir des années 1930 par une fraction de l'extrême droite qui craint l'extension du communisme à la faveur d'un conflit. Cependant, le pacifisme n'est pas toujours politisé. Il débouche sur la création en 1920 du Comité de défense de l'objection de conscience et, en 1924, sur celle de la Ligue pour la reconnaissance légale de l'objection qui militent pour l'obtention d'un statut légal des objecteurs.

Mais il est un pacifisme beaucoup plus diffus et viscéral, consécutif à la guerre, qui imprègne la société française, et jusqu'aux anciens combattants. En réalité, il s'agit d'un pacifisme défensif plus qu'inconditionnel ou intégral, accordé au patriotisme de repli qui est celui d'une grande partie des Français encore après l'avènement de Hitler[67]. Il s'accommode parfaitement d'une armée dont les réserves semblent la quintessence.

Cette armée continue à être un lieu de socialisation comme en témoigne la persistance, voire le renforcement, du rituel des conscrits dans certaines régions du Nord-Est qui ont connu la guerre sur leur propre sol[68] ou dans celles d'un grand Est où il avait été précoce, de l'Ardèche à la Haute-Saône. Toutefois, dans les régions où il n'était pas très enraciné, tels la Provence, le Languedoc, le Centre-Ouest, la Bretagne et la Vendée ou encore le Nord et le Pas-de-Calais, il s'effrite progressivement entre 1920 et 1940 et, dans le Sud-Ouest, les Pyrénées, la Normandie, la Picardie, il n'est plus mentionné[69].

Par ailleurs, la veine courtelinesque et celle du comique troupier qui sont en fait une appropriation du fait conscriptionnel se poursuivent au cinéma. Des acteurs populaires comme Fernandel s'illustrent dans *Les Gaietés de l'escadron*, *Le Train de 8 h 47*, *Le Cavalier Lafleur*, *Les Dégourdis de la Onzième* ou *Ignace* dont Tourneur, Wulschleger, Ducis, Christian-Jaque et Colombier sont respectivement les auteurs.

L'armée continue aussi à jouer son rôle d'unification nationale ou plus exactement de réunification comme l'atteste l'instauration du service militaire en Alsace-Lorraine. Pendant la période de l'annexion, les Alsaciens et les Lorrains avaient été soumis à la conscription allemande et, à ce titre, avaient combattu dans les rangs de l'armée allemande en 14-18. Par ailleurs, les deux tiers de la génération montante ne parlaient que l'allemand en 1918. L'imposition du service militaire est utilisé comme instrument de réintégration. Elle est appliquée avec souplesse et avec le souci de trouver un équilibre entre l'homogénéité locale et l'unité nationale. Non sans tâtonnements. Le ministre de la Guerre rappelle en 1920 aux gouverneurs militaires que certaines difficultés ont surgi lors de l'incorporation des Alsaciens-Lorrains de la classe 1919[70]. Ces difficultés ont montré l'intérêt de tenir compte de certaines réalités. Certes, il ne faut pas constituer d'unités spéciales d'Alsaciens-Lorrains ni de foyer spécial du soldat dans chaque régiment. Mais, à défaut de parler eux-mêmes l'allemand, les officiers doivent utiliser les services d'interprètes et surtout des cours de français doivent être dispensés aux conscrits alsaciens et lorrains. Ces dispositions s'ajoutent aux mesures qui instituent un régime spécial et provisoire pour les recrues d'Alsace-Lorraine de 1919 à 1922. Ce statut particulier combine une répartition des conscrits entre tous les régiments de manière qu'ils côtoient des camarades originaires de tout le territoire français, et une affectation par petits groupes, et non individuelle, de façon qu'ils ne soient pas déracinés[71].

Mais le service militaire ne peut jouer son rôle intégrateur à l'égard des indigènes de l'empire colonial français. Leur assujettissement à la conscription selon les modalités imposées aux Français aurait eu pour contrepartie l'octroi de la citoyenneté. Une grande partie des dirigeants — et des militaires de carrière — recule devant cette perspective malgré l'intérêt évident, déjà décelé avant la guerre, de l'apport d'effectifs et malgré le devoir de reconnaissance envers l'aide fournie pendant le conflit. La loi Sarraut de 1921 qui prévoit la mise en valeur des colonies ne contient aucune disposition qui étendrait la conscription à leurs habitants. Lors du vote de la loi de 1923, le socialiste Mistral[72], hostile aux dix-huit mois, s'écrie : « [...] il y aura désormais deux armées : l'armée nationale, composée de citoyens-soldats ou de soldats-citoyens, et une armée de métier composée d'indigènes, de coloniaux, de rengagés. Au point de vue républicain, cette nouveauté inquiète car elle semble trahir une certaine méfiance envers l'armée nationale[73]. » Il est vrai que les indigènes dont il est question sont les soldats issus du recrutement des troupes auxiliaires, qui fonctionnait déjà avant 1914. Après l'armistice, une partie de ces troupes stationne en France ou dans la Ruhr occupée. En 1920, la moitié des régiments d'infanterie de l'armée du Rhin est indigène[74].

En réalité, les premiers coups portés au modèle le sont dans l'ordre conceptuel et sont le fait des militaires novateurs. Ils envisagent, du moins pour une partie de l'armée, l'éventualité d'une professionnalisation qu'ils conçoivent sur de tout autres bases que celles chères aux conservateurs de la fin du XIXᵉ siècle et en vertu de conceptions tactiques et stratégiques plus qu'idéologiques. À vrai dire, il ne s'agit pas d'un retour à l'armée de métier en dépit du titre de l'œuvre la plus emblématique de ce courant mais de l'avènement d'une spécialisation professionnelle pour des militaires de carrière. Ces novateurs sont en porte à faux vis-à-vis de la doctrine officielle de l'état-major fortement inspirée par le maréchal Pétain. À l'abri de la ligne Maginot dont la construction commence en 1930 et qui porte le nom du ministre de la Guerre, lui-même ancien combattant, mais qui n'est pas prolongée tout au long de la frontière belge, les gros bataillons sont censés avoir une valeur dissuasive[75].

Dans ce courant anticonformiste s'inscrit le général Roques, un temps proche de Joffre et ministre de la Guerre en 1916, qui demande dans un article de 1920 de *La Revue politique et parlementaire* que les 200 000 militaires professionnels assurent la couverture des frontières pendant qu'à l'intérieur la sécurité sera assurée par une armée de milices. C'est aussi ce que prône peu ou prou J.I.R.G.I. (pseudonyme) dans *L'armée française vivra* en 1929. La même année, l'amiral Castex commence la publication des *Théories stratégiques*[76]. Enfin c'est en mai 1934 que de Gaulle, alors lieutenant-colonel et officier d'état-major, travaillant au secrétariat général du Conseil supérieur de la défense nationale, publie *Vers l'armée de métier*[77].

Dans sa description inaugurale de la France « béante, offrant aux coups son corps sans armure, privée de tout répit et de tout recours, où donc la patrie peut-elle trouver sa protection latente, sinon dans les armes ? », ce précurseur redécouvre les grandes lois de l'histoire militaire de la France. Différents en cela des Américains ou des Russes, « [...] pour nous notre grandeur ou notre abaissement dépendent directement de la fortune des combats. En vertu de sa figure physique et morale, la France doit être armée ou bien ne pas être »[78]. Or la loi de la qualité s'impose désormais selon lui autant et même davantage que la loi du nombre. Non que de Gaulle dédaigne celle-ci et qu'il fustige la levée en masse et l'armée de conscription. D'abord parce qu'il est bon connaisseur de l'histoire militaire de la Révolution comme le démontrent ses lectures de jeune officier avant la guerre de 14.

Ensuite parce qu'il n'écrit pas en faisant de concessions « à l'air du temps » ou pour éviter de heurter de front le modèle républicain. En réalité, il subit l'influence du colonel Mayer même s'il n'est pas son disciple. Émile Mayer est un de ces officiers intellectuels pour ne pas dire philosophes qui jalonnent l'histoire de la pensée militaire et qui est méconnu comme beaucoup d'entre eux[79]. Polytechnicien et capitaine à vingt-huit ans, c'est un officier non conformiste et un esprit libre auquel ses écrits valent le ralentissement de sa carrière, bientôt son exclusion de l'armée en 1899, quand il prend parti pour Dreyfus et qu'il est dénoncé comme traître dans la presse nationaliste pour avoir publié des articles dans *La Revue militaire suisse.* Il poursuit sa réflexion dans une quinzaine d'ouvrages et une centaine d'articles et participe au groupe d'experts que Jaurès réunit pour écrire *L'Armée nouvelle.* Après la réhabilitation de Dreyfus, il est réintégré et nommé lieutenant-colonel. Mais il est de nouveau exclu en 1916 pour avoir écrit une lettre qui critique le caractère et la conduite de la guerre[80].

C'est un tel homme — et un tel militaire imprégné de républicanisme —, démocrate qui ne renonça jamais à la démocratisation de l'armée en concomitance avec sa modernisation, que de Gaulle rencontre à la fin des années 1920 dans le salon tenu par la fille du « colonel » et qui devient pour lui une référence plus qu'il n'est un maître ; car la pensée du futur chef de la France libre est déjà affirmée et diffère de celle de Mayer sur bien des points. Ce dernier est en effet devenu adepte de la disparition de l'armée de terre au profit de l'aviation qui, combinée avec les armes chimiques, doit jouer un rôle offensif alors que de Gaulle assigne ce rôle aux unités blindées, conception forgée à la lecture des écrits d'Émile Alléhaut entre autres[81]. Ce qui importe ici ce ne sont pas seulement les contacts que ce salon lui procure, d'abord avec Paul Reynaud qui assurera un retentissement politique aux idées de De Gaulle, ensuite avec Léon Blum qui dans l'immédiat ne le comprendra pas[82]. C'est essentiellement le fait que Mayer ancre de Gaulle dans une conception démocratique de l'armée, fût-elle professionnelle.

Aussi, retraçant dans son ouvrage l'histoire de la formation des armées de masse en France et en Europe, de Gaulle concède que la notion de quantité est devenue le fondement de l'art guerrier depuis la fin du XVIIIe siècle et qu'elle a été consacrée par plusieurs épreuves grandioses : « Par surcroît, cet impôt de temps, et éventuellement de sang, s'accordait si bien avec les tendances égalitaires du vieux monde qu'il en prenait le caractère dur et fort des principes démocratiques[83]. » Plus loin il se montre plus acerbe sur la pente démagogique à laquelle tend la loi du nombre et les surenchères des tribuns qu'elle autorise. Ainsi la loi du nombre peut-elle être dévoyée.

> Sous prétexte qu'en notre siècle c'est la nation entière qui se bat, certains dénieraient assez volontiers toute valeur à la formation proprement militaire. Par le seul fait qu'il se lèverait, le peuple aurait la force, l'adresse et la vertu. [...] Pour un peu, l'on poserait en principe qu'une nation combat d'autant mieux qu'elle s'y est moins exercée comme Émile acquit l'instruction pour n'avoir pas fait d'études[84].

La loi du nombre ne peut donc être exclusive, d'autant que la poussée du machinisme semble incompatible avec elle. La guerre future risque de n'avoir qu'un rapport lointain avec le choc hâtif des masses. Elle sera «[...] un terrible système mécanique de feu, de choc, de vitesse et de camouflage». Et dans les premiers moments du choc initial il faut des troupes exercées pour lui résister. Or l'année de service se réduit de fait à six mois d'instruction. De façon iconoclaste par rapport à la doctrine de l'état-major, il affirme :

> Il est vrai que, à toute époque, la France a tâché d'aveugler les brèches des frontières par la fortification. [...] En la matière, la même évidence inspira

tour à tour Vauban, Gouvion-Saint-Cyr, Séré de Rivières, Painlevé ou Maginot. On ne saurait estimer trop haut l'appoint que les ouvrages permanents peuvent fournir à la résistance [concession rhétorique]. Mais ces organisations [...] n'ont qu'une profondeur restreinte. D'ailleurs elles laissent à découvert toute la région du Nord [...]. Édifier notre couverture uniquement sur la résistance d'ouvrages tenus par des novices serait une absurdité[85].

Non que de Gaulle préconise la transformation de toutes les forces armées en armée de métier.

Le moment est venu d'ajouter à notre masse de réserves et de recrues, élément principal de la résistance nationale mais lente à réunir, lourde à mettre en œuvre et dont le gigantesque effort ne saurait correspondre qu'au dernier degré du péril, un instrument de manœuvre capable d'agir sans délai, c'est-à-dire permanent dans sa force, cohérent, rompu aux armes. Point de couverture française sans une armée de métier[86].

Il ajoute : « Il est bon que la France, tout en faisant le nécessaire pour dresser foules contre foules, ait une autre corde à son arc[87]. » Ce corps professionnel doit être capable de prêter main-forte à la « police internationale » destinée à garantir le système européen sinon universel que la France appelle de ses vœux depuis Locarno et la création de la SDN. « Alors seulement nous aurons l'armée de notre politique[88]. » Plutôt que le vieux soldat du XIXᵉ siècle, c'est le spécialiste qui devient la figure de proue de ce corps de blindés. En effet, ce n'est pas seulement en vue d'une stratégie défensive qu'il sera utilisé. Sur ce point encore, de Gaulle se montre hérétique par rapport à l'« orthodoxie » de l'état-major, en envisageant une guerre de mouvement et de vitesse. Selon lui, la constitution d'un corps de six divisions blindées de 100 000 hommes ne devrait pas choquer puisque, sur mer et dans les airs, l'armée professionnelle est déjà constituée et que dans ce cas personne ne songe à la remettre en cause. Il se défend d'ailleurs de vouloir faire mener à ce corps une guerre de conquête qu'il distingue d'une stratégie et d'une tactique offensives. Au demeurant, il observe, comme le pressentait Guibert, que la nation armée assimilée pourtant à la guerre défensive conduit à des conflits infiniment plus meurtriers qu'une armée professionnelle.

> Au vrai, l'application du principe de la nation armée, fournissant des ressources inépuisables, conduit à les prodiguer et, d'autre part, multiplie cette sorte de pertes qui est, dans les combats, le tribut de l'inexpérience. Au contraire, l'armée de métier réduite, difficile à refaire, oblige l'économie [...]. Si donc l'évolution, qui donne aux armées de carrière une supériorité croissante, devait aboutir à la substitution plus ou moins complète de combats bien réglés aux heurts furieux des masses en armes, ce serait pour la race des hommes un bénéfice sans prix. [...] Nulle sorte de lutte n'est, au total, plus sanglante que celle des nations armées[89].

De Gaulle n'est pas entendu malgré la « défense et illustration » que fait Paul Reynaud de sa pensée au cours du débat du 15 mars 1935 qui aboutit à la remise en vigueur du service de deux ans. Encore faut-il attendre l'imminence du rétablissement du service militaire obligatoire en Allemagne — il le sera le 16 mars —, encore cette réintroduction est-elle subreptice, le gouvernement Flandin faisant jouer l'article 40 de la loi de 1928 qui permettait, si les circonstances l'exigeaient, de conserver sous les drapeaux un contingent six mois, voire un an de plus[90]. Il décide — à titre temporaire, affirme-t-il — d'appliquer cette clause aux contingents incorporés jusqu'en 1939[91]. Mettant en avant le problème de l'arrivée des classes creuses à l'âge de la conscription, il se défend de remettre en question le service d'un an par une nouvelle loi.

Cet artifice de procédure lui est reproché par les adversaires comme par les partisans de la mesure. La plupart disent que le problème des classes creuses est « secondaire ». Paul Reynaud déclare que le véritable débat doit porter sur la direction générale de la politique militaire. Les socialistes par la bouche de Léon Blum, les communistes par celle de Maurice Thorez, et une partie des radicaux par celle de Daladier, ne contestent pas ce point. Mais ils font assaut de critiques contre l'utilisation de l'article 40 dont ils contestent l'interprétation par le gouvernement, contraire à leurs yeux à l'esprit de la loi de 1928. Ils refusent à la fois les deux ans et le projet de De Gaulle, mettant celui-ci sur le même plan que l'état-major. Léon Blum affirme :

> L'état-major, le commandement, n'ont pu s'accoutumer dans ce pays à l'idée de l'armée nationale, c'est-à-dire de l'armée à court terme appuyée sur les réserves [...], or non seulement on voit reparaître en faveur du service à long terme ces arguments tirés de la nécessité de l'instruction et de la formation de l'esprit militaire mais, [...] probablement sous l'influence de l'exemple allemand, on constate chez cer-

tains cercles de la haute armée un retour évident à l'idée de l'armée de métier proprement dite [...], oui, sous l'influence de quelques esprits ingénieux, hardis, brillants [...], on commence dans les cercles de la haute armée, dans les journaux publiquement inféodés à l'état-major [...] et dans l'opinion elle-même à lancer cette idée de l'armée de métier [...], l'armée de «choc et de vitesse» comme dit, je crois, M. de Gaulle, toujours prête pour les expéditions offensives et pour les coups de main [...]. Dans les cercles les plus influents de l'état-major, on veut l'armée de deux ans, on veut l'armée de métier, le corps blindé, cuirassé et motorisé pour les expéditions de choc et de vitesse[92].

Daladier va jusqu'à prétendre : « Et au moment où la France précisément commençait à s'affranchir du danger, voilà que, pour sauver son indépendance nationale, vous l'exposez à perdre sa liberté intérieure[93]. » Ils ne sont cependant pas loin de penser que la guerre nouvelle se fera par les airs et par des attaques brusquées et aérochimiques. Mais alors « Qui peut prétendre que la sécurité de la France soit renforcée parce qu'on aura prolongé le temps de service jusqu'à dix-huit mois ou deux ans ? »[94], s'interroge Thorez. Pour autant la répulsion envers l'armée de métier est telle qu'ils dénoncent aussi bien le retour aux deux ans que la création d'un corps blindé, une « super-armée » selon Thorez, force qui se propose de faire le tour de l'Europe, « une armée de choc professionnelle, plus dangereuse qu'on ne le croit pour la sécurité de notre pays », selon Daladier[95]. Léon Blum proclame :

> Je suis convaincu [...] que, pour répondre à une agression caractérisée de l'Allemagne hitlérienne, tous

> les travailleurs de ce pays se lèveraient, comme les autres Français [...], la protection militaire réelle d'un pays n'est pas dans les lourds effectifs permanents, dans les lourds effectifs casernés [...] mais qu'elle est dans ce que les révolutionnaires ont appelé la levée en masse [...], dans ce que notre vieux maître Vaillant appelait l'armement général du peuple[96].

Paul Reynaud prend pourtant soin de lui répliquer que les hommes de la Révolution qui ont fait la levée en masse ont eu raison de la faire à ce moment-là ; mais que désormais l'état démographique de la France et la politique extérieure d'assistance qu'elle veut mener lui imposent de jouer la carte de la qualité ; au demeurant le nombre des spécialistes serait faible et même réunis en un corps particulier ils ne formeraient pas pour autant une armée prétorienne, sauf à considérer que la marine et l'aviation françaises sont des corps prétoriens. « [...] La formule de défense la plus démocratique est celle qui est le plus propre à éviter la guerre »[97], conclut-il.

En fait, officiellement, les représentants de la nation ne votent pas l'allongement de la durée du service mais le maintien pour une année supplémentaire d'une classe de disponibles[98] !

Le second Sedan

Dix mai 1940 : après des mois de la « drôle de guerre » qui finit par démoraliser les Français, l'Allemagne nazie engage la guerre éclair fondée sur l'utilisation combinée des chars et de l'aviation. Pendant que les aérodromes hollandais, belges et français sont bombardés, une partie des troupes allemandes envahit les Pays-Bas et la Belgique. Le 13 mai, sept divisions blindées du général Guderian, faisant porter leur attaque sur le point faible du dispositif français là où n'existe plus la ligne Maginot, traversent entre Dinant et Sedan les Ardennes jugées infranchissables par l'état-major. La percée est réalisée, qui coupe en deux les forces alliées. À partir de cette brèche, l'avance des Allemands est dès lors foudroyante, le piège se referme très vite sur les troupes qui combattent au nord de la ligne Maginot et qui vont se retrouver encerclées.

Pendant ce temps, du 15 au 28 mai, les troupes de la ligne Maginot sont incapables d'opposer aux Allemands une contre-offensive efficace, le nouveau généralissime Weygand paraissant à la remorque des événements tout autant que Gamelin qu'il a remplacé le 18 mai. Certes, contrairement à une légende noire, il y a des combats courageux, voire héroïques et les pertes de ce printemps tragique équivalent à celles des premières semaines de la guerre de 14. En l'espace d'un mois, l'armée française perd 92 000 hommes et 200 000 blessés, l'armée allemande 27 000 hommes[99]. Certes, il y a aussi des manœuvres victorieuses — mais pas décisives —, telle celle que met en œuvre le 17 mai le colonel de Gaulle à Montcornet dans l'Aisne, à la tête d'une division blindée.

Mais ces tentatives sporadiques ne parviennent pas à arrêter l'armée allemande et le recul des troupes se transforme en débâcle puis en désastre, d'autant qu'elles sont mêlées sur les routes à la foule des civils de l'exode. Le 20 mai, Abbeville est prise, la ligne Weygand est rompue, Dunkerque tombe le 4 juin, et le 14 juin, l'armée allemande entre dans Paris.

Lors de ce second Sedan, la France succombe-t-elle comme lors du premier à la loi du nombre, de la science et de l'Allemagne ? La supériorité numérique de celle-ci est loin d'être écrasante et l'infériorité française en hommes, en armement et en équipement est bien davantage d'ordre qualitatif que quantitatif. En dépit de ce que prétendra ensuite le régime de Vichy, le Front populaire avait lancé un vaste programme d'armements et accepté l'effort financier de quatorze milliards qu'il supposait. Mais, outre que l'archaïsme de l'appareil productif ne permet pas de satisfaire la demande et que, par exemple, Pierre Cot, ministre de l'Air, juge impossible en 1937 d'accroître la production d'avions[100], le problème réside dans l'utilisation de ce matériel et cet usage relève de conceptions stratégiques et tactiques et, en dernier ressort, d'un état d'esprit.

Cet état d'esprit est d'abord celui de l'état-major. Dans *Vers l'armée de métier*, de Gaulle prétend : « Pas un illustre capitaine qui n'ait le goût et le sentiment du patrimoine de l'esprit humain. Au fond des victoires d'Alexandre, on retrouve toujours Aristote[101]. » Or c'est peu dire que nul Aristote n'inspire l'état-major de l'entre-deux-guerres, enfermé dans ses certitudes. « L'infériorité de l'armement français est la conséquence des doctrines du haut commandement[102]. » Aussi, lors de chaque coup de force de l'Allemagne, la remilitarisation de la Rhénanie le 7 mars 1936, l'Anschluss le 13 mars 1938, la crise tchécoslovaque en septembre de la même année, à la faiblesse du pouvoir politique correspond, comme en un jeu de miroir, l'aveu d'impuissance de l'état-major incapable d'envisager l'offensive. Pourtant ces coups de force sont autant de coups de bluff : on sait maintenant que Hitler aurait fait reculer ses troupes en mai 36 si l'armée française avait franchi la frontière[103].

Il existe un consensus entre le haut commandement, auréolé de son prestige de vainqueur de la première guerre, et les dirigeants politiques, consensus qui fonctionne au profit des militaires[104]. Ainsi, en dépit des diatribes de Daladier et de Blum à l'encontre du haut commandement lors du débat de 1935, le Front populaire se trouve-t-il à son tour hors d'état de lui imposer ses vues malgré l'instauration en juin 1936 d'un ministère de la Défense nationale et de la Guerre, dont le premier titulaire est Daladier, et, dans un autre registre, de faire bouger les choses malgré la création en août 36 du Collège des hautes études de défense nationale destiné à alimenter la réflexion de l'État et du gouvernement. Léon Blum est conscient de la sclérose de la pensée militaire et ce Collège réunit de façon novatrice des officiers et des hauts fonctionnaires civils : vaine tentative qui est brutalement interrompue par la guerre[105].

Le Front populaire est plus heureux en ce qui concerne les conditions dans lesquelles est effectué le service militaire dont les défauts alimentaient l'antimilitarisme. Sur ce point, le Parti communiste se trouve en convergence avec ses partenaires. Pendant la constitution du Front populaire, l'attitude du PC connaît une évolution qui représente même un véritable retournement quand on songe à celle qu'il manifestait pendant les années 1920. Retournement qui n'est pas sans rappeler celui que certains socialistes hostiles au fait militaire effectuent en 1914 et qui s'apparente, comme chez eux, à un « retour du refoulé », celui d'un patriotisme jacobin masqué jusque-là par un antipatriotisme superficiel. Le mythe de Valmy permet de garder, sans l'avouer d'abord, le souvenir du moment où le mot « nation » avait un contenu révolutionnaire. La célébration de la victoire lors du meeting qui a lieu à Montrouge dans le stade Buffalo, le 14 juillet 1935, permet d'exalter « le drapeau de 89, ce noble drapeau tricolore des victoires républicaines de Valmy à Verdun »[106]. Le Parti communiste n'est pas pour rien dans l'élaboration du film de Renoir *La Marseillaise* qui montre Valmy comme l'aboutissement d'un combat populaire commencé à l'intérieur de la cité. Par contre, le Front populaire ne réussit pas à rénover l'état d'esprit dans lequel l'instruction est dispensée aux conscrits, ni à rendre le caractère de la discipline plus adéquat à l'idéal du citoyen-soldat et à l'évolution de la société. Il est vrai qu'il craint de cristalliser l'opposition des officiers et des sous-officiers[107].

En dernier lieu, et surtout, le consensus évoqué plus haut et le fatal immobilisme qui en découle sont le fait des Français eux-mêmes. Au moment des crises, en particulier celle de la Rhénanie, l'état-major affirme ne pouvoir agir sans mobilisation générale. Or l'opinion publique la redoute comme déclencheur d'une marche irréversible à la guerre[108]. À la frilosité des chefs de l'armée fait écho l'enracinement chez les Français d'un patriotisme qui n'est pas seulement défensif mais de repli. Certes, le pacifisme qui en est le corollaire est plus viscéral que raisonné et résulte des souffrances endurées pendant la guerre de 14. Il diffère du pacifisme idéologique de certains courants intellectuels, syndicaux et politiques : à gauche, le pacifisme intégral d'une partie de la SFIO autour de Paul Faure et du Syndicat national des instituteurs d'André Delmas, à droite et à l'extrême droite, celui des sympathisants de l'Italie fasciste et de l'Allemagne nazie. Certes, après Munich, un retournement se produit chez une majorité de Français, décidés à ne plus céder devant Hitler. En 1939, il s'en faut de beaucoup qu'ils partent défaitistes et battus d'avance. De même qu'il faut se défier du mythe du départ la « fleur au fusil » en 1914, il faut se garder de la légende du départ « la mort dans l'âme » en 1939. Plus précisément, si on peut parler de la résolution des combattants dans le premier cas, le contraste n'est pas absolu avec la résignation de ceux de 39. Parmi eux au demeurant, il est peu d'insoumis. Mais dans le second cas, la mémoire de la guerre précédente n'est pas effacée[109].

Les Français et leurs dirigeants n'avaient pas tort de pressentir que, s'il devait avoir lieu, l'affrontement dresserait des peuples et des nations entières les uns contre les autres dans une nouvelle étape de ce processus de totalisation de la guerre. Les tentatives de l'entre-deux-guerres d'élargir le concept de nation armée au plan économique et à la société au-delà des seuls combattants n'étaient donc pas erronées. Mais ils eurent le tort de s'arc-bouter sur une vision étroitement défensive de la lutte qu'ils auraient à soutenir[110].

Le maréchal, le général et la nation armée des résistants

Le 16 juin 1940, le président du Conseil Paul Reynaud démissionne. Soutenu par quelques ministres, dont de Gaulle, tout récemment promu général à titre temporaire le 23 mai et nommé le 6 juin 1940 sous-secrétaire d'État à la Guerre, il souhaitait continuer la lutte à partir de l'Afrique du Nord mais au prix d'une capitulation en France même. Il n'est pas suivi, notamment par Pétain, vice-président du Conseil. Le 17 juin, celui-ci, devenu président à son tour, demande aux Allemands les conditions de l'armistice et annonce aux Français par la radio, qu'«il faut cesser le combat». Le lendemain 18 juin, à la BBC, de Gaulle lance son appel à résister.

Ainsi, à la fin du printemps 1940, deux figures, celle d'un illustre maréchal considéré comme le vainqueur de Verdun et celle d'un général encore obscur, incarnent le lien — forgé par l'histoire — entre armée, nation et république, que l'un ait la volonté de le briser, l'autre de le renouer. Ces deux militaires, désormais aux antipodes l'un de l'autre, prétendent chacun être le sauveur de la France.

En même temps, les événements font surgir à

travers la montée progressive de la résistance une nouvelle incarnation du peuple en armes et de la nation armée, même si le combat ne se déroule plus seulement sur un champ de bataille classique. Ils font naître aussi une figure du citoyen soldat, celle du partisan, qui n'avait jamais vraiment été réalisée en France bien que certains volontaires de 1791 et 1792 l'aient esquissée.

La nation armée « classique », telle qu'on l'entendait sous la troisième République après les désastres de 1870-1871, est vaincue. Sa défaite signe la mort du régime le 10 juillet 1940. L'armistice du 22 juin et les accords de Wiesbaden du 29 juin autorisent le maintien d'une armée de métier de 100 000 hommes en métropole et de 30 000 à 50 000 hommes en Outre-mer. Certains de ses cadres veulent croire qu'elle peut devenir l'instrument d'une revanche future et la préparent clandestinement à ce rôle, croyant traduire le vœu véritable du régime de Vichy. Par exemple, en novembre 1940, un Service national de la statistique destiné officiellement à l'ensemble de la population française établit un fichier des hommes de la zone libre, au nombre de 800 000, susceptibles d'être rappelés. Il s'agit de sauvegarder, sous couleur d'une activité licite, l'éventualité d'une future mobilisation. Ce service est dirigé par Robert Carmille qui avait en vain plaidé avant guerre pour une rationalisation de l'organisation des opérations de la conscription et pour un début de sélection des conscrits en raison de leurs capacités et des besoins de l'armée[111].

De telles illusions s'écroulent au moment de l'occupation de la zone libre en novembre 1942.

Le 29 novembre, l'armée de terre est dissoute ainsi que l'armée de l'air. Trois jours avant, la flotte s'est sabordée à Toulon, ne voulant pas cependant rejoindre les Alliés. De même, si certains officiers forment l'OMA (Organisation métropolitaine de l'armée) qui devient l'ORA (Organisation de résistance dans l'armée) au début de 1944, globalement l'armée de l'armistice ne se dresse pas contre l'invasion allemande[112].

Avant même l'établissement du SNS (Service national de la statistique) sont créés les Chantiers de la jeunesse dont l'expérience est consacrée par la loi du 18 janvier 1941. Ils sont d'abord conçus pour « occuper » les 92 000 hommes de la seconde partie du contingent de l'année 1939 et la première partie de celui de l'année 1940, appelés... le 10 juin 40. Les jeunes gens des classes 1940 à 1944 sont à leur tour appelés pour une période de huit mois. Quand ils sont dissous en 1944, ils auront reçu 400 000 hommes. Leur chef, le général La Porte du Theil, par ailleurs fidèle de Vichy et de la Révolution nationale, voit dans ces chantiers un autre instrument de la revanche car ils forment des cadres immédiatement mobilisables. Mais, en juin 1943, 24 000 jeunes sont démobilisés pour être soumis au STO (Service du travail obligatoire), La Porte du Theil est limogé et déporté. Après la Libération, une ordonnance du 10 octobre 1945 dira que le temps accompli dans les Chantiers de la jeunesse vaut temps de service militaire actif[113]. En fait, tout comme les cadres de l'école d'Uriage, les chantiers sont pour un certain nombre de leurs membres un lieu de passage vers la Résistance.

Celle-ci veut représenter la véritable relève et faire renaître la nation armée comme l'attestent les noms donnés par les résistants de l'intérieur à leurs réseaux et à leurs mouvements. L'un d'eux fondé par un professeur du lycée Buffon ne s'appelle-t-il pas Valmy, d'autres Kléber, Marceau et Hoche[114]? Mais cette nation armée est numériquement minoritaire : en août 1940, quand l'Angleterre de Churchill reconnaît la France libre sous l'égide de De Gaulle, les FFL (Forces françaises libres) sont 7 000, elles seront un peu plus de 50 000 en juillet 1943 quand s'arrêtera leur recrutement[115]. Parmi elles, 66 % sont des sujets indigènes des colonies dont certaines, comme le Tchad, le Cameroun, le Congo, l'Oubangui-Chari, se sont presque immédiatement ralliées à la France libre, 16 % des légionnaires et 18 % des citoyens français. Ces derniers, volontaires, sont à 51 % originaires de métropole, à 41 % des colonies.

Le débarquement allié de novembre 1942 au Maroc et en Algérie crée une situation nouvelle. L'armée d'Afrique compte environ 120 000 hommes. Malgré une résistance sporadique en vertu d'une forte anglophobie et au nom de la fidélité à Vichy, elle bascule du côté des Alliés après le ralliement de l'amiral Darlan, pourtant successeur désigné de Pétain. Après l'assassinat de celui-ci en décembre, une lutte de pouvoir éclate entre le général de Gaulle et le général Giraud, vichyssois mais candidat favori des Américains, notamment de Roosevelt. À l'automne 1943, de Gaulle finit par l'emporter à la direction du CFLN (Comité français de libération nationale), créé en juin 1943. En dépit de cet « imbroglio algérois », une force armée nouvelle se constitue : les combattants qui composent ses huit divisions sont les pieds-noirs des classes 1942 à 1945 levées en vertu de la conscription, qui est rétablie aussi en Corse, premier département de la métropole à être libéré en septembre 1943, et les indigènes de l'AFN (Afrique du Nord) et de l'AOF (Afrique occidentale française). Les cadres sont ceux de l'armée d'Afrique et une fusion s'opère avec les FFL, pas toujours facile, même dans la 2e division blindée de Leclercq, en raison des nostalgies vichystes et giraudistes des premiers. Dès ce moment se pose donc le problème de l'amalgame. Mais, au printemps 44, le CFLN dispose de 500 000 hommes armés par les Alliés[116].

La résistance intérieure contribue puissamment à ce que de Gaulle l'emporte sur Giraud à la tête du CFLN et donne au premier la légitimité qu'il recherche face aux Alliés. Depuis la formation des grands mouvements en 1941, elle s'est structurée et s'unifie progressivement en même temps qu'elle faisait sa jonction avec Londres et de Gaulle. L'entrée du Parti communiste dans la résistance accélère le passage d'une activité de propagande et de renseignement à la lutte armée. Le Front national, créé par les communistes, a une branche militaire appelée les Francs-tireurs et partisans (FTP), les autres se dotent de groupes semblables qui deviennent l'Armée secrète, les FTP gardant une certaine autonomie[117]. En mai 1943, Jean Moulin, envoyé par de Gaulle, crée le CNR (Conseil national de la Résistance) dans lequel sont représentés les principaux mouvements de résistance ainsi que les partis et les syndicats dissous par

Vichy et qui en retour reconnaissent de Gaulle comme chef de la résistance. En novembre 1943, la résistance intérieure délègue des représentants au sein du CFLN.

L'année 1943 voit la formation de maquis grossis des réfractaires au STO. Certains groupes paramilitaires, tels les FTP, préfèrent la tactique du harcèlement et les coups de main. D'autres, ainsi l'ORA et l'Armée secrète, attendent le débarquement pour passer à l'action. Au début de l'année 1944, l'Armée secrète et les FTP s'unissent dans les FFI (Forces françaises de l'intérieur). En mars, le général Koenig est nommé à la tête des FFI et assure depuis Londres leur liaison avec les Alliés. L'action directe et frontale des maquisards, armés parcimonieusement, parfois trop concentrés et alors décimés par une très dure répression comme dans les Glières au printemps et dans le Vercors en juillet, n'obtient pas les résultats escomptés. Si le soulèvement de masse aboutit à un tragique échec, la résistance armée se révèle dans l'Ouest un précieux auxiliaire des troupes alliées dont elle favorise la progression, au moment du débarquement — et au-delà de ce moment —, en libérant les villes et en réduisant les poches tenues par les Allemands. Dans le Sud-Ouest, elle délivre à elle toute seule l'Aquitaine et le Limousin. Enfin c'est à l'action conjointe de la 2e DB et des FFI anticipant le calendrier souhaité par les Alliés qu'est due la libération de Paris.

Les résistants voulaient à la fois libérer le pays et le régénérer comme le montre en mars 1944 le programme du CNR. Pourtant, contrairement à l'épisode révolutionnaire, de cette tragique séquence ne résulte pas une mutation du modèle de la nation armée, ni la rénovation des bases du contrat séculaire qui liait le citoyen français à la défense de la France. D'abord, alors que l'amalgame de 1793 avait été une réussite, celui de 1944 est globalement un échec. Sur fond de bras de fer entre les communistes et de Gaulle, celui-ci, chef du GPRF (Gouvernement provisoire de la République française) qui résulte de la transformation du CFLN le 3 juin 1944, rétablit non sans dureté la normalité républicaine, veille à la subordination des mouvements de résistance dans la crainte qu'ils ne s'érigent en pouvoir parallèle appuyé sur des forces paramilitaires, et dissout les états-majors des FFI.

Le CNR et la plupart des FFI — 300 000 à l'été 1944 — auraient voulu conserver leurs bataillons[118], d'autant qu'ils jugent responsables du désastre de 40 les chefs de l'armée traditionnelle. La méfiance est réciproque : les officiers de l'armée d'active qui reprend le combat aux côtés des Alliés mettent en doute la compétence des FFI et critiquent leur politisation. L'intégration des FFI suit trois voies dont les deux premières sont effectivement proches de l'amalgame. Le général de Lattre de Tassigny accueille des formations FFI dans ses unités pour remplacer les régiments indigènes décimés depuis la campagne d'Italie, les armées des Alpes et de l'Atlantique comprennent des bataillons formés dans les maquis. Enfin et surtout, les FFI peuvent s'engager individuellement et l'on dénombre 190 000 volontaires à l'été 44 mais nombre d'entre eux repartent et, dès janvier 1945, à peine plus de la moitié des groupes FFI intégrés méritent encore leur dénomination d'origine ; trop peu pour qu'il y ait un apport significatif de sang neuf[119]. Seuls 13,8 % des officiers FFI sont devenus officiers de carrière en 1948 mais ils constituent, il est vrai, 50 % des officiers de réserve[120].

De même on en revient aux formules d'avant-guerre pour la conscription, qu'il avait été impossible de rétablir en métropole à la Libération : pour la première fois de son histoire, il y a un hiatus dans la succession de l'appel des classes. Celles de 1944 et 1945 ne furent jamais appelées pour le service militaire classique qui est toutefois réinstauré le 7 octobre 1946. Il est alors d'une durée d'un an. Une ordonnance du 22 avril 1945 a au préalable exigé une préparation militaire obligatoire pour les futurs conscrits mais elle reste lettre morte[121]. De Lattre, devenu inspecteur général et chef d'état-major général de l'armée de novembre 1945 à mars 1947, tente de rénover le service. En décembre 1945, il publie un rapport, *Il faut refaire l'armée française*, dans lequel il affirme que le concept de nation armée est encore pertinent dans la guerre moderne, encore valable le rôle de l'officier éducateur et toujours opératoire le caractère civique et social du service militaire pour constituer une armée à la fois nationale et démocratique. Pour répondre à ce dessein, il propose de « désencaserner les conscrits » et de les instruire dans des camps légers, créés au printemps 1946. En fait, pour des raisons financières et parce que l'efficacité de l'instruction dispensée est contestée, l'expérience est suspendue en mars 1947 et abandonnée en 1948[122].

Toutefois dans les années 1950 est prise une mesure d'ordre technique qui, à terme, aura d'immenses conséquences symboliques sur le dispositif de la conscription. Une loi du 30 novembre 1950 prévoit une sélection des appelés dans le but de les affecter au mieux des besoins de l'armée et en fonction de leurs aptitudes physiques et intellectuelles. C'est reprendre le projet de Carmille. En 1954 sont créés neuf centres de sélection, un par région militaire, entièrement sous l'autorité militaire, à la différence des conseils de révision. Les jeunes gens y passent trois jours et sont soumis à des épreuves physiques et psychologiques et à un examen médical approfondi qui fait apparaître désuet celui du conseil de révision. Cependant, jusqu'en 1965, ils passent d'abord devant le conseil de révision avant d'effectuer « leurs trois jours »[123]. Le rituel qui entourait les opérations de la conscription continue de s'effacer. Dans les régions où il demeure vivace, il se détache de son origine militaire[124].

VERS LA FIN DU MODÈLE

La guerre d'Algérie,
un coup de boutoir politique

Le modèle ébranlé depuis l'entre-deux-guerres est maintenu après la Seconde Guerre mondiale mais plusieurs facteurs se conjuguent qui aboutissent à son érosion. Dans les années 1930, c'est son efficacité qui était mise en cause, désormais c'est son bien-fondé et sa légitimité qui ne vont plus de soi. Certains moments représentent une accélération de cet effritement sans que les protagonistes en prennent conscience sur l'instant. La guerre d'Algérie est incontestablement un de ces moments.

La guerre d'Indochine avait « seulement » concerné les soldats de métier, 120 000 hommes en 1949, la guerre d'Algérie fait jouer les ressorts du service militaire obligatoire ; certes, pour des raisons d'effectifs mais aussi parce que « l'Algérie, c'est la France », selon une formule utilisée par les dirigeants politiques, notamment par le président du Conseil Mendès France et son ministre de l'Intérieur François Mitterrand[125]. N'est-elle pas organisée administrativement en trois départements français ? Ne faut-il pas que des citoyens-soldats défendent le sol français ? D'où un premier et tragique paradoxe : la guerre est — et sera longtemps — niée en tant que telle : on parle plutôt d'opérations ou des « événements » d'Algérie. C'est « la guerre sans nom »[126] Il faut attendre en effet le 5 octobre 1999, trente-sept ans après son achèvement, pour que cette guerre soit reconnue officiellement pour telle. Le 5 décembre 2002 est inauguré un mémorial national à Paris par le président Chirac. Toutefois, c'est le 19 décembre 1974 que les combattants avaient obtenu la reconnaissance de la qualité de combattant à l'initiative de la FNACA (Fédération nationale des anciens combattants en Algérie-Maroc-Tunisie), créée dès septembre 1958 en pleine guerre, et dès les années

1970 de nombreuses municipalités commémorent le cessez-le-feu du 19 mars 1962.

Quand la guerre commence le 1ᵉʳ novembre 1954, ce sont essentiellement des hommes de métier qui sont d'abord chargés de la mener. À leurs côtés combattent des conscrits originaires des trois départements d'Algérie. De 56 000 hommes, les effectifs passent à 83 000 en 1955. Les besoins sont croissants et, en septembre 1955, le gouvernement Edgar Faure rappelle une partie des réservistes, c'est-à-dire des conscrits des classes 1952 et 1953 qui viennent d'achever leur service. La majorité d'entre eux, qui appartient à la gendarmerie, sont cette fois originaires de la métropole[127]. Après les élections, le nouveau gouvernement Mollet décide en janvier 1956 d'appeler le contingent. Il dispose de 200 000 hommes qui seront 400 000 à la fin de l'année quand le gouvernement aura obtenu en mars les pouvoirs spéciaux et rappelé en avril les réservistes des classes 1951 à 1954. En 1957, ce sont 450 000 conscrits qui sont présents sur le territoire algérien, amalgamés — car, autre paradoxe, les circonstances entraînent un amalgame — avec des soldats de métier en proportion variable suivant les unités. En 1957, les conscrits représentent 57 % des effectifs, bientôt ils seront 80 %. Au final, 1 179 523 appelés ou rappelés ont participé au conflit qui en huit ans a mis en jeu 2 millions d'hommes portant l'uniforme français entre 1954 et 1962[128].

Le rôle du contingent est à ce point crucial que ce terme, somme toute technique, devient familier au grand public ; cela alors que le contingent représente la presque totalité de la classe correspondante à partir de 1956. Bien plus, et encore aujourd'hui, ce mot n'évoque plus que ceux qui ont accompli leur service pendant la guerre d'Algérie.

Les appelés le sont pour une durée croissante et à titre rétrospectif. Déjà la loi du 30 novembre 1950 avait porté la durée du service à dix-huit mois. Cette mesure avait été décidée par le gouvernement Pleven dans lequel le socialiste Jules Moch était ministre de la Défense. Il avait passé outre aux réticences de son parti, arguant de la nécessité d'augmenter les effectifs pour les rendre adéquats au rôle tenu par la France dans l'OTAN. Cette loi n'avait pas donné lieu à de grands débats, deux jours seulement à l'Assemblée nationale, marqués par la vive opposition des communistes protestant dans la lignée de Jaurès contre l'allongement de la durée dans lequel ils voyaient une nouvelle tentative de retour à l'armée de métier, inféodée désormais aux Américains[129]. Or cette loi comprend une clause de disponibilité, reprise explicite de l'article 40 de la loi de 1928, déjà utilisée pour revenir à deux ans en 1935. Elle était passée sur le moment inaperçue, d'où le sentiment d'injustice des rappelés quand elle est mise en application[130]. En avril 1956, en même temps que par décret sont rappelés les réservistes, on l'a vu, les appelés qui auraient dû être libérés sont maintenus sous les drapeaux, le temps de service est prolongé de six à neuf mois. Les pouvoirs spéciaux accordés au gouvernement Mollet autorisent en effet la procédure du décret. Ainsi la durée du service demeure-t-elle un enjeu crucial mais elle n'est plus l'objet de débats. La cinquième République portera le temps officiel à deux ans par ordonnance du 7 janvier 1959, mais certains, en fonction de leur spécialisation ou de leur formation, tels les juristes appelés à siéger dans les tribunaux permanents, accompliront vingt-huit et jusqu'à trente-trois mois sous les drapeaux[131].

Un autre et douloureux paradoxe surgit: les citoyens-soldats affrontent des adversaires qui se réclament du droit des peuples à disposer d'eux-mêmes et prétendent mener une guerre de libération nationale où les rôles sont inversés par rapport à une époque, celle de la Seconde Guerre mondiale, pas si lointaine pour les protagonistes. Des cadres de l'armée française qui combat en Algérie sont d'anciens résistants mais le libérateur semble être passé dans l'autre camp. Dans celui-ci figurent des hommes qui se sont battus pour la France lors de la Seconde Guerre mondiale et même pendant la guerre d'Indochine et dont quelques-uns sont devenus sous-officiers. Des soldats de tout l'Empire ont été en effet les acteurs des combats de 1940[132] et, de 1942 à 1945, ils ont représenté jusqu'à 30 % des effectifs. Rien qu'en Afrique du Nord, 130 000 hommes se sont engagés volontairement ou ont été enrôlés par conscription limitée qui, en Tunisie, admettait le remplacement. Les soldats maghrébins originaires d'Algérie furent à 54 % des conscrits. Ahmed Ben Bella, fondateur du FLN et futur président de la république d'Algérie, est emblématique de ces hommes. Cité deux fois à l'ordre de l'armée, décoré par de Gaulle en 1944, il ne dépasse pas le grade de caporal.

En même temps que cette voie d'accès à la citoyenneté qu'est le service militaire personnel n'a jamais été élargie à tous les indigènes, le manque de reconnaissance envers ceux d'entre eux qui ont payé de leur personne dans les luttes de la métropole est patent ; dès la Seconde Guerre d'ailleurs puisque, jusqu'en août 1943, les soldes que touchent ces hommes sont inférieures à celles de leurs camarades français. L'ingratitude de « l'ancienne mère patrie » sera durable[133]. Après 1945 cette absence de reconnaissance rend encore plus intolérable dans les départements d'Algérie le statut de citoyen de seconde zone — en fait l'absence de citoyenneté véritable — dans lequel sont cantonnés les musulmans.

Par ailleurs, au fur et à mesure de ces huit ans de guerre s'aggrave un éloignement, qui tourne au divorce entre la nation d'un côté, de l'autre la composante professionnelle de l'armée. Plus que jamais l'image de l'armée de métier est négative : portée aux aventures et aux coups de force, putschiste, proche de l'extrême droite, voire fascisante, en tout cas antirépublicaine et coupée des valeurs dans lesquelles se reconnaît une majorité de Français des années 1950 et du début des années 1960. La légende noire biséculaire connaît un regain en dépit d'une réalité plus nuancée, de la diversité des opinions et des choix politiques de ces hommes d'active qui ont le droit de vote depuis 1945. N'y a-t-il pas des officiers de carrière pour s'élever contre l'usage de la torture en Algérie, tel le général Pâris de Bollardière ? Et surtout le général de Gaulle, porté à la tête de la France en 1958, n'illustre-t-il pas au plus haut point cette complexité ?

Il est vrai que dès l'Indochine, en n'oubliant pas une fois de plus la pluralité des attitudes, quelques-uns des officiers qui font cette guerre ont le sentiment d'être incompris et mis à l'écart. À leur tour, ils s'enferment dans un isolement hautain surtout à l'égard du pouvoir politique[134], pourtant très faible à l'égard de l'armée jusqu'en 1958. C'est même un complexe d'abandon qu'ils éprouvent après la défaite de Diên Biên Phu le 7 mai 1954. En Algérie, menant une « guerre psychologique », en fait idéologique et révolutionnaire à l'image de celle de l'adversaire nationaliste dans lequel ils voient l'avant-garde de la subversion communiste contre « l'Occident chrétien », certains officiers, davantage les colonels et les capitaines que les généraux qui furent d'une « remarquable prudence »[135], prétendent mieux incarner la nation que les civils et les dirigeants politiques. La tentation renaît, qui veut faire de l'armée « l'arche sainte ». Déjà lors de l'épisode indochinois avait surgi un tel romantisme d'exclusion[136]. L'activisme militaire qui anime certains des auteurs du 13 mai 1958 les porte à croire que la prise du pouvoir à Paris permettra de gagner la guerre en Algérie et simultanément de régénérer la société française « matérialiste et décadente ».

La guerre d'Algérie entraîne une crise multiforme dont le premier résultat est la mort de la quatrième République. Non pas de la république : c'est un militaire, dont on pourrait dire que, comme Bonaparte, il est le plus civil des généraux, en même temps qu'il s'inscrit dans la lignée des militaires penseurs et est un nouvel avatar du jacobin botté, qui fonde une nouvelle république et empêche une confrontation extrême entre la nation et l'armée et une rupture totale entre celle-ci et la république. Nouveau paradoxe, qui s'ajoute à ceux qui fondent l'histoire militaire de la France, c'est à la faveur d'un coup de force — qu'il ne désavoue pas — qu'il s'installe à la tête de l'État, fait rentrer l'armée dans le rang, rappelle la suprématie du pouvoir civil sur le pouvoir militaire et renoue les liens entre armée, nation et république par une action dont les effets se feront sentir à long terme. Reconnaissons cependant qu'il lui faut plus de temps qu'à la faible quatrième République pour résoudre la question algérienne.

Dans l'immédiat, l'éloignement entre l'armée professionnelle et la nation ne conduit pas au renforcement de la nation armée, base du service militaire obligatoire, ou ne renforce celle-ci qu'en apparence. Certes, l'épisode des 22-25 avril 1961 au cours duquel le contingent refuse de suivre les généraux putschistes qui pensaient chasser de Gaulle et faire basculer tout entière de leur côté l'armée d'Algérie semble pourtant illustrer le bien-fondé de la conception d'une armée de citoyens-soldats, rempart de la république. On remarquera que nombre d'officiers d'active n'ont pas suivi non plus ou sont restés attentistes, réduisant les putschistes à n'être qu'un «quarteron» de généraux selon le discours de De Gaulle le 23 avril ; en réalité ils sont un peu plus nombreux.

Quoi qu'il en soit, le rôle du contingent lors de cet épisode explique le maintien de l'aveuglement politique quant aux vertus intrinsèques de l'armée de conscription, censée n'agir de par sa nature même que pour sauvegarder la liberté et la démocratie. Alors qu'il aurait pu être dissipé par l'observation de l'action politique des armées de conscription dans nombre des États de ce qu'on appelait alors le tiers-monde, anciennement ou récemment décolonisés, qui n'allait pas nécessairement dans ce sens-là et qui n'était pas sans rappeler celle menée par l'armée dans la France du Directoire, cet aveuglement persiste jusqu'au coup d'État de 1973 au Chili.

En fait, parallèlement à celui qui se produit entre l'armée et la nation a lieu un éloignement entre l'armée et la société qui n'épargne pas par ricochet le service militaire. Ce doute ne s'exprime pas d'abord sur un plan intellectuel. Il est celui qu'éprouvent au plus profond d'eux-mêmes et à des degrés divers ceux qui ont vécu l'expérience de «la guerre des sans-noms»[137].

Si le contingent a refusé de suivre les putschistes, il n'a pas refusé globalement la guerre. Le nombre des récalcitrants est faible: respectivement 12 000 réfractaires — dont 10 831 peuvent être appelés insoumis au sens strict du terme —, 886 déserteurs — dont 200 originaires de la métropole[138] — et 470 objecteurs de conscience. Parfois une résistance s'élève qui est surtout le fait de rappelés: à l'automne 1955, notamment à Rouen, certains refusent de partir, la protestation s'amplifie d'avril à juin 1956 et les manifestations d'appelés rejoignent celles des rappelés avec le soutien de courants politiques tel le PC. Outre les pétitions, il y a le blocage des gares au moment du départ des soldats, ainsi au Mans le 17 mai[139]. Le lendemain à Grenoble, un affrontement se produit entre deux cents manifestants et les forces de l'ordre au prix d'une cinquantaine de blessés chez les premiers, d'une trentaine chez les seconds[140].

Mais ce phénomène demeure sporadique et, quand il touche les rappelés, c'est le rappel qui est refusé et non la guerre. Il s'agit d'un «feu de paille»[141], le sentiment dominant de l'opinion en général comme du contingent en particulier est la résignation. Même quand la France s'enfonce dans la guerre, que l'esprit public en métropole est gagné par la lassitude et que des intellectuels mettent en cause ses méthodes et ses buts, *Le Manifeste des 121*, publié le 6 septembre 1960 dans le magazine *Vérité-Liberté* sous la plume d'universitaires et d'artistes et qui appelle les conscrits à l'insoumission tout en dénonçant la pratique de la torture, ne rencontre guère d'écho.

Une génération a été touchée, 24 600 militaires français sont morts dont 13 000 appelés, 60 000 à 70 000 hommes (toutes catégories confondues) ont été blessés. Les survivants restent affectés de manière diverse, d'abord parce que leur expérience combattante n'a pas été la même. Quelques-uns ont été protagonistes d'une guerre quasi classique lors d'opérations de grande envergure qui mettaient aux prises armée française et ALN, certains mènent la vie de garnison dans les villes de l'Algérie, d'autres encore, les plus nombreux, participent à une contre-guérilla[142] et «crapahutent» — terme forgé par les combattants d'Algérie — à la recherche des groupes du FLN au cours d'accrochages sanglants et sans gloire, tout en contrôlant brutalement la population ou en vidant des villages de leurs habitants qu'ils transplantent dans des camps de regroupement. D'autres enfin assurent un soutien scolaire ou sanitaire aux populations dans le cadre de l'action psychologique au sein des SAS (Sections administratives spécialisées)[143].

Beaucoup sont confrontés, en témoins ou en participants, à l'escalade du contre-terrorisme, notamment à la pratique de la torture. De tels moyens provoquent une crise morale en France et font ressurgir avec une acuité extrême le débat sur l'antagonisme qui peut exister entre la discipline d'une part et d'autre part la liberté du citoyen et les impératifs de sa conscience. Pourtant, même après coup, les combattants de la guerre d'Algérie n'extériorisent pas de révolte. Est-ce parce qu'ils appartiennent aux classes creuses peu visibles ou audibles dans l'espace public, contrairement à leurs cadets baby-boomers de Mai 68 ? Même s'ils peuvent devenir membres d'associations d'anciens combattants, dont certaines leur sont spécifiques[144], la chape de plomb du silence retombe sur les traumatismes subis, silence dont ils ne sont sortis que récemment[145]. Mais une des origines de la contestation sociétale de la fin des années 1960 ne serait-elle pas «un retour du refoulé»?

*Dissuasion nucléaire, société
de consommation et «sacre de l'individu»*

L'ordonnance du 7 janvier 1959 ne portait pas seulement sur le temps du service. Elle concerne l'organisation générale de la défense[146]. Le général de Gaulle affirme alors que «l'ordre guerrier [...] continue, plus que jamais, d'être essentiel à la Nation et à l'État»[147]. Mais cet ordre connaît une mutation avec la redéfinition du rôle géostratégique de la France structuré par le choix de la dissuasion nucléaire. L'arme atomique française est expérimentée pour la première fois en février 1960. Les conséquences en sont décisives et immédiates pour l'armée d'active, surtout pour l'armée de terre dont les effectifs diminuent drastiquement en même temps qu'ils se professionnalisent davantage. L'armée de métier le devient au sens strict du terme, la modernisation et l'adaptation à la primauté du nucléaire la transforment en une armée de techniciens et de spécialistes. Les avatars de l'histoire font que de Gaulle, chef d'État, voit se réaliser la transformation préconisée par le lieutenant-colonel de Gaulle quelque trente ans plus tôt.

Mais les conséquences de ce processus portent aussi sur le service militaire. L'ère de la dissuasion nucléaire est aussi le moment où pour les Français, avec la fin de la guerre froide, l'éventualité du combat devient plus lointaine, moins nécessaire «le pacte républicain du citoyen en armes»[148]. Techniquement obsolète, au sens militaire du terme, la nation armée le devient aussi sur le plan social et culturel. Paradoxalement, c'est au moment où l'encadrement de métier est numériquement réduit qu'afflue sous les drapeaux la vague des baby-boomers. L'histoire de la démographie française explique qu'arrivent à l'âge du service des classes pléthoriques. Elles demeurent très abondantes plusieurs années de suite[149]. L'armée doit faire face à cette vague démographique — jamais vue — à un moment où, de toute façon, la fin de la guerre d'Algérie réduit le besoin d'effectifs. C'est la préoccupation des dirigeants, en particulier du Premier ministre Michel Debré et du ministre des Armées Pierre Messmer. Il existe alors un incontestable souci d'adaptation dont témoigne entre autres l'activité de la commission Armée-Jeunesse créée en 1955 et qui fait se rencontrer des représentants de l'armée et des associations. Elle est consultée sur les conditions dans lesquelles se déroule le service militaire[150].

Une première solution consiste dans la diminution du temps de service. La seconde partie de la classe 1961 n'effectue plus que dix-huit mois et un décret du 16 octobre 1963 ramène la durée à seize mois. Cette diminution émane d'un souci de pragmatisme du pouvoir politique bien plus que de la revendication des forces politiques qui la portaient traditionnellement dans une perspective idéologique.

Surtout s'ouvre une seconde voie par la loi du 9 juillet 1965 qui tente d'adapter le service, appelé désormais national depuis l'ordonnance de 1959. On peut désormais accomplir son service sous quatre formes. L'une demeure militaire certes mais trois autres sont civiles ; une de celles-ci consiste dans la protection civile des populations, l'autre dans l'aide technique aux territoires et départements ultra-marins, la troisième dans la coopération en faveur des États étrangers (il s'agira surtout des anciennes colonies). La loi de 1965 ouvre donc une brèche dans l'universalité du service que ne manquent pas de dénoncer les partis de gauche lors des débats à l'Assemblée[151]. Bien plus, les socialistes rechignent devant la diminution de la durée car, couplée à cette nouvelle configuration, ils sont tentés d'y voir le retour subreptice de l'armée de métier[152] ! En tout cas, le devoir suprême du citoyen ne revêt plus exclusivement une forme militaire. Par ailleurs la loi généralise les dispenses, accordées sur critères sociaux, notamment aux soutiens de famille ; c'est une autre solution pour résorber l'excédent d'effectifs, utilisée conjointement avec les exemptions et les réformes fondées sur critères médicaux et dont le nombre grandit : de 1962 à 1967, le pourcentage des réformés passe de 8,3 % à 26,5 % d'une classe[153].

La diversification induite par la loi répond d'abord aux besoins de l'armée et la préférence personnelle des conscrits n'est pas le critère prioritaire. Bon nombre de ceux qui auraient choisi une voie civile sont « rejetés » vers la voie militaire qui reste numériquement prédominante. Cette volonté d'adaptation entraîne donc des effets pervers amplifiés par les bouleversements sociétaux et culturels de la fin des années 1960 et des années 1970. Car la génération du baby-boom est aussi et à la fois celle de la croissance et de la paix. L'appelé de la guerre d'Algérie aura été le dernier citoyen-soldat à avoir combattu[154]. Cette conjonction de facteurs agrandit la distance entre les réalités de la conscription et l'école de civilisation, de citoyenneté et de virilité qu'elle est censée être. Elle aggrave le questionnement au sujet des liens qu'entretient le devoir du citoyen avec la liberté et l'égalité.

La croissance consacre la toute-puissance de la société civile qui s'affirme parfois contre l'État, et le « sacre de l'individu » qui prédomine sur les valeurs collectives. Au cours de ce processus d'individuation qui n'est pas seulement un individualisme au sens péjoratif du terme mais une reconnaissance de la suprématie de la conscience personnelle, la liberté selon Montesquieu l'emporte sur la liberté selon Rousseau, Athènes triomphe de Sparte, les valeurs véhiculées par le service militaire paraissent le masque d'une obéissance passive conduisant aux pires dévoiements, prolongement de la crise de conscience entraînée par la guerre d'Algérie. Il n'est pas jusqu'aux conditions matérielles dans lesquelles se déroule le service qui n'apparaissent comme une contrainte. C'est que désormais — et pour la première fois — une écrasante majorité de conscrits connaît dans la société des conditions de vie meilleures qu'à la caserne. Par réaction, bien des officiers et des sous-officiers instructeurs sont tentés d'accuser la société d'avoir amolli et corrompu une jeunesse malléable.

Pour autant une telle évolution ne conduit pas à l'antimilitarisme ni au pacifisme qui restent minoritaires en tant que courants idéologiques, d'ailleurs distincts l'un de l'autre et émiettés ;

même s'ils connaissent un regain d'audience après Mai 68[155]. Dans la mouvance pacifiste, des comités se forment lors des années 1970 pour défendre les droits des objecteurs de conscience : Comité de coordination pour le service civil, Comités de lutte des objecteurs en 1974 et Fédération des objecteurs en 1977. En effet, si l'objection de conscience est reconnue par la loi du 21 décembre 1963, il faut vingt ans pour que cette reconnaissance devienne effective[156]. Même en tenant compte des obstacles qui se dressent devant ceux qui choisissent une telle voie, les appelés ne sont que 0,2 % à y entrer en 1977.

Indéniablement, la loi de 1965 réintroduit l'inégalité. Aussi, dans un tout autre contexte, se reforme une situation observée au XIXe siècle. Les formes civiles du service national ne sont accessibles qu'à ceux qui ont fait des études prolongées, c'est-à-dire une minorité, en dépit de l'amorce de démocratisation de l'enseignement supérieur, pour laquelle c'est un moyen — déguisé — d'échapper à la caserne envers laquelle elle éprouve l'allergie traditionnelle des fils des élites. Chez elle ressurgissent à propos de la durée du service des critiques qui étaient l'apanage de ses homologues du XIXe siècle : gaspillage de temps et interruption des études ; critiques que ne feront pas taire les nouveaux raccourcissements de la durée décidés lors des années 1970 et 1980.

En même temps que la caserne n'est plus — ou beaucoup moins — un lieu de brassage social, le rituel qui cimentait une classe d'âge masculine s'essouffle et disparaît avec la fin du conseil de révision. À partir de la loi de 1965, en effet, les opérations des centres de sélection précèdent celles du conseil qui doit tenir compte des avis de ceux-ci. En 1970, le Conseil de révision est supprimé[157]. Quand les rites subsistent, dans les régions où ils étaient intenses et prolongés, ils ne font plus du tout référence à la conscription et les fêtes de conscrits deviennent les fêtes des âges de la vie[158].

« Faire son régiment » ne représente plus une étape fondamentale dans la vie du citoyen et de l'homme. On a vu précédemment qu'il valait brevet de virilité. Les conscrits étudiants contestent cette vision de la virilité au moment où ils ne jugent plus stigmatisante la réforme, quand ils ne font pas tout pour l'obtenir[159], y compris par des moyens qui s'apparentent aux fraudes de leurs devanciers… du premier Empire.

Par ailleurs la pratique du sursis d'incorporation accordé à ceux qui poursuivent leurs études jusqu'à l'âge de vingt-quatre ans aggrave l'inégalité, même si en vertu des progrès de la démocratisation des études elle concerne 46 % du contingent en 1969 contre 23 % en 1962[160]. Elle approfondit le décalage d'âge et de mentalité entre ceux qui rejoignent les drapeaux. Si les salariés, ouvriers et paysans, demeurent davantage attachés aux représentations traditionnelles, dans les faits la conception du service comme entrée dans l'âge adulte et viril n'a plus de sens pour ceux qui sont déjà entrés dans la vie active ou/et sont mariés avant de partir sous les drapeaux. Ils finissent par rejoindre leurs camarades étudiants dans un état d'esprit critique sur la perte de temps que représente l'obligation de la conscription.

Sur le moment cependant, le service militaire ne connaît pas son Mai 68. Au contraire, les appelés, terme qui devient davantage en usage que celui de conscrit, ne bougent pas dans les casernes et les événements de mai sont suivis de nouvelles tentatives d'adaptation de la conscription. Le 10 juillet 1970, la loi Debré ramène la durée à douze mois, tout en maintenant seize mois pour les formes civiles du service qui est ouvert aux femmes volontaires. Entre dix-huit et vingt-deux ans, les jeunes gens peuvent choisir eux-mêmes la date de leur incorporation et peuvent devancer l'appel fixé désormais à l'âge de dix-neuf ans. Surtout, le 10 juin 1971, est adopté le Code du service national mais la loi n'entre en vigueur qu'un an plus tard après la parution du décret du 31 août 1972[161]. Le « Code de 72 » réaffirme l'universalité du service, l'obligation du devoir militaire pour les citoyens de dix-huit à cinquante ans, mais aussi la diversification de ses formes, même si la forme militaire qui répond aux besoins de l'armée est jugée prioritaire. Presque en même temps est votée le 13 juillet 1973 une loi organisant le statut général des militaires qui concerne aussi bien les appelés que les soldats de métier[162]. Dès l'article Ier, il est dit que « l'armée de la République est au service de la nation » et, dans le titre I, que, si les militaires doivent obéissance à leurs supérieurs, il ne peut leur être ordonné, et ils ne peuvent accomplir, des actes contraires aux lois, aux coutumes de la guerre et aux conventions internationales ou qui constituent des crimes ou des délits contre la sûreté de l'État. Dans le même esprit, le nouveau règlement de discipline générale dans les armées entré en vigueur par décret du 28 juillet 1975[163] affirme :

> La défense de la nation est une obligation pour tous les citoyens. Le service des armes, l'entraînement au combat [...] exigent le respect par les militaires d'un ensemble de règles particulières qui constituent la discipline militaire. Cette discipline repose sur l'adhésion consciente du citoyen servant sous les drapeaux et le respect de sa dignité et de ses droits. Elle répond à la fois aux exigences du combat et aux nécessités de la vie en communauté [...]. Elle s'exerce conformément à la loi dans un cadre de stricte neutralité dans les domaines philosophique, religieux, politique ou syndical, qui garantit la cohésion des armées et réserve leurs activités au service exclusif de la République[164].

En fait ce règlement répond aussi à une crise ouverte deux ans plus tôt, effet à retardement de Mai 68 et d'une disposition de la loi Debré qui supprime les sursis et les remplace par un système de reports d'incorporation, mais seulement jusqu'à vingt et un ans, moins favorable aux appelés. Cette disposition prise dans un souci d'égalité, puisqu'elle vise à supprimer un « privilège » tout en étendant la liberté de choix mais seulement jusqu'à vingt-deux ans, commence à être appliquée en 1973. Beaucoup d'étudiants craignent l'interruption immédiate de leurs études. Leur désaffection envers le service, qu'ils acceptaient tout de même jusqu'alors comme on se débarrasse d'une corvée, aboutit à une rupture. Il est significatif que les séances de la commission Armée-Jeunesse soient alors suspendues.

Des manifestations massives éclatent au printemps 1973. La contestation est d'abord externe, elle est le fait d'étudiants et de lycéens, elle devient interne en 1974 et le fait des appelés quand les contestataires sont incorporés, même si le nouveau ministre, Robert Galley, assouplit le système des reports d'incorporation. Lors de la campagne présidentielle de 1974 est lancé l'Appel des Cent signé par des appelés et publié dans la presse. Il réclame une libéralisation du service et revendique le retour de la possibilité de choisir la date d'incorporation, la liberté d'information et d'expression politique dans les casernes, la suppression des sanctions, mais il dénonce aussi « la misère sexuelle » des conscrits, les brimades dont ils sont l'objet et, au final, le service militaire comme une catastrophe. Des appelés manifestent en septembre 1974 à Draguignan, en janvier 1975 à Karlsruhe, en février à Verdun[165]. Le mouvement se structure autour de comités clandestins de soldats au sein même des unités, animés par des militants d'extrême gauche, qui aboutissent à la formation de sections syndicales en novembre[166]. Il s'essouffle dans les mois suivants, d'une part parce que le gouvernement manie la « carotte » du règlement de 1975[167] et le « bâton » de la répression, d'autre part parce que ses soutiens politiques ne s'étendent pas au-delà de l'extrême gauche, ni du côté du PC ni du côté de la CGT. La CFDT est partagée, la direction du PS met en garde celles de ses fédérations qui lui sont favorables[168]. Toutefois l'audience de cette contestation est plus large que ne le laisserait supposer le petit nombre des instigateurs des comités de soldats et des sections syndicales. Au demeurant, ils ne sont pas suivis quand ils s'en prennent au principe du service dans une perspective antimilitariste traditionnelle. Ils sont bien davantage entendus quand ils dénoncent les conditions de ce service et on se souviendra que le mouvement s'était déclenché non contre celui-ci mais contre la suppression des sursis.

L'érosion de fait du modèle se poursuit malgré la continuité de l'action de la gauche, une fois parvenue au pouvoir, avec celle de ses prédécesseurs de droite. Elle renonce à appliquer la cent cinquième des cent dix propositions de François Mitterrand lors de la campagne présidentielle de 1982. Elle promettait de ramener le service à six mois[169], perspective devant laquelle plusieurs cadres du PS et d'abord Charles Hernu, futur ministre de la Défense, étaient réservés. Toutefois, sous l'égide de celui-ci, est pris un train de mesures qui améliorent la condition matérielle des conscrits et libéralisent leurs rapports avec l'institution militaire, telles la diffusion de la presse dans les casernes ou la rénovation de celles-ci[170]. Un véritable statut de l'objecteur de conscience est alors créé, c'est l'objet de la loi du 8 juillet 1983 qui instaure en même temps un service long de vingt-quatre mois pour des volontaires, vivier de futurs professionnels. Parallèlement, la diversification des formes du service est poursuivie, la loi d'août 1985 permet par exemple son accomplissement dans la police.

Mais le sentiment d'inégalité s'accroît, encore avivé par la crise et la montée du chômage, le service interrompant la recherche d'un emploi ou arrachant le conscrit au poste qu'il venait de trouver. Certes, la loi Joxe votée à l'automne 1991 et promulguée le 4 janvier 1992 réduit la durée à dix mois mais tout se passe comme si, dans une sorte de spirale, la diminution du temps de service survenait toujours en décalage par rapport aux attentes. La loi Joxe intervient en outre dans un nouveau contexte international. En fait, celui-ci, confortant l'évolution intérieure, idéologique, politique et culturelle qui tendait à la fin de la conscription, achève de dénouer le lien qui existait en France entre la citoyenneté et la défense.

Conclusion

1997 ET APRÈS ?

L'histoire du contrat qui s'est instauré en France entre le citoyen et l'État et qui a amené le premier à prendre en charge la défense de la nation semble s'achever au début des années 1990. La désagrégation du bloc soviétique symbolisée par la chute du mur de Berlin à l'automne 1989 entraîne incontestablement une mutation géostratégique. Pourtant, en ce qui concerne l'utilité et même l'existence du service militaire personnel en France, elle ne fait que renforcer la tendance à l'œuvre depuis que la nation s'était dotée d'une dissuasion nucléaire autonome.

Malgré l'aspiration de l'opinion publique à vouloir toucher les « dividendes de la paix », la fin de la division du monde en deux blocs ne fait pas disparaître la guerre. On le voit quand éclate la guerre du Golfe en 1991. Or celle-ci accélère le courant qui mène à la professionnalisation totale de l'armée. La participation française à la coalition alliée révèle des carences dans l'organisation des forces armées, voire une inadéquation de leurs moyens matériels et humains à la mission qui leur est assignée. Il faut donc réformer l'armée dans le sens de la modernisation des équipements ainsi que dans celui de la technicité et de la professionnalisation des combattants[1]. Au demeurant aucun appelé du contingent ne participe à la guerre. C'est devenu impensable à partir du moment où elle se déroulait en dehors du territoire national.

Désormais, par un renversement de situation, ce sont les représentants de la nation et les responsables politiques qui devancent l'opinion publique dans ce mouvement qui tend à l'abolition de la conscription. Il se développe d'ailleurs dans un consensus général à propos de la défense et des forces qui en ont la charge.

En premier lieu, un apaisement se produit dans les relations qu'entretient la société avec les militaires de carrière. Effet d'une évolution sociologique des cadres de métier dont les singularités sociétales et culturelles s'atténuent, bien que leur endogamie, leur tendance à épouser des filles de militaires, reste forte. Mais en partie du fait de leur moindre «nomadisme» de garnison en garnison, la taille de leurs familles s'aligne sur la moyenne française, le travail de leurs épouses n'est plus un fait rarissime ; qui plus est, celles-ci ne travaillent pas nécessairement dans le secteur de la défense. Ils s'ouvrent aussi davantage au monde civil, par exemple par les relations qu'ils développent avec lui dans les sessions de l'IHEDN ou avec l'Université, au cours de leur formation initiale d'abord, ensuite à travers les travaux de recherches qu'ils mènent en commun avec des enseignants sur les questions militaires passées ou actuelles. La féminisation des cadres — 13 %

du corps des officiers, proportion à peu près équivalente à celle des universitaires ayant rang de professeur — est le symbole et un des moteurs de ce rapprochement que certains historiens nomment réconciliation[2]. Dans ce contexte, la nomination d'une femme, Michèle Alliot-Marie, à la tête du ministère de la Défense dans le gouvernement Raffarin en 2002, paraîtra chose toute naturelle. En somme, un officier d'aujourd'hui partagerait en règle générale le genre de vie et la mentalité de ses homologues de la fonction publique. Au moment même où, sur le plan politique, le lien entre la nation et son armée perd la forme qu'il revêtait traditionnellement, jamais les militaires d'active n'ont été moins à part de la société civile. Quelques-uns d'entre eux déplorent même cette banalisation qui ferait oublier que le fondement de ce qui représente, à leurs yeux, davantage une vocation qu'une profession est en dernier ressort le devoir de sacrifier sa vie en échange du droit de donner la mort.

En second lieu, l'image du professionnel belliciste et fauteur de guerre s'efface, sa représentation s'améliore en conséquence de la place que l'armée française est appelée à tenir dans les opérations contrôlées par l'ONU. En 1993, un casque bleu sur dix est français[3].

Même si certaines de ces opérations donnent lieu à controverse, celles-ci ne rejaillissent pas sur l'armée qui apparaît aux yeux de l'opinion publique comme une force vouée au maintien ou au rétablissement de la paix. Mais cette bonne image est largement tributaire du fait que les Français n'ont plus à payer de leur personne!

En lien avec ce nouvel état d'esprit, le service militaire y gagne aussi de rencontrer moins de contestation et d'hostilité qu'au cours des deux décennies précédentes. 68 % des Français se déclarent favorables à son maintien selon un sondage d'avril 1991[4] et les jeunes gens ne sont pas plus nombreux que dans les années 1970 à vouloir l'éviter. 70 % l'accomplissent comme leurs devanciers étaient le même nombre à le faire alors. Mais cet attachement s'adresse aux principes et aux vertus d'intégration civique et sociale que les Français prêtent encore à la conscription. Il semble directement corrélé au fait qu'il ne comporte plus le risque pour les conscrits d'être appelés sur les champs de bataille extérieurs comme ceux de la guerre du Golfe, juste après laquelle a lieu ce sondage. Il n'est pas non plus incompatible avec le souhait d'une durée qui soit la plus courte possible. En janvier de l'année suivante, la loi Joxe la ramène d'ailleurs à dix mois.

Alors que l'histoire militaire avait été jusque-là marquée du sceau des passions françaises, c'est une prise de distance qui l'emporte maintenant, voire l'indifférence. La même tonalité domine le débat politique et explique qu'il soit relativement dépassionné. Les représentants de la nation semblent désormais encore plus déterminés que les Français à tourner la page. Le consensus sur la défense et surtout sur la nécessité de la professionnalisation gagne les partis, en tout cas les deux partis de gouvernement, le RPR et le PS. Pour ce dernier, qui se veut l'héritier de Jaurès, c'est une mutation, entamée il est vrai dès avant l'arrivée au pouvoir de François Mitterrand. L'invocation rituelle de *L'Armée nouvelle*, devenue « bible » des socialistes en matière militaire, masque une absence de réflexion qui conduit les experts, prédominants dans la commission de défense du parti, à faire prévaloir leur avis. Dès 1984, la fin du service personnel aurait été jugée inéluctable. Or aucun débat n'est instauré ultérieurement parmi les militants[5]. La même vision technocratique, qui a pour but premier de gérer l'outil de défense de la façon la plus rationnelle et la plus économique qui soit, s'impose au RPR.

Peu après son accession à la présidence de la République en mai 1995, Jacques Chirac constitue un comité stratégique en juillet dont le président est le ministre de la Défense Charles Millon. Ce comité a pour mission de réfléchir à la réforme de l'armée. Elle est décidée en février 1996 et le président de la République en présente les grandes lignes dans une interview télévisée[6]. Il affirme que la conscription n'est plus adaptée aux missions dévolues à l'armée qui doit devenir entièrement professionnelle. C'est le qualificatif retenu de préférence à celui d'armée de métier, pas seulement par prudence au moment de briser un tabou, comme le prétendent les historiens[7], mais par adéquation à la réalité. L'armée professionnelle souhaitée ne correspond plus à l'armée de métier telle qu'on la concevait — ou redoutait — encore cinquante ans avant. On a déjà vu que de Gaulle opérait une telle distinction dans *Vers l'armée de métier*. Il ne s'agit pas de revenir en arrière mais de préparer l'armée de l'avenir. En même temps, l'abrogation de la conscription que ce projet suppose est assortie de précautions. Le président de la République propose que le service soit maintenu sous trois formes, militaire, civile, humanitaire, et que sa durée soit alors réduite à six mois, ou qu'il lui soit substitué un volontariat civil accompli tant par des hommes que par des femmes.

Dix mille réunions sont organisées dans toute la France en quelques semaines pour éclairer les parlementaires ayant à opérer ce choix. Eux-mêmes discutent avec des experts à l'Assemblée nationale ou au Sénat des solutions de substitution[8]. Ils sont partagés mais, une fois de plus — une ultime fois? —, les clivages qui ressurgissent n'opposent pas la gauche et la droite mais traversent en leur sein les gauches et les droites. À droite, l'UDF se montre critique devant la disparition du service militaire, de même à gauche le Mouvement des citoyens (MDC) de Jean-Pierre Chevènement et le PC. Au sein du PS, les esprits sont partagés.

Toutefois, les discussions demeurent de basse intensité idéologique et les préoccupations financières sont dominantes. Les parlementaires RPR, conduits par Philippe Séguin, proposent, outre la voie du volontariat offert aux femmes et aux hommes, un « rendez-vous citoyen » obligatoire qui pourrait durer au minimum une semaine, au maximum huit semaines. Le ministre des Finances rejette ces propositions en raison de leur coût[9]. Ce couperet financier peut expliquer la relative timidité des partisans du maintien du service militaire. Il aurait fallu le réformer profondément pour le rendre acceptable aux Français après qu'on leur avait fait miroiter la perspective de sa disparition. Or cette transformation aurait eu nécessairement un prix.

Jacques Chirac maintient finalement un « rendez-vous citoyen » d'une semaine comme substitut du service militaire et l'annonce dans un discours le 28 mai 1996. Le Conseil des ministres du 27 novembre 1996 entérine le projet qui est discuté et approuvé par l'Assemblée le 4 février 1997 par 435 voix contre 97, parmi lesquelles se trouvent une partie des socialistes au nombre de 62, les 24 députés communistes, les 8 députés du MDC et 2 UDF ainsi que 1 non-inscrit[10].

Le processus est provisoirement remis en cause par la dissolution de l'Assemblée nationale et les élections consécutives du printemps suivant qui créent un contexte de cohabitation. À dire vrai, ce n'est que partie remise. S'ils sont critiques devant le « rendez-vous citoyen », les socialistes ne trouvent guère à le remplacer que par l'« Appel de préparation à la défense » d'une journée ! Et ils sont majoritairement en accord avec l'évolution que Jacques Chirac a esquissée. Le 20 août 1997, le Conseil des ministres présidé par Lionel Jospin adopte le projet présenté par Alain Richard, nouveau ministre de la Défense. En réalité, il s'agit d'une nouvelle mouture de celui proposé l'année précédente par le président de la République. Il est débattu à l'Assemblée les 22 septembre et 13 octobre 1997, puis au Sénat qui le rejette car les sénateurs RPR n'admettent pas la disparition du « rendez-vous citoyen ». En fin de compte, il est définitivement adopté par l'Assemblée le 21 octobre[11].

La loi Richard du 28 octobre 1997, promulguée

le 8 novembre, suspend l'appel pour les jeunes gens nés après le 31 décembre 1978. Mais, comme si l'on se refusait à avouer et à s'avouer qu'on mettait fin à un des piliers du modèle français, c'est le mot suspendre qui est utilisé à l'article L. 112-2. de la loi et le même article prend soin de préciser que l'appel est rétabli (verbe décliné au présent et non au conditionnel) aussitôt que « les conditions de la défense de la nation l'exigent ».

Maintien tout théorique, et même rhétorique, car se poserait dans ces conditions, comme au temps de la conscription inégalitaire des deux premiers tiers du XIXe siècle, la question de la préparation militaire des « rappelés ». De même, c'est le souci de ne pas sembler enfreindre un tabou qui fait rappeler par l'article précédent L. 111-1. que « tous les citoyens concourent à la défense de la nation. Ce devoir s'exerce notamment par l'accomplissement du service national universel ».

Mais précisément en quoi consiste ce « service national universel » ? La seconde partie de l'article L.111 répond qu'il est constitué par des obligations et par des volontariats. Les obligations sont l'appel sous les drapeaux dont le caractère hypothétique a été mentionné plus haut mais aussi un recensement obligatoire imposé aussi bien aux filles qu'aux garçons à l'âge de seize ans et l'appel de préparation à la défense, entre seize et dix-huit ans. Cet appel dure une journée, d'où son nom officiel de JAPD. Ayant commencé au dernier trimestre 1998 et étendue aux filles en avril 2000, la journée consiste dans le passage de tests scolaires, dans une présentation des moyens et des métiers de la défense et de la possibilité d'effectuer un volontariat dans l'armée, enfin dans une sensibilisation aux enjeux historiques et mémoriels de la défense actuelle. Cette sensibilisation doit être initiée au collège et au lycée qui selon l'article L. 114-1. sont tenus d'assurer un enseignement de la défense. C'est une nouvelle occasion de rencontre entre la société civile, en l'occurrence le monde enseignant, et l'armée d'active, qui eût été impensable dix ou quinze ans auparavant.

Les volontariats, eux, sont de deux sortes. L'un s'effectue dans l'armée et représente pour celle-ci le vivier dans lequel elle puise ses effectifs en hommes de troupe et futurs sous-officiers. L'autre mode de volontariat relève de divers champs de l'aide humanitaire et de la cohésion sociale.

On se souvient que l'existence d'une réserve au cours du débat biséculaire avait semblé renforcer, voire incarner — parfois à elle toute seule — le lien entre l'armée et la nation. Elle persiste encore sous deux formes. La réserve opérationnelle est une force de complément de l'active qu'elle remplace quand celle-ci est en opération extérieure. Elle est composée de militaires, hommes et femmes, qui sont des volontaires sous contrat et servent d'un à quatre mois par an. La réserve citoyenne, elle, au nom significatif, est constituée de bénévoles de la société civile, pouvant être d'anciens militaires, qui accomplissent gratuitement des tâches ayant pour but de resserrer les rapports de l'armée avec la nation, par exemple, l'animation de journées d'études[12] ; mais ces deux réserves ne sont plus des réserves de masse, elles sont sélectives[13]. Au demeurant, l'état-major ne s'est pas empressé d'utiliser la réserve opérationnelle de même que les entreprises ne se montrent guère disposées à laisser partir plusieurs mois par an les réservistes qui font partie de leur personnel[14]. Si la mission dévolue à la réserve citoyenne, et sa dénomination même, sont la preuve qu'on ne s'est jamais autant préoccupé du lien entre la nation et l'armée depuis qu'il n'est plus formalisé par le devoir accompli par chaque citoyen, l'existence des deux réserves laisse cependant entière la question de l'absence de formation militaire chez ceux qui ne sont plus appelés.

La conclusion de cette histoire de la conscription et du service personnel obligatoire ne saurait être définitive. En effet, nouvel avatar de cette histoire passionnelle — alors que la passion semblait s'être éteinte —, ultime sursaut ou encore accès de nostalgie envers une institution qu'on pare de toutes les vertus quand on n'en subit plus les contraintes, le débat ressurgit au début des années 2000 et s'amplifie en 2005 après la crise des banlieues.

Sa reprise anime autant la société civile que les responsables politiques. Le 5 novembre 2003, le PS dépose une proposition de loi intitulée *Créer un service civique pour tous les jeunes* qui prévoit une période obligatoire de deux mois et une période facultative de six mois à un an pour les garçons et les filles à partir de l'âge de dix-huit ans. Ce service s'effectuerait dans des écoles, des hôpitaux, des maisons de retraite et concernerait les secteurs de l'action humanitaire, de l'environnement, de l'éducation, de la solidarité[15]. L'Institut Paul-Delouvrier, groupe de réflexion qui avait préconisé dès 2002 un service civil de six mois ou un an pour l'ensemble d'une classe d'âge mais en direction des seuls volontaires[16], poursuit sa réflexion et en présente les résultats dans un document de travail intitulé *Propositions pour un volontariat civil national et européen* élaboré en juin 2004[17]. Le 17 novembre 2005, l'hebdomadaire *La Vie* lance un «Appel pour un service civique obligatoire». L'appel fait état du vide «pratique et symbolique» qu'entraîne la disparition du service national et de la «désintégration progressive de la société française qui s'accélère sous nos yeux»[18]. En trois mois, il recueille 10 000 signatures dont celles de 443 parlementaires appartenant à toutes les familles politiques et qui représentent plus de la moitié des députés. Parmi eux, on trouve plusieurs des futurs candidats et candidate à l'élection présidentielle de 2007[19].

On constate que c'est la dimension civique du service qui est mise en avant et non son caractère militaire. Comme si ce qu'on retenait de sa nature profonde — et dont on regrettait la disparition — et que l'on voulait recréer, c'était sa finalité sociale et son rôle de vecteur de civilisation. L'appel de *La Vie* le dit explicitement : l'objectif du service national était de «réunir tous les jeunes Français sans considération de classes sociales» et «il est désormais impératif de réagir pour recréer un fort lien citoyen capable de structurer le XXIe siècle». Le nouveau service citoyen — autre terme employé significativement dans ce texte — doit être obligatoire car «il est fondamental de proclamer que l'argent ne peut en aucun cas se substituer à cette contribution constituée par une part de notre vie d'homme, de femme. Lieu symbolique où réside véritablement l'égalité. […] il ne saurait y avoir de passe-droit dans un domaine si nécessaire à la cohésion de la République, à la construction de l'Europe »[20].

Jacques Chirac annonce le 14 novembre 2005 la création d'un service civil volontaire devant toucher 50 000 jeunes de seize à vingt-cinq ans en 2007[21]. En réalité, le gouvernement de Villepin ne fait que reprendre des initiatives déjà mises en œuvre, amplifiant en particulier le plan Défense deuxième chance créé par l'ordonnance du 2 août 2005 et destiné à 20 000 jeunes en difficulté scolaire et sociale. Il s'inspirait du SMA (Service militaire adapté) qui existait depuis 1961 pour des jeunes d'Outre-mer en mal d'insertion sociale et professionnelle et dont il avait été prévu dès juin 2005 qu'il soit étendu en métropole. Il faut souligner que, même quand c'est l'armée qui prend en charge ces tentatives, leur but ultime n'est plus l'instruction militaire et la préparation au combat mais la réinsertion, voire la socialisation de jeunes marginalisés.

Le volontariat demeure la base des actions gouvernementales et les aspirations qui se font jour pour trouver un substitut à l'ancien service personnel obligatoire butent sur deux choses, le financement d'une telle entreprise et, en corollaire précisément, le caractère d'obligation qui ne séduit pas ceux et celles qui sont directement concernés ; les spectres du travail forcé et de l'exploitation d'une main-d'œuvre bénévole concurrençant l'emploi salarié ressurgissent. Certes, en 2007, les candidats à l'élection présidentielle évoquent la question dans leurs programmes de campagne mais *Le Livre blanc sur la défense et la sécurité nationale* paru en 2008 n'en parle plus. Il est vrai qu'une mission sur l'instauration éventuelle d'un service civil est simultanément confiée à Luc Ferry, philosophe et surtout ancien ministre de l'Éducation nationale.

Enfin, il faut souligner le fait que ces projets, telle la pétition de *La Vie*, évoquent presque tous l'Europe[22] comme si, en même temps qu'une défense européenne se construisait peu à peu et devenait l'inévitable horizon de l'évolution de l'armée française, s'imposait la nécessité d'élargir le contrat originel entre le citoyen français et la nation en lui donnant une dimension européenne. C'est aussi une façon de reconnaître la validité du processus d'intégration et d'acculturation au sein de l'État-nation que le service a rendu possible et de faire renaître ce processus en le transposant à une plus grande échelle. C'est enfin admettre l'existence chez les Français de nouvelles appartenances citoyennes tout en les renforçant et même en les créant.

L'avenir de « la conscription à la française » passerait-il par l'Europe ? Ce serait alors un nouveau chapitre de son histoire.

APPENDICES

PRINCIPALES LOIS ET MESURES CONCERNANT LE RECRUTEMENT

DÉCRET DU 16 DÉCEMBRE 1789 : maintien par la Constituante d'une armée de métier.

LOI DU 25 MARS 1791 : réforme des conditions d'engagement dans l'armée royale.

DÉCRET DU 11 JUIN 1791 : conscription volontaire des gardes nationaux de chaque département, dans la proportion d'un garde sur vingt.

DÉCRET DU 21 JUIN 1791 : mise en activité de la Garde nationale de tout le royaume. Les départements du Nord et de la frontière d'Allemagne doivent mobiliser le plus grand nombre possible de citoyens, les autres départements de 2 000 à 3 000 hommes.

LOI DU 25 JANVIER 1792 : recrutement pour l'armée de ligne.

LOI DU 6 MAI 1792 :
— levée de trente et un nouveaux bataillons de gardes nationaux volontaires.
— l'effectif d'un bataillon de volontaires est porté à 800 hommes.

LOI DU 31 MAI 1792 : levée de cinquante-quatre compagnies franches.

DÉCRET DES 7 ET 8 JUIN 1792 : levée de 20 000 gardes nationaux pour former un camp sous Paris.

LOI DU 22 JUILLET 1792 :
— levée de 50 000 hommes pour les troupes de ligne.
— mobilisation des compagnies de vétérans.

— levée de 33 600 gardes nationaux pour former quarante-deux nouveaux bataillons de volontaires.

DÉCRET DU 21 FÉVRIER 1793 : organisation de l'amalgame.

DÉCRET DU 24 FÉVRIER 1793 : mise en réquisition permanente de tous les citoyens de dix-huit à quarante ans. Levée de 300 000 hommes.

DÉCRET DU 23 AOÛT 1793 : levée en masse, mobilisation de tous les célibataires de dix-huit à vingt-cinq ans sans possibilité de remplacement.

LOI JOURDAN DU 19 FRUCTIDOR AN VI (5 SEPTEMBRE 1798) : institution de la conscription.

ARRÊTÉ DES CONSULS DU 8 FLORÉAL AN X (28 AVRIL 1802) : fixation des conditions du remplacement.

ARRÊTÉ DU 18 THERMIDOR AN X (6 AOÛT 1802) : institution du conseil de recrutement.

DÉCRET DU 8 NIVÔSE AN XIII (29 DÉCEMBRE 1804) : le canton devient la base des opérations de la conscription.

DÉCRET DU 8 FRUCTIDOR AN XIII (26 AOÛT 1805) : systématisation des opérations de la conscription.

1er NOVEMBRE 1811 : Instruction générale dite Grand Règlement, codification des opérations de la conscription.

LOI GOUVION-SAINT-CYR DU 10 MARS 1818 : recrutement de l'armée par engagements volontaires et appels obligés. La durée du service est fixée à six ans.

LOI DU 9 JUIN 1824 : la durée du service est portée à huit ans.

LOI SOULT DU 21 MARS 1832 : la durée du service est ramenée à sept ans.

LOI DU 26 AVRIL 1855 : création du système de l'exonération. L'État se substitue aux compagnies de remplacement.

LOI NIEL DU 1ER FÉVRIER 1868 : la durée du service est ramenée à cinq ans. Création d'une Garde mobile.

LOI DU 27 JUILLET 1872 : instauration du service personnel obligatoire et suppression du remplacement. Les mauvais numéros font cinq ans de service, les bons numéros de six mois à un an.

LOI DU 15 JUILLET 1889 : la durée du service est ramenée

à trois ans, les dispensés des lois précédentes accomplissent une année.

LOI DU 21 MARS 1905 : la durée du service est portée pour tous à deux ans.

LOI DU 7 AOÛT 1913 : remise en vigueur de trois ans de service.

LOI DU 1er AVRIL 1923 : la durée du service est ramenée à dix-huit mois.

LOI DU 31 MARS 1928 : la durée du service est ramenée à un an.

LOI DU 17 MARS 1935 : maintien officiel sous les drapeaux d'une classe de disponibles pendant une année supplémentaire en application de l'article 40 de la loi de 1928, ce qui équivaut au retour des deux ans.

7 OCTOBRE 1946 : rétablissement du service militaire obligatoire.

LOI DU 30 NOVEMBRE 1950 : création de centres de sélection. La durée du service est fixée à dix-huit mois.

ORDONNANCE DU 7 JANVIER 1959 : organisation générale de la défense. La durée du service appelé désormais national est portée à deux ans.

DÉCRET DU 16 OCTOBRE 1963 : réduction de la durée du service à seize mois.

LOI DU 9 JUILLET 1965 : organisation du service national sous quatre formes, l'une militaire, trois autres civiles (protection civile des populations, aide technique aux territoires et départements ultra-marins, coopération en faveur des États étrangers).

LOI DEBRÉ DU 10 JUILLET 1970 : la durée du service, ouvert aux femmes volontaires, est ramenée à douze mois, seize mois pour ses formes civiles. Suppression des sursis remplacés par des reports d'incorporation.

LOI DU 13 JUILLET 1973 : organisation du statut général des militaires.

LOI JOXE DU 4 JANVIER 1992 : réduction de la durée du service à dix mois.

LOI DU 28 OCTOBRE 1997 (promulguée le 8 novembre 1997) : suspension de l'appel, rétabli aussitôt que « les conditions de la défense de la nation l'exigent ». Création de la JAPD.

SOURCES ET BIBLIOGRAPHIE

SOURCES MANUSCRITES

ARCHIVES NATIONALES

Série C : Procès-verbaux des Assemblées nationales et pièces annexes.
C* I 120 : Procès-verbaux du Conseil des Cinq-Cents.
C* I 320 : Procès-verbaux des séances de la Chambre des députés (monarchie de Juillet).
C* I 332 : Procès-verbaux des séances de la Chambre des députés (monarchie de Juillet).
C* I 359 : Procès-verbaux des séances de l'Assemblée constituante nationale (seconde République).
Série CC : Sénat conservateur, Chambre et Cour des pairs.
CC 1022 : Chambre des pairs.
Série F : Administration générale de la France.
F1c V : Conseils généraux, série départementale.
F7 : Police générale.
F9 : Affaires militaires.
dont 150-251 : Recrutement, correspondance générale par départements (1791-1837).
Série BB : Versements du ministère de la Justice.
BB 30.
dont 367-390 : Rapports politiques des procureurs généraux des cours d'appel au ministre de la Justice (1849-1870).

Série AF : Archives du Pouvoir exécutif (1789-1815).
dont AF IV : Secrétairerie d'État impériale (an VIII-1815).
AF IV 1013 : Mission de Lacuée, Ire division an IX.
AF IV 1123 : Compte général de la conscription (an VII-1815), établi par A. A. Hargenvilliers.
AF IV 1124 : Compte sur la conscription jusqu'au 31 décembre 1809.

ARCHIVES DU SERVICE HISTORIQUE DE LA DÉFENSE (SHD)

Série M : Mémoires et reconnaissances.
MR 1162-1304 : Mémoires et reconnaissances, reconnaissances militaires depuis 1790.
1 M 1961 : Second mémoire sur la présentation du projet de loi sur le recrutement (développé dans le mémoire précédent) et sur ses rapports avec le système militaire tout entier. Fait suite à un mémoire confidentiel sur un projet de loi organique de recrutement par M. Baillet.
1 M 2030 : E. Granjean au ministre de la Guerre, Auxonne, 19 avril 1867.
1 M 2036 : Du recrutement de l'armée française par le capitaine Du Bouzet, capitaine adjudant-major du 33e, 1839.
1 M 2179 : Recrutement, loi de 1889 *et alii*.
MR 2258-2297 : Reconnaissances, levés de terrain exécutés par des officiers d'état-major de 1860 à 1880.

SOURCES IMPRIMÉES

PRESSE ET PÉRIODIQUES

Journal officiel
Le Moniteur
Le National
Revue du progrès politique, social et littéraire

ARCHIVES IMPRIMÉES

Allocution prononcée en juillet 1874 au cours d'une cérémonie funèbre près de la colonne commémorative des combats de 1870, Paris, Lith. de Lefebvre, s.d.

Archives parlementaires.

Cérémonie funèbre de Saint-Pierre-La-Cluse. Souvenir du 1er février 1871, signé Horigny, Besançon, Imprimerie Jacquin, 1872.

Compte rendu analytique officiel, Assemblée nationale.

Comptes présentés en exécution de la loi du 10 mars 1818 sur le recrutement de l'armée, puis *Compte rendu sur le recrutement de l'armée*, BN Lf 194 26, 50 volumes (1819-1876), Paris, Imprimerie royale, puis impériale, puis nationale.

INSTITUT PAUL-DELOUVRIER, *Propositions pour un volontariat civil national et européen*, juin 2004.

JAURÈS, Jean, *Proposition de loi sur l'organisation de l'armée*, Paris, Martinet, 1910, première édition du texte paru sous le titre *L'Organisation sociale de la France. L'armée nouvelle*, Paris, Martinet, 1910.

Quelques mots à l'occasion du projet de loi de recrutement présenté par le ministère de la Guerre à la Chambre des députés le 11 décembre 1830, par un père de famille, Avignon, Imprimerie Veuve Guichard aîné, 1831.

Relation de l'inauguration des batailles des 30 novembre et 1er décembre 1870, commune de Champigny-sur-Marne, Paris, Dupont, 1873.

ESSAIS, MÉMOIRES, OUVRAGES ET TÉMOIGNAGES DES CONTEMPORAINS

ALLÉHAUT, Émile (général), *La Guerre n'est pas une industrie*, Paris, Berger-Levrault, 1925.

ANGEVILLE, Adolphe d', *Essai sur la statistique de la population française considérée sous quelques-uns de ses rapports physiques et moraux [1836], Paris, La Haye, Mouton, 1969, introduction d'Emmanuel Le Roy Ladurie.

ARCQ, chevalier d' (Sainte-Foy, Philippe Auguste de, dit), *La Noblesse militaire ou le Patriote français*, Barbier, 1756.

ARDANT DU PICQ, Charles, *Études sur le combat. Combat antique et combat moderne*, Paris, Économica, 2004, préface de Jacques Frémeaux.

BARAULT-ROULLON, Charles-Hippolyte, *Questions générales sur le recrutement de l'armée, mémoire à consulter, faisant suite aux* Essais sur l'organisation de la force publique, *présentés à Sa Majesté l'empereur Napoléon III*, Paris, Corréard, 1853.

BEDEAU, Marie-Alphonse (général), *Encore un mot sur l'armée*, Paris, Le Normant, 1835.

BERNARD, Henri, *Note sur l'exemption dont jouissent les fils d'étrangers et sur l'abus qui en résulte*, Lille, Lefevbre-Ducrocq, 1863.

BILLAUD-VARENNE, Jean-Nicolas, *Rapport sur la théorie du gouvernement démocratique*, Paris, Imprimerie nationale, [s.d.].

BLOCH, Marc, *Souvenirs de guerre (1914-1918)*, Cahier des Annales n° 26, Paris, Armand Colin, 1969.

CAMON, Hubert (général), *La Motorisation de l'armée*, Paris, Berger-Levrault, 1926.

CARO, Elme Marie, « L'idée de la Patrie, ses défaillances et son réveil », *Revue des deux mondes*, 15 janvier 1871, p. 243-266.

CASTEX, Raoul (amiral), *Théories stratégiques*, Paris, Éditions géographiques, maritimes et coloniales, 7 tomes, 1929-1935.

CLUB RASPAIL, *La Défense à plusieurs voix*, Paris, Éditions de l'Ours, coll. Encyclopédie du socialisme, 2005.

DES POMMELLES, chevalier (Sandrier, Jean-Christophe, dit), lieutenant-colonel au 5ᵉ régiment d'état-major, *Tableau de la population de toutes les provinces de France et de la proportion, sous tous les rapports, des naissances, des morts et des mariages depuis dix ans, d'après les registres de chaque généralité, accompagné de notes et observa-*

tions. *Mémoire sur les milices, leur création, leur vicissitude et leur état actuel. Examen de la question sur la prestation du service militaire en nature ou sur sa conversion en une imposition générale*, Paris, 1789.

Des Pommelles, chevalier (Sandrier, Jean-Christophe, dit), lieutenant-colonel au 5ᵉ régiment d'état-major, *Mémoire sur le mode de formation et de recrutement de l'armée auxiliaire*, Paris, Imprimerie royale, 1790.

Dubois-Crancé, Edmond Louis Alexis, *Analyse de la Révolution française*, présentée par Bruno Ciotti, Clermont-Ferrand, Éditions Paléo, coll. Les sources de l'histoire de France, 2003.

Ducrot, Auguste-Alexandre (général), *Quelques observations sur le recrutement et l'organisation de l'armée française*, Paris, E. Dentu, 1871.

Duruy, Georges, *L'Officier éducateur*, Paris, Chapelot, 1904.

Ebener, Charles (lieutenant-colonel), *Conférences sur le rôle social de l'officier*, Paris, Lavauzelle, 1901.

Encyclopédie ou Dictionnaire raisonné des sciences, des arts et des métiers par une société de gens de lettres, mis en ordre par Diderot et d'Alembert, MDCCL-VII.

Étienne, Louis, « La Garde mobile », *Revue des deux mondes*, tome 91, 1ᵉʳ février 1871, p. 468-490.

Foch, Ferdinand (maréchal), *Des principes de la guerre* [1903], Paris, Imprimerie nationale, 1996, présentation d'André Martel.

Folard, Jean-Charles de, *Nouvelles Découvertes sur la guerre dans une dissertation sur Polybe*, Bruxelles, F. Foppens, 1724.

Folard, Jean-Charles de, *Commentaires sur Polybe*, Paris, 1727-1730, Amsterdam, 1729-1730.

Gambetta, Léon, *Discours prononcé à Bordeaux le 26 juin 1871*, Paris, Lachaud, 1871.

Gambetta, Léon, *Discours et plaidoyers politiques de Léon Gambetta*, publiés par J. Reinach, Paris, G. Charpentier, 1880-1885.

Gaulle, Charles de, *Vers l'armée de métier*, Paris, Berger-Levrault, 1934.

Gaulle, Charles de, *Le Fil de l'épée et autres écrits* [1932], Paris, Plon, 1990.

Gautier, Louis, *Face à la guerre*, Paris, La Table ronde, 2006.

Gilbert, Georges (capitaine), *Essais de critique militaire*, Paris, Librairie de la Nouvelle Revue, 1890.

Gohier, Urbain, *À bas la caserne*, Paris, Édition de la Revue blanche, 1902.

Guibert, Jacques-Antoine-Hippolyte de, *Écrits militaires, 1772-1792*, Paris, Copernic, 1976.

Journal de marche du sergent Paul Fauchon, Kabylie, juillet 1956-mars 1957, présenté par Jean-Charles Jauffret, Montpellier, Imprimerie Lienhart, 1997.

Lewal, Jules-Louis (général), «Contre le service de deux ans», *Extrait du Journal des sciences militaires* (octobre-novembre 1895), Paris, L. Baudoin, 1895.

Lewal, Jules-Louis (général), *Lettres à l'armée*, édition présentée et annotée par le colonel Allain Bernède avec la collaboration de Jérôme Pesqué, Paris, Bernard Giovanangeli éd., 1998.

Lewal, Jules-Louis (général), *Introduction à la partie positive de la stratégie*, édition commentée et annotée par le colonel Allain Bernède, Paris, Economica, coll. Bibliothèque stratégique, 2002.

Lyautey, Hubert, «Du rôle social de l'officier dans le service universel», *Revue des deux mondes*, mars 1891, p. 1-65.

Mably, Gabriel de, *Entretiens de Phocion sur le rapport de la morale avec la politique, traduits du grec de Nicoclès avec des remarques*, Zurich, Heidegger et Cie, 1763, 4e entretien.

Mangin, Charles (lieutenant-colonel), *La Force noire*, Paris, Hachette, 1910.

Marceau, lieutenant (pseudonyme), *L'Officier éducateur*, Saintes, l'auteur, 1905.

Michelet, Jules, *Histoire de la Révolution française* [1847], Paris, Laffont, coll. Bouquins, 1979, tome I.

Mitrani, Daniel, *Entre les gouttes. Souvenirs d'un vieux militant*, Paris, Éditions de l'Ours, 2006.

Monod, Jacques, *Le Hasard et la nécessité. Essai sur la philosophie naturelle de la biologie moderne*, Paris, Le Seuil, 1971.

Montesquieu, *De l'esprit des lois* [1748], Paris, Société des Belles Lettres, 1955.

Renan, Ernest, *La Réforme intellectuelle et morale de la France* [1872], Paris, L'Albatros, réédition 1982.

Richet, Charles, *Les Guerres et la Paix. Étude sur l'arbitrage international*, Paris, Scheicher frères, 1889.

Rousseau, Jean-Jacques, *Considérations sur le gouvernement de la Pologne et sur sa réformation projetée dans le contrat social*, Rouen, Veuve Pierre Dumesnil, 1772.

Sèbe, Achille, *La Conscription des indigènes d'Algérie*, thèse de doctorat en droit soutenue à l'université de Paris, Paris, Larose, 1912.

Servan, Joseph, *Le Soldat citoyen, ou Vues patriotiques sur la manière la plus avantageuse de pourvoir à la défense du royaume*, Dans le pays de la liberté, Neufchâtel, 1780.

Trochu, Louis, *L'Armée française en 1867*, Paris, Amyot, 1867.

BIBLIOGRAPHIE

TRAVAUX, ARTICLES, ÉTUDES

Abzac-Épezy, Claude d', « Survivre et renaître : l'organisation du service militaire de 1940 à 1950 », in *L'Organisation du service militaire, reflet des évolutions de la société française*, Journée d'études du 22 novembre 2005, sous la dir. de Frédéric Charillon et Jean-Claude Romer, CEHD et C2SD, 2007.

Ageron, Charles-Robert, et Jauffret, Jean-Charles (dir.), *Des hommes et des femmes en guerre d'Algérie*, Actes du colloque international des 7 et 8 octobre 2002, CNRS, université de Montpellier-III et CEHD, Paris, Les Éditions Autrement, 2003.

AGULHON, Maurice «Attitudes politiques», in *Histoire de la France rurale*, sous la dir. de Georges Duby et Armand Wallon, Paris, Le Seuil, coll. L'Univers historique, 1976, tome III, p. 143-175.

AGULHON, Maurice, *La République, 1880-1932*, Paris, Hachette, Histoire de la France, coll. Pluriel, 1990.

AINVAL, Christiane d', *Gouvion-Saint-Cyr, maréchal d'Empire, réorganisateur de l'armée*, Paris, Copernic, 1981.

ALZAS, Nathalie, *La Liberté ou la Mort. L'effort de guerre dans l'Hérault pendant la Révolution*, Aix-en-Provence, Publications de l'université de Provence, 2006.

ARON, Jean-Paul, DUMONT, Paul et LE ROY LADURIE, Emmanuel, *Anthropologie du conscrit français d'après les comptes numériques et sommaires du recrutement (1819-1826)*, École pratique des hautes études, coll. Civilisations et sociétés, tome 22, Paris, La Haye, Mouton, 1972.

AUDOIN-ROUZEAU, Stéphane, *1870, La France dans la guerre*, Paris, Armand Colin, 1989.

AUDOIN-ROUZEAU, Stéphane, et BECKER, Jean-Jacques, *La France, la nation, la guerre : 1850-1920*, Paris, Sedes, 1995.

AUDOIN-ROUZEAU, Stéphane, et BECKER, Annette, *14-18, retrouver la guerre*, Paris, Gallimard, coll. Bibliothèque des Histoires, 2000; rééd. coll. Folio Histoire n° 125, 2003.

AUDOIN-ROUZEAU, Stéphane, et BECKER, Annette, «Violences et consentement. La culture de guerre du premier conflit mondial», in *Pour une histoire culturelle*, sous la dir. de Jean-Pierre Rioux et Jean-François Sirinelli, Paris, Le Seuil, coll. L'Univers historique, 1997, p. 251-271.

AUVRAY, Michel, *L'Âge des casernes. Histoire et mythes du service militaire*, Éditions de l'Aube, 1998.

AZÉMA, Jean-Pierre, *De Munich à la Libération, 1938-1944*, Paris, Le Seuil, coll. Points Histoire, série Nouvelle Histoire de la France contemporaine, tome 14, 1979.

BANTIGNY, Ludivine, «Jeunes et soldats», *Vingtième siècle, Revue d'histoire*, n° 83, 2004, p. 97-107.

BANTIGNY, Ludivine, *Le Plus bel âge? Jeunes et jeunesse en France de l'aube des Trente Glorieuses à la guerre d'Algérie*, Paris, Fayard, 2007.

Becker, Annette, *Les Monuments aux morts. Patrimoine et mémoire de la Grande Guerre*, Paris, Éditions Errance, 1988.

Becker, Annette, et Audoin-Rouzeau, Stéphane, « Violences et consentement. La culture de guerre du premier conflit mondial », in *Pour une histoire culturelle*, sous la dir. de Jean-Pierre Rioux et Jean-François Sirinelli, Paris, Le Seuil, coll. L'Univers historique, 1997, p. 251-271.

Becker, Annette, et Audoin-Rouzeau, Stéphane, *14-18, retrouver la guerre*, Paris, Gallimard, coll. Bibliothèque des Histoires, 2000 ; rééd. coll. Folio Histoire n° 125, 2003.

Becker, Jean-Jacques, *1914. Comment les Français sont entrés dans la guerre. Contribution à l'étude de l'opinion publique (printemps-été 1914)*, Paris, Presses de la Fondation nationale des sciences politiques, 1977.

Becker, Jean-Jacques, *La France en guerre, 1914-1918. La grande mutation*, Bruxelles, Éditions Complexe, coll. Questions au xxe siècle, 1988.

Becker, Jean-Jacques, et Berstein, Serge, *Victoire et frustrations, 1914-1929*, Paris, Le Seuil, coll. Points Histoire, série Nouvelle Histoire de la France contemporaine, tome XII, 1990.

Becker, Jean-Jacques, et Audoin-Rouzeau, Stéphane, *La France, la nation, la guerre : 1850-1920*, Paris, Sedes, 1995.

Bélissa, Marc, *Fraternité universelle et intérêt national (1713-1795). Les cosmopolitiques du droit des gens*, Paris, Éditions Kimé, 1998.

Bergès, Louis, Débat à propos de la communication d'Alan Forrest, « La formation des attitudes villageoises envers le service militaire (1792-1814) », in *La Bataille, l'armée, la gloire*, Colloque international de Clermont-Ferrand, 1985, Actes recueillis et présentés par Paul Viallaneix et Jean Ehrard, Faculté des lettres et sciences humaines de l'université de Clermont-Ferrand-II, 1985, p. 193-197.

Bergès, Louis, « La conscription et l'insoumission à travers *La Comédie humaine* », in *La Bataille, l'armée, la gloire*, Colloque international de Clermont-Ferrand, 1985, Actes recueillis et présentés par Paul Viallaneix et Jean Ehrard, Faculté des lettres et sciences humaines de l'université de Clermont-Ferrand-II, 1985, p. 353-356.

BERSTEIN, Serge, et BECKER, Jean-Jacques, *Victoire et frustrations, 1914-1929*, Paris, Le Seuil, coll. Points Histoire, série Nouvelle Histoire de la France contemporaine, tome XII, 1990.

BERSTEIN, Serge, et MILZA, Pierre, *Histoire de la France au XXe siècle, 1930-1945*, Bruxelles, Éditions Complexe, coll. Questions au XXe siècle, 1991.

BERTAUD, Jean-Paul, *Valmy, la démocratie en armes*, Paris, Julliard, coll. Archives, 1970.

BERTAUD, Jean-Paul, «Voies nouvelles pour l'histoire militaire de la Révolution», *AHRF*, n° 219, janvier-mars 1975, p. 66-94.

BERTAUD, Jean-Paul, *La Révolution armée. Les soldats-citoyens et la Révolution française*, Paris, Hachette, 1985.

BERTAUD, Jean-Paul, *La Vie quotidienne des soldats de la Révolution (1789-1799)*, Paris, Hachette, coll. La vie quotidienne, 1985.

BERTAUD, Jean-Paul, *Guerre et société en France de Louis XIV à Napoléon Ier*, Paris, Armand Colin, 1998.

BERTAUD, Jean-Paul, et SERMAN, William, *Nouvelle Histoire militaire de la France*, Paris, Fayard, 1998.

BERTAUD, Jean-Paul, «La levée en masse», in *De la patrie en danger aux nouvelles menaces, 1792-2003. La défense nationale en question(s)*, sous la dir. de Marc Deleplace, Reims, 2004, Reims, CRDP, 2005, p. 19-27.

BERTAUD, Jean-Paul, *Quand les enfants parlaient de gloire*, Paris, Aubier, coll. Historique, 2006.

BERTHOLLET (lieutenant-colonel), «Évolution et perspectives de la défense», Journée d'études du 27 février 2008, CRDP de Troyes.

BEST, Geoffrey, *Army and Society in Revolutionary Europ, 1770-1870*, Leicester University Press in association with Fontana Paperbacks, 1982.

BIARD, Michel, *Missionnaires de la République. Les représentants du peuple en mission (1793-1795)*, Paris, Éditions du CTHS, 2002.

Blaufarb, Rafe, *The French Army, 1750-1820: Careers, Talent, Merit*, Manchester et New York, Manchester University Press, 2002.

Bodinier, Gilbert, article « Milices », in *Dictionnaire du Grand Siècle*, sous la dir. de François Bluche, Paris, Fayard, 1990, p. 1028-1029.

Bois, Jean-Pierre, *Maurice de Saxe*, Paris, Fayard, 1992.

Boniface, Xavier, « Les camps légers du général de Lattre de Tassigny », in *La Plume et le sabre*, Mélanges en l'honneur du professeur Jean-Paul Bertaud, sous la dir. de Michel Biard, Annie Crépin, Bernard Gainot, Paris, Publications de la Sorbonne, 2002, p. 379-386.

Boniface, Xavier, *Les Armes, l'honneur et la foi (1850-1950)*, thèse d'habilitation à diriger des recherches en histoire contemporaine sous la direction de Jean-François Chanet, université de Lille-III, 2008, à paraître.

Boniface, Xavier, *L'Armée, l'Église et la République (1879-1914)*, mémoire de recherches inédit.

Borne, Dominique, et Dubief, Henri, *La Crise des années 30, 1929-1938* [1976], Paris, Le Seuil, coll. Points Histoire, série Nouvelle Histoire de la France contemporaine, tome 13, 1989.

Boudon, Jacques-Olivier, *La France et l'Europe de Napoléon*, Armand Colin, Paris, 2006.

Boulanger, Philippe, *La France devant la conscription, 1914-1922*, Paris, Economica, 2001.

Boulanger, Philippe, et Crépin, Annie, *Le Soldat-citoyen. Une histoire de la conscription*, Dossier nº 8019, La Documentation française, 2001.

Bourguet-Rouveyre, Josiane, *Les Piémontais face à l'annexion française, 1798-1814*, thèse d'histoire sous la direction de Jean-Paul Bertaud, soutenue à l'université de Paris-I, 1992.

Boussard, Nicolas, « L'odieux de la paix, l'apologie de la guerre et la nostalgie de la gloire selon Stendhal », in *Napoléon, Stendhal et les romantiques : l'armée, la guerre, la gloire*, Actes du colloque du musée de l'Armée, 2001, sous la dir. de Michel Arrous, Talence, Eurédit, 2002, p. 169-193.

Bozon, Michel, *Les Conscrits*, Paris, Berger-Levrault, coll. Arts et traditions populaires, 1981.

Branche, Raphaëlle, *La Guerre d'Algérie, une histoire apaisée ?*, Paris, Le Seuil, coll. Points Histoire, 2005.

Brubacker, Rogers, « De l'immigré au citoyen », *Revue des Actes de la recherche en sciences sociales*, n° 99, 1993, p. 3-25.

Bruyère-Ostells, Walter, *Les Officiers de la Grande Armée dans les mouvements nationaux et libéraux (1815-1833)*, thèse sous la direction de Jacques-Olivier Boudon, soutenue à l'université de Paris-IV, 2005.

Buffotot, Patrice, *Le Socialisme français et la guerre. Du soldat-citoyen à l'armée professionnelle (1871-1998)*, Bruxelles, Bruylant, coll. Histoires, 1998.

Canini, Gérard, « Saint-Mihiel, 1871-1914, la ville et la garnison », *Annales de l'Est*, Mémoire n° 48, Saint-Mihiel, *Journées d'études meusiennes*, 1973, Nancy, 1974.

Carrot, Georges, *La Garde nationale, 1789-1871. Une institution de la nation*, thèse de IIIe cycle, Histoire du droit, soutenue à l'université de Nice, 1979.

Casevitz, Jean, *Une loi manquée, la loi Niel (1866-1868). L'armée française à la veille de la guerre de 1870*, Paris, Sevpen, 1960.

Catros, Philippe, *Des citoyens et des soldats. Histoire politique de l'obligation militaire en France de la Révolution au début de la troisième République (1789-1872)*, thèse d'histoire sous la direction de Roger Dupuy, soutenue à l'université de Rennes-2, 2004.

Catros, Philippe, « "Tout Français est soldat et se doit à la défense de la patrie." (Retour sur la naissance de la conscription militaire) », *AHRF*, n° 348, numéro spécial *Guerre(s), Société(s), Mémoire*, sous la dir. d'Annie Crépin et Bernard Gainot, avril-juin 2007, p. 7-23.

Cazals, Rémy, et Rousseau, Frédéric, *14-18, le cri d'une génération. La correspondance et les carnets intimes rédigés au front*, Toulouse, Privat, 2001.

Cazals, Rémy, Picard, Emmanuelle, et Rolland, Denis, *La Grande Guerre. Pratiques et expériences*, Actes du colloque international, Craonne et Soissons, 2004, Toulouse, Fédération des sociétés d'histoire et d'archéologie de l'Aisne, 2005.

CHAGNIOT, Jean, « L'art de la guerre », in *Histoire militaire de la France*, sous la dir. d'André Corvisier, Paris, PUF, 1992, tome II, p. 55-58.

CHAGNIOT, Jean, article « Milice provinciale », in *Dictionnaire de l'Ancien Régime*, sous la dir. de Lucien Bély, Paris, PUF, 1996, p. 831.

CHALLENER, Richard D., *The French Theory of the Nation in Arms (1866-1939)*, New York, Columbia University Press, 1955.

CHANET, Jean-François, *Vers l'armée nouvelle. République conservatrice et réforme militaire, 1871-1879*, Paris, PUF, 2006.

CHEVALIER, Louis, *Classes laborieuses et classes dangereuses à Paris pendant la première moitié du XIXe siècle*, Paris, Plon, 1958.

CHOLVY, Gérard, « Recrutement militaire et mentalités languedociennes au XIXe siècle : essai d'interprétation », in *Recrutement, mentalités, sociétés*, Colloque national d'histoire militaire de Montpellier, 1974, université Paul-Valéry, Centre d'histoire militaire et de défense nationale, 1975, p. 305-313.

CIOTTI, Bruno, *Du volontaire au conscrit. Les levées d'hommes dans le Puy-de-Dôme pendant la Révolution*, Clermont-Ferrand, Presses universitaires Blaise Pascal, 2001.

CIOTTI, Bruno, « Armées, révoltes et révolutions à la fin du XVIIIe siècle (1773-1802) », in *Révoltes et révolutions de 1773 à 1802*, sous la dir. de Serge Bianchi et Philippe Bourdin, Nantes, Éditions du Temps, 2004, p. 297-324.

CORNETTE, Joël, *Le Roi de guerre. Essai sur la souveraineté dans la France du Grand Siècle*, Payot, Paris, 1993.

CORVISIER, André, *L'Armée française de la fin du XVIIe siècle au ministère de Choiseul. Le soldat*, Paris, PUF, 1964.

CORVISIER, André, « Le chevalier Des Pommelles, arithméticien politique et militaire de la fin de l'Ancien Régime », in *Hommage à Marcel Reinhard*, Paris, Société de démographie historique, 1973, p. 161-179.

Corvisier, André, *Armées et sociétés en Europe de 1494 à 1789*, Paris, PUF, 1976.

Corvisier, André, *Histoire militaire de la France*, Paris, PUF, 1992, avec la collaboration du général Jean Delmas pour la direction du tome II, de Guy Pedroncini pour la direction du tome III, d'André Martel pour la direction du tome IV.

Crépin, Annie, *Levées d'hommes et esprit public en Seine-et-Marne de la Révolution à la fin de l'Empire (1791-1815)*, doctorat d'histoire sous la direction de Michel Vovelle, soutenu à l'université de Paris-I-Panthéon-Sorbonne, 1990.

Crépin, Annie, « Le Nord et le Pas-de-Calais face à la création de l'armée nationale (1791-an II) », *Revue du Nord*, n° 299, *Armées et campagnes de la Révolution française*, janvier-mars 1993, tome LXXV, p. 41-57.

Crépin, Annie, « La guerre et le nord de la France sous la Révolution et l'Empire : levées d'hommes et conscription dans les départements du Nord et du Pas-de-Calais », in *Les Champs relationnels en Europe du Nord et du Nord-Ouest des origines à la fin du premier Empire*, 1er colloque européen de Calais, sous la dir. de Stéphane Curveiller et Denis Clauzel, 1993, Cache, Balinghem, 1994, p. 285-309.

Crépin, Annie, « Le mythe de Valmy », in *Révolution et République. L'exception française*, Colloque de l'université de Paris-I, sous la dir. de Michel Vovelle, 1992, Paris, Éditions Kimé, 1994.

Crépin, Annie, « Service militaire et citoyenneté : les étrangers installés dans le Nord deviennent français », in *L'Image de l'autre dans l'Europe du Nord-Ouest à travers l'histoire*, sous la dir. de Jean-Pierre Jessenne et Martine Aubry, Colloque de Villeneuve-d'Ascq, 1994, Villeneuve-d'Ascq, CHRENO, 1995, p. 97-111.

Crépin, Annie, *La Conscription en débat ou le triple apprentissage de la nation, de la citoyenneté, de la République (1798-1889)*, Arras, Artois Presses Université, 1998.

Crépin, Annie, « Élargissement de la citoyenneté, limitation de la naturalisation : la conscription, pierre de touche du débat », *Revue d'histoire du XIXe siècle*, n° 18, 1999-1, p. 13-26.

CRÉPIN, Annie, « L'apprentissage de la défense nationale dans les départements "picards" au cours du premier tiers du XIXe siècle », in *La Révolution française, la guerre et la frontière*, sous la dir. de Monique Cubells, Paris, CTHS, 2000, p. 47-61.

CRÉPIN, Annie, « Armée et citoyenneté en France de Valmy à Verdun », *Revue Histoire et défense. Les cahiers de Montpellier*, n° 39, 2000, p. 5-13.

CRÉPIN, Annie, « À l'épreuve des réalités locales : les préfets, théoriciens et maîtres d'œuvre de la conscription », in *Les Préfets, leur rôle et leur action dans le domaine de la défense de 1800 à nos jours*, sous la dir. de Maurice Vaïsse, Colloque du Centre Arpège de l'université de Reims et du Centre d'études d'histoire de la défense, Vincennes, 2000, Bruxelles, Bruylant, 2001, p. 27-46.

CRÉPIN, Annie, et BOULANGER, Philippe, *Le Soldat-citoyen. Une histoire de la conscription*, Dossier n° 8019, La Documentation française, 2001.

CRÉPIN, Annie, « Le Nord et le Pas-de-Calais face à la conscription : de la rébellion anti-étatique à la délinquance », in *Frontières et criminalité, 1715-1815*, sous la dir. de Catherine Denys, Journée d'études de l'université d'Artois, Arras, Artois Presses Université, Cahiers de l'université d'Artois, n° 18, 2001, p. 119-130.

CRÉPIN, Annie, « La réserve dans les lois militaires du XIXe siècle : à la recherche d'une armée citoyenne idéale (1818-1872) », in *Histoire socioculturelle des armées* (II), sous la dir. du Centre d'études d'histoire de la défense, *Cahiers du CEHD*, n° 19, Piat, 2002, p. 165-185.

CRÉPIN, Annie, « Les Lumières dans le camp. De l'honneur à la vertu citoyenne, de la civilisation à la régénération », in *Du sentiment de l'honneur à la Légion d'honneur*, Colloque de l'université du Littoral, 2004, sous la dir. de Xavier Boniface, Paris, *La Phalère*, n° 5, 2004, p. 85-99.

CRÉPIN, Annie, « Une France plurielle face à la conscription napoléonienne », in *Armée, guerre et société à l'époque napoléonienne*, sous la dir. de Jacques-Olivier Boudon,

Colloque de l'Institut Napoléon et de la bibliothèque Marmottan, Boulogne, 2000, Paris, SPH, 2004, p. 13-30.

CRÉPIN, Annie, « Deux voies pour l'armée française au XIXᵉ siècle : arche sainte de la nation ou miroir de la société ? », in *De la Patrie en danger aux nouvelles menaces 1792-2003. La défense nationale en question(s)*, sous la dir. de Marc Deleplace, Colloque de l'IUFM de Reims et du trinôme académique, 2004, CRDP, Reims, 2005, p. 43-57.

CRÉPIN, Annie, *Défendre la France. Les Français, la guerre et le service militaire de la guerre de Sept Ans à Verdun*, Rennes, Presses universitaires de Rennes, 2005.

CRÉPIN, Annie, « L'introduction de la conscription dans les départements annexés (1798-1802) », Congrès international des sciences historiques, Sydney, 2005.

CRÉPIN, Annie, *Construire l'armée française : Textes fondateurs des institutions militaires*, tome III, *De la Révolution à la fin du second Empire*, Turnhout, Brepols, 2007.

CRÉPIN, Annie, article « Guerre », in *Dictionnaire de la Révolution*, sous la dir. de Stephen Clay, Larousse, à paraître.

DELMAS, Jean (général), « L'armée française au XIXᵉ siècle : entre conscription et tirage au sort », in *« Aux armes, citoyens ! ». Conscription et armée de métier des Grecs à nos jours*, sous la dir. de Maurice Vaïsse, Paris, Armand Colin, 1998, p. 118-130.

DEVENNE, Florence, « Création et évolution de la Garde nationale (1789-1792) », *AHRF*, nº 283, janvier-mars 1991, p. 49-66.

DIGEON, Claude, *La Crise allemande de la pensée française*, Paris, PUF, 1959.

DUBIEF, Henri, et BORNE, Dominique, *La Crise des années 30, 1929-1938* [1976], Paris, Le Seuil, coll. Points Histoire, série Nouvelle Histoire de la France contemporaine, tome 13, 1989.

DUCLERT, Vincent (dir.), *Le Colonel Mayer, de l'affaire Dreyfus à de Gaulle. Un visionnaire en République*, Paris, Armand Colin, 2007.

DUFRAISSE, Roger, « Les populations de la rive gauche du Rhin et le service militaire à la fin de l'Ancien Régime et à l'époque révolutionnaire », *Revue historique*, n° 469, janvier-mars 1964, p. 103-140.

DUFRAISSE, Roger, *La France napoléonienne. Aspects extérieurs, 1799-1815*, Paris, Le Seuil, coll. Points Histoire, série Nouvelle Histoire de la France contemporaine, tome 5, 1999.

DUHAMEL, Éric, FORCADE, Olivier, et VIAL, Philippe (dir.), *Militaires en république. Les officiers, le pouvoir et la vie publique en France*, Actes du colloque international du palais du Luxembourg et de la Sorbonne, 1996, Paris, Publications de la Sorbonne, 1999.

DUMONT, Paul, ARON, Jean-Paul, et LE ROY LADURIE, Emmanuel, *Anthropologie du conscrit français d'après les comptes numériques et sommaires du recrutement (1819-1826)*, École pratique des hautes études, coll. Civilisations et sociétés, tome 22, Paris, La Haye, Mouton, 1972.

DUPUY, Roger, article « Garde nationale », in *Dictionnaire historique de la Révolution française*, sous la dir. d'Albert Soboul, Paris, PUF, 1989, p. 489-492.

DUTAILLY, Henry, « Un maître oublié, le général Lewal », *Revue historique des armées*, n° 1, 1982.

EHRENBERG, Alain, *Le Corps militaire. Politique et pédagogie en démocratie*, Paris, Aubier, coll. Résonances, 1983.

FORCADE, Olivier, DUHAMEL, Éric, et VIAL, Philippe (dir.), *Militaires en république. Les officiers, le pouvoir et la vie publique en France*, Actes du colloque international du palais du Luxembourg et de la Sorbonne, 1996, Paris, Publications de la Sorbonne, 1999.

FORREST, Alan, « La formation des attitudes villageoises envers le service militaire (1792-1814) », in *La Bataille, l'armée, la gloire*, Colloque international de Clermont-Ferrand, 1985, Actes recueillis et présentés par Paul Viallaneix et Jean Ehrard, Faculté des lettres et sciences humaines de l'université de Clermont-Ferrand-II, 1985, p. 193-197.

FORREST, Alan, *Déserteurs et insoumis sous la Révolution et l'Empire*, Paris, Perrin, 1988.

FORREST, Alan, *Napoleon's Men: The Soldiers of the Revolution and Empire*, Londres et New York, Hambledon and London, 2002.

Frasca, Francesco, « La conscription dans les départements piémontais de l'Empire français, 1800-1810 », in *Actes* n° 15 de la Commission internationale d'histoire militaire, Paris, 1989, Vincennes, CIHM, 1991, p. 73-80.

Gainot, Bernard, *1799, un nouveau jacobinisme ?*, Paris, Éditions du CTHS, 2001.

Garrigues, Jean, *Images de la Révolution. L'imagerie républicaine de 1789 à nos jours*, Dumay, BDIC, 1988.

Gébelin, Jacques, *Histoire des milices provinciales (1682-1791) Le tirage au sort sous l'Ancien Régime*, Paris, Hachette, 1882.

Girard, Louis, *La Garde nationale (1814-1871)*, Paris, Plon, 1964.

Girardet, Raoul, *La Société militaire dans la France contemporaine (1815-1939)*, Paris, Plon, 1953.

Girardet, Raoul, *La Société militaire de 1815 à nos jours*, Paris, Perrin, 1988.

Gracieux, Christophe, « Comment gérer les classes du baby-boom et du temps de paix : l'organisation du service militaire dans les années 1960 et 1970 », in *L'Organisation du service militaire, reflet des évolutions de la société française*, Journée d'études du 22 novembre 2005, sous la dir. de Frédéric Charillon et Jean-Claude Romer, CEHD et C2SD, 2007.

Gracieux, Christophe, « Jeunesse et service militaire en France dans les années 1960 et 1970. Le déclin d'un rite de passage », in *Jeunesse oblige. Histoire des jeunes en France, XIXe-XXIe siècle*, sous la dir. de Ludivine Bantigny et Ivan Jablonka, Paris, PUF, coll. Le nœud gordien, 2009.

Gracieux, Christophe *La Contestation du service national dans les années 1970*, Note du CEHD.

Grailles, Bénédicte, *De la défaite à l'Union sacrée ou les chemins du consentement. Hommages publics et commémorations de 1870 à 1914 : l'exemple du Nord et du Pas-de-Calais*, thèse d'histoire sous la dir. d'Annette Becker, soutenue à l'université de Lille-III, 2000.

Grivaux, Jean-François, *L'Armée et l'instauration de la IIIe République*, thèse de droit, université Paris-II, 1984.

Gugliotta, Georges, *Un officier du corps d'état-major, le*

général de Cissey (1810-1882)*, thèse d'histoire, sous la dir. d'André Martel, université Paul-Valéry-Montpellier-III, 1987.

Guiomar, Jean-Yves, *L'Invention de la guerre totale, XVIIIe-XXe siècle*, Paris, Éditions du Félin, 2004.

Henninger, Laurent, «Military Revolutions and Military History», in *Palgrave Advances in Modern Military History*, sous la dir. de Matthew Hugues et William J. Philpott, Palgrave Macmillan, 2006.

Henninger, Laurent, «Les guerres de la Révolution et de l'Empire ont-elles représenté une révolution militaire ?», séminaire de l'EHESS 2006-2007, séance du 12 juin 2007.

Hippler, Thomas, *Citizenship and Discipline: Popular Arming and Military Service in Revolutionary France and Reform Prussia (1789-1830)*, doctorat sous la direction du professeur Bo Stråth, soutenu à l'Institut universitaire de Florence, 2002.

Hippler, Thomas, *Soldats et citoyens. Naissance du service militaire en France et en Prusse*, Paris, PUF, 2006.

Jauffret, Jean-Charles, *Parlement, gouvernement, commandement. L'armée de métier sous la IIIe République (1871-1914)*, doctorat d'État en histoire contemporaine sous la dir. d'André Martel et de Guy Pedroncini, soutenu à l'université de Paris-I, 1983.

Jauffret, Jean-Charles, «Pour une typologie des hommes du contingent en guerre d'Algérie», in *Des hommes et des femmes en guerre d'Algérie*, Actes du colloque international des 7 et 8 octobre 2002, sous la dir. de Charles-Robert Ageron et Jean-Charles Jauffret, CNRS, université de Montpellier-III et CEHD, Paris, Les Éditions Autrement, 2003.

Julia, Dominique, article «Instruction publique, Éducation nationale», in *Dictionnaire historique de la Révolution française*, sous la dir. d'Albert Soboul, Paris, PUF, 1989, p. 575-581.

Laporte, Pierre, *La Milice d'Auvergne*, thèse de droit pour le doctorat d'État, soutenue à la Faculté de droit de l'université de Paris, 1954.

LARRÈRE, Mathilde, *La Garde nationale de Paris sous la monarchie de Juillet, le pouvoir au bout du fusil?*, thèse d'histoire sous la direction d'Alain Corbin, soutenue à l'université de Paris-I, 2000.

LERNER, Henri, et SCHAPIRA, Jacques, *Un prophète bâillonné*, Paris, Éditions Michalon, 1995.

LE ROY LADURIE, Emmanuel, ARON, Jean-Paul, et DUMONT, Paul, *Anthropologie du conscrit français d'après les comptes numériques et sommaires du recrutement (1819-1826)*, École pratique des hautes études, coll. Civilisations et sociétés, tome 22, Paris, La Haye, Mouton, 1972.

LYNN, John, *The Bayonets of the Republic: Motivations and Tactic in the Army of Revolutionary France, 1791-1794*, Urbana et Chicago, University of Illinois Press, 1984.

LYNN, John, *Tools of War: Instruments, Idea and Institutions of Warfare, 1445-1871*, Urbana et Chicago, University of Illinois Press, 1990.

LYNN, John, «En avant! The Origins of the Revolutionary Attack», in *Tools of War: Instruments, Ideas and Institutions of Warfare, 1445-1871*, Urbana et Chicago, University of Illinois Press, 1990, p. 154-176.

MARTIN, Marc, *Les Origines de la presse militaire en France à la fin de l'Ancien Régime et sous la Révolution, 1770-1779*, Paris, SHAT, 1974.

MAURIN, Jules, *Armée, guerre et société. Soldats languedociens (1889-1919)*, Paris, Publications de la Sorbonne, 1982.

MAZAURIC, Claude, «France révolutionnaire, France révolutionnée, France en Révolution: pour une clarification des rythmes et des concepts», *AHRF*, n° 272, 1988, p. 127-150.

METTRIER, Henri, *L'Impôt et la milice chez J.-J. Rousseau et Mably*, thèse pour le doctorat ès sciences politiques et économiques, Paris, Larose, 1901.

MEYNIER, Albert, «L'armée en France sous la Révolution et le Ier Empire», *Revue d'études militaires*, 19e année, n° 5, 1er juin 1931, p. 5-20.

MEYNIER, Albert, «L'armée en France sous le Consulat et le Ier Empire», *Revue d'études militaires*, 22e année, n° 5, 1er juin 1934, p. 9-23.

MILZA, Pierre, et BERSTEIN, Serge, *Histoire de la France au xxe siècle, 1930-1945*, Bruxelles, Éditions Complexe, coll. Questions au xxe siècle, 1991.

MITCHELL, Alan, *Victors and Vanquished: The German Influence on Army and Church in France after 1870*, Chapell Hill et Londres, University of North Carolina Press, 1984.

MONTEILHET, Joseph, *Les Institutions militaires de la France*, Paris, F. Alcan, 1926.

OZOUF, Mona, *La Fête révolutionnaire, 1789-1799*, Paris, Gallimard, coll. Bibliothèque des Histoires, 1976.

PEDRONCINI, Guy, *Les Mutineries de 1917*, Paris, PUF, 1967.

PETITEAU, Natalie *Lendemains d'Empire. Les soldats de Napoléon dans la France du xixe siècle*, Paris, La Boutique de l'Histoire, 2003.

PICARD, Emmanuelle, CAZALS, Rémy, et ROLLAND, Denis, *La Grande Guerre. Pratiques et expériences*, Actes du colloque international, Craonne et Soissons, 2004, Toulouse, Fédération des sociétés d'histoire et d'archéologie de l'Aisne, 2005.

POTTIER, Olivier, *Armée-Nation: divorce ou réconciliation? De la loi Debré à la réforme du service national, 1970-2004*, Paris, L'Harmattan, 2005.

POURCHER, Yves, « "À moi, réquisitionnaires et déserteurs!" La conscription en Lozère au début du xixe siècle », *Études rurales*, nº 979, 1983, p. 259-273.

PROST, Antoine, *Les Anciens combattants et la société française, 1914-1939*, Paris, Presses de la Fondation nationale des sciences politiques, 1977.

PROST, Antoine, *Les Anciens combattants, 1914-1940*, Paris, Gallimard, coll. Archives, 1977.

PUYMÈGE, Gérard de, « Le soldat Chauvin », in *Les Lieux de mémoire*, II, *La Nation, la gloire*, sous la dir. de Pierre Nora, Paris, Gallimard, coll. Bibliothèque des Histoires, 1986, p. 45-80.

QUOY-BODIN, Jean-Louis, *L'Armée et la franc-maçonnerie au déclin de la monarchie, sous la Révolution et l'Empire*, Paris, Economica, 1987.

RIOUX, Jean-Pierre, *La France de la quatrième République*

2. *L'expansion et l'impuissance, 1952-1958*, Paris, Le Seuil, coll. Points Histoire, série Nouvelle Histoire de la France contemporaine, tome 16, 1983.

Rioux, Jean-Pierre (dir.), *La Guerre d'Algérie et les Français*, Paris, Fayard, 1990.

Rolland, Denis, Cazals, Rémy, et Picard, Emmanuelle, *La Grande Guerre. Pratiques et expériences*, Actes du colloque international, Craonne et Soissons, 2004, Toulouse, Fédération des sociétés d'histoire et d'archéologie de l'Aisne, 2005.

Rosa, Guy, « Le preux, le soldat et le militaire : genèse et formes du pacifisme de Hugo », in *Hugo et la guerre*, sous la dir. de Claude Millet, colloque de l'université de Paris-VII, 2002, Paris, Maisonneuve et Larose, 2002, p. 349-372.

Roth, François, *La Guerre de 1870*, Paris, Fayard, 1990.

Rotman, Patrick, et Tavernier, Bertrand, *La Guerre sans nom. Les appelés d'Algérie, 1954-1962*, Paris, Le Seuil, 2001.

Rousseau, Frédéric, *La Guerre censurée. Une histoire des combattants européens de 14-18*, Paris, Le Seuil, 1999.

Rousseau, Frédéric, et Cazals, Rémy, *14-18, le cri d'une génération. La correspondance et les carnets intimes rédigés au front*, Toulouse, Privat, 2001.

Roynette, Odile, « *Bons pour le service* ». *L'expérience de la caserne à la fin du XIXᵉ siècle*, Paris, Belin, 2000.

Schapira, Jacques, et Lerner, Henri, *Un prophète bâillonné*, Paris, Éditions Michalon, 1995.

Schnapper, Bernard, *Le Remplacement militaire en France. Quelques aspects politiques, économiques et sociaux du remplacement au XIXᵉ siècle*, Paris, Sevpen, 1968.

Schnapper, Bernard, *La Naturalisation française au XIXᵉ siècle : les variations d'une politique. Voies nouvelles en histoire du droit : la justice, la famille, la répression pénale (XVIᵉ-XXᵉ siècles)*, Publications de la Faculté de droit et des sciences sociales, Poitiers, PUF, 1991, p. 661-672.

Scott, Sam, *The Response of the Royal Army to the French Revolution : the Role and Development of the Line Army, 1787-1793*, Oxford Clarendon Press, 1978.

Scott, Sam, *From Yorktown to Valmy*, Niwot, University Press of Colorado, 1998.

Scott, Sam, «L'armée de l'Ancien Régime à la veille de la Révolution», in *La Plume et le sabre*, Mélanges en l'honneur du professeur Jean-Paul Bertaud, sous la dir. de Michel Biard, Annie Crépin, Bernard Gainot, Paris, Publications de la Sorbonne, 2002, p. 199-203.

Serman, William, *La Commune de Paris*, Paris, Fayard, 1986.

Serman, William, et Bertaud, Jean-Paul, *Nouvelle Histoire militaire de la France*, Fayard, Paris, 1998.

Sick, Sylvain, *Les Conscrits du Léman et du Mont-Blanc. La conscription et la Grande Armée sous le Consulat et l'Empire*, doctorat d'histoire sous la direction de Philippe Boutry et d'Annie Crépin, soutenu à l'université de Paris-XIII, 2003.

Sirinelli, Jean-François (dir.), en collaboration avec Robert Vandenbussche, Jean Vavasseur-Desperriers, *La France de 1914 à nos jours*, Paris, PUF, coll. Premier Cycle, 1993.

Spivak, Marcel, «La préparation militaire en France, cheminement d'un concept, 1871-1914», *Revue historique des armées*, n° 159, juin 1985, p. 83-95.

Stora, Benjamin, *La Gangrène et l'Oubli*, Paris, La Découverte, 1991.

Stora, Benjamin, *Appelés en guerre d'Algérie*, Paris, Gallimard, 1997.

Tavernier, Bertrand, et Rotman, Patrick, *La Guerre sans nom. Les appelés d'Algérie, 1954-1962*, Paris, Le Seuil, 2001.

Vallée, Gustave, *La Conscription dans le département de la Charente, 1798-1807*, Paris, Sirey, 1937.

Vial, Philippe, Forcade, Olivier, et Duhamel, Éric, (dir.), *Militaires en république. Les officiers, le pouvoir et la vie publique en France*, Actes du colloque international du palais du Luxembourg et de la Sorbonne, 1996, Paris, Publications de la Sorbonne, 1999.

Viallaneix, Paul, «Mal du siècle et métier des armes», in *La Bataille, l'armée, la gloire*, Colloque international de Clermont-Ferrand, 1985, Actes recueillis et présentés par Paul Viallaneix et Jean Ehrard, Faculté des lettres et

sciences humaines de l'université de Clermont-Ferrand II, 1985, p. 386-387.
WAQUET, Jean, « Réflexions sur les émotions populaires et le recrutement militaire », in *Actes* du 91ᵉ congrès national des Sociétés savantes, Rennes, 1966, tome III, p. 51-74.
WAQUET, Jean, « Insoumission et désertion sous le Consulat et le premier Empire vues à travers les états d'arrestation », in *Actes* du 93ᵉ congrès national des Sociétés savantes, Tours, 1968, tome II, p. 373-380.
WAQUET, Jean, « La société civile devant l'insoumission et la désertion à l'époque de la conscription militaire d'après la correspondance du ministère de l'Intérieur », Bibliothèque de l'École des Chartes, tome CXXVI, 1968, p. 187-222.
WEBER, Eugen, *La Fin des terroirs. La modernisation de la France rurale* [1976], trad. fr., Paris, Fayard, 1983.
WOLOCH, Isser, « War widows pensions », *Societas*, volume VI, automne 1976, p. 235-245.
WOLOCH, Isser, *The French Veteran from the Revolution to the Restoration*, Chapel Hill, University of North Carolina Press, 1979.
WOLOCH, Isser, « Napoleonic Conscription : State Power and Civil Society », *Past And Present*, n° 111, 1986, p. 101-129.
ZANIEWICKI, Witold, *L'Armée française en 1848*, thèse de troisième cycle en histoire contemporaine, 1964-1966.

DICTIONNAIRES ET INSTRUMENTS DE TRAVAIL

Dictionnaire de l'Ancien Régime, sous la dir. de Lucien Bély, Paris, PUF, 1996.
Dictionnaire des députés du second Empire, sous la dir. d'Éric Anceau, Rennes, PUR, 1999.
Dictionnaire des parlementaires français. Notices biographiques sur les ministres, sénateurs et députés français de 1889 à 1940, sous la dir. de Jean Jolly, Paris, PUF, 1960.
Dictionnaire des parlementaires français membres des assemblées françaises et de tous les ministres depuis le 1ᵉʳ mai

1789 jusqu'au 1*er* mai 1889 avec noms, état-civil, états de service, actes politiques, notes parlementaires, sous la dir. d'Adolphe Robert, Edgar Bourloton et Gaston Cougny, Paris, Bourloton, 1889-1891.

Dictionnaire du Grand Siècle, sous la dir. de François Bluche, Paris, Fayard, 1990.

Dictionnaire du second Empire, sous la dir. de Jean Tulard, Paris, Fayard, 1995.

Dictionnaire historique de la Révolution française, sous la dir. d'Albert Soboul, Paris, PUF, 1989.

Dictionnaire Napoléon, sous la dir. de Jean Tulard, Paris, Fayard, 1987.

ŒUVRES DE FICTION

BALZAC, Honoré de, *Les Paysans*, *La Comédie humaine [8]*, *Études de mœurs*, *Scènes de la vie de campagne*, [1845], Paris, Gallimard, coll. Bibliothèque de la Pléiade, 1949.

DARIEN, Georges, *Biribi, discipline militaire*, Paris, A. Savine, 1890.

DESCAVES, Lucien, *Sous-offs, roman militaire*, Paris, Tresse et Stock, 1889.

HERMANT, Abel, *Le Cavalier Miserey, 21*e* chasseurs, mœurs militaires contemporaines*, Paris, Charpentier, 1887.

HUGO, Victor, *Les Châtiments* [1853], Paris, Gallimard, coll. Poésie, 1977.

KOESTLER, Arthur, *Le Zéro et l'Infini*, Paris, Calmann-Lévy, 1945.

STENDHAL, *Lucien Leuwen*, œuvre posthume reconstituée sur manuscrits originaux et précédée d'un commentaire par E. de Mitty, Paris, E. Dentu, 1894.

VIGNY, Alfred de, *Servitude et grandeur militaires*, Paris, I. Bonnaire et I. Moger, 1835.

NOTES

I. À LA RECHERCHE
D'UNE ARMÉE NOUVELLE

1. André Corvisier, *Armées et sociétés en Europe de 1494 à 1789*, Paris, PUF, 1976, p. 63-70.

2. *Ibid*; Bruno Ciotti, «Armées, révoltes et révolutions à la fin du XVIIIe siècle (1773-1802)», in *Révoltes et révolutions de 1773 à 1802*, sous la dir. de Serge Bianchi et Philippe Bourdin, Nantes, Éditions du Temps, 2004, p. 297-324.

3. Annie Crépin, *Défendre la France: Les Français, la guerre et le service militaire de la guerre de Sept Ans à Verdun*, Rennes, Presses universitaires de Rennes, 2005.

4. Jean-Pierre Bois, *Maurice de Saxe*, Paris, Fayard, 1992, p. 186-187.

5. Jean Chagniot, «L'art de la guerre», in *Histoire militaire de la France*, sous la dir. d'André Corvisier, Paris, PUF, 1992, tome II, p. 55-58.

6. Jean-Paul Bertaud, *Guerre et société en France de Louis XIV à Napoléon Ier*, Paris, A. Colin, 1998, p. 10.

7. Bois, *Maurice de Saxe*, op. cit., p. 209.

8. Jean-Charles de Folard, *Nouvelles Découvertes sur la guerre dans une dissertation sur Polybe*, Bruxelles, F. Foppens, 1724; et *Commentaires sur Polybe*, Paris, 1727-1730, Amsterdam, 1729-1730.

9. Bois, *Maurice de Saxe*, p. 189-194 et 208-218.

10. Chagniot, « L'art de la guerre », in *Histoire militaire de la France*, tome II, *op. cit.*, p. 58.

11. Jean-Paul Bertaud, *Quand les enfants parlaient de gloire*, Paris, Aubier, coll. Historique, 2006, p. 292.

12. Jacques-Antoine-Hippolyte de Guibert, *Écrits militaires, 1772-1792*, Paris, Copernic, 1976.

13. Jaucourt, article « Guerre », in *Encyclopédie ou Dictionnaire raisonné des sciences, des arts et des métiers par une société de gens de lettres*, mis en ordre par Diderot et d'Alembert, tome VII, MDCCL, p. 995 sq. Jaucourt admet cependant que des guerres puissent être légitimes.

14. Guibert, *Écrits militaires, op. cit.*

15. Annie Crépin, *La Conscription en débat ou le triple apprentissage de la nation, de la citoyenneté, de la République (1798-1889)*, Arras, Artois Presses Université, 1998, p. 17.

16. William Serman et Jean-Paul Bertaud, *Nouvelle Histoire militaire de la France*, Paris, Fayard, 1998, p. 25.

17. *Ibid.*

18. Alain Ehrenberg, *Le Corps militaire. Politique et pédagogie en démocratie*, Paris, Aubier, coll. Résonances, 1983.

19. Thomas Hippler, *Soldats et citoyens. Naissance du service militaire en France et en Prusse*, PUF, Paris, 2006, dans lequel l'auteur, tout en s'inscrivant dans la lignée des travaux de Michel Foucault, veut surmonter les contradictions conceptuelles dans lesquelles celui-ci s'est selon lui engagé.

20. Guibert, *Écrits militaires, op. cit.*, p. 56.

21. Ce choix est très vite remis en cause et Guibert lui-même assouplit ses conceptions. Dans *Défense du système de guerre moderne ou réfutation du système de Mr... D*, il s'oriente en 1779 vers un ordre mixte.

22. Joseph Servan de Gerbey, *Le Soldat citoyen, ou Vues patriotiques sur la manière la plus avantageuse de pourvoir à la défense du royaume*, Dans le pays de la liberté, Neufchâtel, 1780. Maréchal de camp avant la Révolution, Servan deviendra ministre girondin de la Guerre en 1792 et commandera une armée de la Révolution.

23. Jean-Paul Bertaud, *La Révolution armée. Les soldats-*

citoyens et la Révolution française, Paris, Hachette, 1985, p. 37.

24. L'armée royale est désormais mieux connue grâce à une historiographie récente, française et anglo-saxonne. Voir André Corvisier, *L'Armée française de la fin du XVIIe siècle au ministère de Choiseul. Le soldat*, Paris, PUF, 1964, qui est la publication de sa thèse pionnière ; Bertaud, *La Révolution armée…, op. cit.* ; Sam Scott, *The Response of the Royal Army to the French Revolution: the Role and Development of the Line Army, 1787-1793*, Oxford, Clarendon Press, 1978 ; Rafe Blaufarb, *The French Army, 1750-1820: Careers, Talent, Merit*, Manchester et New York, Manchester University Press, 2002.

25. Sam Scott, « L'armée de l'Ancien Régime à la veille de la Révolution », in *La Plume et le sabre*, Mélanges en l'honneur du professeur Jean-Paul Bertaud, sous la dir. de Michel Biard, Annie Crépin, Bernard Gainot, Paris, Publications de la Sorbonne, 2002, p. 199-203.

26. Corvisier, *L'Armée française…, op. cit.*

27. Crépin, *La Conscription en débat…, op. cit.*

28. Crépin, *Défendre la France…, op. cit.*, p. 21.

29. Corvisier, *Armées et sociétés en Europe…, op. cit.*, p. 66.

30. Crépin, *Défendre la France…, op. cit.*, p. 23.

31. Corvisier, *L'Armée française…, op. cit.* ; Gilbert Bodinier, article « Milices », in *Dictionnaire du Grand Siècle*, sous la dir. de François Bluche, Paris, Fayard, 1990, p. 1028-1029 ; Jean Chagniot, article « Milice provinciale », in *Dictionnaire de l'Ancien Régime*, sous la dir. de Lucien Bély, Paris, PUF, 1996, p. 831.

32. Jacques Gébelin, *Histoire des milices provinciales (1682-1791). Le tirage au sort sous l'Ancien Régime*, Paris, Hachette, 1882 ; Pierre Laporte, *La Milice d'Auvergne*, thèse pour le doctorat d'État, soutenue à la Faculté de droit de l'université de Paris, 1954 ; Crépin, *Défendre la France…, op. cit.*, p. 22-27.

33. Crépin, *Défendre la France…, op. cit.*, p. 29-33.

34. Guibert, *Écrits militaires, op. cit.*, p. 106.

35. Servan, *Le Soldat citoyen, op. cit.*

36. *Ibid.*, p. 70-74.

37. *Ibid.*

38. Par exemple, Guibert affirme que c'est toute la jeunesse qui recevait une éducation guerrière dans ces états. Guibert, *Écrits militaires, op. cit.*, p. 78.

39. Philippe Auguste de Sainte-Foy, chevalier d'Arcq, *La Noblesse militaire ou le Patriote français*, Barbier, 1756.

40. Bois, *Maurice de Saxe, op. cit*, p. 191.

41. *Ibid.*, p. 192.

42. Montesquieu, *De l'esprit des lois*, Paris, Société des Belles Lettres, 1955, livre XI, chapitre VI, p. 74.

43. *Ibid.*

44. Henri Mettrier, *L'Impôt et la milice chez J.-J. Rousseau et Mably*, thèse pour le doctorat ès sciences politiques et économiques, Paris, Larose, 1901.

45. Jean-Jacques Rousseau, *Considérations sur le gouvernement de la Pologne et sur sa réformation projetée dans le contrat social*, Rouen, Veuve Pierre Dumesnil, 1772, p. 384.

46. Hippler, *Soldats et citoyens…, op. cit.*; et *Citizenship and Discipline: Popular Arming and Military Service in Revolutionary France and Reform Prussia (1789-1830)*, doctorat sous la direction du professeur Bo Stråth, soutenu à l'Institut universitaire de Florence, 2002.

47. Corvisier, « Le chevalier Des Pommelles, arithméticien politique et militaire de la fin de l'Ancien Régime », in *Hommage à Marcel Reinhard*, Paris, Société de démographie historique, 1973, p. 161-179.

48. Chevalier Des Pommelles, lieutenant-colonel du 5e régiment d'état-major, *Tableau de la population de toutes les provinces de France et de la proportion, sous tous les rapports, des naissances, des morts et des mariages depuis dix ans, d'après les registres de chaque généralité, accompagné de notes et observations. Mémoire sur les milices, leur création, leur vicissitude et leur état actuel. Examen de la question sur la prestation du service militaire en nature ou sur sa conversion en une imposition générale*, Paris, 1789.

49. *Ibid.*, p. 4.

50. Gabriel de Mably, *Entretiens de Phocion sur le rapport de la morale avec la politique, traduits du grec de Nicoclès*

avec des remarques, Zurich, Heidegger et Cⁱᵉ, 1763, 4ᵉ entretien, p. 135.

51. *Archives parlementaires*, tiers état du Ponthieu, Constitution militaire, Rubrique militaire, tome V, p. 441.

52. *Ibid.*, tiers état de la sénéchaussée de Forcalquier, tome III, p. 334; tiers état de Bayeux, tome IV, p. 329; tiers état d'Amponville, tome IV, p. 292; tiers état de Sannois, tome V, p. 107. Ce ne sont que quelques exemples de ce *leitmotiv*.

53. *Ibid.*, tiers état du bailliage de Beauvais, tome II, p. 305.

54. *Ibid.*, tiers état de Montjoie, tome IV.

55. *Ibid.*, tiers état du bailliage d'Étampes, tome III, p. 288.

56. Ici encore les exemples abondent: tiers état d'Aubervilliers, tome IV, p. 325; tiers état de Belloy, tome IV, p. 352; tiers état de Colombes, tome IV, p. 453; tiers état du bailliage de Beauvais, tome II, p. 305.

57. *Ibid.*, tiers état du bailliage de Nemours, tome IV, p. 119-122.

58. *Ibid.*, tiers état du bailliage de Briey, tome II, p. 211.

59. *Ibid.*, tiers état du bailliage de Bar-le-Duc, tome II, p. 195.

60. *Ibid.*, tiers état de Château-Thierry, tome II, p. 676.

61. En effet, à l'instar de la milice, existait aussi l'inscription maritime dans les milices gardes-côtes.

62. *Archives parlementaires*, tiers état de Saint-Sulpice-de-Chevannes, tome IV, p. 218.

63. *Ibid.*, tiers état du bailliage d'Etampes, tome III, p. 288.

64. *Id.*, tiers état du bailliage de Beaumont-le-Roger, tome III, p. 314.

65. Parmi de nombreux exemples, voir celui du cahier de la noblesse du Ponthieu, tome V, p. 433.

66. *Ibid.*, noblesse du baillage de Senlis, tome V, p. 734.

67. Le cahier de Saint-Sulpice-de-Chevannes, évoqué plus haut, songeait plutôt au sens de l'honneur quand il parlait de gloire.

68. Jean-Louis Quoy-Bodin, *L'Armée et la franc-maçonnerie au déclin de la monarchie, sous la Révolution et l'Empire*, Paris, Economica, 1987.

69. *Archives parlementaires*, noblesse de Toul, tome VI, p. 6 ; noblesse de Château-Thierry, tome II, p. 664 ; noblesse de la gouvernance de Lille, tome III, p. 531.

70. Crépin, *Défendre la France, op. cit...*, p. 64.

71. Marc Bélissa, *Fraternité universelle et intérêt national (1713-1795). Les cosmopolitiques du droit des gens*, Paris, Éditions Kimé, 1998, p. 179-197.

72. *Archives parlementaires*, tome X, séance du 19 novembre 1789, p. 118-122.

73. *Ibid.*

74. *Ibid.*, séance du 12 décembre 1789, p. 517-524.

75. Voir Bruno Ciotti, présentation, *in* Edmond Louis Alexis Dubois-Crancé, *Analyse de la Révolution française*, Clermont-Ferrand, Éditions Paléo, coll. Les sources de l'histoire de France, 2003, p. 5-6.

76. Crépin, *Défendre la France..., op. cit.*, p. 72.

77. *Archives parlementaires*, séance du 12 décembre 1789, p. 521.

78. *Ibid.*

79. Dubois-Crancé, comme Rousseau et Servan, pense que seul celui qui a quelque chose à défendre, fût-ce une infime parcelle du sol, doit être chargé de la défense de la patrie.

80. *Archives parlementaires*, tome X, séance du 12 décembre 1789, p. 521.

81. *Ibid.*, séance du 15 décembre 1789, p. 580.

82. *Ibid.*, séance du 16 décembre 1789, p. 616.

83. *Ibid.*, séance du 15 décembre 1789, p. 581.

84. Il faut remarquer que le service personnel est repoussé pour cette raison dans les pays anglo-saxons qui ont une tradition d'*habeas corpus*.

85. *Archives parlementaires*, tome X, séance du 16 décembre 1789, p. 620.

86. Guibert, *Écrits militaires*, *op. cit.*

87. *Ibid.*, p. 282.

88. Service historique de la Défense, 1 M 1935, « Propo-

sition de Lameth : milices nationales à instituer comme réserve. Inconvénients qu'y trouve Guibert ».

89. Chevalier Des Pommelles, lieutenant-colonel au 5e régiment d'état-major, *Mémoire sur le mode de formation et de recrutement de l'armée auxiliaire*, Paris, Imprimerie royale, 1790.

90. *Ibid.*

91. *Ibid.*, p. 25.

92. *Archives parlementaires*, tome X, séance du 16 décembre 1789, p. 617.

93. Annie Crépin, *Construire l'armée française. Textes fondateurs des institutions militaires*, tome III, *De la Révolution à la fin du second Empire*, Turnhout, Brepols, 2007, p. 37-41 et 67-69.

94. Bertaud, *La Révolution armée...*, *op. cit.*

95. *Ibid.*

96. Crépin, *Construire l'armée française...*, *op. cit.*, p. 62-66.

97. *Ibid.*, p. 44-61.

98. Bertaud, *La Révolution armée...*, *op. cit.*, p. 64.

99. Crépin, *Défendre la France...*, *op. cit.*, p. 83-86.

100. Le comte Jean-Baptiste Donatien de Vimeur, comte de Rochambeau (1725-1807), maréchal de France, fut le chef du corps expéditionnaire envoyé par la France pour combattre aux côtés des Américains.

101. Sam Scott, *From Yorktown to Valmy*, Niwot, University Press of Colorado, 1998, p. 125. L'auteur note cependant la présence parfois déterminante au sein du comité militaire de De Noailles qui, sur la question de l'égalité devant l'avancement, fut soutenu par Lameth, cité plus haut, et par de Broglie, comme lui anciens officiers de Rochambeau.

102. *Ibid.*, p. 122-123.

103. Bertaud, *La Révolution armée...*, *op. cit.*, p. 64.

104. Albert Meynier, « L'armée en France sous la Révolution et le Ier Empire », *Revue d'études militaires*, 19e année, n° 5, 1er juin 1931, p. 5-20.

105. Bertaud, *La Révolution armée...*, *op. cit.*, p. 46.

106. Jean-Louis Quoy-Bodin va jusqu'à dire que la société

maçonnique militaire n'était pas une contre-société mais une société affinitaire où on « mimait » une société égalitaire avec des plus petits que soi pour autant que ces rapports restent confinés dans l'espace et dans le temps. Quoy-Bodin, *L'Armée et la franc-maçonnerie…*, *op. cit.*, p. 98.

II. RÉPUBLIQUE, PATRIE, ARMÉE

1. Nous reprenons le titre de l'ouvrage de Jacques Monod, *Le Hasard et la Nécessité. Essai sur la philosophie naturelle de la biologie moderne*, Paris, Le Seuil, 1971.
2. Crépin, *Défendre la France…*, *op. cit.*, p. 91.
3. Jules Michelet, *Histoire de la Révolution française* [1847], Paris, Laffont, coll. Bouquins, 1979, tome I, p. 5078.
4. Roger Dupuy, article « Garde nationale », in *Dictionnaire historique de la Révolution française*, sous la dir. d'Albert Soboul, Paris, PUF, 1989, p. 489-492.
5. Crépin, *Défendre la France…*, *op. cit*, p. 97.
6. Guibert, *Écrits militaires*, *op. cit.*
7. Voir plus haut chapitre I, p. 71.
8. Bélissa, *Fraternité universelle…*, *op. cit*, p. 210-211.
9. Philippe Catros « "Tout Français est soldat et se doit à la défense de la patrie". (Retour sur la naissance de la conscription militaire) », *Annales historiques de la Révolution française (AHRF)*, n° 348, numéro spécial *Guerre(s), Société(s), Mémoire*, avril-juin 2007, p. 7-23.
10. *Archives parlementaires*, tome XX, cité par Florence Devenne, « Création et évolution de la Garde nationale (1789-1792) », *AHRF*, n° 283, janvier-mars 1991, p. 49-66.
11. Gilbert Bodinier, « La Révolution et l'armée », in *Histoire militaire de la France*, *op. cit.*, tome II, p. 212.
12. Bruno Ciotti, *Du volontaire au conscrit. Les levées d'hommes dans le Puy-de-Dôme pendant la Révolution*, Clermont-Ferrand, Presses universitaires Blaise Pascal, tome I, 2001, p. 48-49.
13. Crépin, *Construire l'armée française…*, *op. cit.*, p. 42-43.

14. Archives nationales, AD XVIII B, Constituante, tome 69, séance du 22 juillet 1791, p. 18-23 et tome 71, séance du 4 août 1791, p. 27-34.

15. *Ibid.*, tome 71, séance du 17 août 1791, p. 203-222.

16. *Ibid.*, C 82 806, s.d.

17. *Ibid.*, AD XVIII B, Législative, tome 92, séance du 28 décembre 1791.

18. Voir plus haut chapitre I, p. 75.

19. Archives nationales, AD XVIII B, Législative, tome 93, séance du 24 janvier 1792, p. 50-52.

20. Cette appellation n'apparaît insultante qu'à condition d'oublier qu'alors François II vient de succéder à Léopold II et n'est pas encore couronné empereur.

21. Annie Crépin, Philippe Boulanger, *Le Soldat-citoyen. Une histoire de la conscription*, Dossier n° 8019, La Documentation française, 2001, p. 2.

22. Crépin, *Construire l'armée française...*, *op. cit.*, p. 70-76.

23. Jean-Paul Bertaud, *Valmy, la démocratie en armes*, Paris, Julliard, coll. Archives, 1970. L'historien a montré toute la richesse de cette source et tout le parti qu'on pouvait en tirer en appliquant la méthode qu'André Corvisier avait inaugurée pour étudier l'armée de l'Ancien Régime dans *L'Armée française de la fin du XVIIe...*, *op. cit.*

24. Annie Crépin, *Levées d'hommes et esprit public en Seine-et-Marne de la Révolution à la fin de l'Empire (1791-1815)*, doctorat nouveau régime sous la direction de Michel Vovelle, soutenu à l'université de Paris-I, 1990, tome I, p. 275.

25. Crépin, *Construire l'armée française...*, *op. cit.*, p. 84-89.

26. Ciotti, *Du volontaire au conscrit... op. cit.*, p. 127.

27. Bertaud, *La Révolution armée...*, *op. cit.*, p. 96.

28. Crépin, *Construire l'armée française...*, *op. cit.*, p. 78-89 ; Jean-Paul Bertaud «Voies nouvelles pour l'histoire militaire de la Révolution», *AHRF*, n° 219, janvier-mars 1975, p. 72.

29. Crépin, *Défendre la France...*, *op. cit.*, p. 121.

30. Crépin, *La Conscription en débat...*, *op. cit.*, p. 165.

31. Crépin, *Défendre la France...*, *op. cit.*, p. 113.

32. Jean-Paul Bertaud, «La levée en masse», in *De la patrie en danger aux nouvelles menaces, 1792-2003. La défense nationale en question(s)*, sous la dir. de Marc Deleplace, Reims, 2004, Reims, CRDP, 2005, p. 19-27.

33. Crépin, *Défendre la France...*, *op. cit.*, p. 114.

34. Crépin, *Construire l'armée française...*, *op. cit.*, p. 90-92.

35. Nathalie Alzas, *La Liberté ou la Mort. L'effort de guerre dans l'Hérault pendant la Révolution*, Aix-en-Provence, Publications de l'université de Provence, 2006.

36. Crépin, *Levées d'hommes et esprit public...*, *op. cit.*, tome I, p. 537-541.

37. Voir les travaux de Laurent Henninger, en particulier la séance du séminaire 2006-2007 tenu à l'EHESS, «Les guerres de la Révolution et de l'Empire ont-elles représenté une révolution militaire?», 12 juin 2007. Et «Military Revolutions and Military History», in *Palgrave Advances in Modern Military History*, sous la dir. de Matthew Hugues et William J. Philpott, Palgrave Macmillan, 2006.

38. C'est le thème principal de l'ouvrage de Geoffrey Best, *Army and Society in Revolutionary Europe, 1770-1870*, Leicester University Press in assocation with Fontana Paperbacks, 1982.

39. Le concept de guerre totale est né au début du XXe siècle et a été appliqué rétrospectivement aux guerres révolutionnaires et impériales. La signification de ce concept et son contenu sont actuellement débattus entre historiens. On remarquera que Guibert le pressent (voir plus haut chapitre 1, p. 53) et que Clausewitz le théorise sous le terme de guerre absolue. Voir Crépin, article «Guerre», in *Dictionnaire de la Révolution*, sous la dir. de Stephen Clay, Larousse, à paraître.

40. Bertaud, *Valmy...*, *op. cit.*

41. Hippler, *Soldats et citoyens...*, *op cit.*, p. 124 et 135-141.

42. Catros, *op. cit.*, p. 15-17.

43. *Ibid.*, p. 16: «C'est contre ce privilège qu'ils vont inventer ce droit de défense appartenant collectivement à

la nation et individuellement à chaque citoyen en tant qu'élément indivisible de cette communauté souveraine. »

44. Voir plus haut chapitre I, p. 44-45.

45. Selon les termes — qui ont donné lieu à un débat entre historiens — de Joël Cornette, *Le Roi de guerre. Essai sur la souveraineté dans la France du Grand Siècle*, Paris, Payot, 1993.

46. Selon les termes de Philippe Catros, *Des citoyens et des soldats. Histoire politique de l'obligation militaire en France de la Révolution au début de la troisième République (1789-1872)*, thèse nouveau régime sous la direction de Roger Dupuy, soutenue à l'université de Rennes-2, 2004.

47. Alan Forrest, *Napoleon's Men: The Soldiers of the Revolution and Empire*, Londres et New York, Hambledon and London, 2002.

48. Crépin, *La Conscription en débat...*, *op. cit.*

49. Michel Biard, *Missionnaires de la République. Les représentants du peuple en mission (1793-1795)*, Paris, Éditions du CTHS, 2002.

50. Bertaud, « L'armée, école du jacobinisme en l'an II », in *La Révolution armée...*, *op. cit.*, p. 194-227.

51. *Ibid.*, p. 215-217; Marc Martin, *Les Origines de la presse militaire en France à la fin de l'Ancien Régime et sous la Révolution, 1770-1779*, Paris, SHAT, 1974.

52. Jean-Nicolas Billaud-Varenne, *Rapport sur la théorie du gouvernement démocratique*, Paris, Imprimerie nationale [s.d.], p. 10, cité par Hippler, *Soldats et citoyens...*, *op. cit.*, p. 144.

53. Alain Ehrenberg, *Le Corps militaire*, *op. cit.*

54. Bertaud, *Guerre et société...*, *op. cit.*, p. 39.

55. John Lynn, *The Bayonets of the Republic: Motivations and Tactics in the Army of Revolutionary France, 1791-1794*, Urbana et Chicago, University of Illinois Press, 1984; et « En avant! The Origins of the Revolutionary Attack », in *Tools of War: Instruments, Ideas and Institutions of Warfare, 1445-1871*, Urbana et Chicago, University of Illinois Press, 1990, p. 154-176.

56. Ehrenberg, *Le Corps militaire*, *op. cit.*, p. 45.

57. Hippler, *Soldats et citoyens...*, *op. cit.*, p. 164.

58. *Ibid.*

59. Crépin, «Les Lumières dans le camp. De l'honneur à la vertu citoyenne, de la civilisation à la régénération», in *Du sentiment de l'honneur à la Légion d'honneur*, Colloque de l'université du Littoral, 2004, sous la dir. de Xavier Boniface, Paris, *La Phalère*, n° 5, 2004, p. 85-99.

Une histoire politique de la vertu révolutionnaire, plus tard républicaine, donne la clé conceptuelle de l'homme puissant qui sait se battre en résistant aussi bien à la tyrannie qu'à lui-même, c'est-à-dire à sa nature sauvage, dit Alain Ehrenberg, *Le Corps militaire*, *op. cit.*, p. 28.

60. Arthur Koestler, *Le Zéro et l'Infini* [1940], Paris, Calmann-Lévy, 1945, p. 248.

61. Crépin, *Défendre la France…*, *op. cit.*, p. 120.

62. Jean-Paul Bertaud, *La Vie quotidienne des soldats de la Révolution (1789-1799)*, Paris, Hachette, coll. La vie quotidienne, 1985, p. 197.

63. Mona Ozouf, *La Fête révolutionnaire, 1789-1799*, Paris, Gallimard, coll. Bibliothèque des Histoires, 1976.

64. Crépin, *Défendre la France…*, *op. cit.*, p. 116.

65. Dominique Julia, article «Instruction publique, Éducation nationale», in *Dictionnaire historique…*, *op. cit.*, p. 575-581.

66. Crépin et Boulanger, *Le Soldat-citoyen*, *op. cit.*, p. 18.

67. Annie Crépin, «Le Nord et le Pas-de-Calais face à la création de l'armée nationale (1791-an II)», *Revue du Nord*, n° 299, *Armées et campagnes de la Révolution française*, janvier-mars 1993, tome LXXV, p. 41-57.

68. Annie Crépin, «La guerre et le nord de la France sous la Révolution et l'Empire: levées d'hommes et conscription dans les départements du Nord et du Pas-de-Calais», in *Les Champs relationnels en Europe du Nord et du Nord-Ouest: des origines à la fin du premier Empire*, 1er colloque européen de Calais, sous la dir. de Stéphane Curveiller et Denis Clauzel, 1993, Cache, Balinghem, 1994, p. 285-309.

69. Bertaud, *La Révolution armée…*, *op. cit.*; Isser Woloch, *The French Veteran from the Revolution to the Restoration*, Chapel Hill, University of North Carolina Press, 1979.

70. Isser Woloch, « War widows pensions », *Societas*, volume VI, automne 1976, p. 235-245.

71. Gustave Vallée, *La Conscription dans le département de la Charente, 1798-1807*, Paris, Sirey, 1937, p. 15.

72. Bertaud, *La Révolution armée…, op. cit.*, p. 271.

73. Bertaud, article « Jourdan », in *Dictionnaire historique…, op. cit.*, p. 601.

74. Catros, « "Tout Français est soldat…" », *op. cit.*, p. 8, note 2.

75. Bernard Gainot, *1799, un nouveau jacobinisme?*, Paris, Éditions du CTHS, 2001.

76. Catros, « "Tout Français est soldat…" », *op. cit.*, p. 9.

77. Archives nationales, C, Lettre du peintre Phillet à Jourdan, rapporteur de la commission temporaire sur la conscription militaire, 8 ventôse an VI.

78. *Ibid.*, C* I 120, Procès-verbaux du Conseil des Cinq-Cents, séance du 2 thermidor an VI.

79. *Ibid.*

80. *Ibid.*

81. Crépin, *Construire l'armée française…, op. cit.*, p. 126-134.

82. Crépin, *Défendre la France…, op. cit.*, p. 128.

83. *Ibid.*, p. 129.

84. Archives nationales, C I 439, Procès-verbaux…, séances du 1er au 4 thermidor an VI.

85. *Ibid.*, C*I 120, Procès-verbaux…, séance du 2 thermidor an VI.

86. *Ibid.*, C I 439, Procès-verbaux…, séances du 1er au 4 thermidor an VI.

87. *Ibid.*

88. *Ibid.*, C* I 120, Procès-verbaux…, séance du 2 thermidor an VI.

89. *Ibid.*, C I 439, Procès-verbaux…, séances des 1er au 4 thermidor an VI.

90. *Ibid.*, C* I 120, Procès-verbaux…, séance du 1er fructidor an VI.

91. Crépin, *La Conscription en débat…, op. cit.*, p. 25.

92. Philippe Catros estime à juste titre que ce thème de l'armée nationale est le produit de la Révolution tardive et

que Jourdan est le véritable créateur de l'expression. Catros, « "Tout Français est soldat..." », *op. cit.*, p. 17-18.

93. Crépin, *Construire l'armée française...*, *op. cit.*, p. 128.

94. Archives nationales, C I 439, Procès-verbaux..., séances du 1er au 4 thermidor an VI.

95. *Ibid.*

96. Crépin, *Levées d'hommes et esprit public...*, *op. cit.*, tome II, p. 11.

97. Archives nationales, AF IV 1123, Compte général de la conscription (an VII-an XIII).

98. Antoine Audet Hargenvilliers entre en décembre 1793 dans les bureaux du ministère de la Guerre où il accomplit une carrière rapide. En l'an V, il dirige le secrétariat général du ministère et il est chargé de tout ce qui relève de la conscription à partir du moment où la loi Jourdan est votée.

99. Crépin, *Construire l'armée française...*, *op. cit.*, p. 106-126. On remarquera que la loi du 26 germinal an VI (17 avril 1798), véritable charte de la gendarmerie, a été préparée par une commission composée de militaires néo-jacobins dont le général Wirion et dans laquelle on retrouve Jourdan et Porte.

100. Crépin, « La guerre et le nord de la France sous la Révolution et l'Empire... », *op. cit.*, p. 285-309.

III. D'UN EMPIRE À L'AUTRE : L'ARMÉE NATIONALE DE CONSCRIPTION

1. Archives nationales, AF IV 1013, Mission de Lacuée, Ire Division, an IX.

2. *Ibid.*

3. *Archives parlementaires*, 2e série, Tribunat, séance du 28 floréal an X, p. 710, cité par Philippe Catros, « "Tout Français est soldat..." », *op. cit.*, p. 14.

4. Cité par Thomas Hippler, *Citizenship and Discipline...*, *op. cit.*, p. 184.

5. Catros, *Des citoyens et des soldats...*, *op. cit.*, volume 1, p. 315-324.

6. Bernard Schnapper, *Le Remplacement militaire en France. Quelques aspects politiques, économiques et sociaux du remplacement au XIXe siècle*, Paris, Sevpen, 1968, p. 19.

7. *Ibid.*, p. 19-23.

8. Crépin, *Défendre la France...*, *op. cit.*, p. 146.

9. SHD, 1 M, Dossier n° 12, Arrêté des Consuls du 1er vendémiaire an XII sur l'organisation de l'armée.

10. Crépin, *La Conscription en débat...*, *op. cit.*, p. 31.

11. *Ibid.*, p. 31-32.

12. Albert Meynier, « L'armée en France sous le Consulat et le Ier Empire », *Revue d'études militaires*, 22e année, n° 5, 1er juin 1934, p. 9-23.

13. *Ibid.* 800 000 hommes, dit Jacques-Olivier Boudon, *La France et l'Europe de Napoléon*, A. Colin, Paris, 2006, p. 178.

14. Crépin, *Levées d'hommes et esprit public...*, *op. cit.*, tome II, p. 128.

15. Vallée, *La Conscription...*, *op. cit.*

16. Crépin, *Levées d'hommes et esprit public...*, *op. cit.*, tome II, p. 301.

17. *Ibid.*, p. 127.

18. *Ibid.*, p. 158.

19. *Ibid.*, p. 202.

20. *Ibid.*, p. 164-165.

21. Les épisodes comico-épiques de la « petite guerre » entre préfets et autorités militaires ont été narrés par Jean-Paul Bertaud. Voir notamment « La petite guerre des honneurs et des préséances », in *Quand les enfants parlaient de gloire...*, *op. cit.*, p. 99-126. Au-delà de l'anecdote, ils révèlent l'affirmation de la prééminence du pouvoir civil.

22. Isser Woloch, « Napoleonic Conscription : State Power and Civil Society », *Past and Present*, n° 111, 1986, p. 101-129 ; Crépin, *Défendre la France...*, *op. cit.*, p. 161.

23. Jean Waquet, « Réflexions sur les émotions populaires et le recrutement militaire », in *Actes* du 91e congrès national des Sociétés savantes, Rennes, 1966, tome III, p. 51-74 ; « Insoumission et désertion sous le Consulat et le premier Empire vues à travers les états d'arrestation », in *Actes* du 93e congrès national des Sociétés savantes, Tours,

1962, tome II, p. 373-380 ; « La société civile devant l'insoumission et la désertion à l'époque de la conscription militaire d'après la correspondance du ministère de l'Intérieur », Bibliothèque de l'École des Chartes, tome CXXVI, 1968, p. 187-222.

24. Crépin, *La Conscription en débat…*, *op. cit.*, p. 115-116.

25. Crépin, *Levées d'hommes et esprit public…*, *op. cit.*, tome II, p. 606-607.

26. Claude Mazauric, « France révolutionnaire, France révolutionnée, France en Révolution : pour une clarification des rythmes et des concepts », *AHRF*, n° 272, 1988, p. 127-150.

27. Joël Cornette, *Le Roi de guerre…*, *op. cit.*

28. Selon les termes de Jean-Paul Bertaud, *Guerre et société en France…*, *op. cit.*, p. 60.

29. Forrest, *Napoleon's Men…*, *op. cit.* ; Natalie Petiteau, *Lendemains d'Empire. Les soldats de Napoléon dans la France du XIXe siècle*, Paris, La Boutique de l'Histoire, 2003.

30. Roger Dufraisse, *La France napoléonienne. Aspects extérieurs, 1799-1815*, Paris, Le Seuil, coll. Points Histoire, série Nouvelle Histoire de la France contemporaine, tome 5, 1999.

31. Roger Dufraisse, « Les populations de la rive gauche du Rhin et le service militaire à la fin de l'Ancien Régime et à l'époque révolutionnaire », *Revue historique*, n° 469, janvier-mars 1964, p. 103-140.

32. Crépin, « L'introduction de la conscription dans les départements annexés (1798-1802) », Congrès international des sciences historiques, Sydney, 2005 ; Josiane Bourguet-Rouveyre, *Les Piémontais face à l'annexion française, 1798-1814*, thèse d'histoire sous la direction de Jean-Paul Bertaud, soutenue à l'université de Paris-I, 1992 ; Francesco Frasca, « La conscription dans les départements piémontais de l'Empire français, 1800-1810 », in *Actes* n° 15 de la Commission internationale d'histoire militaire, Paris, 1989, Vincennes, CIHM, 1991, p. 73-80.

33. Sylvain Sick, *Les Conscrits du Léman et du Mont-*

Blanc. La conscription et la Grande Armée sous le Consulat et l'Empire, doctorat nouveau régime sous la direction de Philippe Boutry et d'Annie Crépin, soutenu à l'université de Paris-XIII, 2003.

34. Walter Bruyère-Ostells, *Les Officiers de la Grande Armée dans les mouvements nationaux et libéraux (1815-1833)*, thèse sous la direction de Jacques-Olivier Boudon, soutenue à l'université de Paris-IV, 2005.

35. Hippler, *Soldats et citoyens…, op. cit.*, p. 260.

36. *Ibid.*, p. 299 et 337. L'auteur rappelle à juste titre que la conscription — même entendue comme une institution et pas seulement comme un mode de recrutement — s'inscrit aussi bien dans un système politique démocratique que dans un système monarchique comme ce fut le cas lors de la réforme prussienne.

37. *Archives parlementaires*, tome 20, Chambre des députés, séance du 17 janvier 1818, p. 310-318.

38. Crépin « Gouvion-Saint-Cyr et la loi refondatrice de 1818 », in *Mélanges Jean-Paul Bertaud…, op. cit.*, p. 313-325.

39. *Archives parlementaires*, tome 20, Chambre des députés, séance du 7 janvier 1818, p. 213-224.

40. Crépin, *La Conscription en débat…, op. cit.*, p. 39-41.

41. *Archives parlementaires*, tome 21, Chambre des pairs, séance du 24 février 1818, p. 25.

42. *Ibid.*, tome 20, Chambre des députés, séance du 26 janvier 1818, p. 511.

43. Crépin, *Construire l'armée française…, op. cit.*, p. 189-197.

44. *Archives parlementaires*, tome 21, Chambre des pairs, séance du 4 mars 1818, p. 167-173.

45. *Ibid.*, tome 20, Chambre des députés, séance du 17 janvier 1818, p. 305.

46. *Ibid.*, tome 21, Chambre des pairs, séance du 5 mars 1818, p. 191-197.

47. *Ibid.*, tome 20, Chambre des députés, séance du 22 janvier 1818, p. 432.

48. *Ibid.*, séance du 24 février 1818, p. 25.

49. *Ibid.*, tome 21, Chambre des pairs, séance du 2 mars 1818, p. 124-129.

50. Il est, au poste de ministre de l'Intérieur, le véritable président du Conseil, de décembre 1818 à novembre 1819, date à laquelle il accède en titre à la présidence du Conseil jusqu'en février 1820. L'époque où il exerce son pouvoir est celle durant laquelle la Restauration semble définitivement devenir un régime constitutionnel et où sont votées les grandes lois libérales, dont la loi Gouvion-Saint-Cyr.

51. *Archives parlementaires*, tome 21, Chambre des pairs, séance du 9 mars 1818, p. 257-261.

52. Crépin, *Construire l'armée française...*, *op. cit.*, p. 199-201; Christiane d'Ainval, *Gouvion-Saint-Cyr, maréchal d'Empire, réorganisateur de l'armée*, Paris, Copernic, 1981.

53. Raoul Girardet, *La Société militaire dans la France contemporaine (1815-1939)*, Paris, Plon, 1953, p. 8.

54. Crépin, *La Conscription en débat...*, *op. cit.*, p. 67. Les notions de service court et de service long varient tout au long du XIXe siècle et sont éminemment relatives. La loi Gouvion porte la durée du service en temps de paix à six ans, la loi de 1824 à huit ans avant que la monarchie de Juillet ne la ramène à sept ans par la loi Soult de 1832. La loi Niel de 1868 abaissera ce temps à cinq ans. En même temps, les partisans du service court envisagent dans les années 1830 quatre, voire cinq ans assortis d'autant d'années consécutives dans une réserve. Certains proposent trois, voire deux ans mais sans service dans la réserve, et ce n'est qu'au milieu du siècle que trois ans leur apparaissent l'idéal à atteindre.

55. *Archives parlementaires*, tome 20, Chambre des députés, séance du 19 janvier 1818, p. 351.

56. *Ibid.*, séance du 5 février 1818, p. 685-689.

57. Crépin, *La Conscription en débat...*, *op. cit.*

58. *Archives parlementaires*, tome 20, Chambre des députés, séance du 22 janvier 1818, p. 432.

59. *Ibid.*, séance du 19 janvier 1818, p. 358.

60. *Ibid.*, séance du 20 janvier 1818, p. 402.

61. Dès la discussion parlementaire de 1818, le duc de Fitz-James, bien loin de prévoir que ses successeurs sur le plan de l'esprit brandiraient cette conception comme un étendard, avait prédit devant les pairs : «Toute armée à qui

on dira qu'elle doit être l'arche sainte et être entourée d'un mur d'airain, cette armée ne sera jamais nationale, quoique composée d'éléments nationaux. » *Archives parlementaires*, tome 21, Chambre des pairs, séance du 3 mars 1818, p. 157.

62. Crépin, *Construire l'armée française...*, *op. cit.*, p. 227-228.

63. *Archives parlementaires*, tome 71, Chambre des députés, séance du 3 novembre 1831, p. 281.

64. Pour reprendre les termes employés par le général Jean Delmas, «L'armée française au XIXe siècle : entre conscription et tirage au sort», in «*Aux armes, citoyens!*». *Conscription et armée de métier des Grecs à nos jours*, sous la dir. de Maurice Vaïsse, Paris, A. Colin, 1998, p. 118-130.

65. *Archives parlementaires*, tome 41, Chambre des députés, séance du 28 mai 1824, p. 16.

66. *Ibid.*, tome 74, Chambre des pairs, séance du 26 janvier 1832, p. 458.

67. *Ibid.*, tome 71, Chambre des députés, séance du 5 novembre 1831, p. 350.

68. C'est ainsi qu'on parlera de loi des trois ans pour celle de 1889, de loi des deux ans pour celle de 1905.

69. *Archives parlementaires*, tome 71, Chambre des députés, séance du 4 novembre 1831, p. 319.

70. Jean Jaurès, *Proposition de loi sur l'organisation de l'armée*, Paris, Martinet, 1910, 1re édition du texte paru ensuite sous le titre *L'Organisation sociale de la France. L'armée nouvelle*, Martinet, 1910.

71. Crépin, *La Conscription en débat...*, *op. cit.*, p. 84-89.

72. Crépin, «La réserve dans les lois militaires du XIXe siècle : à la recherche d'une armée citoyenne idéale (1818-1872)», in *Histoire socioculturelle des armées* (II), sous la dir. du Centre d'études d'histoire de la défense, *Cahiers du CEHD*, n° 19, Piat, 2002, p. 165-185.

73. Mathilde Larrère, *La Garde nationale de Paris sous la monarchie de Juillet. le pouvoir au bout du fusil?*, thèse sous la direction d'Alain Corbin, soutenue à l'université de Paris-I, 2000.

74. Crépin, *La Conscription en débat...*, *op. cit.*, p. 95-96.
75. Witold Zaniewicki, *L'Armée française en 1848*, thèse de troisième cycle, 1964-1966, p. 48.
76. Schnapper, *Le remplacement militaire... op. cit.*, p. 193-197.
77. Crépin, *Défendre la France...*, *op. cit.*, p. 195.
78. Archives nationales, C* I 359, Procès-verbaux des séances de l'Assemblée constituante nationale, séance du 19 octobre 1848.
79. *Ibid.*, séance du 21 octobre 1848.
80. *Ibid.*
81. Crépin, *La Conscription en débat...*, *op. cit.*, p. 95-96.
82. Joseph Monteilhet, *Les Institutions militaires de la France*, Paris, F. Alcan, 1926, p. 160.
83. Crépin, *La Conscription en débat...*, *op. cit.*, p. 98.
84. Jean Casevitz, *Une loi manquée, la loi Niel (1866-1868). L'armée française à la veille de la guerre de 1870*, Paris, Sevpen, 1960.
85. Crépin, *Défendre la France...*, *op. cit.*, p. 299.
86. Casevitz, *Une loi manquée...*, *op. cit.*; Stéphane Audoin-Rouzeau, *1870, La France dans la guerre*, Paris, A. Colin, 1989; Jean-Jacques Becker et Stéphane Audoin-Rouzeau, *La France, la nation, la guerre: 1850-1920*, Paris, Sedes, 1995.
87. Girardet, *La Société militaire...*, *op. cit.*, p. 27.
88. *Le Moniteur*, 1er janvier 1868, n° 1, Corps législatif, séance du 31 décembre 1867, p. 2-4.
89. Crépin, *La Conscription en débat...*, *op. cit.*, p. 102.
90. *Le Moniteur*, 25 décembre 1867, n° 359, Corps législatif, séance du 24 décembre 1867, p. 1617-1618.
91. Crépin, *Défendre la France...*, *op. cit.*, p. 282-283.
92. Audoin-Rouzeau, *1870, La France dans la guerre...*, *op. cit.*, p. 78.
93. *Le Moniteur*, 20 décembre 1867, n° 354, Corps législatif, séance du 19 décembre 1867, p. 1584.
94. *Ibid.*, 21 décembre 1867, n° 355, Corps législatif, séance du 20 décembre 1867, p. 1592.
95. *Ibid.*, 10 janvier 1868, n° 10, Corps législatif, séance du 9 janvier 1868, p. 41.

96. *Ibid.*, 21 décembre 1867, n° 355, Corps législatif, séance du 20 décembre 1868, p. 1589.

97. *Ibid.*, 11 janvier 1868, n° 11, Corps législatif, séance du 10 janvier 1868, p. 49-50.

98. *Ibid.*, 14 janvier 1868, n° 14, Corps législatif, séance du 13 janvier 1868, p. 71.

99. *Ibid.*, 2 et 3 janvier 1868, n°s 2 et 3, Corps législatif, séance du 2 janvier 1868, p. 10.

IV. LA CONSCRIPTION, LES CORPS, LES ESPRITS, LES CŒURS

1. « De Valmy à Verdun » est un raccourci que nous avons utilisé à plusieurs reprises dans nos ouvrages et articles, voir en particulier Annie Crépin, « Armée et citoyenneté en France de Valmy à Verdun », *Revue Histoire et défense. Les cahiers de Montpellier*, n° 39, 2000, p. 5-13.

2. *Comptes présentés en exécution de la loi du 10 mars 1818 sur le recrutement de l'armée* ; à partir de 1833, ils deviennent le *Compte rendu sur le recrutement de l'armée*, BN Lf 194 26, 50 volumes (1819-1876), Paris, Imprimerie royale puis impériale, puis nationale.

En même temps, les comptes numériques et sommaires présentés par les préfets au ministre de l'Intérieur deviennent de plus en plus précis. Voir Jean-Paul Aron, Paul Dumont et Emmanuel Le Roy Ladurie, *Anthropologie du conscrit français d'après les comptes numériques et sommaires du recrutement de l'armée (1819-1826)*, École pratique des hautes études, coll. Civilisations et sociétés, tome 22, Paris, La Haye, Mouton, 1972.

3. Voir cartes p. 204 à 208.

4. Annie Crépin, « L'apprentissage de la défense nationale dans les départements "picards" au cours du premier tiers du XIXe siècle », in *La Révolution française, la guerre et la frontière*, sous la dir. de Monique Cubells, Paris, CTHS, 2000, p. 47-61.

5. Annie Crépin, « La réception de la loi Gouvion-Saint-Cyr, une étape de l'enracinement de la conscription (1818-

1830) », in *Hommage à André Martel*, Colloque d'Aix-en-Provence, 1997, non publié ; Waquet, « Réflexions… », *op. cit.*, p. 51-74.

6. Waquet, « Réflexions… », *op. cit.*.

7. Archives nationales, F 9 170-171, Corse, dossier 9, Rapport spécial sur l'exécution de la loi de recrutement en France, 8 octobre 1821 ; F1c V Corse 3, Procès-verbaux du Conseil général (1825-1831), rapports du préfet, sessions de 1826, 1828 et 1829.

8. *Ibid.*, F7 6779, Cantal, avril 1831 ; F7 6779, Allier, août 1831, Aveyron, 1832.

9. Encore en 1829, l'administrateur de l'Hérault écrit : « […] À deux cents lieues de Paris, je suis dans une autre France et presque dans un autre peuple. » Archives nationales, F7 6769, Situation politique…, Hérault, juillet 1829.

10. Archives nationales, BB 30 367-390, Rapports politiques des procureurs généraux des cours d'appel au ministre de la Justice.

11. SHD, MR, Mémoires et reconnaissances, 1162-1304, reconnaissances militaires depuis 1790, 2258-2297, reconnaissances, levés de terrain exécutés par des officiers d'état-major de 1860 à 1880.

12. Nous devons cette distinction à Gérard Cholvy, « Recrutement militaire et mentalités languedociennes au XIXe siècle : essai d'interprétation », in *Recrutement, mentalités, sociétés*, Colloque national d'histoire militaire de Montpellier, 1974, université Paul-Valéry, Centre d'histoire militaire et de défense nationale, 1975.

13. Yves Pourcher, « "À moi, réquisitionnaires et déserteurs !" La conscription en Lozère au début du XIXe siècle », *Études rurales*, n° 979, 1983, p. 259-273 ; Maurice Agulhon étend ce constat du clivage entre mentalité et opinion à l'ensemble des ruraux du Midi et de l'Ouest, « Attitudes politiques », in *Histoire de la France rurale*, sous la dir. de Georges Duby et Armand Wallon, Paris, Le Seuil, coll. L'Univers historique, 1976, tome III, p. 143-175, notamment p. 143-153.

14. Crépin, *Levées d'hommes et esprit public…*, *op. cit.*, tome II, p. 680.

15. Louis Bergès, débat à propos de la communication d'Alan Forrest, « La formation des attitudes villageoises envers le service militaire (1792-1814) », in *La Bataille, l'armée, la gloire*, Colloque international de Clermont-Ferrand, 1985, Actes recueillis et présentés par Paul Viallaneix et Jean Ehrard, Faculté des lettres et sciences humaines de l'université de Clermont-Ferrand-II, 1985, p. 193-197.

16. Annie Crépin, « À l'épreuve des réalités locales : les préfets, théoriciens et maîtres d'œuvre de la conscription », in *Les Préfets, leur rôle et leur action dans le domaine de la défense de 1800 à nos jours*, sous la dir. de Maurice Vaïsse, Colloque du Centre Arpège de l'université de Reims et du Centre d'études d'histoire de la défense, Vincennes, 2000, Bruxelles, Bruylant, 2001, p. 27-46 ; et « Une France plurielle face à la conscription napoléonienne », in *Armée, guerre et société à l'époque napoléonienne*, sous la dir. de Jacques-Olivier Boudon, Colloque de l'Institut Napoléon et de la bibliothèque Marmottan, Boulogne, 2000, Paris, SPH, 2004, p. 13-30.

17. Archives nationales, F9 156, Ardèche, dossier 3, Le préfet au ministre de l'Intérieur, 18 fructidor an XI et 21 nivôse an XII.

18. Crépin, *Défendre la France...*, *op. cit.*, p. 164 ; et « L'apprentissage de la défense nationale... », *op. cit.*

19. Archives nationales, F9 174, Creuse, dossier 6, 16 octobre 1806.

20. *Ibid.*, F 7 3590, Corrèze, 23 juillet 1807.

21. *Ibid.*, F9 247, Seine-Inférieure, dossier 4, 23 brumaire an XII.

22. Crépin, « La guerre et le nord de la France sous la Révolution et l'Empire... », *op. cit.*

23. Archives nationales, F9 158, Ariège, dossier 3, le préfet au ministre de la Guerre, 15 vendémiaire an XIV.

24. *Ibid.*, F9 184, Finistère, dossier 6, 23 juin 1807.

25. *Ibid.*, dossier 8, Bulletin du 1er au 30 novembre 1813 ; Aron, Dumont, Le Roy Ladurie, *Anthropologie du conscrit français...*, *op. cit.*

26. Archives nationales, F 9 204, Haute-Loire, dossier 2, 10 thermidor an VIII.

27. *Ibid.*, F7 6770, Situation politique... Lot, 4 juin 1828.

28. *Ibid.*, F9 169, Corrèze, dossier 10, 3 avril 1822.

29. *Ibid.*, F 9 158, Ariège, dossier 12, 7 février 1831.

30. Crépin, « La guerre et le nord de la France sous la Révolution et l'Empire... », *op. cit.*; et « Le Nord et le Pas-de-Calais face à la conscription : de la rébellion antiétatique à la délinquance », in *Frontières et criminalité, 1715-1815*, sous la dir. de Catherine Denys, Journée d'études de l'université d'Artois, Arras, Artois Presses Université, Cahiers de l'université d'Artois, n° 18, 2001, p. 119-130.

31. Alan Forrest, *Déserteurs et insoumis sous la Révolution et l'Empire*, Paris, Perrin, 1988.

32. Crépin, *Levées des hommes et esprit public...*, *op. cit.*

33. Archives nationales, F7 3587, Situation de la levée de 1810 à l'époque du 31 mars 1809.

34. *Ibid.*, F9 161, Aveyron, dossier 13, 10 mai 1822.

35. *Ibid.*, F7 6770, Situation politique..., Meurthe, le préfet au ministre secrétaire d'État au département de l'Intérieur, 25 février 1827.

36. Adolphe d'Angeville, *Essai sur la statistique de la population française considérée sous quelques-uns de ses rapports physiques et moraux*, Bourg, Imprimerie Dufour, 1836, réédition 1969, Paris, La Haye, Mouton. Introduction d'Emmanuel Le Roy Ladurie.

37. Archives nationales, BB30 377, Le procureur impérial auprès de la cour de Douai au garde des Sceaux, 5 avril 1867.

38. *Ibid.*, BB30 381, Le procureur impérial auprès de la cour de Nancy au garde des Sceaux, 2 juillet 1859.

39. *Ibid.*, BB30 376, Le procureur impérial auprès de la cour de Colmar au garde des Sceaux, 5 avril 1859.

40. *Ibid.*, BB30 388, Le procureur impérial de la cour de Toulouse au garde des Sceaux, 8 juillet 1864.

41. *Ibid.*, BB30 370, Le procureur impérial auprès de la cour d'Aix-en-Provence au garde des Sceaux, 15 janvier 1867.

42. *Ibid.*, BB30 384, Le procureur impérial auprès de la cour de Pau au garde des Sceaux, 14 janvier 1867.

43. *Ibid.*, BB30 375, Le procureur impérial auprès de la cour de Caen au garde des Sceaux, 15 avril 1867.

44. *Ibid.*, BB30 324, Le procureur impérial auprès de la cour de Pau au garde des Sceaux, 10 avril 1867.

45. *Ibid.*, BB 30 381, le procureur impérial auprès de la cour de Nancy, 20 octobre 1866.

46. Crépin, *La Conscription en débat...*, *op. cit.*, p. 133.

47. Archives nationales, F9, 240 A, Haut-Rhin, dossier 4, Observations fournies par le préfet sur la circulaire du ministre de l'Intérieur du 18 pluviôse an XII ; F9 151, Aisne, dossier 6, Observations sur le décret impérial du 8 fructidor an XIII relatif à la levée de la conscription par le sous-préfet de Soissons ; F7 3605, Nord, Le préfet au conseiller d'État chargé du premier arrondissement de la Police générale, 28 frimaire an XIII ; A F IV 1123, *Compte général...*, *op. cit.*, chapitre 11.

48. *Ibid.*, F7 6770, Situation politique..., Lot, 4 juin 1828.

49. Crépin, *Défendre la France...*, *op. cit.*, p. 239-243.

50. Archives nationales, F9 222, Morbihan, dossier 10, 16 novembre 1822 ; F9 184, Finistère, dossier 10, 18 avril 1831.

51. *Ibid.*, F9 222, Morbihan, dossier 10.

52. *Ibid.*, F9 170-171, Corse, dossier 9, 14 juillet 1820, dossier 10, 1825.

53. *Ibid.*, F9 161, Aveyron, dossier 13, 10 mai 1822.

54. Rogers Brubacker, « De l'immigré au citoyen », *Revue des Actes de la recherche en sciences sociales*, n° 99, 1993, p. 3-25.

55. *Archives parlementaires*, tome 71, Chambre des députés, séance du 31 octobre 1831, p. 214.

56. Annie Crépin, « Service militaire et citoyenneté : les étrangers installés dans le Nord deviennent français », in *L'Image de l'autre dans l'Europe du Nord-Ouest à travers l'histoire*, sous la dir. de Jean-Pierre Jessenne et Martine Aubry, Colloque de Villeneuve-d'Ascq, 1994, Villeneuve-d'Ascq, CHRENO, 1995, p. 97-111.

57. Crépin, *La Conscription en débat...*, *op. cit.*, p. 153.

58. Brubacker, « De l'immigré au citoyen... », *op. cit.*

59. Archives nationales, F1c III Nord 4, Procès-verbaux des séances du conseil général du Nord, 25 août 1827.

60. Crépin, *La Conscription en débat...*, *op. cit.*, p. 146.

61. Archives nationales, F1c V, Pyrénées-Orientales, Procès-verbaux du conseil général, session de 1826; F9 228 Nord, dossier unique, Délibération du conseil d'arrondissement de Valenciennes, 1er juillet 1825.

62. *Ibid.*, F9 170-171, Corse, dossier 7, Copie du mémoire adressé par le maire de Bastia au conseil de révision, 11 août 1821.

63. *Ibid.*, F1c V, Pyrénées-Orientales 3, Procès-verbaux..., session de 1826.

64. *Ibid.*, F9 228, Nord, dossier unique, Délibération du conseil d'arrondissement d'Hazebrouck, 1er juillet 1825.

65. *Ibid.*, F1c V, Hautes-Alpes 2, Procès-verbaux du conseil général, session de 1829.

66. *Ibid.*, F9 170-171, Corse, dossier 7..., *op. cit.*

67. Crépin, *La Conscription en débat...*, *op. cit.*, p. 142.

68. *Archives parlementaires*, tome 71, Chambre des députés, séance du 31 octobre 1831, p. 213-214.

69. *Ibid.*, Chambre des députés, séance du 28 octobre 1831, p. 164.

70. *Ibid.*, p. 165.

71. *Ibid.*, séance du 27 octobre 1831, p. 159.

72. *Ibid.*

73. *Ibid.*, séance du 28 octobre 1831, p. 165.

74. Archives nationales, F1c V 4, Procès-verbaux du conseil général de Corse, session de 1840, 7 octobre.

75. Crépin, « Élargissement de la citoyenneté, limitation de la naturalisation : la conscription, pierre de touche du débat », *Revue d'histoire du XIXe siècle*, n° 18, 1999-1, p. 13-26 ; Bernard Schnapper, *La Naturalisation française au XIXe siècle : les variations d'une politique. Voies nouvelles en histoire du droit : la justice, la famille, la répression pénale (XVIe-XXe siècles)*, Publications de la Faculté de droit et des sciences sociales, Poitiers, PUF, 1991, p. 661-672.

76. *Archives parlementaires*, tome 71, Chambre des députés, séance du 28 octobre 1831, p. 166.

77. Crépin, «Élargissement de la citoyenneté…», *op. cit.*
78. Crépin, *La Conscription en débat…*, *op. cit.*, p. 155.
79. C'est un membre du conseil général du Nord, Bernard, qui affirme que c'est son pouvoir d'assimilation qui distingue la nation française. Henri Bernard, *Note sur l'exemption dont jouissent les fils d'étrangers et sur l'abus qui en résulte*, Lille, Lefevbre-Ducrocq, 1863.
80. Crépin, *Défendre la France…*, *op. cit.*, p. 221-234 et 303-310.
81. *Archives parlementaires*, tome 41, Chambre des députés, séance du 28 mai 1824, p. 13.
82. *Ibid.*, tome 41, séance du 29 mai 1824, p. 77.
83. *Le Moniteur*, 24 décembre 1867, n° 358, Corps législatif, séance du 23 décembre 1867, p. 1609.
84. *Archives parlementaires*, tome 40, Chambre des députés, séance du 12 mai 1824, p. 471-473.
85. Archives nationales, C* I 320, Procès-verbaux des séances de la Chambre des députés, 24 avril 1843.
86. *Archives parlementaires*, tome 71, Chambre des députés, séance du 27 octobre 1831, p. 156.
87. Alain Ehrenberg leur fait écho quand il constate que, pour les soldats des monarchies censitaires et du second Empire, il devient plus important «[…] de savoir marcher en rangs que de savoir se battre». Ehrenberg, *Le Corps militaire*, *op. cit.*, p. 49.
88. Louis Chevalier, *Classes laborieuses et classes dangereuses à Paris pendant la première moitié du XIXe siècle*, Paris, Plon, 1958.
89. Girardet, *La Société militaire…*, *op. cit*, p. 114.
90. Monteilhet remarque : «La France avait, dans les faits, une armée de métier, moins parce que les hommes qui la composaient connaissaient le métier des armes que parce qu'ils faisaient métier de l'exercice des armes.» *Les Institutions militaires…*, *op. cit.*, p. 160.
91. Charles Ardant Du Picq (1821-1870) est un penseur militaire dans la lignée de Guibert. Une coïncidence a fait que, en 1870, il se trouve à la tête du 10e régiment d'infanterie qui avait été sous le nom de Neustrie-Infanterie le régiment de Guibert en 1776. Voir à ce sujet Guibert,

Écrits militaires, *op. cit.*, préface du général Ménard, « Guibert ou la révolution de l'armée », p. 17.

Ardant Du Picq meurt au combat le 10 août 1870 en laissant une œuvre inachevée qui fit l'objet de plusieurs publications après sa mort. Son ouvrage, publié pour la première fois en 1880, est devenu un classique. Charles Ardant Du Picq, *Études sur le combat. Combat antique et combat moderne*, Paris, Economica, 2004, préface de Jacques Frémeaux.

92. *Le Moniteur*, 2 et 3 janvier 1868, n°s 2 et 3, Corps législatif, séance du 2 janvier 1868, p. 10.

93. *Ibid.*, 1er janvier 1868, n° 1, Corps législatif, séance du 1er janvier 1868, p. 3.

94. Alfred de Vigny, *Servitude et grandeur militaires*, Paris, I. Bonnaire et I. Moger, 1835.

95. Nicolas Boussard, « L'odieux de la paix, l'apologie de la guerre et la nostalgie de la gloire selon Stendhal », in *Napoléon, Stendhal et les romantiques : l'armée, la guerre, la gloire*, Actes du colloque du musée de l'Armée, 2001, sous la dir. de Michel Arrous, Talence, Eurédit, 2002, p. 169-193. Demeuré inachevé, *Lucien Leuwen* a été publié en 1901.

96. Paul Viallaneix, « Mal du siècle et métier des armes », in *La Bataille, l'armée, la gloire…*, *op. cit.*, p. 386-387.

97. Guy Rosa, « Le preux, le soldat et le militaire : genèse et formes du pacifisme de Hugo », in *Hugo et la guerre*, sous la dir. de Claude Millet, colloque de l'université de Paris-VII, 2002, Paris, Maisonneuve et Larose, 2002, p. 349-372.

98. Louis Bergès, « La conscription et l'insoumission à travers *La Comédie humaine* », in *La Bataille, l'armée, la gloire…*, *op. cit.*, p. 353-356.

99. Archives nationales, F9 184, Finistère, dossier 5, Extrait des registres de la préfecture du Finistère, Aux conscrits des réserves des ans 9, 10, 11, 12 et 13.

100. *Ibid.*, F9 247, Seine-Inférieure, dossier 5, Observations sur la levée de la conscription de l'an XIII.

101. Général Marie-Alphonse Bedeau, *Encore un mot sur l'armée*, Paris, Le Normant, 1835.

102. SHD, 1 M 2030, E. Granjean au ministre de la Guerre, Auxonne, 19 avril 1867.

103. Crépin, «Les Lumières dans le camp…», *op. cit.*

104. *Quelques mots à l'occasion du projet de loi de recrutement présenté par le ministère de la Guerre à la Chambre des députés le 11 décembre 1830, par un père de famille*, Avignon, Imprimerie Veuve Guichard aîné, 1831.

105. Ainsi les registres du conseil de révision sont-ils alors les seuls à mentionner le lieu de naissance du conscriptible et son domicile, ce qui permet d'analyser le phénomène de mobilité.

106. Archives nationales, F1c V, Hautes-Alpes 2, Procès-verbaux…, *op. cit.*, session de 1835.

107. *Le Moniteur*, 20 décembre 1867, n° 354, Corps législatif, séance du 19 décembre 1867, p. 1583-1585 et 29 décembre 1867, n° 363, Corps législatif, séance du 28 décembre 1867, p. 1638-1641.

108. Charles-Hippolyte Barault-Roullon, *Questions générales sur le recrutement de l'armée, mémoire à consulter, faisant suite aux* Essais sur l'organisation de la force publique, *présentés à Sa Majesté l'empereur Napoléon III*, Paris, Corréard, 1853.

109. Archives nationales, BB 30 384, Le procureur impérial auprès de la cour de Paris au garde des Sceaux, 4 mars 1861.

110. *Ibid.*, BB 30 381, Le procureur impérial auprès de la cour de Nancy au garde des Sceaux, 6 juillet 1861 et 6 octobre 1862.

111. Selon les termes de Girardet, *La Société militaire…*, *op. cit.*

112. Crépin, «Deux voies pour l'armée française au XIXe siècle : arche sainte de la nation ou miroir de la société», in *De la patrie en danger aux nouvelles menaces 1792-2003. La défense nationale en question(s)*, sous la dir. de Marc Deleplace, Colloque de Reims, 2004, Reims, CRDP, 2005, p. 43-57.

113. SHD, 1 M 1961, second mémoire sur la présentation du projet de loi sur le recrutement (développé dans le mémoire précédent) et sur ses rapports avec le système militaire tout entier, p. 61. Fait suite à un mémoire confidentiel sur un projet de loi organique de recrutement par M. Baillet.

114. *Ibid.*, 1 M 2036, Du recrutement de l'armée française par le capitaine Du Bouzet, capitaine adjudant-major du 33ᵉ, 1839.

115. Gérard de Puymège, «Le soldat Chauvin», in *Les Lieux de mémoire*, II, *La Nation, la gloire*, sous la dir. de Pierre Nora, Paris, Gallimard, coll. Bibliothèque des Histoires, 1986, p. 45-80.

116. *Le National*, 31 juillet 1845, article déjà paru dans la *Revue du progrès politique, social et littéraire*, tome V, p. 161-173, M. Beaune, 1ᵉʳ avril 1841.

117. *Archives parlementaires*, tome 21, Chambre des pairs, séance du 2 mars 1818, p. 118-119.

118. *Ibid.*, tome 40, Chambre des pairs, séance du 12 mai 1824, p. 476.

119. *Ibid.*, tome 41, Chambre des députés, séance du 29 mai 1824, p. 78.

120. *Ibid.*, tome 71, Chambre des députés, séance du 4 novembre 1831, p. 322.

121. *Revue du progrès politique, social et littéraire*, 20 décembre 1843.

122. *Archives parlementaires*, tome 71, Chambre des députés, séance du 5 novembre 1831, p. 351 ; Archives nationales, CC 1022, Chambre des pairs, séance du 22 avril 1843.

123. *Ibid.*, Chambre des pairs, séance du 30 janvier 1832, p. 569.

124. Archives nationales, C* I 132, Procès-verbaux..., *op. cit.*, séance du 25 mars 1844.

125. *Ibid.*, C I 359, Procès-verbaux de la Chambre des députés, séances des 19 et 21 octobre 1848.

126. Georges Carrot, *La Garde nationale, 1789-1871. Une institution de la nation*, thèse de IIIᵉ cycle, Histoire du droit, soutenue à l'université de Nice, 1979 ; Louis Girard, *La Garde nationale (1814-1871)*, Paris, Plon, 1964.

127. Larrère, *La Garde nationale de Paris sous la monarchie de Juillet*, *op. cit.*

128. *Ibid.* ; Crépin, *Défendre la France...*, *op. cit.*, p. 211-219.

129. Ardant Du Picq, *Études sur le combat...*, *op. cit.*, p. 178-179.

130. Natalie Petiteau, *Lendemains d'Empire...*, *op. cit.*

131. Archives nationales, F1c V, Isère 3, Procès-verbaux du conseil général, 29 août 1827, Observations sur le recrutement par le comte de Remiremont.

132. Crépin, *Défendre la France...*, *op. cit.*, p. 239-240.

V. LA TROISIÈME RÉPUBLIQUE, NATION ARMÉE

1. Cette « prédiction » ne fut pas reproduite par *Le Moniteur* mais répétée dans *Mes Mémoires* du général du Barail, cité par Alan Mitchell, *Victors and Vanquished : The German Influence on Army and Church in France after 1870*, Chapell Hill et Londres, University of North Carolina Press, 1984, p. 10.

2. François Roth, *La Guerre de 1870*, Paris, Fayard, 1990, p. 101-125 ; Stéphane Audoin-Rouzeau, *1870, La France dans la guerre...*, *op. cit.*

3. Elme Marie Caro, « L'idée de la Patrie, ses défaillances et son réveil », *Revue des deux mondes*, 15 janvier 1871, p. 243-266.

4. Louis Trochu (1815-1896) participe à la commission spéciale réunie par l'empereur avant le débat parlementaire sur la loi Niel puis publie en 1867 *L'Armée française en 1867*, ouvrage dans lequel il vante le modèle prussien tout en estimant qu'il ne peut être appliqué en France. En août 1870, il devient gouverneur militaire de Paris et, à ce titre, chargé de la défense de la capitale. À la suite de l'échec de Buzenval, le 19 janvier 1871, il démissionne de sa charge de gouverneur militaire tout en décidant d'engager au nom du gouvernement des négociations avec Bismarck. Orléaniste, il est élu député aux élections de février 1871. Il démissionne en 1872.

5. Une vulgarisation des œuvres des historiens de la Révolution, Jules Michelet, Edgar Quinet, Louis Blanc et Charles-Louis Chassin par exemple, a permis dans les dernières années du second Empire une réappropriation populaire et quelque peu mythifiée de l'histoire des guerres

de la Révolution. Cette réappropriation est également facilitée par la diffusion des « romans nationaux » d'Erckmann-Chatrian dans ces milieux constitués de descendants idéologiques, sinon biologiques, des sans-culottes de la première révolution. Au commencement de la guerre, Napoléon III tente de « récupérer » ce sentiment et laisse chanter *La Marseillaise* à l'Opéra le 21 juillet. Voir William Serman, *La Commune de Paris*, Paris, Fayard, 1986, p. 73-74, p. 86 et p. 105. À l'inverse, *L'Adresse au peuple allemand* publiée par les ouvriers internationalistes le 12 juillet ne rencontre que très peu d'échos. Voir Patrice Buffotot, *Le Socialisme français et la guerre. Du soldat-citoyen à l'armée professionnelle (1871-1998)*, Bruxelles, Bruylant, coll. Histoires, 1998, p. 5.

6. Buffotot, *Le Socialisme français…, op. cit.*, p. 26.

7. *Ibid.*, p. 14-27 ; Mitchell, *Victors and Vanquished…, op. cit.*, p. 18-19.

Gustave Cluseret, ancien capitaine d'infanterie, participe à l'expédition des Mille de Garibaldi et à la guerre de Sécession du côté des Nordistes qui lui décernent le grade de général. Louis Rossel, polytechnicien et chef de bataillon en 1870, participe au siège de Metz ; dès les premières défaites, il écrit sur la question de l'organisation militaire de la France. Nommé colonel par le Gouvernement de la Défense nationale, profondément patriote et républicain, il est désespéré par l'armistice et démissionne. Il se met au service de la Commune et est fusillé par les Versaillais.

8. Serman et Bertaud, *Nouvelle Histoire militaire…, op. cit.*, p. 496.

9. Claude Digeon, *La Crise allemande de la pensée française*, Paris, PUF, 1959.

10. Jean-François Chanet, *Vers l'armée nouvelle. République conservatrice et réforme militaire, 1871-1879*, Paris, PUF, 2006, p. 23-26.

11. Jean-Charles Jauffret, *Parlement, gouvernement, commandement. L'armée de métier sous la IIIe République (1871-1914)*, doctorat d'État sous la direction d'André Martel et de Guy Pedroncini, soutenu à l'université de Paris-I, 1983, p. 53.

12. *Journal officiel*, 30 mai 1872, n° 147, séance du 29 mai 1872, p. 3596-3597.

13. *Cérémonie funèbre de Saint-Pierre-La-Cluse. Souvenir du 1er février 1871*, signé Horigny, Besançon, Imprimerie Jacquin, 1872.

14. *Relation de l'inauguration des batailles des 30 novembre et 1er décembre 1870*, commune de Champigny-sur-Marne, Paris, Dupont, 1873.

15. Crépin, *Défendre la France...*, op. cit., p. 351-355.

16. *Allocution prononcée en juillet 1874 au cours d'une cérémonie funèbre près de la colonne commémorative des combats de 1870*, Paris, Lith. de Lefebvre, s.d.

17. Voir par exemple Bénédicte Grailles, *De la défaite à l'Union sacrée ou les chemins du consentement. Hommages publics et commémorations de 1870 à 1914 : l'exemple du Nord et du Pas-de-Calais*, thèse, sous la dir. d'Annette Becker, soutenue à l'université de Lille-III, 2000.

18. Crépin, *La Conscription en débat...*, op. cit., p. 202-204.

19. Caro, « L'idée de Patrie... », *op. cit.*

20. Il préconise une armée de métier fondée sur huit ans de service dans un projet qu'il ne dépose pas tant il sait qu'il ne sera suivi que par une poignée de légitimistes et quelques orléanistes du centre droit. Voir Jauffret, *Parlement, gouvernement...*, op. cit., p. 244 et 258.

21. Caro, « L'idée de Patrie... », *op. cit.*, et Louis Étienne, « La Garde mobile », *Revue des deux mondes*, tome 91, 1er février 1871, p. 468-490.

22. Jauffret, *Parlement, gouvernement...*, op. cit.

23. Chanet, *Vers l'armée nouvelle*, op. cit., p. 40 ; général Lewal, *Lettres à l'armée*, édition présentée et annotée par le colonel Allain Bernède avec la collaboration de Jérôme Pesqué, Paris, Bernard Giovanangeli éd., 1998, VIe Lettre, p. 82.

Fils d'un officier du premier Empire, d'origine polonaise, Jules Louis Lewal (1823-1908), élève de Saint-Cyr et de l'École d'application de l'état-major, devient officier sous la monarchie de Juillet et participe aux combats en Algérie puis aux campagnes du second Empire. En 1869, il commence à jeter les bases de sa réflexion et, après sa captivité en 1870, il l'approfondit. Bien que partisan de l'apolitisme de l'armée, il devient ministre de la Guerre dans un ministère Ferry le 5 janvier 1885. Après la démission de Jules Ferry, il ne participe plus à la vie politique mais continue à publier. Voir Henry Dutailly, «Un maître oublié, le général Lewal», *Revue historique des armées*, n° 1, 1982; voir aussi l'introduction de Bernède dans général Lewal, *Introduction à la partie positive de la stratégie*, édition commentée et annotée par le colonel Allain Bernède, Paris, Economica, coll. Bibliothèque stratégique, 2002, et celle qu'il consacre également à Lewal dans général Lewal, *Lettres à l'armée...*, op. cit.

24. Léon Gambetta, *Discours prononcé à Bordeaux le 26 juin 1871*, Paris, Lachaud, 1871.

Avant même la guerre de 1870, il en avait conscience selon certains historiens. Il écrivait dans la *Revue politique et littéraire* que les guerres modernes ne seraient plus des luttes de quelques-uns mais des luttes de masses nationales et intelligentes et qu'une armée vraiment française devrait s'appuyer sur la nation entière et non sur des classes et des castes, cité par Jean-Yves Guiomar, *L'Invention de la guerre totale, XVIIIe-XXe siècle*, Paris, Éditions du Félin, 2004, p. 248.

25. Jauffret, *Parlement, gouvernement...*, op. cit., p. 284; *Militaires en république. Les officiers, le pouvoir et la vie publique en France*, Actes du colloque international du palais du Luxembourg et de la Sorbonne, sous la dir. d'Olivier Forcade, Éric Duhamel, Philippe Vial, 1996, Paris, Publications de la Sorbonne, 1999, p. 469.

26. Fils d'un général du premier Empire issu de la noblesse saintongeaise, rallié à Louis-Napoléon, le marquis de Chasseloup-Laubat (1805-1873) est ministre de la Marine du second Empire puis de l'Algérie et des Colonies. En 1871, il est député du centre droit de la Charente-Inférieure.

27. Selon Jean-Charles Jauffret qui a consacré une longue analyse aux cent vingt-deux écrits qu'il a répertoriés, sans compter ceux qui ont été adressés à un député, et à une

bonne centaine de pétitions. Jauffret, *Parlement, gouvernement...*, *op. cit.*, p. 103-169.

28. Ernest Renan, *La Réforme intellectuelle et morale de la France*, [1872], Paris, L'Albatros, réédition 1982, p. 55.

29. L'ouvrage de Renan est aux dires de Claude Digeon un jalon de la «crise allemande de la pensée française» et témoigne de la réaction conservatrice mais aussi de l'atmosphère de remords, perceptible immédiatement après la guerre et la Commune. Digeon, *La Crise allemande...*, *op. cit.*, p. 193-206.

30. *Journal officiel*, 6 avril 1872, n° 95, Annexe n° 975, séance du 12 mars 1872, p. 2377 sq.

31. Crépin, *Défendre la France...*, *op. cit.*, p. 325.

32. *Ibid.*, p. 327.

33. Auguste-Alexandre Ducrot (1817-1882), général du second Empire, a participé au débat auquel donne lieu la loi Niel, en publiant en 1866 *Quelques observations sur le recrutement et l'organisation de l'armée française*. Il joue un rôle important dans les combats de 1870, à Sedan notamment, et dans ceux menés par le Gouvernement de la Défense nationale, particulièrement à Champigny. Légitimiste, il est partisan d'une restauration au profit du comte de Chambord dont il est alors très proche; restauration qui serait appuyée par l'armée. Il est élu député aux élections de février 1871.

34. *Journal officiel*, 2 juin 1872, n° 156, séance du 7 juin 1872, p. 3840.

35. Mitchell, *Victors and Vanquished...*, *op. cit.*, p. 74.

36. Jauffret, *Parlement, gouvernement...*, *op. cit.*, p. 300.

37. Jauffret, «L'épée», in *Histoire militaire de la France*, *op. cit.*, tome III, p. 4; Georges Gugliotta, *Un officier du corps d'état-major, le général de Cissey (1810-1882)*, thèse d'État, sous la dir. d'André Martel, université Paul-Valéry Montpellier-III, 1987, p. 517, qui juge que cette «pâle imitation» du modèle prussien est une erreur fondamentale tout en concédant qu'elle permet plus de souplesse d'emploi dans le recrutement des réserves et de la territoriale.

38. Chanet, *Vers l'armée nouvelle*, *op. cit.*, p. 84.

39. Jauffret « L'épée », in *Histoire militaire de la France*, *op. cit.*, p. 5.

40. Cette loi a d'ailleurs pour effet d'accroître subitement la tension entre la France et l'Allemagne. Bismarck croit ou feint de croire à une posture agressive de la France et prend prétexte de cette loi pour isoler davantage la France sinon pour faire éclater un nouveau conflit « préventif ». En vain d'ailleurs, car l'Europe ne le suit pas.

41. Best, *Army and Society…, op. cit.*, p. 300.

42. Georges Gugliotta a étudié l'œuvre de celui qui ne voulait pas être simplement le « commis » de Thiers et qui joua un rôle décisif dans l'élaboration du compromis que représente la loi de 1872 dans *Un officier du corps d'état-major…, op. cit.* Il quitte le ministère au moment de la démission de Thiers en 1873 mais redevient ministre de la Guerre en 1874.

43. Chanet, *Vers l'armée nouvelle, op. cit.*, p. 70.

44. Dutailly, « Un maître oublié, le général Lewal », *Revue historique…, op. cit.*, p. 17-23 ; Gugliotta, *Un officier du corps…, op. cit.*, p. 684.

45. Chanet, *Vers l'armée nouvelle, op. cit.*, p. 77-78.

46. Léon Gambetta, *Discours prononcé à Bordeaux…, op. cit.*

47. Gambetta, Discours prononcé à Annecy le 1er octobre 1872, *Discours et plaidoyers politiques de Léon Gambetta*, publiés par J. Reinach, Paris, G. Charpentier, 1880-1885, tome III, p. 167.

48. Jauffret, *Parlement, gouvernement…, op. cit.*, p. 515.

49. Général Lewal, *Introduction à la partie positive…, op. cit.*, p. 19-21 ; capitaine Georges Gilbert, *Essais de critique militaire*, Paris, Librairie de la Nouvelle Revue, 1890 ; Richard D. Challener, *The French Theory of the Nation in Arms, (1866-1939)*, New York, Columbia University Press, 1955, p. 56 ; Jauffret, « L'épée », in *Histoire militaire de la France, op. cit.*, p. 6.

50. Ferdinand Foch, *Des principes de la guerre*, 1903 ; Guiomar, *L'Invention de la guerre…, op. cit.*, p. 266-270 ; John Lynn, *Tools of War, op. cit.*, p. 171-172.

51. Jauffret, *Parlement, gouvernement…, op. cit.*, p. 515.

52. Challener, *The French Theory…*, *op. cit.*, p. 40.
53. *Ibid.*, p. 43.
54. Crépin, *Défendre la France…*, *op. cit.*, p. 332-333.
55. Jauffret, *Parlement, gouvernement…*, *op. cit.*, p.
56. Charles Ange Laisant (1841-1920), polytechnicien et officier du génie, est capitaine pendant la guerre de 1870. Il démissionne en 1875 et se présente comme candidat républicain. Il siège à l'extrême gauche radicale en tant qu'élu de la Loire-Inférieure puis de la Seine à partir de 1885 et sa proposition de réduire le service militaire, qu'il renouvelle en 1877 et 1878 puis en 1881, le rend très populaire dans les casernes. Directeur du *Petit Journal*, il devient boulangiste et même un des proches compagnons du général. Il est membre du comité directeur de la Ligue des patriotes.
57. *Journal officiel*, 22 juin 1884, Chambre des députés, séance du 21 juin 1884, p. 1431 sq.
58. Crépin, *La Conscription en débat…*, *op. cit.*, p. 224.
59. SHD, 1 M 2179, Recrutement, loi de 1889 et ali.
60. *Journal officiel*, 10 juillet 1888, Sénat, séance du 9 juillet 1888, p. 1177.
61. Édouard Thiers (1843-1890) est ancien officier du second Empire et fut l'adjoint de Denfert-Rochereau lors du siège de Belfort. Il démissionne et entre dans la vie politique comme député radical du Rhône en 1885.
62. *Journal officiel*, 8 juillet 1889, Chambre des députés, séance du 7 juillet, p. 1870.
63. Monteilhet, *Les institutions militaires*, *op. cit.*
64. *Journal officiel*, 19 juin 1887, Chambre des députés, séance du 18 juin 1887, p. 1280.
65. Edmond Louis Marie, comte de Martimprey (1849-1892), est fils d'un sénateur du second Empire. Saint-Cyrien en 1870, il participe à la guerre puis devient capitaine d'état-major. Il démissionne, est élu député du Nord en 1885 ; son beau-père avait lui-même été représentant du Nord sous le second Empire. Il appartient à la droite conservatrice.
66. *Journal officiel*, 5 juin 1887, Chambre des députés, séance du 4 juin 1887, p. 1134.
67. *Ibid.*, 28 mai 1884, Chambre des députés, séance du 27 mai 1884, p. 1171.

68. Gabriel Albert Auguste Hanotaux (1853-1944), diplomate et chef de cabinet de Léon Gambetta et Jules Ferry, est élu député de l'Aisne en 1886. En 1889, il retrouve le ministère des Affaires étrangères. Il devient ministre des Affaires étrangères de 1894 à 1898. Il se retire de la vie politique et se consacre à ses travaux d'historien.

69. *Journal officiel*, 7 juin 1887, Chambre des députés, séance du 6 juin 1887, p. 1154.

70. Paul Bert (1833-1886), savant et élève de Claude Bernard. Il est élu député de l'Yonne à partir de 1872. Il devient ministre de l'Instruction publique dans le ministère Gambetta (1881-1882). Il est un des principaux artisans de la politique scolaire de la république opportuniste ainsi que de la politique coloniale. Il est d'ailleurs nommé gouverneur général du Tonkin et de l'Annam, l'année de sa mort.

71. *Journal officiel*, 30 mai 1884, Chambre des députés, séance du 29 mai 1884, p. 1315.

72. Charles Félix Lenient (1826-1908) est professeur de lettres sous le second Empire puis enseigne à la Sorbonne. Est élu par la Seine-et-Marne comme républicain opportuniste en 1882.

73. *Journal officiel*, 17 juin 1885, Chambre des députés, séance du 16 juin 1885, p. 1113.

74. *Ibid.*, 11 juin 1884, Chambre des députés, séance du 10 juin 1884, p. 1316.

75. Crépin, *Défendre la France...*, *op. cit.*, p. 348.

76. *Journal officiel*, 8 juillet 1889, Chambre des députés, séance du 7 juillet 1889, p. 1870.

77. Ancien capitaine sous le second Empire, il est maire de Sainte-Ménehould pendant la guerre de 1870. D'abord ferryste et inscrit à la Gauche républicaine, il quitte ce groupe politique en raison de ses positions en matière de religion. Il devient sénateur de la Marne.

78. *Journal officiel*, 12 juin 1887, Chambre des députés, séance du 11 juin 1887, p. 1187 sq. et 19 juin 1887, séance du 18 juin 1887, p. 1286.

79. Pour un inventaire de ces ouvrages, voir Jauffret, *Parlement, gouvernement...*, *op. cit.*, p. 1264-1273.

80. *Journal officiel*, 25 mai 1884, Chambre des députés, séance du 24 mai 1884, p. 1128.

81. Jauffret, *Parlement, gouvernement…, op. cit.*, p. 41 ; Serman et Bertaud, *Nouvelle Histoire militaire…, op. cit.*, p. 550.

82. *Ibid.* et « Les armes de la plus grande France », in *Histoire militaire de la France, op. cit.*, p. 52-58.

83. Général Lewal, « Contre le service de deux ans », *Extrait du Journal des sciences militaires* (octobre-novembre 1895), Paris, L. Baudoin, 1895.

84. Jauffret, *Parlement, gouvernement…, op. cit.*, p. 495-508.

85. Challener, *The French Theory…, op. cit.*, p. 62-66.

86. *Journal officiel*, 1er février 1905, Sénat, séance du 31 janvier 1905, p. 66.

87. Gustave de Lamarzelle (1852-1929), professeur de droit, est représentant du Morbihan de 1883 à 1893 à la Chambre des députés puis sénateur du Morbihan de 1894 à 1924. À partir de 1889, il est élu sous l'étiquette boulangiste.

88. *Journal officiel*, 20 juin 1902, Sénat, séance du 19 juin 1902, p. 840-841.

89. Auguste Louis Gervais (1857-1917) est député radical de la Seine de 1898 à 1909 et sénateur de la Seine à partir de cette date et jusqu'en 1917. Ancien officier, il démissionne en 1882 pour devenir journaliste, entre autres au *Petit Journal* et à *L'Aurore*. Il y écrit comme spécialiste des problèmes militaires et rédige en outre des ouvrages sur ces problèmes.

90. *Journal officiel*, 27 mai 1904, Chambre des députés, séance du 26 mai 1904, p. 1151-1152.

91. Alfred Gérault-Richard (1860-1911), tapissier puis rédacteur en chef de *La Petite République*. Représente la Seine à la Chambre des députés de 1894 à 1898 et la Guadeloupe de 1902 à 1911.

92. *Journal officiel*, 5 mars 1904, Chambre des députés, séance du 6 mars 1904, p. 1288.

93. Odile Roynette, *« Bons pour le service ». L'expérience de la caserne à la fin du XIXe siècle*, Paris, Belin, 2000, p. 137.

94. Chanet, *Vers l'armée nouvelle*, *op. cit.*, p. 150-160.

95. Crépin et Boulanger, *Le Soldat-citoyen*, *op. cit.*, p. 42.

96. Gérard Canini, «Saint-Mihiel, 1871-1914, la ville et la garnison», *Annales de l'Est*, Mémoire n° 48, Saint-Mihiel, *Journées d'études meusiennes*, 1973, Nancy, 1974.

97. Girardet, *La Société militaire...*, *op. cit.*, p. 131.

98. Roynette, «*Bons pour le service*», *op. cit.*, p. 10.

99. *Ibid.*, p. 80; Challener, *The French Theory...*, *op. cit.*, p. 60.

100. Mitchell, *Victors and Vanquished*, *op. cit.*, p. 47; Chanet, *Vers l'armée nouvelle*, *op. cit.*, p. 98 et p. 100.

101. *Ibid.*, p. 99; Roynette, «*Bons pour le service*», *op. cit.*, p. 11.

102. Jules Maurin, *Armée, guerre et société. Soldats languedociens (1889-1919)*, Paris, Publications de la Sorbonne, 1982.

103. Archives nationales, *Bulletin des lois*, n° 239, Loi du 16 décembre 1874, n° 3703.

104. *Ibid.*, AD XVIII C 946, n° 2122, Rapport de Desjardins au nom de la commission chargée d'examiner la proposition de loi de Des Rotours, annexe du procès-verbal, 18 décembre 1873.

105. Jauffret, «Les armes de la plus grande France», in *Histoire militaire de la France*, *op. cit.*, p. 43-52.

106. Achille Sèbe, *La Conscription des indigènes d'Algérie*, Paris, Larose, 1912.

107. Charles Mangin, *La Force noire*, Paris, Hachette, 1910.

108. C'est tout le propos de l'historienne Odile Roynette dans son ouvrage «*Bons pour le service*», *op. cit.*

109. Michel Bozon, *Les Conscrits*, Paris, Berger-Levrault, coll. Arts et traditions populaires, 1981.

110. Roynette, «*Bons pour le service*», *op. cit.*, p. 173; Maurin, *Armée, guerre...*, *op. cit.*, p. 271-272.

111. Chanet, *Vers l'armée nouvelle*, *op. cit.*, p. 226-228.

112. Après la guerre de 1870, les médecins militaires dénoncent l'alcoolisme des soldats, considéré jusqu'alors comme une «tradition» avec une indulgence encore plus forte quand il était le fait des sous-officiers et des officiers.

Ainsi le docteur Jeannel, pharmacien militaire, présente à l'Académie de médecine un projet de règlement pour la répression de l'ivrognerie dans l'armée dès le 10 mai 1871, d'où sort un décret en 1872. Roynette, «*Bons pour le service*», *op. cit.*, p. 93-96.

113. Chanet, *Vers l'armée nouvelle*, *op. cit.*, p. 254-256.

114. Roynette, «*Bons pour le service*», *op. cit.*, p. 99-100 ; Xavier Boniface, *Les Armes, l'honneur et la foi (1850-1950)*, thèse d'habilitation à diriger des recherches, sous la dir. de Jean-François Chanet, université de Lille-III, 2008, à paraître ; et *L'Armée, l'Église et la République (1879-1914)*, mémoire de recherches inédit.

115. Voir lieutenant Marceau (pseudonyme), *L'Officier éducateur*, Saintes, l'auteur, 1905. L'ouvrage de Georges Duruy, *L'Officier éducateur*, paru à Paris chez Chapelot en 1904, reprend des cours dispensés à Polytechnique.

116. On songe ainsi à Lyautey, élève de Lewal, qui écrit «Du rôle social de l'officier dans le service universel», *Revue des deux mondes*, mars 1891, p. 1-65. Lyautey est pourtant plus proche d'Albert de Mun, voire de Maurras, même s'il souhaite au moment de l'affaire Dreyfus que l'armée conserve sa neutralité. Il est vrai que le paternalisme conservateur d'Albert de Mun, et non le républicanisme démocratique, marque fortement la conception de Lyautey au sujet de ce rôle social. Voir aussi lieutenant-colonel Charles Ebener, *Conférences sur le rôle social de l'officier*, Paris, Lavauzelle, 1901, textes en usage à Saint-Cyr.

117. Ehrenberg, *Le Corps militaire*, *op. cit.*, p. 128-129.

118. Challener, *The French Theory…*, *op. cit.*, p. 30.

119. Ehrenberg, *Le Corps militaire*, *op. cit.*, p. 124.

120. Alain Ehrenberg pense que les républicains veulent «emprisonner les murs de la caserne dans la liberté vertueuse du citoyen». *Ibid.*, p. 128-129.

121. Crépin et Boulanger, *Le Soldat-citoyen*, *op. cit.*, p. 8.

122. Jean-François Grivaux, *L'Armée et l'instauration de la IIIe République*, thèse de droit, université Paris-II, 1984, p. 14.

123. Satire qui a davantage pour cible le fait bureaucratique que le fait militaire en tant que tel.

124. Chanet, *Vers l'armée nouvelle*, *op. cit.*, p. 246.

125. Abel Hermant, *Le Cavalier Miserey, 21ᵉ chasseurs, mœurs militaires contemporaines*, Paris, Charpentier, 1887 ; Lucien Descaves, *Sous-offs, roman militaire*, Paris, Tresse et Stock, 1889 ; Georges Darien, *Biribi, discipline militaire*, Paris, A. Savine, 1890. Pour un inventaire et une analyse de ces œuvres, voir Michel Auvray, *L'Âge des casernes. Histoire et mythes du service militaire*, Éditions de l'Aube, 1998, p. 136-142.

126. Crépin, *Défendre la France…*, *op. cit.*, p. 364.

127. Ainsi Charles Richet dans *Les Guerres et la Paix. Étude sur l'arbitrage international*, Paris, Scheicher frères, 1889 et Urbain Gohier dans *À bas la caserne*, Paris, Édition de la Revue blanche, 1902, cité par Michel Auvray, *L'Âge des casernes*, *op. cit.*, p. 172.

128. Lyautey, « Du rôle social… », *Revue des deux mondes*, *op. cit.*, p. 40.

129. Auvray, *L'Âge des casernes*, *op. cit.*, p. 105.

130. Serman et Bertaud, *Nouvelle Histoire militaire…*, *op. cit.*, p. 606.

131. Auvray, *L'Âge des casernes*, *op. cit.*, p. 172.

132. Jean Jaurès, *Proposition de loi sur l'organisation de l'armée…*, *op. cit.* Voir note 70, chapitre III, p. 463.

133. Marcel Spivak, « La préparation militaire en France, cheminement d'un concept, 1871-1914 », *Revue historique des armées*, n° 159, juin 1985, p. 83-95. L'auteur est un de ceux qui jugent qu'ils sont les prémices quasi totalitaires de la création d'un « homme nouveau ».

134. Serman et Bertaud, *Nouvelle Histoire militaire…*, *op. cit.*, p. 552.

135. Eugen Weber, *La Fin des terroirs. La modernisation de la France rurale* [1976], trad. fr., Paris, Fayard, 1983.

136. Georges Veillat (1862-1919) est député de la Vendée de 1910 à 1914.

137. *Journal officiel*, 10 juin 1913, Chambre des députés, séance du 9 juin 1913, p. 1287-1288.

138. Crépin, *Défendre la France… op. cit.*, p. 375-388.

139. Félix Chautemps (1877-1915) est fils d'un ministre de la Marine et des Colonies et frère de l'homme politique

Camille Chautemps, plus connu que lui et qui fera une longue carrière politique. Député radical-socialiste de la Savoie, il est élu en 1906 et réélu en 1910, mais il échoue aux élections de 1914. Lieutenant pendant la guerre de 1914, il meurt en 1915.

140. *Journal officiel*, 3 juin 1913, Chambre des députés, séance du 2 juin 1913, p. 1651.

141. *Ibid.*, p. 1652.

142. Adolphe Maujan (1853-1914) est un ancien officier. Il démissionne de l'armée et se présente comme candidat radical en 1883 mais échoue, de même en 1885. Député radical de la Seine de 1889 à 1893 et sénateur de la Seine de 1902 à 1909 comme membre de la Gauche démocratique, il est en même temps sous-secrétaire d'État à l'Intérieur de juillet 1907 à juillet 1909.

143. *Journal officiel*, 2 août 1913, Sénat, séance du 1er août 1913, p. 1288.

144. Serman et Bertaud, *Nouvelle Histoire militaire...*, *op. cit.*, p. 553.

VI. DU CITOYEN-SOLDAT
AU SOLDAT PROFESSIONNEL

1. Jean-Jacques Becker et Serge Berstein, *Victoire et frustrations, 1914-1929*, Paris, Le Seuil, coll. Points Histoire, série Nouvelle Histoire de la France contemporaine, tome 12, 1990, p. 137.

2. Marc Bloch, *Souvenirs de guerre (1914-1918)*, Cahier des Annales, n° 26, A. Colin, 1969, p. 10, cité par Jean-Jacques Becker, *1914. Comment les Français sont entrés dans la guerre. Contribution à l'étude de l'opinion publique (printemps-été 1914)*, Paris, Presses de la Fondation nationale des sciences politiques, 1977, p. 337, note 85.

3. Becker, *1914...*, *op. cit.*, préface de René Rémond, p. 8.

4. *Ibid.*, p. 256.

5. Crépin et Boulanger, *Le Soldat-citoyen*, *op. cit.*, p. 48-49.

6. Expression qui apparaît le 4 août 1914 dans un message de Raymond Poincaré, président de la République, adressé au président du Conseil René Viviani, et que celui-ci lit à la Chambre des députés.

7. Becker, *1914...*, *op. cit.*

8. Stéphane Audoin-Rouzeau et Annette Becker, *14-18, retrouver la guerre*, Paris, Gallimard, 2000, coll. Bibliothèque des Histoires, p. 200 ; et « Violences et consentement. La culture de guerre du premier conflit mondial », in *Pour une histoire culturelle*, sous la dir. de Jean-Pierre Rioux et Jean-François Sirinelli, Paris, Le Seuil, coll. L'Univers historique, 1997, p. 251-271. Pour le point de vue contraire, voir Frédéric Rousseau, *La Guerre censurée. Une histoire des combattants européens de 14-18*, Paris, Le Seuil, 1999 ; Rémy Cazals et Frédéric Rousseau, *14-18, le cri d'une génération. La correspondance et les carnets intimes rédigés au front*, Toulouse, Privat, 2001 ; Rémy Cazals, Emmanuelle Picard et Denis Rolland, *La Grande Guerre. Pratiques et expériences*, Actes du colloque international, Craonne et Soissons, 2004, Toulouse, Fédération des sociétés d'histoire et d'archéologie de l'Aisne, 2005.

9. Crépin, article « Guerre », in *Dictionnaire de la Révolution*, sous la dir. de Stephen Clay, à paraître chez Larousse.

10. Crépin et Boulanger, *Le Soldat-citoyen*, *op. cit.*, p. 9-10.

11. Ce sont les lois du 17 août 1915 et du 20 février 1917 qui permettent une telle récupération. Celle-ci peut se faire à la suite de cinq examens du même conscrit.

12. Crépin et Boulanger, *Le Soldat-citoyen*, *op. cit.*, p. 46-47.

13. *Ibid.*, p. 48-49.

14. Maurice Agulhon, *La République, 1880-1932*, Paris, Hachette, Histoire de la France, coll. Pluriel, 1990, p. 317-319.

15. Guy Pedroncini, *Les Mutineries de 1917*, Paris, PUF, 1967.

16. Crépin, *Défendre la France...*, *op. cit.*, p. 390.

17. Audoin-Rouzeau et A. Becker, *14-18...*, *op. cit.*, p. 134.

18. Becker et Audoin-Rouzeau, *La France, la nation, la guerre*, *op. cit.*, p. 310.

19. Louis Gautier, *Face à la guerre*, Paris, La Table ronde, 2006, p. 31.

20. Becker et Berstein, *Victoire et frustrations*, *op. cit.*, p. 148.

21. Même en comptant les forces de son empire, le Royaume-Uni n'a perdu que 1 million d'hommes, 750 000 sans son empire, et les États-Unis, engagés dans le conflit seulement à partir de 1917, 115 000 hommes.

22. Audoin-Rouzeau et Becker, *14-18…*, *op. cit.*, p. 231.

23. Antoine Prost, *Les Anciens Combattants et la société française, 1914-1939*, Paris, Presses de la Fondation nationale des sciences politiques, 1977.

24. Antoine Prost, *Les Anciens Combattants, 1914-1940*, Paris, Gallimard, coll. Archives, 1977, p. 73.

25. Désiré Alfred Bouteille (1880-1940) représente le département de l'Oise à la Chambre des députés de 1919 à 1932. Journaliste, il part au front en 1914 comme sergent. Il est élu en 1919 sur une liste d'Union républicaine et est inscrit au groupe de l'Entente républicaine démocratique.

26. *Journal officiel*, 15 mars 1922, n° 30, Chambre des députés, séance du 14 mars 1922, p. 781-782.

27. Jean-Jacques Becker, *La France en guerre, 1914-1918. La grande mutation*, Bruxelles, Éditions Complexe, coll. Questions du xxe siècle, 1988, p. 148.

28. Audoin-Rouzeau et A. Becker, *14-18…*, *op cit.*, p. 209.

29. Becker, *La France en guerre*, *op. cit.*, p. 156.

30. Annette Becker, *Les Monuments aux morts. Patrimoine et mémoire de la Grande Guerre*, Paris, Éditions Errance, 1988.

31. Prost, *Les Anciens Combattants et la société française*, *op. cit.*, tome 3, p. 57-58.

32. C'est une des principales associations d'anciens combattants avec l'UF (Union fédérale) dont les dirigeants se situent à gauche et l'ARAC (Association républicaine des anciens combattants), proche du PC. Mais les sections locales de ces associations ne reflètent pas nécessairement

les positions de leurs dirigeants nationaux. Il existe aussi des associations spécifiques de mutilés et de blessés.

33. Prost, *Les Anciens Combattants et la société française*, *op. cit.*, tome 3, p. 60.

34. *Journal officiel*, 15 mars 1922, n° 30, Chambre des députés, séance du 14 mars 1922, p. 782.

35. Becker et Berstein, *Victoire et frustrations*, *op. cit.*, p. 220.

36. Henry Dutailly, «Les illusions de la victoire», in *Histoire militaire de la France*, tome III, *op. cit.*, p. 331.

37. Challener, *The French Theory...*, *op. cit.*, p. 143.

38. Jean Fabry (1876-1968) a été élève de Saint-Cyr. Capitaine quand éclate la guerre de 1914, il est grièvement blessé et doit être amputé. Nommé lieutenant-colonel, il est réformé. Il devient journaliste puis directeur de *L'Intransigeant* de 1936 à 1938. Élu député de la Seine sur une liste du Bloc national, il représente ce département à la Chambre des députés jusqu'en 1936 puis il devient sénateur du Doubs de 1936 à 1945. Ministre des Colonies pendant quelques mois en 1924, il est par deux fois ministre de la Guerre du 30 janvier au 4 février 1934, puis du 7 juin 1935 au 24 janvier 1936.

39. Challener, *The French Theory...*, *op. cit.*, p. 147.

40. Couleur de l'uniforme des poilus.

41. Challener, *The French Theory...*, *op. cit.*, p. 147-148.

42. *Journal officiel*, 1er mars 1922, n° 22, Chambre des députés, séance du 28 février 1922, p. 556.

43. Challener, *The French Theory...*, *op. cit.*, p. 159-164.

44. Léon Daudet (1867-1942) est le fils de l'écrivain. Membre de la ligue antisémitique de Drumont, il est le rédacteur en chef de *L'Action française* jusqu'en 1917. Il est élu en 1919 comme député royaliste de la Seine et siège à la Chambre des députés jusqu'en 1924, où il fait figure de chef de file des nationalistes.

45. *Journal officiel*, 11 mars 1922, n° 29, Chambre des députés, séance du 10 mars 1922, p. 744.

46. *Ibid.*, 1er mars 1922, n° 22, Chambre des députés, séance du 28 février 1922, p. 552.

47. *Ibid.*, p. 569.

48. *Ibid.*, p. 571.

49. Pierre Renaudel (1871-1935) est un des principaux artisans de l'union des socialistes au sein de la SFIO où il fait figure de leader de l'aile gauche. Il devient journaliste, entre autres à *L'Humanité*, et est élu député du Var en 1914. Après l'assassinat de Jaurès, il contribue au ralliement des socialistes à l'Union sacrée. À la Chambre, il intervient sur la politique de défense et la conduite de la guerre. Il échoue aux élections de 1919 mais est élu par le Var en 1924 et le sera jusqu'en 1935. Il est l'auteur de propositions de loi et de contre-projets sur l'organisation de la défense et sur le recrutement. Il anime désormais l'aile droite réformiste de la SFIO autour de *La Revue socialiste* qui est désavouée au début des années 1930. Il fonde alors un nouveau parti, le Parti socialiste de France, avant d'être atteint par la maladie.

50. Joseph Paul-Boncour (1873-1972) est d'abord avocat puis en 1906 directeur de cabinet du ministre du Travail Viviani, socialiste indépendant. Il est député du Loir-et-Cher de 1909 à 1914 et ministre du Travail en 1911. Il part à la guerre de 14 qui le marque profondément. Il est élu député SFIO de la Seine en 1919 jusqu'en 1924, date à laquelle il devient membre de la délégation française à la SDN à laquelle il croit passionnément et où il sera en permanence le représentant de la France, sauf de 1922 à 1930. En même temps, il devient député du Tarn de 1924 à 1931. Il quitte à cette date la SFIO, devient sénateur du Loir-et-Cher la même année. Ministre de la Guerre en 1932 dans un gouvernement Herriot, il forme son propre et éphémère ministère, du 18 décembre 1932 jusqu'au 31 janvier 1933. Dans les gouvernements qui se succèdent ensuite, il occupe les postes de ministre de la Guerre ou des Affaires étrangères et s'efforce de garder la ligne de Briand. Il est ministre des Affaires étrangères dans le deuxième cabinet Blum puis est évincé par Daladier. Le 10 juillet 1940, il est l'un des quatre-vingts qui s'opposent à l'octroi des pleins pouvoirs au maréchal Pétain. Délégué à la conférence de San Francisco en 1946, il signe la Charte des Nations unies.

51. *Journal officiel*, 29 mars 1922, n° 42, Chambre des députés, séance du 28 mars, p. 1188-1195.

52. Jean-Hector Molinié (1872-1956), médecin, puis député de la Seine de 1919 à 1928, est inscrit en 1919 sur une liste du cartel d'union républicaine et sociale, opposée à une liste socialiste. Il est membre de la Gauche républicaine et démocratique pendant ses deux mandats.

53. *Journal officiel*, 15 mars 1922, n° 30, Chambre des députés, séance du 14 mars 1922, p. 774 et 776.

54. *Ibid.*, 7 avril 1922, n° 50, Chambre des députés, séance du 6 avril 1922, p. 1412-1427.

Louis Antériou (1887-1931) est député de l'Ardèche de 1919 à 1931. Grièvement blessé au cours de la guerre de 14, il se consacre à la défense des mutilés de guerre et devient ministre des Pensions en 1925, sous le Cartel des gauches, et encore de 1928 à 1929 dans un cabinet Poincaré.

55. *Journal officiel*, 16 mars 1922, n° 31, Chambre des députés, 2ᵉ séance du 15 mars 1922, p. 826-827.

56. Challener, *The French Theory...*, *op. cit.*, p. 165.

57. Buffotot, *Le Socialisme français...*, *op. cit.*, p. 99.

58. André Martel, «Conduire la défense : les institutions, les forces, les alliances», in *Histoire militaire de la France*, *op. cit.*, tome IV, p. 365.

59. Buffotot, *Le Socialisme français...*, *op. cit.*, p. 107.

60. *Journal officiel*, 5 juillet 1927, n° 71, séance du 4 juillet 1927, p. 2256-2269; *ibid.*, 7 juillet 1927, n° 73, 1ʳᵉ séance du 6 juillet 1927, p. 2323-2342; *ibid.*, 8 juillet 1927, n° 74, 1ʳᵉ séance du 7 juillet 1927, p. 2363-2372.

61. Selon les termes de Becker et Berstein, *Victoire et frustrations*, *op. cit.*, p. 221.

62. Dutailly, «Les illusions de la victoire», in *Histoire militaire de la France*, tome III, *op. cit.*, p. 339 et 349.

63. Jean Jean dit Renaud-Jean (1887-1961), agriculteur et adhérent de la SFIO. Il fait la guerre et est gravement blessé en 1915. Candidat socialiste en 1919, il est élu en 1920 représentant du Lot-et-Garonne lors d'une élection partielle. Il adhère au PC et est député communiste de 1920 à 1928 et de 1932 à 194. Président de la Confédération générale des paysans-travailleurs, il apparaît comme le

leader paysan de l'extrême gauche à la Chambre où il est aussi membre de la commission de l'armée en 1925.

64. *Journal officiel*, 16 mars 1922, n° 31, Chambre des députés, 2e séance du 15 mars 1922, p. 831.

65. *Ibid.*, p. 836-837.

66. Buffotot, *Le Socialisme français…*, *op. cit.*, p. 109-112.

67. Dominique Borne et Henri Dubief, *La Crise des années 30, 1929-1938*, Paris, Le Seuil, coll. Points Histoire, série Nouvelle Histoire de la France contemporaine, tome 13, 1976, p. 57.

68. Crépin et Boulanger, *Le Soldat-citoyen*, *op. cit.*, p. 52-53.

69. Bozon, *Les Conscrits*, *op. cit.*, p. 135.

70. Le ministre de la Guerre à MM. les généraux gouverneurs de Lyon, 5 septembre 1920, cité dans Crépin et Boulanger, *Le Soldat-citoyen*, *op. cit.*, p. 50.

71. Crépin et Boulanger, *Le Soldat-citoyen*, *op. cit.*, p. 11 et 50. Voir aussi Philippe Boulanger, *La France devant la conscription, 1914-1922*, Paris, Economica, 2001.

72. Paul Mistral (1872-1932) est député socialiste de l'Isère en 1910. Sergent pendant la guerre de 14-18, il est maire de Grenoble en 1919 et, élu de nouveau en 1924 sur une liste du Cartel des gauches, député jusqu'en 1932. Vice-président de la commission des Affaires étrangères, il intervient fréquemment au sujet de la défense nationale.

73. *Journal officiel*, 15 mars 1922, n° 30, Chambre des députés, séance du 14 mars 1922, p. 770.

74. Dutailly, « Les illusions de la victoire », in *Histoire militaire de la France*, tome III, *op. cit.*, p. 333.

75. *Ibid.*, p. 361.

76. Raoul Castex, *Théories stratégiques*, Paris, Éditions géographiques, maritimes et coloniales, 7 tomes, 1929-1935.

77. Charles de Gaulle, *Vers l'armée de métier*, Paris, Berger-Levrault, 1934.

78. Charles de Gaulle, « Vers l'armée de métier », in *Le Fil de l'épée et autres écrits*, Paris, Plon, 1932, p. 245.

79. La pensée et les écrits d'Émile Mayer (1851-1938)

ont été récemment tirés de l'oubli par Jacques Schapira et Henri Lerner dans l'ouvrage *Un prophète bâillonné*, Paris, Éditions Michalon, 1995 et par *Le Colonel Mayer, de l'affaire Dreyfus à de Gaulle. Un visionnaire en République*, sous la dir. de Vincent Duclert, Paris, A. Colin, 2007.

80. Vincent Duclert, « Introduction », in *Le Colonel Mayer*, *op. cit.*, p. 10-11.

81. De Gaulle est sur ce point davantage influencé par les écrits du colonel, puis général, Émile Alléhaut, *La guerre n'est pas une industrie*, Paris, Berger-Levrault, 1925, et par ceux du général Hubert Camon, *La Motorisation de l'armée*, Paris, Berger-Levrault, 1926. Par ailleurs, en 1925, il rencontre le général Jean-Baptiste Estienne, officier d'artillerie, qui déclencha en avril 1917 et en juillet 1918 les premières opérations de chars et restait très attaché à l'autonomie des blindés.

82. Buffotot, *Le Socialisme français…*, *op. cit.*, p. 112, où il évoque un dialogue impossible entre les deux hommes.

83. De Gaulle, « Vers l'armée de métier », in *Le Fil de l'épée…*, *op. cit.*, p. 255.

84. *Ibid.*, p. 257.

85. *Ibid.*, p. 247-248.

86. *Ibid.*

87. *Ibid.*, p. 275.

88. *Ibid.*, p. 269.

89. *Ibid.*, p. 272-273.

90. Challener, *The French Theory…*, *op. cit.*, p. 225.

91. *Journal officiel*, n° 32, 16 mars 1935, Chambre des députés, 2e séance du 15 mars 1935, p. 1021.

92. *Ibid.*, p. 1025.

93. *Ibid.*, p. 1026.

94. *Ibid.*, p. 1037.

95. *Ibid.*, p. 1048.

96. *Ibid.*, p. 1025-1026.

97. *Ibid.*, p. 1041-1042.

98. Claude d'Abzac-Épezy, « Survivre et renaître : l'organisation du service militaire de 1940 à 1950 », in *L'Organisation du service militaire, reflet des évolutions de la société française*, Journée d'études du 22 novembre 2005,

sous la dir. de Frédéric Charillon et Jean-Claude Romer, CEHD et C2SD, 2007, p. 38.

99. Jean-François Sirinelli (dir.), en collaboration avec Robert Vandenbussche, Jean Vavasseur-Desperriers, *La France de 1914 à nos jours*, Paris, PUF, coll. Premier Cycle, 1993, p. 175.

100. Henry Dutailly, « Une puissance militaire illusoire, 1930-1939 », in *Histoire militaire de la France*, tome III *op. cit.*, p. 359 ; *ibid.*, « Conclusion », p. 473.

101. Charles de Gaulle, *Vers l'armée de métier*, *op. cit.*, p. 322.

102. Challener, *The French Theory…*, *op. cit.*, p. 263.

103. Borne et Dubief, *La Crise des années 30*, *op. cit.*, p. 55.

104. Buffotot, *Le Socialisme français…*, *op. cit.*, p. 153.

105. *Ibid.*, p. 147 et p. 151. Ce Collège est l'ancêtre de l'IHEDN (Institut des hautes études de défense nationale) créé en 1949.

106. Jean Garrigues, *Images de la Révolution. L'imagerie républicaine de 1789 à nos jours*, Dumay, BDIC, 1988, p. 54 et p. 57 ; Crépin, « Le mythe de Valmy », in *Révolution et République. L'exception française*, Colloque de l'université de Paris-I, sous la dir. de Michel Vovelle, Paris, Éditions Kimé, 1994, p. 475-476.

107. Buffotot, *Le Socialisme français…*, *op. cit.*, p. 153.

108. Serge Berstein et Pierre Milza, *Histoire de la France au xxe siècle, 1930-1945*, Bruxelles, Éditions Complexe, coll. Questions au xxe siècle, 1991, p. 242.

109. Becker, *1914…*, *op. cit.*, préface de René Rémond, p. 6-7.

110. Challener, *The French Theory…*, *op. cit.*, p. 276.

111. D'Abzac-Épezy, « Survivre et renaître… », in *L'Organisation du service militaire*, *op. cit.*, p. 38-43. Le SNS est amené à ficher des juifs et des réfractaires au STO. Robert Carmille, entré en relation avec la Résistance, freine les opérations. Arrêté, il est déporté et meurt à Dachau.

112. André Martel, « La Résistance. "Aux armes citoyens" », in *Histoire militaire de la France*, *op. cit.*, tome IV, p. 153-154.

113. *Ibid.*, « L'État français et ses forces armées », p. 22-25.

114. Jean-Paul Bertaud, *La Vie quotidienne des soldats de la Révolution*, *op. cit.*, p. 310 ; Crépin et Boulanger, *Le Soldat-citoyen*, *op. cit.*, p. 56.

115. *Ibid.*, p. 83.

116. Jean-Pierre Azéma, *De Munich à la Libération, 1938-1944*, Paris, Le Seuil, coll. Points Histoire, série Nouvelle Histoire de la France contemporaine, tome 14, 1979, p. 310.

117. Berstein et Milza, *Histoire de la France au XXe siècle*, *op. cit.*, p. 364-367.

118. André Martel, « La Libération et la victoire. "Quoi ? Les Français aussi !" », in *Histoire militaire de la France*, *op. cit.*, p. 234.

119. *Ibid.*

120. Buffotot, *Le Socialisme français…*, *op. cit.*, p. 187-188.

121. Crépin et Boulanger, *Le Soldat-citoyen*, *op. cit.*, p. 12.

122. Xavier Boniface, « Les camps légers du général de Lattre de Tassigny », in *La Plume et le sabre*, *op. cit.*, p. 379-386.

123. Christophe Gracieux, « Comment gérer les classes du baby-boom et du temps de paix : l'organisation du service militaire dans les années 1960 et 1970 », in *L'Organisation du service militaire*, *op. cit.*, p. 52-53.

124. Bozon, *Les Conscrits*, *op. cit.*, p. 36 et 135.

125. Jean-Pierre Rioux, *La France de la quatrième République 2. L'expansion et l'impuissance, 1952-1958*, Paris, Le Seuil, coll. Points Histoire, série Nouvelle Histoire de la France contemporaine, tome 16, 1983, p. 67.

126. Pour reprendre les termes employés par Bertrand Tavernier et Patrick Rotman pour le titre de leur film de 1992, termes qu'ils utilisent également pour leur ouvrage paru au Seuil en 2001 et sous-titré *Les appelés d'Algérie*.

127. Crépin et Boulanger, *Le Soldat-citoyen*, *op. cit.*, p. 13 et 58.

128. Jauffret, « Pour une typologie des hommes du contingent en guerre d'Algérie », in *Des hommes et des femmes en guerre d'Algérie*, Actes du colloque international des 7 et 8 octobre 2002, sous la dir. de Charles-Robert Ageron et Jean-Charles Jauffret, CNRS, université de Montpellier-III et CEHD, Paris, Les Éditions Autrement, 2003, p. 387. Voir aussi Ludivine Bantigny, *Le plus bel âge ? Jeunes et jeunesse en France de l'aube des Trente Glorieuses à la guerre d'Algérie*, Paris, Fayard, 2007.

129. *Journal officiel*, n° 106, Assemblée nationale, 1re séance du 26 octobre 1950, p. 7245-7254, 2e séance, p. 7255-7275, 3e séance, p. 7276-7292, n° 107, 28 octobre 1950, 1re séance du 27 octobre 1950, p. 7302-7310, 2e séance, p. 7316-7347.

130. Ludivine Bantigny, « Jeunes et soldats », *Vingtième siècle. Revue d'histoire*, n° 83, 2004, p. 100-101.

131. Jauffret, « Pour une typologie… », in *Des hommes et des femmes…*, *op. cit.*, p. 391 et 396.

132. On se souviendra que, en juin 1940, Jean Moulin, alors préfet d'Eure-et-Loir, subit une première fois des sévices de la part des Allemands parce qu'il refuse de signer un texte diffamatoire envers l'armée française, particulièrement envers les soldats indigènes qui la composent.

133. La « loi de cristallisation » du 26 décembre 1959 gèle les pensions des anciens combattants des colonies ayant obtenu leur indépendance. Il faut attendre la sortie du film *Indigènes* de Rachid Bouchareb le 27 septembre 2006 pour que le gouvernement de Villepin annonce le même jour la revalorisation des pensions de retraite et d'invalidité des 80 000 survivants mises à niveau de celles qui sont versées aux Français. Encore la question des arriérés n'est-elle pas résolue.

134. Claude Hesse d'Alzon, « Le conflit indochinois, 1945-1954 », in *Histoire militaire de la France*, *op. cit.*, p. 317.

135. Berstein et Milza, *Histoire de la France au XXe siècle*, *op. cit.*, p. 296.

136. Selon les termes de Raoul Girardet, *La Société militaire de 1815 à nos jours*, Paris, Perrin, 1988, p. 283.

137. Tel est le titre d'une émission télévisée du 12 février

1992 de Jean-Marie Cavada dans la série « La Marche du siècle » et dont le sous-titre est *Les appelés d'Algérie*.

138. Jauffret, « Pour une typologie… », in *Des hommes et des femmes…, op. cit.*, p. 393.

139. Rioux, *La France de la quatrième République*, *op. cit.*, p. 105.

140. Crépin et Boulanger, *Le Soldat-citoyen*, *op cit.*, p. 58.

141. Rioux, *La France de la quatrième République, op. cit.*, p. 105.

142. Voir *Journal de marche du sergent Paul Fauchon, Kabylie, juillet 1956-mars 1957*, présenté par Jean-Charles Jauffret, Montpellier, Imprimerie Lienhart, 1997.

143. *Ibid.*, p. 108-109.

144. La FNACA a été citée mais il existe aussi la FNCPG-CATM (Fédération nationale des combattants et prisonniers de guerre combattants d'Algérie, Tunisie et Maroc), la CNCATM (Commission nationale des combattants d'Algérie, Tunisie, Maroc). Les « grandes » associations d'anciens combattants nées après la guerre de 14 ont également créé des sections destinées aux combattants d'Algérie.

145. Les années 1990 voient simultanément l'accession des appelés au « statut » de sujet d'études universitaires et la prise de parole de certains d'entre eux dans l'espace public. Voir notamment Jean-Pierre Rioux (dir.), *La Guerre d'Algérie et les Français*, Paris, Fayard, 1990; Benjamin Stora, *La Gangrène et l'Oubli*, Paris, La Découverte, 1991, et *Appelés en guerre d'Algérie*, Paris, Gallimard, 1997; *Des hommes et des femmes en guerre d'Algérie*, Actes du colloque international des 7 et 8 octobre 2002, sous la dir. de Charles-Robert Ageron et Jean-Charles Jauffret, *op. cit.*, 2003; Raphaëlle Branche, *La Guerre d'Algérie, une histoire apaisée?*, Paris, Le Seuil, coll. Points Histoire, 2005.

146. Olivier Pottier, *Armée-Nation: divorce ou réconciliation? De la loi Debré à la réforme du service national, 1970-2004*, Paris, L'Harmattan, 2005.

147. Martel, « Conduire la défense… », in *Histoire militaire de la France…, op. cit.*, p. 378.

148. Forcade, «Introduction», in *Militaires en république…, op. cit.*, p. 22.

149. Gracieux, «Comment gérer les classes du baby-boom…», in *L'Organisation du service militaire, op. cit.*, p. 49.

150. André Martel, «Soldats-citoyens et citoyens-soldats: l'armée de la République est au service de la nation», in *Histoire militaire de la France, op. cit.*, p. 497; Daniel Mitrani, *Entre les gouttes. Souvenirs d'un vieux militant*, Paris, Éditions de l'Ours, 2006, p. 158-162.

151. *Journal officiel*, 26 mai 1965, n° 36, Assemblée nationale, 1re séance du 25 mai, p. 1518-1537, 2e séance, p. 1539-1547; *Journal officiel*, 27 mai 1965, n° 37, 2e séance du 26 mai, p. 1559-1602.

152. Buffotot, *Le Socialisme français…, op. cit.*, p. 331-332.

153. Gracieux, «Comment gérer les classes du baby-boom…», in *L'Organisation du service militaire, op. cit.*, p. 54.

154. Jauffret, «Pour une typologie…», in *Des hommes et des femmes…, op. cit.*, p. 386.

155. Pottier, *Armée-Nation, op. cit.*, p. 31-35.

156. Crépin et Boulanger, *Le Soldat-citoyen, op. cit.*, p. 14.

157. Gracieux, «Comment gérer les classes du baby-boom…», in *L'Organisation du service militaire, op. cit.*, p. 53.

158. Bozon, *Les Conscrits, op. cit.*, p. 38-43 et 144. L'auteur donne l'exemple de la ville de Villefranche-sur-Saône dans les années 1970 où la fête des conscrits continue à exister mais où on peut être conscrit toute sa vie. Les amicales de conscrits ou les amicales de classes regroupent chacune des hommes nés la même année.

159. Gracieux, «Jeunesse et service militaire en France dans les années 1960 et 1970. Le déclin d'un rite de passage», in *Jeunesse oblige. Histoire des jeunes en France, XIXe-XXIe siècle*, sous la dir. de Ludivine Bantigny et Ivan Jablonka, Paris, PUF, coll. Le nœud gordien, 2009, p. 223-224.

160. *Ibid.*, p. 220-221.
161. Crépin et Boulanger, *Le Soldat-citoyen*, *op. cit.*, p. 14 ; Martel, « Soldats-citoyens et citoyens-soldats », *op. cit.*, p. 501.
162. Martel, « Soldats-citoyens et citoyens-soldats », *op. cit.*, p. 510-516.
163. Pottier, *Armée-Nation*, *op. cit.*, p. 47.
164. Martel, *op. cit.*, p. 517.
165. Pottier, *Armée-Nation*, *op. cit.*, p. 25-27.
166. Christophe Gracieux, *La Contestation du service national dans les années 1970*, note du CEHD.
167. Le règlement prévoit ainsi la création dans chaque unité de commissions consultatives qui permettent aux militaires d'émettre un avis sur la vie matérielle, l'organisation des foyers et l'information. Une partie des membres de ces commissions sont des appelés.
168. Buffotot, *Le Socialisme français…*, *op. cit.*, p. 360-361.
169. Pottier, *Armée-Nation*, *op. cit.*, p. 54.
170. Buffotot, *Le Socialisme français…*, *op. cit.*, p. 380-381.

CONCLUSION. 1997 ET APRÈS ?

1. Gautier, *Face à la guerre*, *op. cit.*, p. 390.
2. Pottier, *Armée-Nation*, *op. cit.*, emploie ce terme dans le sous-titre de son ouvrage.
3. *Ibid.*, p. 82.
4. *Ibid.*, p. 98.
5. Buffotot, *Le Socialisme français…*, *op. cit.*, p. 404 et 430.
6. Pottier, *Armée-Nation*, *op. cit.*, p. 99.
7. *Ibid.*
8. Buffotot, *Le Socialisme français…*, *op. cit.*, p. 428.
9. *Ibid.*
10. *Ibid.*
11. Pottier, *Armée-Nation*, *op. cit.*, p. 101.
12. *Ibid.*, p. 113.

13. Lieutenant-colonel Berthollet, «Évolution et perspectives de la défense», Journée d'études du 27 février 2008, CRDP de Troyes.

14. Club Raspail, *La Défense à plusieurs voix*, Paris, Éditions de l'Ours, coll. Encyclopédie du socialisme, 2005, p. 62.

15. Assemblée nationale, XIIe Législature, commission des Affaires culturelles, Proposition de loi n° 1199 *Créer un service civique pour tous les jeunes* présentée par Jean-Marc Ayrault, Daniel Vaillant et les membres du groupe socialiste et apparenté, novembre 2003.

16. *La Croix*, 5 juin 2002.

17. Institut Paul-Delouvrier, *Propositions pour un volontariat civil national et européen*, juin 2004.

18. *La Vie*, 17 novembre 2005.

19. *Ibid.*, 2 février 2006.

20. *Ibid.*, 17 novembre 2005.

21. Assemblée nationale, *Compte rendu analytique officiel*, session ordinaire de 2005-2006, 2e séance du 17 janvier 2006, p. 13-28 ; 3e séance du 17 janvier 2006, p. 2-23.

22. Il existe déjà au niveau de la Communauté européenne un Service volontaire européen (SVE) ouvert à des jeunes de 18 à 25 ans qui doit être effectué dans un autre État que celui où réside le ou la volontaire et qui est effectué dans des associations de bénévoles pendant six à douze mois.

INDEX DES NOTIONS

Action française : 305, 490 n. 44.
Affaires :
  Affaire Boulanger : 111, 305-306, 324.
  Affaire Dreyfus : 304-305, 306, 307-308, 324-325, 328, 359, 360, 485 n. 116.
Agriculture : 60, 131, 195, 212-213, 221, 248, 253, 256-257, 492 n. 63.
Aix-la-Chapelle, congrès d' (29 septembre-21 novembre 1818) : 200.
Alcoolisme : 319-320, 323, 327, 484 n. 112.
ALN (Armée de libération nationale) : 389-390.
Ancien Régime : 13-14, 20, 42, 43, 44, 46-47, 49, 51, 53, 55, 56, 59-60, 61, 62-63, 64-65, 67, 74, 77, 79, 83, 84, 111, 127, 130, 153, 159, 209, 449 n. 52 à 60, n. 62 à 64. Voir Société.
Anciens combattants : 152, 225, 265-266, 275, 342, 343-347, 355, 381-382, 390, 489 n. 32, 497 n. 133, 498 n. 144. Voir Soldat.
  Pensions : 265, 492 n. 54, 497 n. 133.
Anthropologie : 22, 24-25, 32, 40, 114, 115, 219, 240, 250, 318.
Antiquité : 19, 46-47, 52, 64-65, 256, 257, 300, 302.
  Athènes : 18-19, 52, 114, 256, 257, 284, 301, 302, 394.
  Carthage : 18-19, 302.
  Rome : 18-19, 40, 52, 55-56, 57, 64, 184, 256, 257, 284, 302.

Sparte : 18-19, 52, 57, 59, 114, 118, 136, 256, 284, 301, 302, 394.

ARAC (Association républicaine des anciens combattants) : 489 n. 32.

Armée : 12-13, 15, 17-18, 21-22, 24, 25-26, 28, 29, 30, 31, 33-34, 36, 37, 38, 50, 52, 54, 56, 57, 63-65, 66, 72, 73-74, 76, 81, 85, 86-87, 95-96, 109, 110-111, 112, 113, 114, 116, 121, 122, 154, 160-162, 163, 164-165, 166-167, 169, 174, 178, 179, 180, 182, 184-185, 186, 187, 191-192, 217, 222, 223, 240, 242, 246, 247, 249, 250, 252, 254-255, 257, 267-268, 273, 276-277, 292-293, 304, 306, 309, 311, 321-322, 324, 325, 327, 335, 345, 348, 349, 351, 352-353, 354, 355, 356, 357-358, 359, 363, 364-365, 368, 371, 372, 373, 375, 377-379, 384, 388, 391-392, 393-394, 402-403, 404-405, 409-410, 411-412, 418, 457 n. 92, 478 n. 24.

Armée « arche sainte » : 17-18, 273, 344, 462 n. 61.

Armée de conscription : 21, 24, 29, 33, 66-67, 68, 79-80, 113, 128, 130, 132-133, 153, 156, 176, 178-179, 191, 197, 247-248, 306, 335-336, 348-349, 353, 359, 388, 406.

Armée du Consulat : 136, 138, 142-143.

Armée du Directoire : 122, 123, 124-125, 128, 132, 133, 136, 388.

Armée impériale (premier Empire) : 112, 113, 143, 145-147, 148, 153, 154-155, 156-157, 158, 159-160, 168, 226.

Armée impériale (second Empire) : 143, 167, 306.

Armée de ligne : 75, 93, 99, 417. Voir Armée royale.

Armée de métier : 13, 14-15, 16-17, 19-20, 21, 24, 29, 33, 42, 51, 52, 53, 57, 58, 62-63, 66-67, 72, 75, 79-80, 100, 108, 127-128, 130, 132-133, 138, 153, 154, 157, 165-166, 172, 175, 185, 186, 193, 244, 283-284, 304, 307, 327, 329, 330, 348, 349, 357-358, 362, 363, 364-365, 373, 383, 385, 387, 391, 393, 402-403, 406-407, 417, 477 n. 20. Voir Lois, décret du 16 décembre 1789.

Armée de la monarchie de Juillet : 171, 256-257, 278.

Armée professionnelle : voir Armée de métier.

Armée de la troisième République : 269, 271, 273, 275,

278, 280, 282, 283-284, 286-287, 290-291, 293, 295-296, 297-298, 300-301, 304, 305, 306, 307, 311-312, 321-322, 324, 325, 326, 327, 329, 330, 335, 344, 345, 348, 352-353, 355, 356, 357, 373, 485 n. 116.

Armée de la quatrième République : 379, 380, 385, 386.

Armée de la cinquième République : 387, 391-392, 393-394, 395, 397-398, 399-401.

Armée de la Restauration : 143, 170, 171.

Armée révolutionnaire : 13, 14-15, 20, 42, 55, 59, 65, 73, 74-75, 77, 78-79, 80, 84, 89-93, 96, 98, 99, 102, 103, 104, 106-107, 109, 110-111, 112, 113-114, 117, 118, 120, 122, 127, 130, 132, 142, 154, 158, 172, 226, 269, 290-291, 306, 312-313, 351, 373.

Armée royale : 13, 31, 33, 41, 42-50, 54-55, 58, 67, 70, 73, 74, 75, 80, 83, 87, 89, 89, 90-91, 110, 122, 161, 209, 417, 447 n. 24, 453 n. 23. Voir Lois, loi du 25 mars 1791, loi du 25 janvier 1792.

Armée de Vichy : 373, 374, 375, 376.

Caserne : 24, 56, 118, 166, 178, 179, 188-189, 213-214, 224-225, 241-242, 243, 245, 267, 288, 293, 299, 301-302, 309-311, 312, 313, 319, 321, 322, 323, 325, 326, 327, 335, 351, 353, 366, 379, 394, 395, 397, 399, 400, 485 n. 120.

Écrivains militaires : 43, 49, 51, 55-56, 58.

Innovations : 35, 106-107, 244, 293, 360, 391-392, 402-403.

Penseurs militaires : 31-34, 36, 37-38, 39, 42, 50-51, 58, 72, 77, 164, 245, 254-255, 256, 293, 359, 386-387, 471 n. 91.

Tactique : 31-33, 37-41, 55-56, 240-241, 244, 293-294, 320-321, 327, 357-358, 362-363.

Théoriciens militaires : 31-32, 34-35, 36, 39, 67.

Armée britannique : 13, 19, 20, 21, 47, 185, 260, 302, 349.

Armée américaine : 13, 20-21, 349, 359, 383.

Armée prussienne : 14-15, 18-19, 33-34, 37, 41, 45-46, 63, 70, 76, 93, 95, 108, 156-157, 176, 187-188, 191-192, 196, 222-223, 244, 246, 258-260, 267-268, 271-272, 277, 278-279, 280-282, 284, 286-287, 290, 302-303, 311-312, 461 n. 36, 475 n. 4, 479 n. 37.

Landwehr, *Landsturm* : 188, 191-192, 257-260, 286.
Assemblée constituante : 13, 14, 50, 65-66, 68, 70, 71, 73, 74, 75-76, 77, 78, 79-80, 81, 82, 83, 84, 86, 87-88, 89, 90-91, 92, 94, 109, 127, 128, 183, 417, 464 n. 78.
Assemblée législative : 75, 85, 90-91, 92 93, 94, 453 n. 17, n. 19.
Assemblée nationale : 26, 66, 82, 83, 89, 91, 96, 100, 101-102, 103, 182, 272, 278, 280, 292, 295, 383, 393, 407, 408.

Barbarie : 24, 34, 50, 178, 239, 245-246, 249-250, 256, 301, 329, 339. Voir Civilisation, Lumières.

Campo-Formio, traité de (17 octobre 1797 [26 vendémiaire an VI]) : 121.
CFLN (Comité français de libération nationale) : 375-377, 378.
Chambre des Députés : 158-159, 160, 171-172, 176, 232, 292, 296, 297, 299, 308, 309, 331, 333, 342, 346, 351.
Chantiers de la jeunesse : 374.
Chômage : 221, 262-263, 400-401.
Cinéma : 42, 355, 370, 496 n. 126, 497 n. 133.
Citoyen : 11-12, 14-16, 19, 20, 21, 24, 25, 26-27, 29, 33, 40, 41, 51, 54, 55, 56, 57-58, 59, 61, 63, 66-67, 68, 71-72, 76, 82, 84, 85, 87, 88, 90, 94, 95, 101, 105-106, 109-110, 112, 113, 116, 117-118, 119-120, 129, 130-131, 132-133, 138, 139, 143, 154, 158, 160, 161, 162, 163, 166-167, 168, 169, 171, 172, 177, 178-179, 180, 182, 184, 185, 193, 194, 222, 227, 228, 229-230, 232, 233, 241-242, 243, 250, 256, 257, 289, 291, 297-298, 308, 309, 311, 312, 314, 316, 317, 320, 321, 322, 322, 325, 331, 338, 341, 342, 344, 349, 357, 375, 377-378, 385, 390, 391, 393-394, 396, 397, 398, 401, 402, 407, 408, 409, 410, 411, 412, 414, 417, 418, Voir Individu, Soldat, Sujet.
Civilisation : 24, 27, 32-33, 34, 41, 108, 114, 178, 214, 218, 224, 246, 247-250, 257, 275, 282, 301, 312, 317, 331-332, 333, 335, 339, 394, 412, Voir Barbarie, Lumières.
Civisme : 17, 18-19, 105, 112, 117, 129, 194, 218, 300-301, 309, 313, 328, 344, 379, 412.

Index des notions

CNCATM (Commission nationale des combattants d'Algérie, Tunisie, Maroc) : 498 n. 144.
CNR (Conseil national de la Résistance) : 376-377, 378.
Codes :
  Code civil : 231, 232-233, 237, 238-239, 314-315.
  Code de la conscription : voir Grand Règlement.
  Code pénal militaire : 76.
  Code du service national (« code de 72 ») : 397.
  Voir Lois.
Colonie, (dé)colonisation : 28-29, 202-203, 304, 316-317, 357, 375, 388, 392-393, 478 n. 26, 482 n. 70, 486 n. 139, 490 n. 38, 497 n. 132 et 133. Voir Lois, loi du 26 décembre 1959.
Commune de Paris (1789-1795) : 103.
Commune de Paris (1871) : 25-26, 246, 270-271, 273, 280, 281, 476 n. 7, 479 n. 29.
Conseil des Cinq-Cents : 121, 124, 126, 457 n. 78 à 80.
Constitution : 13, 14, 54, 63, 68, 73, 80, 103, 106, 125, 126, 182-184, 185, 231.
Consulat : voir République.
Convention : voir République.
Coups d'État : 181, 185-186, 191, 268, 388.
  Coup d'État du 9 novembre 1799 (18 brumaire an VIII) : 132, 136, 137-138, 142.
Culture : 12, 22, 23, 29, 51, 107, 111-112, 119, 133-134, 202, 217-218, 219-220, 224, 233, 235-236, 242-243, 249-250, 301-302, 313, 328, 331, 339-340, 391-392, 393, 401, 403.
Acculturation : 15, 23, 112, 117, 219, 224, 312, 414.

Démographie : 22, 58, 98, 107, 135, 143, 199, 251-252, 328.
Directoire : voir République.
Discipline : 40, 46, 59, 114, 115-116, 175, 242, 245-246, 249, 264, 270-271, 277, 279, 281, 282, 283, 298, 308-309, 320-321, 323, 329, 330, 338, 370, 390, 398.
  Punitions, châtiments corporels : 46, 63, 76, 78.

École : 26-27, 46, 111-112, 118, 129, 169, 245-246, 249, 254, 277, 283, 294, 297-298, 300-301, 305, 308, 310, 311,

315, 320, 323-324, 326, 327-328, 331-332, 342, 344, 351, 394, 411, 482 n. 70.
Bataillons scolaires : 326.
École supérieure de guerre : 288, 293-294.
École de Mars : 118.
École d'Uriage : 374.
Éducation : 112-113, 117-118, 129, 163, 175-176, 184, 234, 242-244, 249, 279, 289, 290, 302, 308, 320, 329, 349, 379, 411, 448 n. 38.
Alphabétisation : 111.
Dressage, conditionnement : 32-33, 39, 54, 76-77, 115, 175, 240-241, 245, 320-321.
Instruction, apprentissage : 32, 33, 40, 74, 76-77, 103, 104-105, 114-115, 118, 127, 169, 175-176, 177, 180, 214, 219, 230-231, 232, 240-241, 241-243, 245, 249, 252, 264, 270, 277, 281, 289, 298, 300-301, 308, 313-314, 320-321, 322, 325, 330, 349, 361, 364, 370, 379, 394, 413.
Égalité : 15, 49, 60-61, 62-63, 64-65, 67, 69, 77, 114, 131-132, 139, 162-163, 167, 169, 177, 178, 181, 182-185, 187, 191, 192, 193, 195, 198, 222, 223, 228, 231, 237, 258, 261, 284, 285, 295, 299-300, 301, 302, 304, 313-314, 315, 393-394, 395, 396, 398, 400-401, 412-413, 451 n. 101.
Remplacement : 16, 26, 49, 54, 60-61, 69, 97-98, 103-104, 124, 131, 132, 133, 139-140, 147-148, 167, 180, 181, 182, 183-184, 185, 186, 189-190, 194-195, 196, 222-223, 227, 246-247, 251, 255, 260-263, 265, 281, 282, 285, 384, 418, Voir Lois, décret du 23 août 1793, arrêté du 28 avril 1802, loi du 26 avril 1855, loi du 27 juillet 1872.
Tirage au sort : 48-49, 58-59, 60-61, 68-69, 94-95, 98, 124, 132, 140-141, 167-168, 177, 178, 179, 180, 188, 189-190, 222-223, 226-227, 228, 231-232, 233-234, 235, 262, 284-285, 308, 318, 418. Voir Lois, loi du 21 mars 1905.
Église :
Clergé : 113, 136, 154, 273-274, 285-286, 301, 302, 308, 320.
Anticléricalisme : 297, 300.

Voir Religion.

Élites : 14, 23-24, 27, 31, 37, 43-44, 55, 59-60, 61, 64, 66, 71, 183, 226, 240, 245, 246, 247-248, 249, 256, 276-277, 282, 285, 301-302, 322, 395. Voir Masses.

Empire :

Premier Empire (1804-1814) : 16, 24, 25-26, 37, 53, 135, 137-138, 143, 146, 151, 155-156, 160, 166, 187, 197-198, 200, 201, 202, 209-210, 213, 223-224, 233, 247, 248, 260, 262, 264-265, 265-266, 268, 293, 294, 335, 339-340, 396.

Grande Armée : 113, 146-147, 156.

Second Empire (1852-1870) : 16, 18, 143, 167, 186, 187, 188, 195, 198, 199, 200, 203, 220, 238, 245, 247, 249, 250, 251, 252, 253, 254, 258, 261, 262, 263, 265, 272, 273, 306, 318, 471 n. 87, 475 n. 5, 477 n. 23, 478 n. 26, 479 n. 33, 481 n. 61, n. 65.

Voir Société.

État : 12, 14, 15, 18, 22, 23, 24-25, 40, 43, 56-58, 62, 70, 98, 109, 111, 115-116, 127, 128, 132, 135, 138, 139, 140, 149, 150, 153, 157, 185, 186, 195, 201, 210, 213, 216-217, 226-227, 230, 250-251, 252, 254, 257, 261, 262, 285, 302, 305, 310-311, 319, 327, 334, 351, 369, 387, 391, 394, 397-398, 402, 418.

États généraux : 63, 66, 67. Voir Assemblée nationale.

Ethnologie : 22, 27, 202, 213, 318.

Étrangers : voir Nationalisation.

Famille : 60, 61, 69, 71, 94, 95, 98, 100, 119-120, 147, 196, 212, 222, 224, 229, 241-242, 249, 285-286, 342, 393. Voir Mariage.

Femmes : 94, 104, 117-118, 136, 182, 351, 397, 403-404, 406-407, 409-410, 411, 412-413, 419. Voir Lois, loi du 10 juillet 1970.

FFI (Forces françaises de l'intérieur) : 377, 378-379.

FFL (Forces françaises libres) : 375, 376.

Finances : 105, 166, 173, 285, 296-297, 368, 379, 407-408, 413.

Budget : 128-129, 147, 166, 173, 176, 180, 252, 282, 285, 295, 352.

Impôt : 60, 69, 139, 151-152, 199, 200, 203-209, 219, 220, 221, 223, 228, 232, 285, 331, 361.

Fleurus (26 juin 1794) : 122-123.

FLN (Front de libération nationale) : 384, 389-390.

FNACA (fédération nationale des anciens combattants en Algérie-Maroc-Tunisie) : 381-382, 498 n. 144.

FNCPG-CATM (Fédération nationale des combattants et prisonniers de guerre combattants d'Algérie, Tunisie et Maroc) : 498 n. 144.

Franc-maçonnerie : 31-32, 63-64, 70, 77, 79, 451 n. 106.

Front populaire : 354, 368, 369-370, 376.

FTP (Francs-tireurs et partisans) 376, 377.

Garde nationale : 70-71, 82-87, 89, 90, 92, 93, 122, 123, 145-146, 152, 180, 182, 183-184, 188-190, 192-193, 194-196, 230, 246, 263-264, 270, 417-418. Voir Lois, décret du 11 juin 1791, décret du 21 juin 1791, loi du 6 mai 1792, décrets des 7 et 8 juin 1792, loi du 2 juillet 1792.

Garde mobile : 180, 182, 245-246, 259, 269, 277, 418. Voir Lois, loi du 1er février 1868.

Gardes-françaises : 66, 83.

Géographie : 22, 111-112, 140, 202, 210-211, 215, 217-218, 224, 262.

Géostratégie : 13-14, 19-20, 50-51, 111, 302, 391, 402.

Grand Règlement (1er novembre 1811) : 147-148, 418.

Guerre : 12, 13, 16, 24, 25-26, 34-35, 38, 40, 50, 51, 52-53, 58, 62, 64, 65-66, 71-72, 98, 106, 107, 108, 110-111, 115, 128, 129, 146-147, 164, 197-198, 214, 216, 220-221, 245, 247, 249-250, 252, 264, 287, 293-294, 330, 354, 355, 361, 362, 363, 365, 366, 379, 402, 404, 454 n. 39, 478 n. 24.

Guerre de succession d'Espagne (1701-1714) : 47-48.

Guerre de Sept ans (1756-1763) : 31, 37, 45-46, 48, 51, 55, 271-272.

Campagne de Corse (1768-1769) : 38.

Guerre d'Amérique (1775-1783) : 77-78, 122.

Guerre franco-autrichienne (1792-1815) : 13, 19, 80, 91-95, 105, 106, 121, 134, 142, 143, 146, 270, 290-291, 294, 349.

Index des notions

Guerre de Vendée (1793-1796) : 97-99, 101, 135-136, 152, 271, 290-291.
Campagne de Russie (1812) : 146-147, 155.
Campagne d'Espagne (1823) : 170.
Guerre de Crimée (1854-1856) : 186, 187, 199, 220, 252-253.
Campagne d'Italie (1859) : 186, 191, 220, 244-245, 252-253, 378.
Guerre de Sécession (1861-1865) : 286-287, 476 n. 7.
Guerre de 1870 : 19, 25-26, 37, 263, 272, 273, 275, 287, 316, 343, 478 n. 24, 484 n. 112.
Guerre de 1914-1918 : 13, 20, 27, 28, 106, 197, 333-346, 350, 356, 359, 367, 369, 371, 498 n. 144.
Guerre du Rif (1921-1926) : 353.
Guerre de 1939-1945 : 13, 28, 37, 106, 366-368, 371, 380, 384, 385.
Résistance : 374-375, 376-379, 384.
Guerre d'Indochine (1946-1954) : 381, 384, 386.
Guerre froide (1947-1991) : 29, 391.
Guerre d'Algérie (1954-1962) : 20-21, 28-29, 380-383, 384, 385-387, 388-390, 392, 393-394.
Guerre du Golfe (1991) : 402, 405.
Guerre totale (guerre absolue) : 13, 106, 107-108, 294, 335, 339-340, 371, 454 n. 39.

Idéologie : 12, 15-16, 18, 19, 20-21, 24, 40, 66, 107-108, 114, 115, 164, 170, 171, 177, 187-188, 237-238, 240, 242-243, 254, 256, 285, 286-287, 289-290, 301-302, 303-304, 305, 307, 318, 321, 323, 327, 329, 334, 339-340, 354, 358, 371, 386, 392, 394-395, 401, 407, 475 n. 5. Voir Mythes, Valeurs.
Iéna (14 octobre 1806) : 156-157, 258, 277.
Individu : 12, 15, 24, 25, 29, 39-41, 48-49, 57-58, 59, 61, 62, 65, 69, 70, 82, 115-116, 132, 138-139, 153, 157, 163, 232-233, 237, 238, 244, 246, 254, 257, 259, 281, 292-293, 321, 356-357, 378-379, 391, 394, 454 n. 43. Voir Citoyen, Sujet.
Insoumission : 105, 119-120, 136, 147-148, 152-153, 199-

200, 212, 215, 217, 219, 321, 334, 337-338, 371, 388-389.

Désertion : 47, 79, 96, 105, 121, 136, 212-213, 353, 388-389.

Mutineries : 79, 331.

Mutins de 1917 : 338-339, 340.

Objection de conscience : 354-355, 388, 395, 400. Voir Lois, loi du 8 juillet 1983.

Troubles anticonscriptionnels : 133-134, 136, 152, 199-201, 209, 211.

Levée : 22, 49, 89, 90, 92, 96-97, 98-99, 118, 133-135, 138, 139, 141-142, 144-146, 147, 148-149, 151, 152, 155, 167-168, 201, 210, 212, 221, 250-251, 258, 270, 279, 375-376, 418. Voir Lois, décret du 24 février 1793.

Levée en masse : 13, 62, 97, 99, 101, 102, 103, 104, 105-106, 107, 109, 115, 117, 119-120, 129, 132, 165, 278, 348-349, 359, 365-366, 418, Voir Lois, décret du 23 août 1793.

Levée de volontaires : 45, 81, 90, 93, 104, 119, 200, 209, 216, 278, 417-418, Voir Lois, loi du 6 mai 1792, loi du 31 mai 1792, décret des 7 et 8 juin 1792, loi du 22 juillet 1792.

« Levée bourgeoise » : 88, 94.

Liberté : 15, 18-19, 25, 41, 52, 57-59, 61, 62-64, 67, 69-70, 74, 75-76, 84-85, 114, 115, 116, 127, 129, 130, 162-163, 167, 184, 209, 231, 237, 256, 259, 309, 314-315, 316, 321, 365, 388, 390, 394, 398, 399.

Ligue antimilitariste : 324.

Ligue [nationale] antisémitique de France : 490 n. 44.

Littérature : 42, 93, 114, 116, 247, 322-323, 327, 475 n. 5, 486 n. 125.

Lois, arrêtés, décrets et ordonnances :

Décret du 16 décembre 1789 : 71, 417.

Décret du 12 juin 1790 : 84.

Décret du 20 septembre 1790 : 77.

Décret du 6 décembre 1790 : 84.

Loi du 25 mars 1791 : 75, 87, 417.

Décret du 11 juin 1791 : 417.

Décret du 21 juin 1791 : 81-82, 86, 417.
Décret du 27 juin 1791 : 81, 82.
Décret du 22 juillet 1791 : 86.
Décret du 4 août 1791 : 86.
Loi du 29 septembre 1791 : 85.
Décret du 30 septembre 1791 : 76.
Décret du 28 décembre 1791 : 89.
Loi du 25 janvier 1792 : 75, 89-90, 417.
Loi du 3 février 1792 : 89.
Loi du 6 mai 1792 : 92, 417.
Loi du 31 mai 1792 : 92, 417.
Décrets des 7 et 8 juin 1792 : 92, 417.
Loi du 22 juillet 1792 : 93, 94, 417-418.
Loi du 26 novembre 1792 : 100.
Décret du 21 février 1793 : 378, 418.
Loi du 24 février 1793 : 96-97, 418.
Loi du 4 mai 1793 : 100.
Décret du 23 août 1793 : 115-116, 121, 351, 418.
Loi du 4 décembre 1793 [14 frimaire an II] : 105.
Loi du 17 avril 1798 [26 germinal an VI] : 458 n. 99.
Loi du 5 septembre 1798 [19 fructidor an VI] (loi Jourdan) : 13, 14-15, 120-121, 122-133, 137, 141, 145, 147-148, 151, 152-153, 154, 160, 418, 458 n. 98.
Arrêté du 11 février 1799 [23 pluviôse an VIII] : 141.
Arrêté du 28 avril 1802 [8 floréal an X] : 139, 140, 418.
Loi du 18 mai 1802 [28 floréal an X] : 139, 141.
Arrêté du 6 août 1802 [18 thermidor an X] : 140, 141-142, 418.
Arrêté du 24 septembre 1803 [1er vendémiaire an XII] : 459 n. 9.
Décret du 29 décembre 1804 [8 nivôse an XIII] : 140, 418.
Décret du 26 août 1805 [8 fructidor an XIII] : 140, 141, 418, 469 n. 47.
Loi du 10 mars 1818 (loi Gouvion-Saint-Cyr) : 16, 157-161, 163-164, 167, 170-171, 173-174, 176, 177, 198, 199, 201, 257-258, 262, 282-283, 418, 462 n. 54.
Loi du 9 juin 1824 : 16, 170-171, 177, 418, 462 n. 54.

Loi du 21 mars 1832 (loi Soult) : 16, 171, 176, 177, 178, 183, 185, 232, 243, 259, 260, 278, 418, 462 n. 54.
Loi du 28 juin 1833 (loi Guizot) : 111, 225.
Décret du 28 mars 1848 : 237.
Décret du 6 juillet 1882 : 326.
Loi du 3 décembre 1849 : 237-238.
Loi du 7 février 1851 : 238, 314.
Loi du 26 avril 1855 : 186, 418.
Loi du 1er février 1868 (loi Niel) : 171, 187-188, 196, 238-239, 253, 261, 267, 269-270, 277, 418, 462 n. 54.
Loi du 27 juillet 1872 : 25-26, 132, 167, 274-275, 281-286, 288-290, 295, 298, 300-301, 312, 315, 320, 327, 418.
Loi du 23 juillet 1873 : 287.
Loi du 24 juillet 1873 : 313.
Loi du 16 décembre 1874 : 314, 316, 484 n. 103.
Loi du 17 juillet 1874 : 288, 310, 314.
Loi du 10 novembre 1875 : 280.
Loi du 13 mars 1875 : 287.
Loi du 16 juin 1881 (loi Ferry 1) : 225.
Loi du 28 mars 1882 (loi Ferry 2) : 225.
Loi du 26 juin 1889 : 315, 316.
Loi du 15 juillet 1889 («loi des trois ans») : 26-27, 291, 296-297, 304, 312, 317, 321-322, 326-327, 418-419, 463 n. 68.
Loi du 21 mars 1905 («loi des deux ans») : 27, 291, 308, 309, 312, 313, 320, 322-323, 325, 326-327, 330, 419, 463 n. 68.
Loi du 7 août 1913 : 27, 328-331, 419.
Loi du 17 août 1915 : 336-337, 488 n. 11.
Loi du 20 février 1917 : 488 n. 11.
Loi du 10 août 1917 : 337.
Loi du 12 avril 1921 (loi Sarraut) : 357.
Loi du 1er avril 1923 («loi des dix-huit mois») : 346, 350, 352, 353, 357, 419.
Loi du 31 mars 1928 : 352, 363-364, 383, 419.
Loi du 17 mars 1935 : 383, 419.
Loi du 18 janvier 1941 : 374.
Ordonnance du 22 avril 1945 : 379.
Ordonnance du 10 octobre 1945 : 374.

Loi du 7 octobre 1946 : 379, 419.
Loi du 30 novembre 1950 : 380, 383, 419.
Ordonnance du 7 janvier 1959 : 383-384, 391, 392, 419.
Loi du 26 décembre 1959 : 497 n. 133.
Décret du 16 octobre 1963 : 392, 419.
Loi du 21 décembre 1963 : 395.
Loi du 9 juillet 1965 : 392-393, 395, 419.
Loi du 10 juillet 1970 (loi Debré) : 397, 398, 419.
Décret du 31 août 1972 : 397.
Loi du 13 juillet 1973 : 397-398, 419.
Décret du 28 juillet 1975 : 398.
Loi du 9 juillet 1983 : 400.
Loi du 4 janvier 1992 (loi Joxe) : 401, 405, 419.
Loi du 28 octobre 1997 (loi Richard) : 11, 30, 108, 240, 408-409, 419.
Ordonnance du 2 août 2005 : 413.
Lumières : 13, 24, 32, 34, 40, 43-44, 50-51, 53, 63-64, 239, 246, 249, 254.

Mai 68 : 390, 394-395, 397, 398.
Mariage : 148, 234, 236, 237, 250-252, 403. Voir Famille.
 Endogamie : 403.
Masses : 14, 23-24, 37, 43, 61, 62, 71, 107-108, 190, 194-195, 222, 242, 246, 322. Voir Élites.
MDC (Mouvement des citoyens) : 407, 408.
Mémoire : 371, 409-410.
 Commémoration : 297, 343, 381-382.
 Lieux de mémoire : 273-274, 276.
 Mémorial : 381.
 Monument aux morts : 273-274, 276, 342-344.
Milice : 47-50, 51, 57, 58, 59, 60-62, 70-71, 83, 84-85, 94-95, 97, 98, 124, 162-163, 259, 270, 325, 329, 358, 449 n. 61.
Militarisme : 17, 172, 174, 217, 241, 324, 326, 329, 344.
 Amilitarisme : 321-322.
 Antimilitarisme : 217, 306, 321-324, 326, 327, 330, 331, 334, 337-338, 344-345, 351-352, 353, 354, 369-370, 394-395, 400.
Monarchie de Juillet (1830-1848) : 20, 23, 171, 173, 176, 177, 180-181, 182, 188, 199, 200, 201-202, 203, 214-215,

219, 225, 232, 247, 249, 250, 251, 254-255, 256-257, 261, 262, 263, 265.

Mur de Berlin, chute du (automne 1989) : 29, 402.

Mythes : 18-19, 52, 54-55, 102, 103, 106-107, 108-109, 113, 119-120, 127, 131, 175-176, 193, 247, 255-257, 259-260, 263, 268, 270-271, 284, 290, 294, 300, 302, 312, 313, 319-320, 334, 348, 370, 371, 475 n. 5.

   Légendes : 42-44, 51, 64, 108-109, 138, 146, 150, 154, 181, 261, 324-325, 333, 334, 335, 348, 367, 371, 385.

Nation : 11, 12-13, 14, 15, 17, 18, 20, 21, 23, 25, 28, 29, 30, 32, 34, 37, 44, 45-46, 48, 52-53, 56, 59, 61, 62-63, 64, 65, 66, 70, 72, 74-75, 78-79, 82, 92, 100, 104, 105-106, 107, 110, 111, 112, 115, 116-117, 118, 119, 120, 126, 128-129, 132, 133-134, 138, 152, 154-155, 156, 157, 158, 160, 161, 163, 164-165, 173, 174-175, 180, 182, 184, 192, 194, 198, 213, 217, 218-219, 222, 224, 225-226, 228-229, 230, 232, 233, 236, 239, 241-242, 248-249, 250, 252-253, 254, 257, 267-268, 270, 271, 273, 277, 278, 279, 283-284, 290, 291, 294, 301, 303, 304, 305, 309, 312-313, 314, 315, 316, 317, 325, 327, 330, 334-335, 338, 339, 341, 343, 345, 346, 348-349, 350, 351, 352-353, 354, 356, 361, 362, 363, 365, 370, 371, 372, 373, 375, 378, 379, 384, 385, 386, 387, 388, 391, 397, 398, 402-403, 404, 409, 410-411, 414, 419, 454 n. 43, 462 n. 61, 471 n. 79, 478 n. 24.

Nationalisation : 23, 44, 83, 92, 155-156, 226-240, 314-317.

   Naturalisation : 232, 234, 237-238, 316.

Neerwinden (18 mars 1793) : 96.

Nucléaire : 29, 391, 402.

OMA (Organisation métropolitaine de l'armée) : 374.

ONU (Organisation des Nations unies) : 404.

11 Novembre : 343-345.

ORA (Organisation de résistance dans l'armée) : 374, 377.

OTAN (Organisation du traité de l'Atlantique Nord) : 383.

Paix : 13-14, 24, 50, 53, 63, 65, 80, 81, 108, 129, 150, 186, 220, 221-222, 249-250, 252-254, 275, 277, 298, 339, 343-344, 393-394, 402, 404.

Pacifisme : 65, 253, 324, 339, 351-352, 354-355, 371, 394-395.

Paris : 22, 83, 84, 92, 93, 94, 101-102, 103, 105, 191, 264, 268-269, 270, 331, 337, 368, 377, 381, 386, 417, 466 n. 9. Voir Territoire.

Paris, second traité de (20 novembre 1815) : 164.

Parlement : 15-16, 22, 27, 157, 165, 168, 171, 172, 181, 189, 191, 192-193, 238, 239, 240, 268, 281, 307-308, 346-347, 407, 412.

Patrie : 52, 54, 55, 56, 59, 61, 68, 73, 93, 95-96, 100, 102, 112, 121-122, 124-125, 129, 130-131, 138, 158, 193, 194-195, 212, 216-218, 230, 234-235, 248, 250, 255, 269, 273, 283, 289, 290, 291, 298, 303, 305, 308, 313, 321, 331-332, 333-334, 359, 385.

    Patriotisme : 51-52, 99, 112, 117, 119-120, 2214-215, 218, 221-222, 232, 238, 255, 270, 274, 277, 278, 289, 300, 331-332, 343, 344, 355, 370, 371.

    Antipatriotisme : 121, 135-136, 229, 329, 370.

    Apatriotisme : 121, 136.

PCF (Parti communiste français) : 353, 364, 369-370, 376, 378, 383, 388-389, 399, 407, 408, 489 n. 32.

Philosophie : 24, 31-32, 33, 38, 50, 51, 56-58, 65, 109-110, 114, 121-122, 160, 254-255, 271, 272, 293, 301, 398.

Pillnitz, déclaration de (27 août 1791) : 82-83.

PS (Parti socialiste) : 383, 393, 399, 400, 405-406, 407, 408, 411-412.

PSdF (Parti socialiste de France) : 491 n. 49.

Religion :
    Chrétiens : 167, 274, 322, 386.
        Catholiques : 203-209, 272, 273-274, 300, 303, 344.
        Protestants : 209, 272, 303.
    Musulmans : 303, 316-317, 385.
    Juifs : 495 n. 111.
        Antisémitisme : 490 n. 44.
    Voir Église.

République : 12-13, 16, 25, 26-27, 28-29, 59, 412-413.
    Première République (1792-1804) : 25, 270, 319.

Convention (1792-1795) : 89, 94, 95-96, 99, 101-102, 103, 105, 112, 116, 117, 118, 120, 121, 123.
Directoire (1795-1799) : 22, 113, 122, 125, 128, 132, 136, 138, 141, 145, 148, 151, 152, 153, 155, 388.
Consulat (1799-1804) : 137-138, 139, 141, 142, 143, 151, 155, 198, 199, 202, 209, 418.
Seconde République (1848-1852) : 182, 185, 203, 237, 261-262.
Troisième République (1870-1940) : 19, 22, 23, 25-26, 27, 42, 111-112, 117, 129, 148, 177, 193, 225, 226, 228, 269, 271, 278, 288, 289, 290-291, 299, 300-301, 304, 312-313, 314, 319, 373.
Quatrième République (1946-1958) : 117, 379, 380, 385, 386-387.
Cinquième République : 11, 76, 117, 383-384, 385, 386, 387, 391-392, 393-394, 395, 397-398, 399-400, 406, 408, 413.
Réserve : 47, 58, 95, 144-145, 167, 168, 170-171, 177-179, 180, 181-182, 185, 186-187, 188, 189, 192, 243, 257-258, 286, 287, 294, 295, 297-298, 308, 312-313, 325, 327, 329, 335-336, 340, 346, 347, 349-351, 352, 355, 362, 364, 379, 382, 383, 462 n. 54, 479 n. 37.
Réserve opérationnelle et citoyenne : 410-411.
Restauration (1814-1830) : 143, 144, 150, 157, 171, 176, 177, 182, 199, 200, 201, 202-203, 209, 214, 217-218, 225, 226-227, 228, 231, 232, 247, 254, 260, 262, 279, 462 n. 50.
Révolution : 13-14, 15, 20, 21-22, 22-23, 25-26, 31, 42, 43, 45, 50, 53, 55, 59-60, 62-63, 64-65, 66, 67, 69, 73, 74-75, 77-78, 79, 81-82, 83-84, 87, 88, 90, 91-92, 94, 96, 98, 99, 101-102, 103, 104, 105, 106-107, 108-109, 110-111, 113, 115, 116-117, 118-119, 121, 122-123, 126-127, 129-130, 135, 136, 137, 143, 148, 152, 153-154, 157, 160, 164, 165, 171, 172, 199-200, 209, 216, 218, 226, 233, 241, 247, 255-256, 257, 265-266, 269, 273, 278, 290-291, 293, 294, 297, 306, 331, 335, 337-338, 339-340, 365-366, 370, 377-378, 449 n. 65 et 66, 450 n. 69, 454 n. 39, 456 n. 59, n. 68, 475 n. 5, 478 n. 26. Voir Société.
Révolution américaine (1776) : 107.

Révolution anglaise (1641-1649) : 107.
Révolution russe (bolchevique) : 339.
Rituels : 148, 213-214, 344, 355, 380, 395-396.
  Rite de passage : 312, 318.
Rossbach (5 novembre 1757) : 19, 37, 51, 156-157.
RPR (Rassemblement pour la République) : 405-406, 407, 408.

Sacré, sacralisation : 107, 109, 130, 247, 273, 300, 339, 345, 352-353.
Sadowa (4 juillet 1866) : 187-188, 222, 258.
Sedan (1er septembre 1870 ; 13 mai 1940) : 19, 37, 267-269, 290, 293, 366-368, 479 n. 33.
Sénat : 144, 189, 196, 292, 297, 298, 299-300, 307-308, 315-316, 330-331, 351, 407, 408.
Service civil : 395, 406-407, 411-412, 413, 414, 419. Voir Lois, loi du 9 juillet 1965.
  Service civique : 11-12, 411-412, 501 n. 15.
  Service humanitaire : 406-407, 411-412.
Service militaire : 11, 17, 33, 336, 406-407.
  Âge : 48, 54, 58, 66-67, 68, 75, 96-97, 101, 103, 106, 121, 125, 126, 134, 140, 145, 168, 231-232, 269, 286, 325, 326, 335, 396, 397, 398, 409, 411, 413, 418.
  Durée : 15-16, 17, 26-27, 42, 54, 56, 75, 76, 90, 125, 126, 131, 137, 143, 166, 167, 168, 170, 173-174, 176, 177, 179, 181-182, 183, 184, 185, 186-187, 189-190, 192, 196, 232, 241, 279-280, 281, 283, 284-285, 286, 295, 296-297, 298, 300, 302-303, 304, 305-306, 307-308, 309, 318, 328, 329-330, 331, 347, 363, 364-365, 366, 379, 383-384, 392-393, 395, 397, 401, 405, 406-407, 418-419, 462 n. 54, 463 n. 68, 477 n. 20. Voir Lois, loi du 10 mars 1818, loi du 9 juin 1824, loi du 21 mars 1832, loi du 1er février 1868, loi du 15 juillet 1889, loi du 21 mars 1905, loi du 7 août 1913, loi du 1er avril 1923, loi du 31 mars 1928, loi du 17 mars 1935, loi du 30 novembre 1950, ordonnance du 7 janvier 1959, décret du 16 octobre 1963, loi du 10 juillet 1970, loi du 4 janvier 1992.

Éviction :
- Exemption : 49, 60, 104, 227-228, 232, 304, 308, 336, 393.
- Exonération : 185, 186, 188, 189, 190, 222, 261, 263, 418. Voir Lois, loi du 26 avril 1855.
- Réforme : 149, 318, 336, 393, 396, 490 n. 38.
- Sursis : 286, 308, 396, 398, 400, 419. Voir Lois, loi du 10 juillet 1970.

JAPD (Journée d'appel de préparation à la défense) : 408-410, 419. Voir Lois, loi du 28 octobre 1997.

SMA (service militaire adapté) : 413.

Service volontaire européen (SVE) : 501 n. 22.

SFIO (Section française de l'Internationale ouvrière) : 323, 334, 351-352, 353, 354, 371, 491 n. 49 et 50, 492 n. 63.

SNS (Service national de la statistique) : 373, 374, 495 n. 111.

Société :
- Classes sociales : 41, 111, 161, 194, 195, 196, 214, 221, 222, 243-244, 253, 255, 276-277, 300, 301-302, 313, 325, 326, 412.
- Ouvriers : 212, 221, 232, 253, 253, 306, 323, 325, 396, 475 n. 5.
- Prolétaires : 88, 235.

Groupes sociaux :
- Bourgeoisie : 47, 53, 59-60, 62, 63, 77, 83, 84, 88, 94, 194-195, 252-253, 264.
- Noblesse : 43, 46-47, 55, 56, 59-60, 62-63, 64-65, 67, 77, 79, 84, 110, 116-117, 136, 169, 193-195, 216, 282, 449 n. 65 et 66, 450 n. 69, 478 n. 26.
- Tiers état : 44, 46, 49, 59-60, 61, 62-63, 64-65, 67, 79, 84, 449 n. 52 à 60, n. 62 à 64.

Sociologie : 32, 79-80, 102-103, 165-166, 202, 212, 242, 305, 403.

Soldat : 16, 31, 35-37, 39-40, 41, 43-44, 45, 46, 48, 53, 54, 56-57, 61-62, 63-64, 66, 69, 71, 74, 75-76, 79, 80, 83, 90, 92, 93, 94, 96, 99, 113, 117, 120, 129, 142-143, 150, 152, 153, 154, 170, 175, 180, 184, 192-193, 224, 225, 226, 231, 234-235, 239, 241, 242-243, 244, 246, 247, 249, 255, 256, 264, 265, 269, 270, 275, 281, 285, 289, 298,

Index des notions 521

301-302, 303, 304, 309, 310, 320, 324, 357, 362, 384, 399-400, 471 n. 87, 484 n. 112, 497 n. 132.

Citoyen-soldat (« soldat par devoir ») : 14-15, 21, 24, 30, 31, 32-33, 51, 52, 57, 68, 78, 83, 85, 87-88, 93, 109-110, 113, 115, 121, 128, 129, 130-131, 133, 158, 161-162, 191, 242, 306, 308-309, 312, 338-339, 340-341, 343, 349, 351, 357, 370, 373, 381, 384, 387, 393-394, 397.

Mercenaires : 42, 55-56, 129, 210, 309.

Soldat du Christ/de Dieu : 273-275.

Soldat-citoyen (« soldat par métier ») : 14-15, 28, 31, 32-33, 41, 44, 47, 51, 52, 53, 57, 68, 76, 93, 100, 108, 109, 110, 127-128, 133, 160, 184, 191, 242, 312, 340, 347, 349, 357, 381, 382, 397.

Soldat-laboureur : 54-55, 256-257, 319-320.

Soldat des Lumières : 13, 24, 40, 51, 239-240, 246.

Soldat-machine : 293.

Vétérans : 120, 165, 168, 170-171, 257-258, 264-265, 417. Voir Lois, loi du 2 juillet 1792.

Statistique : 219, 250, 373, 374.

STO (Service du travail obligatoire) : 374, 377, 495 n. 111.

Sujet : 40-41, 54, 61, 74, 91, 109, 159, 203-209, 223, 237, 316-317, 357, 375. Voir Citoyen, Individu.

Syndicats : 306, 323, 331, 338, 371, 376-377, 399-400.

Anarcho-syndicalistes : 323.

CFDT (Confédération française démocratique du travail) : 399.

CGT (Confédération générale du travail) : 323-324, 334, 353, 399.

Territoire :

Canton : 90, 112, 135-136, 140, 149, 200, 203-209, 211-213, 214-215, 227, 251, 276, 418. Voir Lois, décret du 29 décembre 1804.

Commune (municipalité) : 75, 83, 84, 95, 97-98, 104, 105, 113, 125, 134, 141, 149, 182, 211, 212, 229, 234, 274, 276, 310-311, 313, 343, 344, 381-382.

Département : 22, 75, 86-87, 88-89, 92, 93, 94, 98-99, 101-102, 103, 112, 119, 123, 134, 135-136, 140, 147, 149, 150-151, 155-156, 178, 181, 188-189, 190, 199,

200-201, 202-203, 209, 210-211, 213, 214, 215, 216, 217-218, 219, 221, 226, 227, 232-233, 239, 261, 263, 313, 337, 375-376, 381, 382, 385, 393, 417, 419. Voir Lois, décret du 11 juin 1791, décret du 21 juin 1791.
District : 75, 87, 88-89, 90, 98, 104-105.
Outre-mer : 373, 392-393, 413, 419.
Provinces : 33-34, 43, 44, 48, 54, 59, 69, 71, 218, 224-225, 271.
Régions : 22, 23, 44-45, 69, 71, 94, 119, 133-134, 151, 152, 156, 197, 198, 199-200, 202, 211-212, 215, 219, 220-221, 224, 239, 263-264, 273-274, 287, 311-312, 313, 318, 331, 337-338, 355-356, 362, 380, 396, 413.
Alsace-Lorraine : 356-357.
Torture : 385, 389, 390.
Tours, congrès de (1920) : 353.
Trois Glorieuses : 176.

UDF (Union pour la Démocratie française) : 407, 408.
UF (Union fédérale) : 489 n. 32.
UNC (Union nationale des combattants) : 344-345, 489 n. 32.
Union sacrée : 334, 353, 491 n. 49.

Valeurs :
Héroïsme : 50, 116, 247, 264, 290, 322, 342-343, 367.
Honneur : 50, 55, 62-63, 64-65, 68, 116, 122, 139, 158, 238, 247, 255, 301-302, 330, 333, 449 n. 67.
Sacrifice : 18-19, 25, 40-41, 57-58, 70, 109, 129-130, 255, 273-274, 277, 302, 339, 343, 344, 404.
Vertu : 40, 43-44, 53, 54, 58, 113-114, 115, 116, 122, 242, 321, 361, 456 n. 59.
Valmy (20 septembre 1792) : 19, 95-96, 108-109, 193, 197, 338, 341, 348, 352-353, 370, 375, 465 n. 1.
Verdun (20 août 1792 ; 21 mars-18 décembre 1916) : 28, 44-45, 197, 338, 340, 341, 352-353, 370, 372, 399, 465 n. 1.
Vichy, Régime de (1940-1944) : 368, 372-373, 374, 375, 376-377.
Virilité : 52, 117-118, 245-246, 277, 312, 317, 318, 322, 323, 393-394, 396. Voir Rituels, rite de passage.

« Efféminement » : 52, 117-118, 245-246, 277.
Vote : 15, 22, 81, 93, 96, 103, 145, 164, 166, 171, 173, 178, 203-209, 231, 232-233, 237, 238, 241, 274-275, 281, 282, 283, 284, 290, 296-297, 304, 315, 322, 325, 342, 357.
  Droit de vote : 68, 76, 87-88, 182, 183, 230, 385.
  Suffrage universel : 94, 182, 184, 188, 190, 193, 195.
Élections : 87, 94, 112, 190, 230, 272-273, 292, 307, 331, 334, 346, 351, 408, 412, 414, 475 n. 4, 479 n. 33, 486 n. 139, 491 n. 49, 492 n. 63.

Wiesbaden, accords de (29 juin 1940) : 373.

Introduction	11
Chapitre premier. *À la recherche d'une armée nouvelle*	31
La genèse du service militaire au temps des Lumières	31
LES ORIGINES DU DÉBAT	31
UNE ARMÉE ROYALE À RÉGÉNÉRER	42
Une armée nouvelle en gestation	50
LES PENSEURS ET LE SERVICE MILITAIRE : UNE PROPOSITION MINORITAIRE	50
LES FRANÇAIS ET LE SERVICE MILITAIRE : LE REJET	59
Les prudentes réformes de la Constituante	65
LE CHOIX DE LA CONSTITUANTE : LE REFUS DE LA CONSCRIPTION	65
UNE ARMÉE SELON LA CONSTITUTION	73
Chapitre II. *République, patrie, armée*	81
« Le hasard et la nécessité »	81
LA LEVÉE DES GARDES NATIONAUX	81
LES SOLDATS DE 1792	89
DES APPELS DE VOLONTAIRES AUX RÉQUISITIONS D'HOMMES	95

Mythes et réalités de la levée en masse — 101
- L'ANCÊTRE DU SERVICE MILITAIRE OBLIGATOIRE — 101
- L'ÉMERGENCE DES MYTHES — 106
- LA RÉALISATION D'UNE UTOPIE ? — 111

L'instauration de la conscription — 120
- UNE LOI FONDATRICE — 120
- UN ABOUTISSEMENT — 126
- UNE LOI CHARNIÈRE OU L'ARMÉE NATIONALE « À LA FRANÇAISE » — 131

CHAPITRE III. *D'un empire à l'autre : l'armée nationale de conscription* — 137

L'impôt du sang — 137
- LA CONSOLIDATION DU SYSTÈME — 137
- LES DÉVOIEMENTS DU SYSTÈME — 144
- UN BILAN CONTRASTÉ — 150

Conscription et citoyenneté — 157
- LA REFONDATION DE LA CONSCRIPTION — 157
- UNE ARMÉE SELON LA CHARTE, L'EUROPE ET LES « TEMPS NOUVEAUX » — 163
- UN COMBAT « À FRONT RENVERSÉ » — 171

Conscription et démocratie — 177
- ÉGALITÉ DEVANT LA DURÉE DU SERVICE, ÉGALITÉ DEVANT L'INSTRUCTION MILITAIRE — 177
- ÉGALITÉ DEVANT L'URNE, ÉGALITÉ DEVANT LE FEU ? — 182
- LA GARDE MOBILE, AVANT-GARDE D'UNE « DÉMOCRATIE CONSERVATRICE » — 189

CHAPITRE IV. *La conscription, les corps, les esprits, les cœurs* — 197

La conscription, un processus d'acculturation — 197
- UN LENT ET PROGRESSIF ENRACINEMENT — 197
- LA « MOSAÏQUE » FRANCE — 202

Table des matières

La conscription, vecteur de nationalisation — 215
- PETITES PATRIES ET GRANDE PATRIE — 215
- PATRIOTISME, CIVILISATION ET «MODERNITÉ» — 218
- CONSCRIPTION, IDENTITÉ NATIONALE ET «NATIONALISME INTÉGRATEUR» — 225

La conscription et le choc des passions françaises — 239
- GUERRIER BARBARE OU SOLDAT DES LUMIÈRES? — 239
- PROCESSUS DE NORMALISATION OU MOTEUR DE CIVILISATION? — 246
- DE L'IMPÔT DU SANG À LA «MONADE DE LA NATION», DES MYTHES AU MODÈLE — 252

Chapitre V. *La troisième République, nation armée* — 267

La France de la défaite et de la guerre civile et la nation armée — 267
- SEDAN, CHAMPIGNY ET LE MUR DES FÉDÉRÉS — 267
- L'ARMÉE, INSTRUMENT DE LA RECONSTRUCTION INTÉRIEURE — 271
- 1872, LA LOI DU NOMBRE, DE LA SCIENCE ET DE L'ALLEMAGNE — 278

Les républicains au pouvoir et la nation armée — 288
- LA VISION RÉPUBLICAINE — 288
- LES TROIS ANS DE LA RÉPUBLIQUE DE GAMBETTA ET DE FERRY — 295
- LES DEUX ANS DE LA RÉPUBLIQUE DE COMBES ET DE CLEMENCEAU — 303

Les Français et la nation armée — 310
- INTERPÉNÉTRATION DE L'ARMÉE ET DE LA SOCIÉTÉ — 310
- NATION ARMÉE, UTOPIES DE L'ÉTAT ET SOCIÉTÉ PLURIELLE — 319

Chapitre VI. *Du citoyen-soldat au soldat professionnel*   333

La nation armée à l'épreuve de la Première Guerre mondiale   333
- L'AMÈRE VICTOIRE DU CITOYEN-SOLDAT   333
- LA NATION ARMÉE CÉLÉBRÉE ET FRAGILISÉE   341

Le temps des ébranlements   352
- LES PREMIÈRES REMISES EN CAUSE CONCEPTUELLES   352
- LE SECOND SEDAN   366
- LE MARÉCHAL, LE GÉNÉRAL ET LA NATION ARMÉE DES RÉSISTANTS   372

Vers la fin du modèle   380
- LA GUERRE D'ALGÉRIE, UN COUP DE BOUTOIR POLITIQUE   380
- DISSUASION NUCLÉAIRE, SOCIÉTÉ DE CONSOMMATION ET « SACRE DE L'INDIVIDU »   391

Conclusion. 1997 et après ?   402

APPENDICES

Principales lois et mesures concernant le recrutement   417
Sources et bibliographie   420
Notes   441
Index des notions   503

DU MÊME AUTEUR

LA CONSCRIPTION EN DÉBAT OU LE TRIPLE APPRENTISSAGE DE LA NATION, DE LA CITOYENNETÉ, DE LA RÉPUBLIQUE (1798-1889), Arras, Presses de l'université d'Artois, coll. Histoire, 1998.

INTENDANTS ET PRÉFETS DANS LE NORD-PAS-DE-CALAIS. XVIIe-XXe SIÈCLE, dir. avec Alain Lottin et Jean-Marc Guislin, Arras, Presses de l'université d'Artois, coll. Histoire, 2002.

LA PLUME ET LE SABRE. VOLUME D'HOMMAGES OFFERTS À JEAN-PAUL BERTAUD, dir. avec Michel Biard et Bernard Gainot, Paris, Publications de la Sorbonne, coll. Histoire moderne, 2002.

DÉFENDRE LA FRANCE. LES FRANÇAIS, LA GUERRE ET LE SERVICE MILITAIRE, DE LA GUERRE DE SEPT ANS À VERDUN, Rennes, Presses universitaires de Rennes, coll. Histoire, 2005.

CIVILS, CITOYENS-SOLDATS ET MILITAIRES DANS L'ÉTAT-NATION. 1789-1815 (Journées d'étude, 7 et 8 novembre 2003, Arras), dir. avec Jean-Pierre Jessenne et Hervé Leuwers, Paris, Société des études robespierristes, coll. Études révolutionnaires, 2006.

RÉVOLUTION ET ARMÉE NOUVELLE EN SEINE-ET-MARNE. 1791-1797, Paris, Éditions du CTHS, coll. Histoire, 2008.

LA RÉVOLUTION ET L'EMPIRE. LE NORD-PAS-DE-CALAIS ENTRE RÉVOLUTION ET CONTRE-RÉVOLUTION (*Histoire des provinces françaises du Nord* IV), dir. avec Hervé Leuwers et Dominique Rosselle, et avec la collaboration d'Alain Lottin, Arras, Presses de l'université d'Artois, coll. Histoire, 2009.

DANS LA COLLECTION FOLIO/HISTOIRE

1. Georges Duby: *Le dimanche de Bouvines (27 juillet 1214)*.
2. Jean-Denis Bredin: *Joseph Caillaux*.
3. François Furet: *Penser la Révolution française*.
4. Michel Winock: *La République se meurt (Chronique 1956-1958)*.
5. Alexis de Tocqueville: *L'ancien régime et la Révolution*.
6. Philippe Erlanger: *Le Régent*.
7. Paul Morand: *Fouquet ou le Soleil offusqué*.
8. Claude Dulong: *Anne d'Autriche (Mère de Louis XIV)*.
9. Emmanuel Le Roy Ladurie: *Montaillou, village occitan de 1294 à 1324*.
10. Emmanuel Le Roy Ladurie: *Le Carnaval de Romans (De la Chandeleur au mercredi des Cendres, 1579-1580)*.
11. Georges Duby: *Guillaume le Maréchal (ou Le meilleur chevalier du monde)*.
12. Alexis de Tocqueville: *De la démocratie en Amérique, tome I*.
13. Alexis de Tocqueville: *De la démocratie en Amérique, tome II*.
14. Zoé Oldenbourg: *Catherine de Russie*.
15. Lucien Bianco: *Les origines de la révolution chinoise (1915-1949)*.
16. Collectif: *Faire l'histoire, I: Nouveaux problèmes*.
17. Collectif: *Faire l'histoire, II: Nouvelles approches*.
18. Collectif: *Faire l'histoire, III: Nouveaux objets*.
19. Marc Ferro: *L'histoire sous surveillance (Science et conscience de l'histoire)*.
20. Jacques Le Goff: *Histoire et mémoire*.
21. Philippe Erlanger: *Henri III*.
22. Mona Ozouf: *La Fête révolutionnaires (1789-1799)*.
23. Zoé Oldenbourg: *Le bûcher de Montségur (16 mars 1244)*.

24 Jacques Godechot : *La prise de la Bastille (14 juillet 1789)*.
25 Le Débat : *Les idées en France, 1945-1988 (Une chronologie)*.
26 Robert Folz : *Le couronnement impérial de Charlemagne (25 décembre 800)*.
27 Marc Bloch : *L'étrange défaite*.
28 Michel Vovelle : *Mourir autrefois*.
29 Marc Ferro : *La Grande Guerre (1914-1918)*.
30 Georges Corm : *Le Proche-Orient éclaté (1956-1991)*.
31 Jacques Le Goff : *La naissance du Purgatoire*.
32 Hannah Arendt : *Eichmann à Jérusalem*.
33 Jean Heffer : *La Grande Dépression (Les États-Unis en crise 1929-1933)*.
34 Yves-Marie Bercé : *Croquants et nu-pieds (Les soulèvements paysans en France du XVe au XIXe siècle)*.
35 Arnaldo Momigliano : *Sagesses barbares*.
36 Robert Muchembled : *La sorcière au village*.
37 Gérard Gayot : *La franc-maçonnerie française*.
38 Raul Hilberg : *La destruction des Juifs d'Europe, I*.
39 Raul Hilberg : *La destruction des Juifs d'Europe, II*.
40 Jean Kershaw : *Qu'est-ce que le nazisme ?*
41 Jean Mairon : *Ravachol et les anarchistes*.
42 Maurice Agulhon : *Les Quarante-huitards*.
43 Arlette Farge : *Vivre dans la rue à Paris au XVIIIe siècle*.
44 Norman Cohn : *Histoire d'un mythe (La « conspiration » juive et les protocoles des sages de Sion)*.
45 Roland Mousnier : *L'assassinat d'Henri IV*.
46 Michael Pollack : *Vienne 1900 (Une identité blessée)*.
47 Nathan Wachtel : *La vision des vaincus (Les Indiens du Pérou devant la Conquête espagnole 1530-1570)*.
48 Michel Vovelle : *Idéologies et mentalités*.
49 Jean Bottéro : *Naissance de Dieu (La Bible et l'historien)*.
50 Jacques Ozouf : *Nous les maîtres d'école (Autobiographies d'instituteurs de la Belle Époque)*.
51 Léon Blum : *Souvenirs sur l'Affaire*.
52 Georges Duby : *L'An Mil*.

53 Jean-Louis Flandrin : *Les amours paysannes (XVIe-XIXe siècle)*.
54 Bernard Lewis : *Le retour de l'Islam*.
55 Marc Ferro : *Cinéma et Histoire*.
56 Colette Beaune : *Naissance de la nation France*.
57 Présenté par Michel Foucault : *Moi, Pierre Rivière, ayant égorgé ma mère, ma sœur et mon frère...*
58 Zeev Sternhell, Mario Sznajder, Maia Ashéri : *Naissance de l'idéologie fasciste*.
59 José Cabanis : *Le Sacre de Napoléon*.
60 Philippe Joutard : *Les Camisards*.
61 John Kenneth Galbraith : *L'argent*.
62 Marc Fumaroli : *Trois institutions littéraires*.
63 Sous la direction de Jean-François Sirinelli : *Les droites française (De la Révolution à nos jours)*.
64 Jean Baechler : *Le capitalisme 1. Les origines*.
65 Jean Baechler : *Le capitalisme 2. L'économie capitaliste*.
66 Gérard Monnier : *L'art et ses institutions en France (De la Révolution à nos jours)*.
67 Pascal Ory : *La France allemande (1933-1945)*.
68 Geneviève Fraisse : *Muse de la Raison (Démocratie et exclusion des femmes en France)*.
69 Georges et Andrée Duby : *Les procès de Jeanne d'Arc*.
70 Henri Mendras : *Les sociétés paysannes*.
71 Éric Conan et Henry Rousso : *Vichy, un passé qui ne passe pas*.
72 Jean-François Sirinelli : *Intellectuels et passions françaises*.
73 Jean-Pierre Vernant : *L'individu, la mort, l'amour*.
74 Lucien Febvre : *Amour sacré, amour profane*.
75 Michel Borwicz : *Écrits des condamnés à mort sous l'occupation nazie (1939-1945)*.
76 Alphonse Dupront : *Qu'est-ce que les Lumières ?*
77 Patrick Verley : *La Révolution industrielle*.
78 Paul Bairoch : *Victoires et déboires, I (Histoire économique et sociale du monde du XVIe siècle à nos jours)*.
79 Paul Bairoch : *Victoires et déboires, II (Histoire éco-

nomique et sociale du monde du XVIᵉ siècle à nos jours).
80 Paul Bairoch : *Victoires et déboires, III (Histoire économique et sociale du monde du XVIᵉ siècle à nos jours).*
81 Jean Bottéro : *Mésopotamie (L'écriture, la raison et les dieux).*
82 Jean Bottéro : *La plus vieille religion (En Mésopotamie).*
83 Ian Kershaw : *Qu'est-ce que le nazisme ? (Problèmes et perspectives d'interprétations).*
84 Georges Duby : *Dames du XIIᵉ siècle — 1. Héloïse, Aliénor, Iseut et quelques autres.*
85 Zeev Sternhell : *La droite révolutionnaire 1885-1914 (Les origines françaises du fascisme).*
86 Bino Olivi : *L'Europe difficile (Histoire politique de la Communauté européenne).*
87 Élisabeth Laffont : *Les livres de sagesses des pharaons.*
88 Collectif : *Le monde de la Bible.*
89 Georges Duby : *Dames du XIIᵉ siècle — 2. Le souvenir des aïeules.*
90 Geneviève Fraisse : *Les femmes et leur histoire.*
91 Collectif : *1789 La Commémoration.*
92 François Furet : *La Révolution en débat.*
94 Alexis de Tocqueville : *Souvenirs.*
95 Jean-Marie Donegani et Marc Sadoun : *La Vᵉ République (Naissance et mort).*
96 Georges Duby : *Dames du XIIᵉ siècle — 3. Ève et les prêtres.*
97 Krzysztof Pomian : *Sur l'histoire.*
98 Collectif : *Aux origines du christianisme.*
99 Éric Hobsbawn : *Nations et nationalisme depuis 1780 (Programme, mythe, réalité).*
100 Pierre Rosanvallon : *Le sacre du citoyen (Histoire du suffrage universel en France).*
101 François Hartog : *Le miroir d'Hérodote (Essai sur la représentation de l'autre).*
102 Henry Rousso : *Vichy. L'événement, la mémoire, l'histoire.*

104 Ian Kershaw : *Hitler (Essai sur le charisme en politique)*.
105 Jean-Louis Crémieux-Brilhac : *La France Libre I (De l'appel du 18 juin à la libération)*.
106 Jean-Louis Crémieux-Brilhac : *La France Libre II (De l'appel du 18 juin à la libération)*.
107 Henri Wesseling : *Le partage de l'Afrique 1880-1914*.
108 Karl Marx : *Les Luttes de classes en France* suivi de La Constitution de la République française adoptée le 4 novembre 1848, suivi de *Le 18 Brumaire de Louis Bonaparte* et de « *Karl Marx devant le bonapartisme* » par Maximilien Rubel.
109 Sous la direction de Jean Poirier : *Histoire des mœurs, I vol. 1. Les coordonnées de l'homme et la culture matérielle*.
110 Sous la direction de Jean Poirier : *Histoire des mœurs, I vol. 2. Les coordonnées de l'homme et la culture matérielle*.
111 Sous la direction de Jean Poirier : *Histoire des mœurs, II vol. 1. Modes et modèles*.
112 Sous la direction de Jean Poirier : *Histoire des mœurs, II vol. 2. Modes et modèles*.
113 Sous la direction de Jean Poirier : *Histoire des mœurs, III vol. 1. Thèmes et systèmes culturels*.
114 Sous la direction de Jean Poirier : *Histoire des mœurs, III vol. 2. Thèmes et systèmes culturels*.
115 Michel de Certeau : *L'écriture de l'histoire*.
116 Michel de Certeau : *Histoire et psychanalyse entre science et fiction* précédé d'« *Un chemin non tracé* » par Luce Giard.
117 Michel de Certeau, Dominique Julia et Jacques Revel : *Une politique de la langue (La Révolution française et les patois : l'enquête de Grégoire)*.
118 Pierre Rosanvallon : *Le peuple introuvable (Histoire de la représentation démocratique en France)*.
119 Pierre Bouretz : *La République et l'universel*.
120 Sous la direction de Charles Malamoud et Jean-Pierre Vernant : *Corps des dieux*.

121 Marie-Françoise Baslez : *Bible et Histoire (Judaïsme, hellénisme, christianisme)*.
122 Pierre Bordeuil et Françoise Briquel-Chatonnet : *Le temps de la Bible*.
123 Pierre Birnbaum : *La France imaginée (Déclin des rêves unitaires ?)*.
124 Collectif : *Les premiers temps de l'Église (De saint Paul à saint Augustin)*.
125 Stéphane Audouin-Rouzeau et Annette Becker : *14-18, retrouver la guerre*.
126 Pierre Rosanvallon : *La démocratie inachevée (Histoire de la souveraineté du peuple en France)*.
127 Israel Firkelstein et Neil Asher Silberman : *La Bible dévoilée (Les nouvelles révélations de l'archéologie)*.
128 Emilio Gentile : *Qu'est-ce que le fascisme ? (Histoire et interprétation)*.
129 Christian Delage et Vincent Guigneno : *L'historien et le film*.
130 Dominique Colas : *Citoyenneté et nationalité*.
131 Antoine-Louis de Saint-Just : *Œuvres complètes*.
132 Zeev Sternhell : *Aux origines d'Israël (Entre nationalisme et socialisme)*.
133 Raul Hilberg : *Exécuteurs, victimes, témoins (La catastrophe juive 1933-1945)*.
134 Patrick Weil : *Qu'est-ce qu'un français ? (Histoire de la nationalité française depuis la Révolution)*.
135 Patrick Weil : *La France et ses étrangers (L'aventure d'une politique de l'immigration de 1938 à nos jours)*.
136 Gérard Noiriel : *Sur la « crise » de l'histoire*.
137 Gérard Noiriel : *État, nation et immigration (Vers une histoire du pouvoir)*.
138 Sous la direction de David El Kenz : *Le massacre, objet d'histoire*.
139 Michel de Certeau : *La possession de Loudun*.
140 Robert Gauthier : *« Dreyfusards ! » (Souvenirs de Mathieu Dreyfus et autres inédits)*.
141 Alain Dewerpe : *Charonne 8 février 1962 (Anthropologie historique d'un massacre d'État)*.

142 Raul Hilberg : *La destruction des Juifs d'Europe, tome I.*
143 Raul Hilberg : *La destruction des Juifs d'Europe, tome II.*
144 Raul Hilberg : *La destruction des Juifs d'Europe, tome III.*
145 Léon Poliakov : *Auschwitz.*
146 Javier Teixidor : *Le Judéo-christianisme.*
147 Lucien Bianco : *Les origines de la révolution chinoise 1915-1949.*
148 Olivier Pétré-Grenouilleau : *Les traites négrières (Essai d'histoire globale).*
149 Marcel Detienne : *Les jardins d'Adonis (La mythologie des parfums et des aromates en Grèce).*
150 Marcel Detienne : *Les dieux d'Orphée.*
151 Jules Michelet : *Histoire de la Révolution française I vol. 1.*
152 Jules Michelet : *Histoire de la Révolution française I vol. 2.*
153 Jules Michelet : *Histoire de la Révolution française II vol. 1.*
154 Jules Michelet : *Histoire de la Révolution française II vol. 2.*
155 Georges Corn : *Le Proche-Orient éclaté 1956-2007.*
156 Bino Olivi et Alessandro Giacone : *L'Europe difficile (Histoire politique de la construction européenne),* nouvelle édition refondue, mise à jour et augmentée.
157 François Hartog : *Évidence de l'histoire (Ce que voient les historiens).*
158 C. Delacroix, F. Dosse et P. Garcia : *Les courants historiques en France* (XIXe-XXe siècle).
159 Israel Finkelstein et Neil Asher Silberman : *Les rois sacrés de la Bible (À la recherche de David et Salomon).*
160 Anne Applebaum : *Goulag (Une histoire).*
161 Jérôme Baschet : *L'iconographie médiévale.*
162 Bronislaw Baczko : *Politiques de la Révolution française.*

163 Jacques Solé : *Révolutions et révolutionnaires en Europe 1789-1918.*
164 Hichem Djaït : *La Grande Discorde (Religion et politique dans l'Islam des origines).*
165 Jean Nicolas : *La rébellion française (Mouvements populaires et conscience sociale 1661-1789).*
166 Henri Wesseling : *Les empires coloniaux européens 1815-1919.*
167 Christian Jouhaud, Dinah Ribard, Nicolas Schapira : *Histoire, Littérature, Témoignage (Écrire les malheurs du temps).*
168 Patrick Weil : *Liberté, égalité, discriminations (L'«identité nationale» au regard de l'histoire).*

DANS LA COLLECTION FOLIO / ESSAIS

447 Frederic Nef : *Qu'est-ce que la métaphysique ?*
448 Aristote : *De l'âme.*
449 Jean-Pierre Luminet : *L'Univers chiffonné.*
450 André Rouillé : *La photographie.*
451 Brian Greene : *L'Univers élégant.*
452 Marc Jimenez : *La querelle de l'art contemporain.*
453 Charles Melman : *L'Homme sans gravité.*
454 Nûruddîn Abdurrahmân Isfarâyinî : *Le Révélateur des Mystères.*
455 Harold Searles : *Le contre-transfert.*
456 Le Talmud : *Traité Moed Katan.*
457 Annie Lebrun : *De l'éperdu.*
458 Pierre Fédida : *L'absence.*
459 Paul Ricœur : *Parcours de la reconnaissance.*
460 Pierre Bouvier : *Le lien social.*
461 Régis Debray : *Le feu sacré.*
462 Joëlle Proust : *La nature de la volonté.*
463 André Gorz : *Le traître suivi de Le vieillissement.*
464 Henry de Montherlant : *Service inutile.*
465 Marcel Gauchet : *La condition historique.*
466 Marcel Gauchet : *Le désenchantement du monde.*
467 Christian Biet et Christophe Triau : *Qu'est-ce que le théâtre ?*
468 Trinh Xuan Thuan : *Origines (La nostalgie des commencements).*
469 Daniel Arasse : *Histoires de peintures.*
470 Jacqueline Delange : *Arts et peuple de l'Afrique noire (Introduction à une analyse des créations plastiques).*
471 Nicole Lapierre : *Changer de nom.*
472 Gilles Lipovetsky : *La troisième femme (Permanence et révolution du féminin).*
473 Michael Walzer : *Guerres justes et injustes (Argumentation morale avec exemples historiques).*
474 Henri Meschonnic : *La rime et la vie.*

475 Denys Riout : *La peinture monochrome (Histoire et archéologie d'un genre)*.
476 Peter Galison : *L'Empire du temps (Les horloges d'Einstein et les cartes de Poincaré)*.
477 George Steiner : *Maîtres et disciples*.
479 Henri Godard : *Le roman modes d'emploi*.
480 Theodor W. Adorno/Walter Benjamin : *Correspondance 1928-1940*.
481 Stéphane Mosès : *L'ange de l'histoire (Rosenzweig, Benjamin, Scholem)*.
482 Nicole Lapierre : *Pensons ailleurs*.
483 Nelson Goodman : *Manières de faire des mondes*.
484 Michel Lallement : *Le travail (Une sociologie contemporaine)*.
485 Ruwen Ogien : *L'Éthique aujourd'hui (Maximalistes et minimalistes)*.
486 Sous la direction d'Anne Cheng, avec la collaboration de Jean-Philippe de Tonnac : *La pensée en Chine aujourd'hui*.
487 Merritt Ruhlen : *L'origine des langues (Sur les traces de la langue mère)*.
488 Luc Boltanski : *La souffrance à distance (Morale humanitaire, médias et politique)* suivi de *La présence des absents*.
489 Jean-Marie Donegani et Marc Sadoun : *Qu'est-ce que la politique ?*
490 G. W. F. Hegel : *Leçons sur l'histoire de la philosophie*.
491 Collectif : *Le royaume intermédiaire (Psychanalyse, littérature, autour de J.-B. Pontalis)*.
492 Brian Greene : *La magie du Cosmos (L'espace, le temps, la réalité : tout est à repenser)*.
493 Jared Diamond : *De l'inégalité parmi les sociétés (Essai sur l'homme et l'environnement dans l'histoire)*.
494 Hans Belting : *L'histoire de l'art est-elle finie ? (Histoire et archéologie d'un genre)*.
495 J. Cerquiglini-Toulet, F. Lestringant, G. Forestier et E. Bury (sous la direction de J.-Y. Tadié) : *La littérature française : dynamique et histoire I*.
496 M. Delon, F. Mélonio, B. Marchal et J. Noiray,

A. Compagnon (sous la direction de J.-Y. Tadié) : *La littérature française : dynamique et histoire II*.
497 Catherine Darbo-Peschanski : *L'Historia (Commencements grecs)*.
498 Laurent Barry : *La parenté*.
499 Louis Van Delft : *Les moralistes. Une apologie*.
500 Karl Marx : *Le Capital (Livre I)*.
501 Karl Marx : *Le Capital (Livres II et III)*.
502 Pierre Hadot : *Le voile d'Isis (Essai sur l'histoire de l'idée de Nature)*.
503 Isabelle Queval : *Le corps aujourd'hui*.
504 Rémi Brague : *La loi de Dieu (Histoire philosophique d'une alliance)*.
505 George Steiner : *Grammaires de la création*.
506 Alain Finkielkraut : *Nous autres modernes (Quatre leçons)*.
507 Trinh Xuan Thuan : *Les voies de la lumière (Physique et métaphysique du clair-obscur)*.
508 Marc Augé : *Génie du paganisme*.
509 François Recanati : *Philosophie du langage (et de l'esprit)*.
510 Leonard Susskind : *Le paysage cosmique (Notre univers en cacherait-il des millions d'autres ?)*
511 Nelson Goodman : *L'art en théorie et en action*.
512 Gilles Lipovetsky : *Le bonheur paradoxal (Essai sur la société d'hyperconsommation)*.
513 Jared Diamond : *Effondrement (Comment les sociétés décident de leur disparition et de leur survie)*.
514 Dominique Janicaud : *La phénoménologie dans tous ses états (Le tournant théologique de la phénoménologie française* suivi de *La phénoménologie éclatée)*.
515 Belinda Cannone : *Le sentiment d'imposture*.
516 Claude-Henri Chouard : *L'oreille musicienne (Les chemins de la musique de l'oreille au cerveau)*.
517 Stanley Cavell : *Qu'est-ce que la philosophie américaine ? (De Wittgenstein à Emerson, une nouvelle Amérique encore inapprochable* suivi de *Conditions nobles et ignobles* suivi de *Status d'Emerson)*.

*Composition Interligne
Impression Maury-Imprimeur
45330 Malesherbes
le 14 septembre 2009.
Dépôt légal : septembre 2009.
Numéro d'imprimeur : 149962.*

ISBN 978-2-07-034683-7. / Imprimé en France.

151726